Geschichte entdecken 1

herausgegeben von
Rolf Schulte
und Benjamin Stello

C.C.Buchner

Geschichte entdecken – Schleswig-Holstein

Geschichte für die Sekundarstufe I

Band 1: Von der Ur- und Frühgeschichte zum Mittelalter

Herausgegeben von Rolf Schulte und Benjamin Stello

Bearbeitet von Markus Benzinger, Daniel Bernsen, Nicola Brauch, Nadja Braun, Dieter Brückner, Arnold Bühler, Harald Focke, Caroline Galm, Klaus Dieter Hein-Mooren, Volker Herrmann, Detlev Kraack, Julian Kümmerle, Ulrich Mayer, Björn Onken, Markus Sanke, Rolf Schulte, Miriam Sénécheau (S. 32-34, 44-50), Benjamin Stello und Oliver Tauke

1. Auflage, 1. Druck 2017
Alle Drucke dieser Auflage sind, weil untereinander unverändert, nebeneinander benutzbar.

Dieser Titel ist auch als digitale Ausgabe unter *www.ccbuchner.de* (Eingabe im Suchfeld: 30041) erhältlich.

Das Werk folgt der reformierten Rechtschreibung und Zeichensetzung. Ausnahmen bilden Texte, bei denen künstlerische, philologische und lizenzrechtliche Gründe einer Änderung entgegenstehen.

Auf verschiedenen Seiten dieses Buches finden sich Mediencodes. Sie enthalten optionale Unterrichtsmaterialien und/oder Verweise (*Links*) auf Internetadressen. Haftungshinweis: Trotz sorgfältiger inhaltlicher Kontrolle wird die Haftung für die Inhalte externer Seiten ausgeschlossen.

Redaktion: Gila Grünke und Alexandra Hoffmann-Kuhnt
Korrektorat: Kerstin Schulbert
Layout, Satz, Grafik und Karten: ARTBOX Grafik & Satz GmbH, Bremen
Umschlag: ideen.manufaktur, Dortmund
Druck- und Bindearbeiten: creo Druck und Medienservice GmbH, Bamberg

www.ccbuchner.de

ISBN: 978-3-661-**30041**-2

Inhaltsverzeichnis

Wir begegnen der Vergangenheit

1. Halbjahr – Vorgeschichte und Antike

1 Menschen der Ur- und Frühgeschichte

2 Die Hochkultur Ägypten

3 Das antike Griechenland

4 Das antike Rom

2. Halbjahr – Das Mittelalter

1 Leben im Mittelalter

2 Juden, Christen und Muslime

Service-Anhang

Lexikon zur Geschichte

Register

Methodenverzeichnis

So findet ihr euch im Buch zurecht

„*Geschichte*“ – ein neues Fach steht auf dem Stundenplan und ein neues Buch liegt vor euch auf dem Tisch. „*Geschichte entdecken*“ wird euch durch dieses Schuljahr begleiten. Es ist ein Arbeits- und Entdeckungsbuch. Ihr könnt mit diesem Buch verschieden umgehen. Man kann es durchblättern, darin schmökern, damit arbeiten, innehalten und Ausschau halten. Man kann erstaunt sein, sich wundern, Fragen stellen und Rätsel lösen – all dies geht mit diesem Buch.

Wie auch immer ihr mit diesem Buch arbeiten werdet, eines solltet ihr dabei nicht verlieren: die *Orientierung*. Um sich zurechtzufinden, nutzten die Menschen früher oft einen Kompass. Heute nutzen wir hierfür eher ein Navigationsgerät mit GPS. Als „Kompass“ oder „GPS“ sollen euch auch die folgenden Erklärungen der verschiedenen Seiten dieses Buches dienen.

„Geschichte erzählt“

Jedes Kapitel beginnt mit einem großen Bild und einer interessanten Erzählung („*Geschichte erzählt*“). Sie machen euch auf die kommenden Themen neugierig.

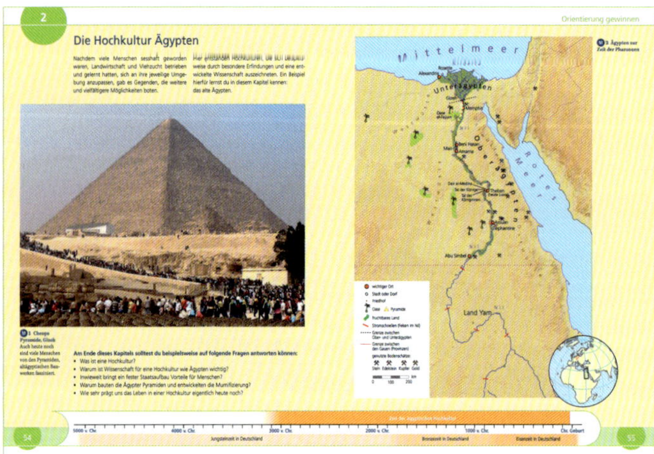

„Orientierung gewinnen“ in Raum und Zeit

Auf der *linken Seite* führt euch der *Text* in das Thema ein und leitet zu *Fragestellungen* über, die ihr nach dem Durcharbeiten des Kapitels beantworten könnt. Die *Karte* auf der *rechten Seite* zeigt, wo die Ereignisse stattfanden, die ihr kennenlernen werdet. Die *Zeitleiste* hilft dabei, euch den Zeitraum vorzustellen und mit der Zeit der vorigen Kapitel zu vergleichen.

Teilkapitel – das Wichtige, übersichtlich geordnet

Auf der *linken Seite* haben die Verfasser aufgeschrieben, was sie für wichtig halten. Hier erfahrt ihr das Wesentliche zum Thema. *Begriffe und Personen*, die auf den linken Seiten unten wiederholt werden, sind für das Thema besonders wichtig. Im „*Lexikon zur Geschichte*" könnt ihr sie nachschlagen.
Außerdem enthält das Buch viele *Materialien*. Diese Texte, Bilder und Zeichnungen sind mit M gekennzeichnet und nummeriert. Mit ihnen könnt ihr eigenständig arbeiten.
Die *Zeitleiste* enthält die Daten der Doppelseite. *Arbeitsvorschläge* stehen am Ende der rechten Seite.
Zu Aufgaben, die mit dem Symbol ● gekennzeichnet sind, geben wir dir im Anhang eine *Hilfestellung*.

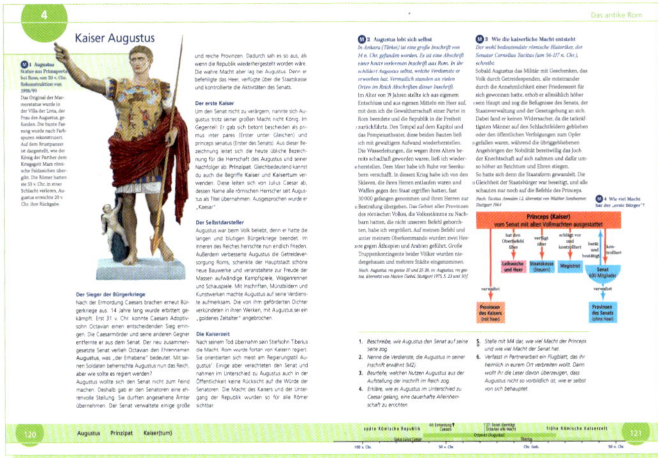

Methoden – Aufgaben schrittweise lösen

Wer die Geschichte verstehen will, muss die richtigen Fragen stellen und zu ihrer Beantwortung schrittweise vorgehen. Dafür braucht ihr *Methoden*. Wir zeigen euch an Beispielen, wie ihr Material auswertet. Auf den Methodenseiten könnt ihr das gleich selbst erproben: Ein Beispiel bearbeiten wir mit euch gemeinsam. Danach bist du dran. Mit den *Hilfen zur Formulierung* könnt ihr diese und kommende Aufgaben sicher allein lösen!

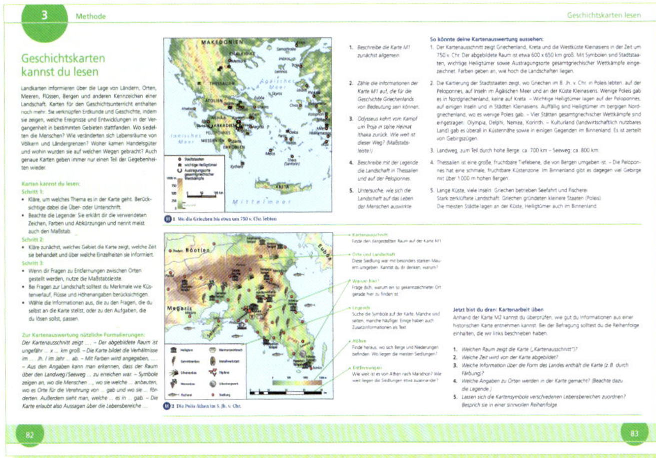

„Zum Weiterlesen …"

Auf den Seiten „*Zum Weiterlesen …*" kannst du einen längeren Ausschnitt aus einem spannenden *Jugendbuch* zu einem besonders aufregenden Teilbereich des Kapitels lesen.

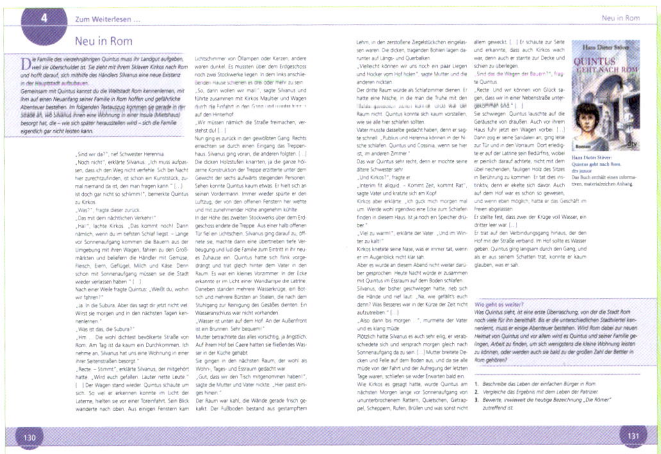

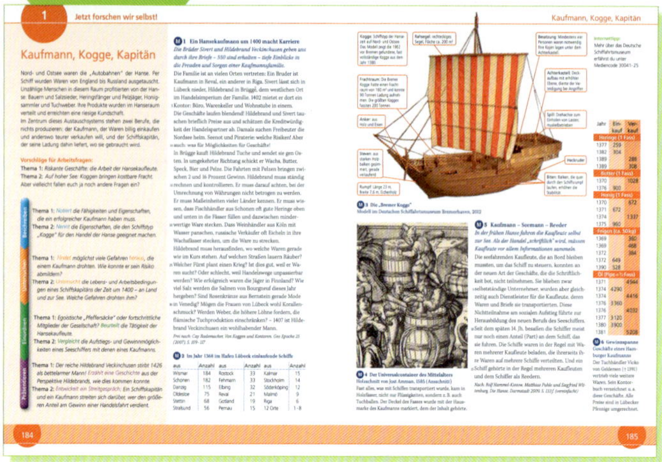

„Jetzt forschen wir selbst!"

Solche Doppelseiten findet ihr in fast jedem Kapitel. Die Materialien, die wir zusammengestellt haben, gehören *zu einem Thema* des Kapitels. Wir machen euch *Vorschläge*, welche Fragen ihr an die Bilder und Texte stellen könnt. Um mehr über das Leben in der Vergangenheit herauszufinden, geht ihr am besten *schrittweise* vor – unsere Aufgaben helfen euch dabei.

So übt ihr nach und nach, Zeugnisse aus der Vergangenheit zu *beschreiben*, zu *untersuchen*, *einzuordnen* und eure Ergebnisse zu *präsentieren*.

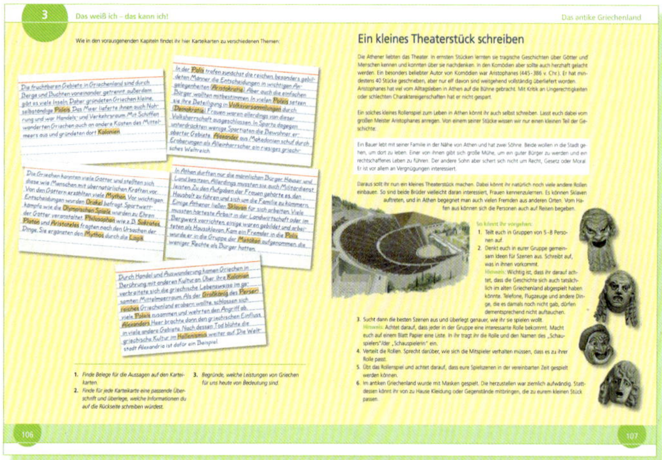

„Das weiß ich, das kann ich!" – Testet euch selbst

Am Ende des Kapitels seid ihr Experten für die behandelte Zeit! Ihr könnt nun auf der *linken Seite* überprüfen, wie viel ihr behalten und verstanden habt, und gewichten, was ihr für besonders entscheidend haltet. Dabei helfen euch *Karteikarten*. Auf der *rechten Seite* wird ein Teilbereich des Kapitels noch einmal interessant vertieft, indem ihr spannende, *kreative Aufgaben* löst.

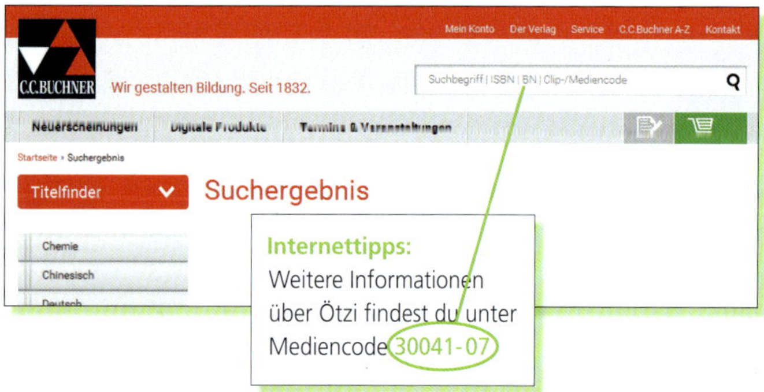

Lust auf mehr? Geht ins Netz!

Vielleicht bekommt ihr ja Lust darauf, zu dem einen oder anderen Thema noch etwas mehr zu erfahren. Dann achtet auf die *Internettipps*, die wir auf vielen Seiten dieses Buches abgedruckt haben.

Wenn ihr die Links aufrufen wollt, müsst ihr keine langen Internetadressen abtippen. Geht einfach auf unsere Homepage *www.ccbuchner.de*. In das Suchfeld oben rechts müsst ihr nur den Code des Internettipps eingeben, z. B. „30041-07".

Überreste, Zeugen und Detektivarbeit

Liebe Schülerinnen und Schüler,

Die Goldmaske vorne auf dem Einband eures Geschichtsbuches stammt aus dem Grab des ägyptischen Königs Tutanchamun. Er lebte vor rund 3300 Jahren, starb schon als junger Mann und war eigentlich ein unbedeutender Herrscher. Berühmt wurde er nur durch die Schätze, die man in seinem Grab gefunden hat. Auch seine Mumie wurde gefunden. Und trotzdem haben wir von ihm weder ein Foto noch eine Zeichnung. Auch aus den Zeugnissen seiner Zeitgenossen erfahren wir wenig über ihn. Wie er wirklich aussah und wie er lebte, wissen wir also nicht. Wie kommt es dann, dass dieser junge Mann heute so bekannt ist? Und was hat er mit uns zu tun?

Von dem Mann neben ihm wissen wir bedeutend mehr. Er lebte vor rund 1200 Jahren, starb als für damalige Verhältnisse alter Mann und sein Grab befindet sich in Aachen. Heute gilt er als einer der berühmtesten und bedeutendsten Herrscher Europas. Es handelt sich um den fränkischen König und Kaiser Karl. Karl ließ viele Urkunden schreiben und Gebäude errichten, von denen bedeutende Überreste erhalten sind. Einen Großteil seines Lebens verbrachte er mit Kriegszügen. Einer seiner Mitarbeiter hat eine Lebensbeschreibung Karls verfasst. Und schon einige seiner Zeitgenossen nannten ihn „den Großen". Aber bezeichnet man ihn zu Recht als „groß" und „bedeutend"? Warum sollten wir uns heute noch mit ihm beschäftigen?

Dass wir nach so langer Zeit überhaupt noch etwas über Tutanchamun und Karl wissen, verdanken wir der Arbeit vieler Menschen, die sich mit der Vergangenheit beschäftigen. Wie Detektive oder Kriminalisten, die einen kniffligen Fall lösen müssen, suchen sie nach Spuren und Zeugen, nach Hinweisen und Beweismaterial. Sie tragen zahllose Beobachtungen zusammen und kombinieren wie Sherlock Holmes. So erschließen sie aus wenigen Überresten wie Büsten, Reliefs oder Inschriften auf Tempeln, wie etwa Tutanchamun damals ausgesehen, wie er geherrscht und gelebt haben könnte. Und aus vielen einzelnen Informationen, die sich oft widersprechen, scheint es ihnen zu gelingen, uns Karl als Menschen und König vorzustellen. Gleichzeitig erzählen sie uns etwas über die Zeit, in denen diese Menschen gelebt haben, und vieles mehr.

Doch auch gute Detektive und Kommissare tappen manchmal im Dunkeln, weil ihnen ein wichtiges Beweisstück fehlt. Sie können sich irren, wenn sie die Beweisstücke falsch kombinieren, zu früh meinen, genau zu wissen, wie alles gewesen ist, wenn sie voreingenommen sind, wenn wichtige Zeugen schweigen, sich widersprechen oder sogar lügen. Das ist bei der Erforschung früherer Zeiten nicht anders.

Tutanchamun und Karl dem Großen werdet ihr in diesem Geschichtsbuch begegnen. An diesen beiden und vielen anderen Beispielen werdet ihr sehen, wie versucht wurde, knifflige „Fälle" der Geschichte zu lösen und sich eine Meinung über die vergangenen Zeiten zu bilden. Und Schritt für Schritt werdet auch ihr immer fitter darin werden, selbst Fragen an die Geschichte zu stellen, Fakten zu überprüfen und eure Schlussfolgerungen gut zu begründen, sodass ihr euch schließlich ein eigenes Bild von Personen, Ereignissen und Zuständen früherer Zeiten machen und beurteilen könnt, ob und inwieweit das für uns heute überhaupt noch wichtig ist.

Wir wünschen euch viel Freude und Erfolg dabei!
Rolf Schulte und Benjamin Stello

Wir begegnen der Vergangenheit

M 1 Volksparkstadion in Hamburg
Heimspielstätte des HSV

M 2 Das Kolosseum
Gebaut vor ca. 2000 Jahren. Mittlerweile ist der Boden eingestürzt und die alten Keller liegen frei.

Geschichte heute – mehr als Vergangenheit

Katja stürmt auf ihren Platz im Klassenraum. Ein neues Fach steht auf dem Stundenplan: Geschichte. Sie blättert im Buch und findet lauter alte Bauwerke: Pyramiden, Säulen, Burgen – aber auch Wohnhäuser, Vasen und Wasserkanäle.

Takis fängt sofort an zu lesen, von Herkules und den Olympischen Spielen – sein Vater kommt aus Griechenland und hat ihm erzählt, dass Griechenland vor langer Zeit eine große Bedeutung in der Geschichte hatte.

Vera hat mit ihrer Oma immer die Fotos „von früher" angeschaut. Dazu gab es jedes Mal eine Geschichte vom Leben nach dem Krieg, als die Menschen arm waren und ein heiler Strumpf schon ein Weihnachtsgeschenk für die Kinder war. Was sie davon wohl im Geschichtsbuch wiederfinden wird?

Simon dagegen ist gelangweilt: „Das ist doch alles bloß Vergangenheit. Vasen, Griechenland, alte Geschichten. Das hat mit mir gar nichts zu tun!" Hat er nicht Recht? Aber die anderen drei widersprechen sofort.

Aus Vera platzt es zuerst heraus: „Mama sagt, dass mir die Oma so viele Geschenke macht, weil sie früher so wenig hatten!" Katja findet Technik toll – sie weiß: „Das Kolosseum in Rom ist zwar 2000 Jahre alt, aber ein Vorbild für die heutigen Fußballstadien." Und auch Takis hat einen Grund, warum er Geschichte interessant findet: „Weil meine Eltern aus Griechenland kommen, habe ich es in Deutschland manchmal nicht leicht. Da hilft es mir, wenn ich weiß, dass vor langer Zeit in Griechenland Dinge erfunden wurden, die heute für uns alle wichtig sind!"

Nun kommt Simon ins Grübeln: Aus Erfahrungen lernen, Vorbilder finden und Selbstbewusstsein aus der eigenen Geschichte gewinnen – so hatte er noch gar nicht über Geschichte nachgedacht. Vielleicht ist Geschichte ja doch ein ganz spannendes Fach.

Und Simon denkt noch weiter. Ist nicht die ganze Gegenwart ein Ergebnis der Geschichte? Bin ich nicht selbst ein Teil einer immer weitergehenden Geschichte? Wie hat mein Vater eigentlich gelebt, als er ein Kind war? Warum leben wir in Lübeck und nicht in Hamburg, wo meine Oma wohnt? Simon ist etwas verwirrt, aber nun endgültig neugierig. Er will seine Familiengeschichte erforschen und Geschichte dazu benutzen, um mehr über sich zu erfahren.

- *Was ist Geschichte? Sammelt in kleinen Gruppen zunächst Stichwörter. Verfasst daraus einen kleinen Text, der das Wort Geschichte mit seinen unterschiedlichen Bedeutungen erklärt.*

Wie wir von früheren Zeiten erfahren

M 1 Familienbild zur Erinnerung an die Taufe
Foto um 1900
Abgebildet ist eine aus drei Generationen bestehende Familie.

Ein Jahrhundert

Nur sehr wenige Menschen sind hundert Jahre alt. Sie haben erlebt, was in diesem langen Zeitraum geschehen ist. Die Welt hat sich sehr verändert. Vieles, was wir heute im Alltag benutzen, war damals unbekannt: Filzstifte, Computer und Handys gab es vor 100 Jahren noch nicht. Einige Dinge wie Autos waren zwar schon erfunden, aber nur ganz wenige Menschen konnten sie sich leisten. Elektrisches Licht gab es nicht überall.

Aber woher kann man etwas über diese alten Zeiten erfahren?

Mündliche Berichte zur Familiengeschichte

Bei der Geburt ihrer Kinder sind Eltern ungefähr zwischen 20 und 40 Jahre alt. Eure Eltern sind also heute zwischen 30 und 50 Jahre alt. Wenn ihr weiter zurückrechnet, stellt ihr fest, dass vor 100 Jahren die Generation eurer Urgroßeltern lebte. Von ihnen können euch eure Großeltern und vielleicht eure Eltern erzählen. In sogenannten Stammbäumen kann man aufschreiben, wer von wem abstammt.

Viele Quellen

Es gibt heute kaum jemanden, der sich noch an die Zeit vor 100 Jahren selbst erinnern kann. Mithilfe von **Quellen** können wir aber einiges über diese Zeit erfahren. Als Quellen bezeichnet man alle Überreste aus der Vergangenheit wie zum Beispiel Briefe, andere Texte, Bilder, Gebäude, Werkzeuge, alte Namen usw., die uns etwas über die früheren Zeiten erzählen. Manche Quellen wie Reste von alten Häusern müssen erst ausgegraben werden. In Briefen und anderen alten Texten kann man lesen, wie die Menschen vor 100 Jahren gedacht haben, wofür sie sich interessiert haben und welche Vorlieben sie hatten. Manches von dem erscheint uns heute merkwürdig.

Welche Kleidung damals gern getragen wurde, können wir auf Fotografien sehen. Die sind allerdings immer schwarz-weiß, denn farbige Fotos gab es noch nicht. Nur auf gemalten Bildern aus der Zeit kann man sehen, welche Farbe die Kleidung hatte.

Andere Quellen über das Leben in früheren Zeiten sind Gegenstände wie Spielzeug und Möbel, die erhalten geblieben sind. So entsteht ein sehr vielfältiges Bild von der Geschichte. Genau wie wir die Familiengeschichte mit Quellen erkunden, arbeiten auch die Geschichtsforscher. Sie schreiben ihre Bücher auf der Grundlage der Informationen aus den Quellen und verfassen damit sogenannte **Darstellungen**.

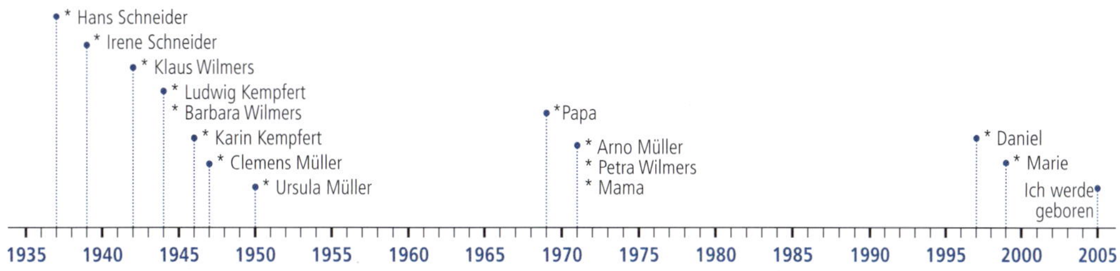

M2 Zeitleiste von 1935 bis 2005 – ein Beispiel
Auf einer Zeitleiste können wir eintragen, was in einem bestimmten Zeitraum geschehen ist. Dabei hat eine bestimmte Anzahl an Jahren (oder Monaten etc.) immer denselben Abstand.

Tipps zur Erstellung einer Zeitleiste:

1. Entscheide, welche Ereignisse und Daten in der Zeitleiste vorkommen sollen.
2. Suche passende Bilder und Fotos zu diesen Ereignissen und Daten heraus.
3. Entscheide, an welchem Zeitpunkt die Leiste beginnen und an welchem sie enden soll.
4. Teile den Raum zwischen diesen beiden Punkten in Zeitabschnitte ein; diese sollten alle denselben Abstand haben.
5. Setze die Ereignisse und Bilder an die passende Stelle unter die Zeitleiste.

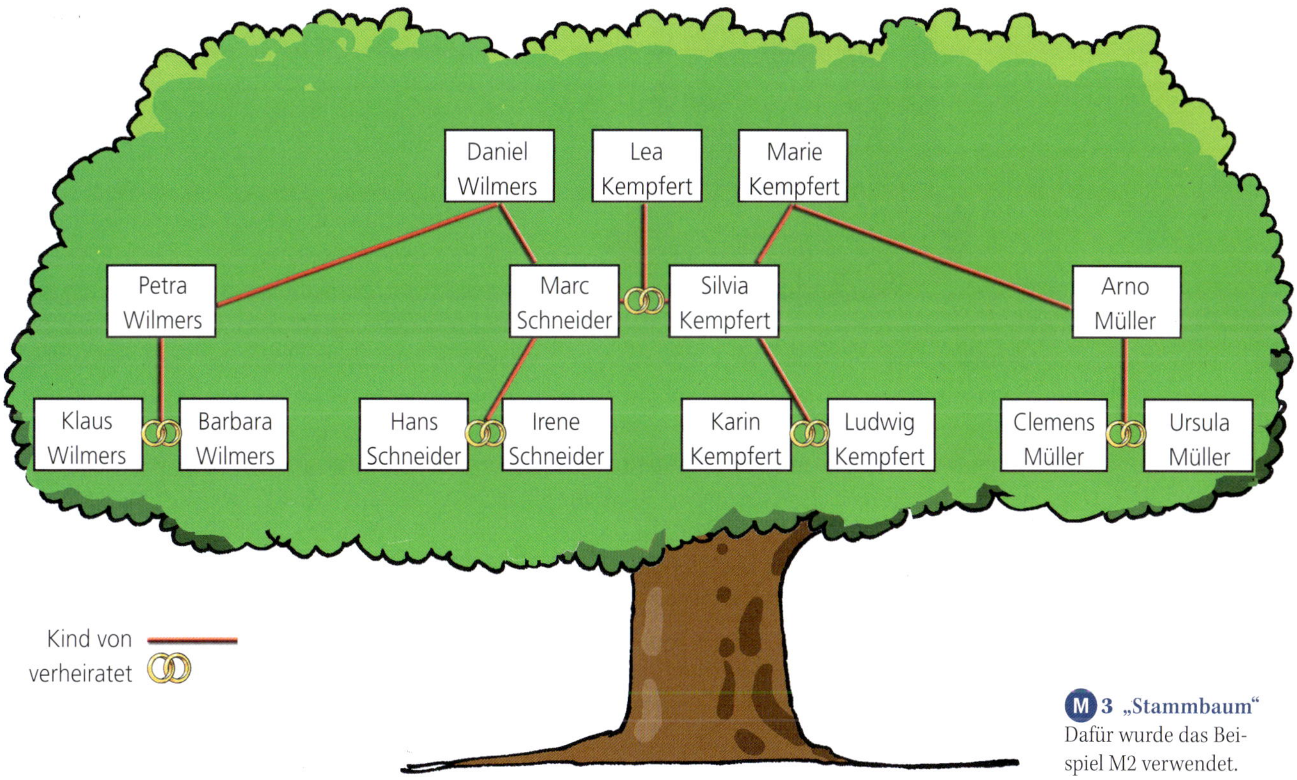

M3 „Stammbaum“
Dafür wurde das Beispiel M2 verwendet.

1. *Begründe, woran man erkennt, dass es sich bei dem Familienfoto M1 nicht um ein heutiges handelt.*
2. *Erläutere, was auf Familienfotos heute anders ist, und begründe diese Veränderungen.*
3. *Beschreibe, welche Quellen zur Familiengeschichte in eurem Haushalt vorhanden sind.*
4. *Finde heraus, welche Quellen über die Geschichte deines Heimatortes informieren.*
5. *Stelle anhand des Stammbaums M3 fest, wer sich in der Zeitleiste als „ich“ bezeichnet.*
6. *Erstelle eine Zeitleiste für deine eigene Geschichte. Trage dabei alle Ereignisse ein, die für dich wichtig sind. Beachte dabei die Tipps zur Erstellung einer Zeitleiste.*
7. *Erkläre die Unterschiede zwischen Zeitleiste und Stammbaum. Begründe, wann es sinnvoller ist, einen Stammbaum zu erstellen.*

Internettipp:
Ein Video zum Thema „Was sind historische Quellen?“ findest du unter Mediencode 30041-01

Orientierung in der Zeit

M1 Sandhur, um 1500

M2 Sonnenuhr, um 300 v. Chr.

Uhrzeit

Wann war das? Wer sich mit der Geschichte beschäftigt, muss diese Frage beantworten können. Wenn wir die gerade aktuelle Tageszeit wissen wollen, können wir einfach nachsehen: In unserem Land hat fast jeder eine eigene Uhr. Für uns gilt: Ein Tag hat 24 Stunden, und eine Stunde ist immer gleich lang. Das war aber nicht immer so: Lange Zeit galt die Regelung, dass die Zeit zwischen Sonnenaufgang und -untergang jederzeit zwölf Stunden umfassen sollte. Ein kurzer Wintertag im Dezember hatte genauso zwölf Stunden wie ein langer Sommertag im Juni. An einer Sonnenuhr war bei schönem Wetter immer abzulesen, in welcher Stunde des Tages man sich befand.

In welchem Jahr war das?

Wenn wir vom Jahr 2000 sprechen, meinen wir eigentlich das 2000ste Jahr nach der Geburt Christi (2000 n. Chr.). Wir wissen aber gar nicht so genau, in welchem Jahr Christus geboren wurde. Denn die Zählung der Jahre „nach Christi Geburt" hat erst ein paar Jahrhunderte nach der Weihnachtsgeschichte begonnen. Ganz korrekt müssten wir sagen: Im 2000sten Jahr nach dem Jahr, in dem Christus geboren worden sein soll. Genauere Forschungen haben aber gezeigt, dass die Schätzung ziemlich nahe am noch immer unbekannten Geburtsjahr von Christus liegen muss.

Bei Ereignissen, die vor dem angeblichen Jahr der Geburt Christi liegen, fügen wir nach der Jahreszahl „vor Christus" hinzu, z. B. 50 vor Christus (abgekürzt: 50 v. Chr.).

Aber nicht alle Menschen auf der Welt zählen die Jahre nach Christi Geburt. Sie haben teilweise andere Anfangsjahre. So beginnt der jüdische Kalender 3671 Jahre früher. Die Muslime zählen die Jahre nach der Flucht ihres Propheten Mohammed nach Medina im Jahr 622 n. Chr.

Geschichte ordnen

Jeweils 100 Jahre werden als Jahrhundert bezeichnet. Ein Jahr 0 gibt es nicht. Das erste Jahrhundert n. Chr. geht vom 1. bis zum 100. Jahr n. Chr. Die Jahre 101-200 sind das zweite Jahrhundert usw. Die Geschichte der Menschen von ihrer Entstehung bis zur Gegenwart umfasst Jahrtausende und damit sehr viele Ereignisse. Bei so vielen Jahreszahlen verliert man schnell den Überblick. Deshalb haben die Geschichtswissenschaftler die vielen tausend Jahre Menschheitsgeschichte in große Zeiträume (**Epochen**) eingeteilt.

THE JERUSALEM POST
INTERNATIONAL EDITION
NO. 2044 JANUARY 7, 2000 • TEVET 29, 5760 • 29 SHAABAN 1420

M3 Kopfzeile der Tageszeitung „Jerusalem Post"
Die Zeitung „Jerusalem Post" erscheint in Israel.

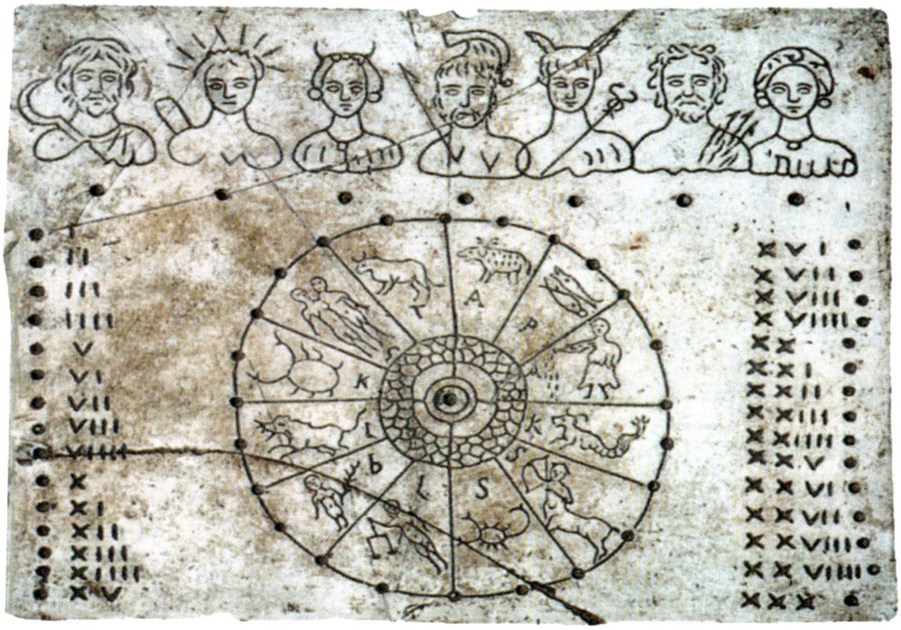

M4 Römischer Steckkalender
Kalksteinplatte, 4. Jh.
Kalender helfen uns, das Jahr einzuteilen. Unsere Kalender haben alle 365 Tage. Alle vier Jahre kommt ein Schalttag hinzu. Bei dem abgebildeten Kalender mussten Tage, Monate und Jahre mit einem Stift markiert werden. Jedes Sternzeichen im Kreis in der Mitte steht für einen bestimmten Monat.
Die Tage sind mit römischen Ziffern bezeichnet. Zu dieser Zeit hatte der Kalender höchstens 30 Tage.
Die sieben Figuren oben stellen römische Gottheiten dar. Jede war einem bestimmten Tag zugeordnet. Saturn – Samstag, Sol – Sonntag, Juno – Montag, Mars – Dienstag, Merkur – Mittwoch, Jupiter – Donnerstag, Venus – Freitag.
In einigen modernen Sprachen, die sich aus dem Lateinischen entwickelt haben, sind die Götternamen erhalten geblieben. So heißt zum Beispiel im Italienischen der Freitag „Venerdí".

1. *In der Hohlfläche der Sonnenuhr (M2) sind zwölf Abschnitte zu sehen. Bestimme, welche Uhrzeit der Schatten der Sonnenuhr anzeigt. Noch ein Tipp: Es ist zwölf Uhr mittags, wenn der Schatten auf die senkrechte Linie in der Mitte fällt.*
2. *Begründe, warum drei verschiedene Daten auf der ersten Seite der Zeitung vermerkt sind (M3).*
3. *Erkläre, warum wir den römischen Steckkalender (M4) heute nicht verwenden können.*
4. *Sortiere die folgenden Jahreszahlen der Reihenfolge nach. Beginne mit der ältesten: 1492; 753 v. Chr.; 1789; 333 v. Chr.; 476; 2650 v. Chr.; 1989; 323 v. Chr.; 43; 44 v. Chr.*
5. *Benenne, zu welchem Jahrhundert die Jahre aus der vorherigen Aufgabe 4 gehören.*
6. *Überlege, warum Menschen Jahreszahlen eingeführt haben.*

Internettipp:
Zur Zeitrechnung siehe Mediencode 30041-02

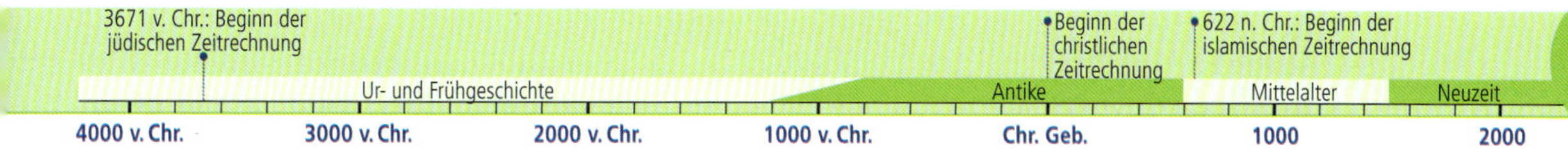

Wozu dient ein Zeitstrahl?

Ein Zeitstrahl ist ein Hilfsmittel für die Orientierung in der Zeit. Er stellt Ereignisse und Zeiträume grafisch dar. Dabei stellt man sich die Zeit als Pfeil oder Gerade vor.
Meist ist der Zeitstrahl waagerecht angeordnet, die ältesten Ereignisse sind links eingetragen. Je weiter wir uns in Richtung des Endpunktes bewegen, desto näher ist die Gegenwart.
Der räumliche Abstand von Punkten auf dem Zeitstrahl zeigt den zeitlichen Abstand zwischen den Ereignissen. Je weiter die Punkte voneinander entfernt sind, desto mehr Zeit liegt dazwischen.
Mit einem Zeitstrahl (auch „Zeitleiste" genannt) erkennen wir auf einen Blick, in welcher Reihenfolge Ereignisse geschahen, ob Entwicklungen aufeinander folgten oder zwei Personen gleichzeitig gelebt haben. Außerdem können mehrere Zeitleisten parallel angeordnet werden. So können wir feststellen und vergleichen, was zur selben Zeit an verschiedenen Orten passiert ist.

Einen Zeitstrahl kannst du in diesen Schritten lesen:

Schritt 1:

- Kläre zuerst, welchem Thema sich der Zeitstrahl widmet. Das sagt dir oft eine Über- oder Unterschrift.

Schritt 2:

- Finde heraus, welche Zeitspanne die Zeitleiste behandelt. Beachte dazu die Jahreszahlen an der Linie, besonders an Anfang und Ende.
- Beschreibe, welche Zeitpunkte oder Zeiträume eingetragen sind.
- Bestimme die Dauer oder den Abstand von eingetragenen Ereignissen, die dir für die Fragestellung wichtig scheinen.

Schritt 3:

- Formuliere deine Ergebnisse in ganzen Sätzen.

Dabei kannst du diese Formulierungen verwenden:

1. *Der Zeitstrahl zeigt die Entwicklung von … / die zeitliche Abfolge von … . Auf der Zeitleiste sind wichtige Schritte der Geschichte des … eingetragen.*
2. *Der Zeitstrahl beginnt im … Jahrhundert / Jahrtausend und reicht bis ins Jahr … / in die Gegenwart.*
3. *Wir erfahren die Zeit, zu der es … gab / die Lebenszeit von … . Man sieht, dass … X Jahre früher / später geschah als … .*

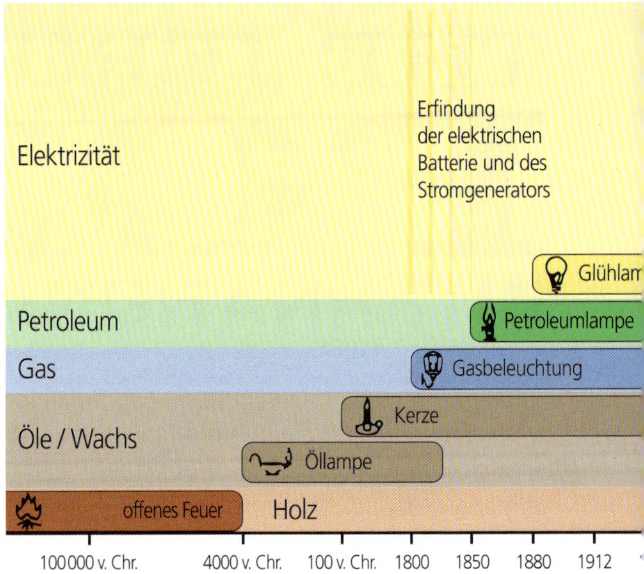

M1 Die Geschichte der Leuchtmittel

Heißluftballon: 1783

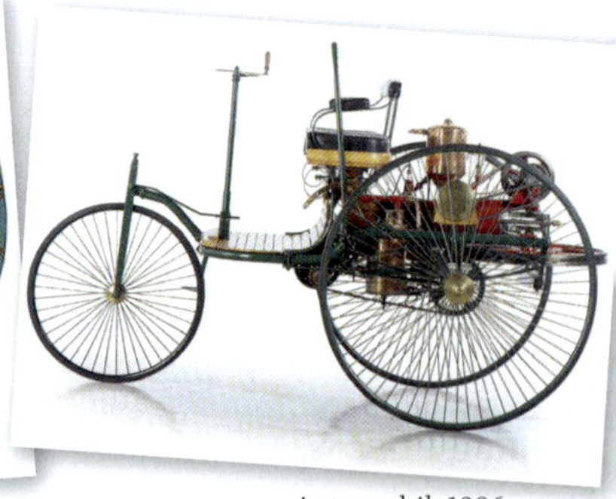

Automobil: 1886

Hubschrauber: 1935

Reisekutsche: 1. Jh. v. Chr.

Dampfschiff: 1783

M2 Daten zur Geschichte der Fortbewegungsmittel

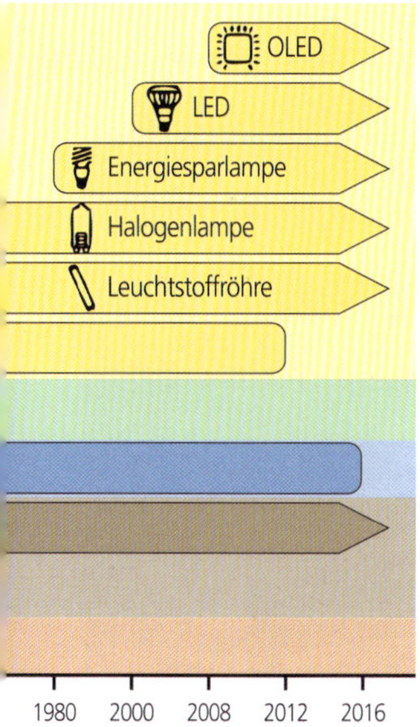

1. *Zähle die Informationen des Zeitstrahls M1 auf, die für die Geschichte der Leuchtmittel bedeutsam sein könnten.*
2. *Wie viel Zeit ist zwischen der Erfindung der Gasbeleuchtung und der ersten Glühlampe vergangen?*
3. *Beschreibe mithilfe der Zeitleiste, welche Auswirkungen die Entdeckung von Elektrizität auf die Entwicklung hatte.*
4. *Untersuche, was der Zeitstrahl über die Geschwindigkeit der Entwicklung aussagt.*
5. *Beschreibe mit eigenen Worten, wie sich der Maßstab der Zeitleiste verändert. Erschließe, warum der Zeichner so vorgegangen ist.*

1. Schon vor 100 000 v. Chr. offenes Feuer. Dann weitere Erfindungen bis zur Gegenwart mit verschiedenen Energiequellen: Öle/Wachs, Gas, Petroleum und Elektrizität
2. etwa 80 Jahre
3. Seit Erfindung der Glühlampe kamen stetig neue Leuchtmittel. Die allermeisten Leuchten werden heute mit Elektrizität betrieben.
4. Viele Jahrtausende waren Menschen auf Feuer angewiesen. Seit dem 19. Jh. ist die Entwicklung dann rasant fortgeschritten.
5. Der Maßstab wird von links nach rechts größer: Eine Strecke entspricht links einer langen Zeit, rechts nur wenigen Jahren. Die Zeitleiste wäre sonst so lang, dass sie nicht auf die Seite passt.

Segelboot: spätestens 3500 v. Chr.

Fahrrad: 1817

Eisenbahn: 1825

Motorflugzeug: 1903

Jetzt bist du dran: einen Zeitstrahl anlegen

Du solltest nach dem Muster von M1 mithilfe der Abbildungen aus M2 einen Zeitstrahl entwickeln zum Thema „Geschichte der Fortbewegungsmittel".

1. *Diskutiert hierzu in der Klasse:*
   a) Welche Fakten und Erkenntnisse soll der Zeitstrahl vermitteln?
   b) Welche Informationen fehlen euch noch, wenn ihr nach dem Vorbild von M1 vorgehen wollt?
   c) Welchen Maßstab werdet ihr wählen?
2. *Bildet Gruppen zu vier bis fünf Schülerinnen und Schülern und erstellt euren Zeitstrahl.*
3. *Ergänzt euren Zeitstrahl um weitere Fortbewegungsmittel. Die Informationen zu ihrer Erfindungszeit könnt ihr im Internet ermitteln, z. B. unter www.was-war-wann.de/geschichte/fortbewegungsmittel.html.*
   Vielleicht wollt ihr die Fortbewegungsmittel auf eurem Zeitstrahl noch untergliedern, etwa in Land-, See- und Luftfahrzeuge oder nach dem Energieträger, den sie benötigen?
4. *Stellt eure Zeitleisten in der Klasse vor und vergleicht die Lösungen.*

Dein Wohnort hat Geschichte

M 1 **St. Marien in Lübeck**
Die Marienkirche gilt als Vorbild für zahlreiche Kirchen im Ostseeraum.

M 3 **Rendsburger Hochbrücke**
Die Rendsburger Hochbrücke (Stahlkonstruktion) wurde zwischen 1911 und 1913 erbaut. Sie ist 2 486 Meter lang und überspannt den Nord-Ostsee-Kanal. 99 Jahre lang war die Rendsburger Hochbrücke die längste Eisenbahnbrücke in Deutschland.

Wo du aufwächst, erinnert vermutlich mehr an die Vergangenheit, als dir sofort einfällt: die Kirche, vielleicht das Rathaus, ein Bahnhof, ein Denkmal oder alte Bauernhäuser und Fabriken.
Auch Straßennamen verweisen auf die Vergangenheit. Sie erinnern an besondere Personen deiner Heimat oder geben Hinweise darauf, was früher dort geschah.
Du kannst die Geschichte der Gebäude und das Leben berühmter Bürger deines Wohnortes erforschen. Informationen findest du in Büchern zur Stadt- und Heimatgeschichte. Im Rathaus, im Stadtarchiv, im Museum oder beim Heimatverein wird man dir weiterhelfen.

M 2 **Kieler Hauptbahnhof**
Kolorierte Architekturzeichnung von 1902

M 4 **Rathaus in Krempe (Steinburg)**
D. Kempa
Das Rathaus wurde 1570 erbaut und gilt als einer der bedeutendsten Rathausbauten in Schleswig-Holstein.

M 5 Die „Brutkamp“-Sage

Der aus Marne stammende Lehrer und Forscher Karl Müllenhoff hat Mitte des 19. Jh. die z. T. mündlich überlieferten Sagen, Märchen und Lieder aus Schleswig, Holstein und Lauenburg gesammelt und veröffentlicht. In seinem Werk findet sich auch folgende Sage über den „Brutkamp“[1]:

Als die Alversdorfer Kirche gebaut ward, erzürnte sich ein im Norden wohnender Riese so sehr darüber, dass er einen Stein bei Ehlingstede aufnahm und gegen das Dorf warf; aber seine Augen wurden verschielt und der Stein fiel, ohne Turm und Kirche zu treffen, auf dem Brutkamp nieder. Bei Alversdorf müssen überhaupt viele Riesen gewesen sein; man zeigte da vor wenigen Jahren noch vier oder fünf Riesenbetten, wo die Riesen begraben liegen; ein Gehölz in der Nähe heißt Resenreem und ein Hügel Resenbarg.

Karl Müllenhoff (Hrsg.), Sagen, Märchen und Lieder der Herzogtümer Schleswig, Holstein und Lauenburg. Neue Ausgabe besorgt von Otto Mensing, Schleswig 1921, Nachdruck Kiel 1975, S. 286

M 6 Zur „Brutkamp“-Sage
Rohrfederzeichnung von Martin Marcus Vollert, um 2006

M 7 Der „Brutkamp“ in Albersdorf (Dithmarschen)
Das Grab aus der jüngeren Steinzeit wurde etwa 3200 v. Chr. auf einer Anhöhe errichtet.[2] Auf fünf Trägersteinen ruht ein etwa neun Meter langer und circa 23 Tonnen schwerer Deckstein. Die Grabkammer war früher von einem Erdhügel überdeckt. Vorne schauen die Spitzen der Tragsteine des engen Ganges zur Kammer aus dem Boden.

1. *Erforsche, wann dein Wohn- oder Schulort entstanden ist und wie es zu seiner Gründung kam.*
2. *Finde heraus, in welchem Jahr die älteste Kirche deines Wohnortes, deine Schule, das Rathaus und der Bahnhof gebaut wurden.*
3. *Suche nach alten Wohnhäusern mit Altersangaben. Berichte in der Klasse über deine Entdeckungen.*
4. *Vergleiche den heutigen Zustand des Kieler Hauptbahnhofes mit M2. Was hat sich verändert?*
5. *Überlege, was die Sage (M5) über die Glaubensvorstellungen der Menschen früherer Zeiten aussagt.*
6. *Vergleiche Sage (M5) und Zeichnung (M6). Hat der Künstler sie deiner Meinung nach gut dargestellt? Male ein eigenes Bild zu der Geschichte.*
7. *Forsche nach, ob es auch aus deinem Wohn- oder Schulort Sagen über Riesen, merkwürdige Menschen oder Tiere gibt. Stelle sie deinen Mitschülern vor.*

[1] Brutkamp: In frühgeschichtlicher Zeit, als es noch keine Kirche gab, sollen sich hier die Brautleute mit ihren Eltern und Verwandten zur Hochzeit zusammengefunden haben.

[2] Informationen über die Zeit der Großsteingräber findest du auf S. 40.

In welcher Region lebst du?

M 1 Schleswig-Holstein
In dem Land leben heute etwa 2,8 Millionen Menschen. Die Landeshauptstadt ist Kiel. Seit 1974 gibt es vier kreisfreie Städte und elf Kreise, die in 1 122 Gemeinden untergliedert sind.

Ein Land – vier Sprachen

In Schleswig-Holstein werden heute vier – hier seit Langem beheimatete – Sprachen gesprochen. Das Hochdeutsche ist die jüngste Sprache im Land, obwohl es am weitesten verbreitet ist und von allen Schleswig-Holsteinern beherrscht wird. Es hielt erst im 16. Jh. seinen Einzug in das Land. Auf dem Lande ist Plattdeutsch neben dem Hochdeutschen immer noch lebendig.

Im Landesteil Schleswig ist Dänisch für viele Mitglieder der dänischen Minderheit die Muttersprache. In Nordfriesland, an der Westküste Schleswigs, kommt als vierte gesprochene Sprache das Friesische dazu.

Ein Land – drei große Landschaften

Drei sehr unterschiedliche Naturräume im Osten, Westen und in der küstenferneren Mitte prägen das Aussehen Schleswig-Holsteins.

Die Landschaften der Ostküste mit ihren tief in das Land hineinragenden Buchten und Halbinseln wurden von den Gletschern der letzten Eiszeit[1] geformt. Dieses östliche Hügelland bietet der Landwirtschaft fruchtbare Böden.

Die Geest, die von Norden nach Süden sich erstreckende Landschaft in der Mitte des Landes, ist dagegen weniger fruchtbar.

Die sanften Hügel der hohen Geest sind Überreste von Endmoränen der vorletzten Eiszeit. Sandablagerungen vor den Gletschern der jüngsten Eiszeit schufen die ebenen Flächen der niederen Geest.

Die schweren Böden der flachen Marschen an der Westküste bilden Meeresablagerungen, die beim stetigen Wechsel von Ebbe und Flut entstehen. Die vor Jahrhunderten eingedeichten älteren Marschen werden heute als Grünland genutzt. Die zuletzt eingedeichten jungen Marschen sind äußerst fruchtbar.

Ein Land – viele Regionen und Traditionen

Schleswig-Holstein ist aber nicht nur durch seine Landwirtschaft und verschiedenen Sprachen in Gebiete mit deutlich unterschiedlichen „Gesichtern" und Eigenarten gegliedert. Solche Gebiete mit unverwechselbaren Merkmalen nennen wir Regionen.

Besonders gut spiegeln sich die Unterschiede zwischen den Regionen im Aussehen der alten Siedlungen und Bauernhäuser. Den Reichtum der auf großen Höfen sitzenden freien Bauern der Westküste zeigen z. B. Haubarge auf Eiderstedt und große Gehöfte in Dithmarschen. Vor Häusern nordfriesischer Dörfer aufgerichtete Walkiefer zeugen von großer Walfang- und Seefahrertradition. Die freien, aber ärmeren Geestbauern konnten in Holstein nur kleine Hallenhäuser errichten. Im Osten des Landes, wo viele Bauern ihre Freiheit verloren, errichtete der Adel teilweise große Gutsanlagen mit riesigen Wirtschaftsgebäuden, Tor- und Herrenhäusern.

Für manche Regionen oder Städte sind besondere Nahrungsmittel typisch. Die gesamte Westküste ist für Krabben, Dithmarschen für Kohl, Flensburg für Rum und Lübeck für Marzipan bekannt. In manchen Regionen sind eigene historische Traditionen lebendig. Hier werden zu bestimmten Anlässen noch alte Trachten getragen, besondere Feste gefeiert, Sagen und Legenden erzählt sowie ganz eigentümliche sportliche Aktivitäten wie das Ringreiten und Boßeln gepflegt.

[1] Eiszeit: extreme Kaltzeit, in der Eis und Gletscher von den Erdpolen aus weit auf die Kontinente vordringen. In der letzten Eiszeit lag die Eisgrenze über Norddeutschland.

Internettipp:
Eine Zusammenstellung sämtlicher Museen und historischer Stätten in Hamburg und Schleswig-Holstein findest du unter Mediencode 30041-03

M2 Beispiele für regionale und überregionale Feste in Schleswig-Holstein

- Dithmarscher Kohlwochen (seit 1998)
- Elmshorner Flora-Woche (seit 1972)
- Flensburger Rum-Regatta (seit 1980)
- Glückstädter Matjes-Wochen (seit 1967)
- Heider Marktfrieden (seit 1990)
- Kappelner Heringstage (seit 1979)
- Kieler Umschlag (seit dem 15. Jh. bis 1912; 1975 als Volksfest erneuert)
- Kieler Woche (seit Ende des 19. Jh.)
- Nordfriesische Lammtage (seit 2003)
- Schleswig-Holstein Tag (seit 1979)
- Travemünder Woche (seit Ende des 19. Jh.)

M3 Feste in Schleswig-Holstein

Der Historiker Klaus-Joachim Lorenzen-Schmidt schreibt:

In Schleswig-Holstein gibt es nur wenige Feste (oder Volksfeste), die ein hohes Alter aufweisen, wie etwa die örtlichen Gilde- oder Schützenfeste, Roland- und Ringreiterveranstaltungen, die z. T. bis in das 16. Jh. zurückreichen. […] Manche der heutigen Volksfeste wie die Kieler Woche waren zunächst höchst exklusive[1] Veranstaltungen, die sich erst im Laufe der letzten 50 Jahre stark gewandelt haben. Heute werden Feste geschaffen, um touristische und wirtschaftliche Zwecke zu erfüllen und die Attraktivität der Veranstaltungsorte bzw. -regionen zu steigern.
Dazu bedient man sich oftmals angeblich historischer Kontinuitätslinien[2]. […] Eine (unvollständige) Zählung des Jahres 1981 erbrachte Hinweise auf wenigstens 152 Feste in Schleswig-Holstein.

Klaus-Joachim Lorenzen-Schmidt und Ortwin Pelc (Hrsg.), Schleswig-Holstein-Lexikon, Neumünster ²2006, S. 165

M4 Kieler Woche
Windjammerparade 2011

M5 Der „Bockwoldt Hof" und eine Scheune mit Eckeinfahrt im Freilichtmuseum Molfsee bei Kiel
Der „Bockwoldt Hof" war die letzte vollständige Hofanlage auf Fehmarn. Er wurde Mitte des 18. Jh. in Teschendorf auf Fehmarn von der Familie Bockwoldt errichtet. Im Vordergrund sieht man ein Taubenhaus, es gehörte früher zu jedem „richtigen" Bauernhof.

1. *Informiere dich über die Region, in der du lebst. Stelle zusammen, was sie kennzeichnet, z. B.: Welche besonderen Bräuche werden dort seit Langem gepflegt? Gibt es eine besondere Umgangssprache?*
2. *Informiere dich über Feste in deinem Wohn- oder Schulort. Finde heraus, ob sie sich an ein historisches Ereignis anlehnen, seit wann sie gefeiert werden und ob sie touristische und wirtschaftliche Zwecke verfolgen (M3).*
3. *Finde heraus, wann Vereine in deinem Wohnort gegründet worden sind. Versuche, etwas über die Gründungszeit zu erfahren.*

[1] exklusiv: ausschließlich einem bestimmten Personenkreis vorbehalten
[2] Kontinuitätslinie: ein ununterbrochener, gleichmäßiger Fortgang von etwas

Eine Mindmap erstellen

Mindmap heißt auf Deutsch übersetzt „Gedankenlandkarte".
Eine Mindmap hilft, Begriffe und Ideen eines Themas zu ordnen und übersichtlich darzustellen. Dabei kann an verschiedenen Aspekten eines Themas gleichzeitig gearbeitet werden.
Eine Mindmap wird von innen nach außen gelesen. Auch bei der Erstellung arbeitet man sich von innen nach außen vor.
Je nach Thema kann sich eine Mindmap immer weiter verzweigen. Statt einzelner Wörter können manchmal ganze Sätze für die Verständlichkeit besser sein.

Hier findest du ein einfaches Beispiel:

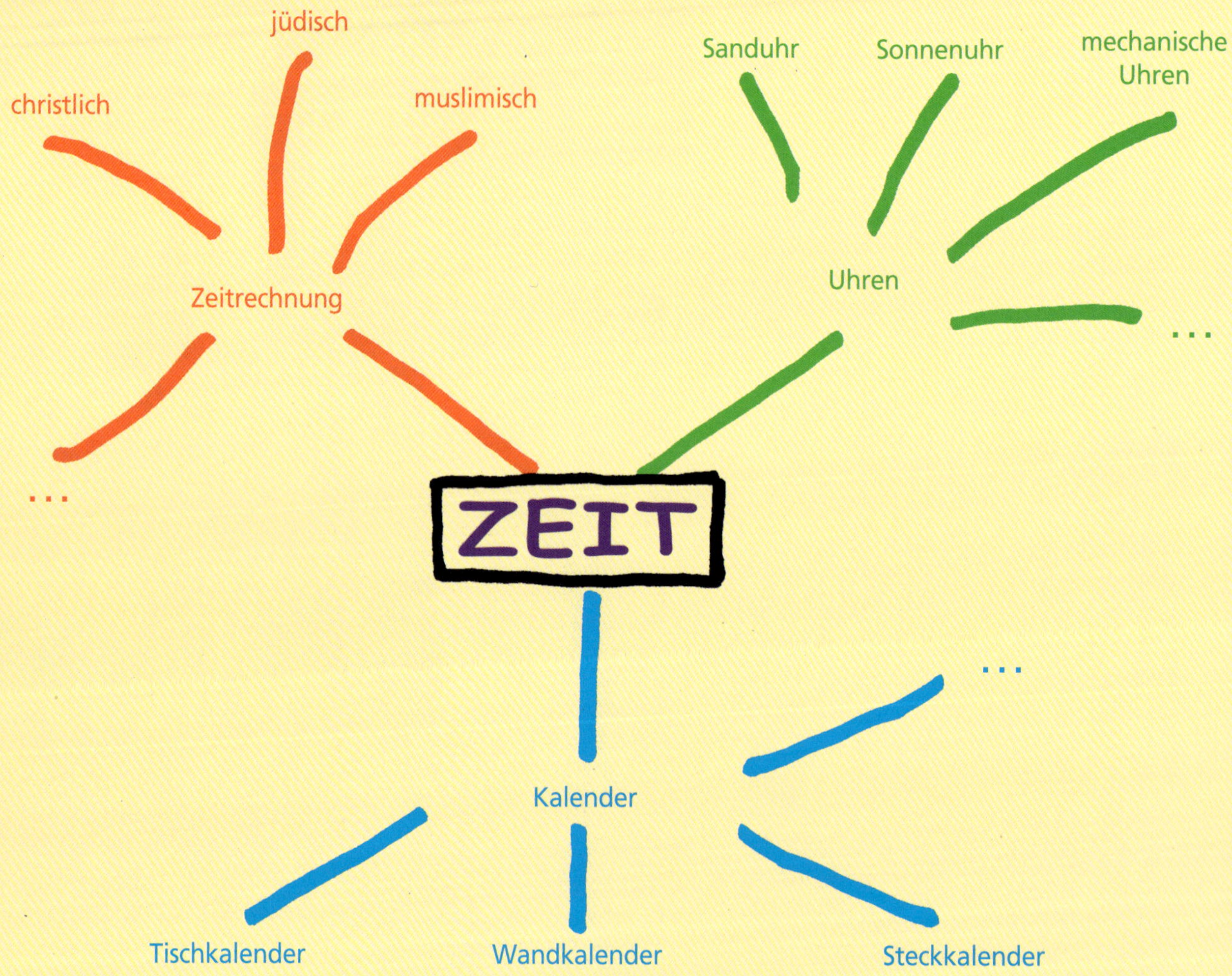

1. *Fasse die Aussagen der Mindmap mit eigenen Worten in höchstens drei kurzen Sätzen zusammen.*
2. *Ergänze die Mindmap um mindestens drei Punkte.*
3. *Füge der Mindmap eine weitere Ebene an einer Stelle deiner Wahl hinzu.*

In einer Mindmap könnt ihr das, was zum **Thema Geschichte** gehört, anschaulich darstellen und gleichzeitig wiederholen. Das fertige Ergebnis könnt ihr dann vor der ganzen Klasse präsentieren.

Das benötigt ihr:

- Blatt Papier oder leichten Karton oder Folie; je größer es ist, desto größer und deutlicher kann die Schrift sein
- Stifte in verschiedenen Farben
- Klebstoff, wenn ihr zusätzlich Bilder verwenden wollt
- Notizblock

So erstellt ihr eine Mindmap:

1. Bildet Gruppen, die gemeinsam eine Mindmap erstellen sollen.
2. Sammelt in eurer Gruppe auf einem Notizzettel die Begriffe, die euch zum Thema Geschichte einfallen.
3. Überlegt, wie weit sich die Mindmap nach außen verzweigen soll. Danach müsst ihr den Platz berechnen, den ihr benötigt.
4. Schreibt das Thema Geschichte in einer Farbe in die Mitte des Blattes oder der Folie. Ihr könnt auch den Themenkasten unten kopieren und verwenden oder selbst einen gestalten.

5. Verwendet für jeden Zweig eine eigene Farbe.
6. Stellt vor der Klasse eure Mindmaps vor. Erklärt dabei, warum ihr die einzelnen Verzweigungen so vorgenommen habt und was die jeweiligen Begriffe bedeuten.

Tipp:
Anschauliche Bilder verschönern die Mindmap.

Mindmaps könnt ihr für verschiedene Themen, die euch noch in diesem Buch begegnen werden, erstellen und damit euer Wissen ordnen.

Vorgeschichte und Antike

M 1 So könnte Ötzi ausgesehen haben
Rekonstruktion für das Südtiroler Archäologiemuseum Bozen (Italien)

M 2 Großer Sphinx mit der Pyramide des Cheops, um 2600 v. Chr.
Der Sphinx ist das Steinbild eines Gottes oder Königs in Löwengestalt.

Vorgeschichte und Antike – historische Fundamente unseres Zusammenlebens?

M 3 Volksversammlung in Athen
Rekonstruktionszeichnung
Die Athener versammelten sich im 5. und 4. Jh. v. Chr. auf dem Pnyx-Hügel im Westen von Athen. Etwa 6000 Menschen fanden dort Platz.

Menschen haben nicht immer so gelebt wie du heute, sondern in sehr unterschiedlichen Gemeinschaften. Begib dich auf eine spannende Reise, die vor vielen Jahrtausenden beginnt. Finde in diesem Halbjahr heraus, was uns davon heute noch beeinflusst.

Diese Reise findet in vier Kapiteln statt:

- Menschen der Ur- und Frühgeschichte
- Die Hochkultur Ägypten
- Das antike Griechenland
- Das antike Rom

M 4 Gaius Julius Caesar
Marmorbüste, Höhe 33 cm, angefertigt im 1. Jh. n. Chr.
Es gibt viele Bildnisse von Caesar. Diese Büste gilt als das am besten erhaltene Porträt. Sie wurde erst 2003 auf einer Insel im Mittelmeer in einer antiken Zisterne ausgegraben.

1

Menschen der Ur- und Frühgeschichte

M Dem „Neandertaler" begegnen
Plakat des Neanderthal Museums, Mettmann 2007 (Ausschnitt)

„Lucy in the Sky ..."
„So müsste es passen", murmelte Don vor sich hin. Er hatte dem angeregten Gespräch der anderen nicht zugehört, sondern auf den Knochen eines Unterarms gestarrt, den er in der Hand hielt. „Das ist wie ein Puzzle", meinte er schließlich und legte den Fund zu den anderen auf den Tisch.

Es war der 30. November 1974. Gemeinsam mit amerikanischen und französischen Forschern suchte Don im Nordosten Äthiopiens nach Überresten aus der Vorzeit der Menschen. Im Hintergrund leierte ein Tonband unablässig einen Hit nach dem anderen. Doch niemand hörte zu. Kein Wunder, denn was vor ihnen auf dem wackeligen Campingtisch lag, war viel interessanter. – Nein: Es schien eine Sensation. „Ich kann es noch gar nicht fassen." Tom nahm einen kräftigen Schluck aus der Dose. „Ich hätte das auch nicht gedacht, als wir heute Morgen loszogen", meinte Maurice. „Das Gebiet hier sah zwar ganz vielversprechend aus. Wir konnten brauchbare Funde aus einer frühen Zeit erwarten. Aber der hier übertrifft meine kühnsten Erwartungen. Ein so gut erhaltenes Skelett aus der Vorzeit hat vor uns noch keiner gefunden; rund ein Drittel aller Knochen ist erhalten." – „Lasst uns weitermachen", warf Don ungeduldig ein. „Fassen wir zusammen!" Er blickte auffordernd in die Runde: „Wir haben die Überreste eines weiblichen Lebewesens vor uns, etwa einen Meter groß, dreißig Kilogramm schwer. Der Unterkiefer und die langen Armknochen ähneln denen eines Schimpansen ..." „Moment mal!", unterbrach Maurice. „Dass wir das bisher noch nicht bemerkt haben! Seht euch das einmal genauer an, das sind doch keine Affenknochen." Auch den anderen fiel es jetzt wie Schuppen von den Augen: „Der Winkel zwischen Becken- und Oberschenkelknochen sieht ganz anders aus als beim Affen. Dieses Wesen muss sich anders fortbewegt haben als ein Schimpanse. Es muss aufrecht gegangen sein wie ein Mensch."

Keiner sprach es aus, aber alle wussten, dass dies kein x-beliebiger Fund war. Diese Knochen eines vermutlich weiblichen Wesens würden sie berühmt machen. Nun gab es endgültig kein Halten mehr. Alle redeten durcheinander und prosteten sich gegenseitig zu. Als es zufällig für einen Augenblick ganz still wurde, hörten sie vom Tonband, das immer noch im Hintergrund lief, die Titelzeile des Beatles-Songs „Lucy in the Sky with Diamonds". In dem Augenblick schlug jemand übermütig vor: „Nennen wir sie doch einfach Lucy!"

Dieter Brückner

1. *Stelle dir vor, Lucy könnte sich auf irgendeine Weise ausdrücken: Was würde sie ihren Entdeckern mitteilen?*
2. *Begründe, warum der Fund von Lucy eine Sensation gewesen ist.*

Menschen der Ur- und Frühgeschichte

Jahrtausende lang lebten die Menschen als Jäger und Sammler und zogen hinter den großen Tierherden her, um sich mit Nahrung zu versorgen. Erst in der Jungsteinzeit gingen die Menschen dazu über, sesshaft zu werden.
Der Übergang zu festen Siedlungsstrukturen markiert aus heutiger Sicht einen der wichtigsten Umbrüche in der Geschichte der Menschheit überhaupt.

Der Mensch begann nun selbst, die Natur nach seinen Vorstellungen zu verändern. Die Sesshaftigkeit brachte zunächst zwar nicht nur Vorteile, doch bildete sie den Ausgangspunkt für neue Erfindungen und ermöglichte damit die Entwicklung der Menschheit bis heute.

M 1 Begegnung von letzten Jägern und ersten Bauern
Bild aus einem Jugendbuch

In diesem Kapitel geht es um folgende Fragen:

- Stammen alle Menschen ursprünglich aus Afrika?
- Welche Unterschiede gibt es zwischen Neandertalern und Jetztmenschen?
- Inwieweit brachte die Sesshaftigkeit neben den Vorteilen auch Nachteile mit sich?
- Was war unseren Vorfahren im Leben wichtig?
- Der Tod von „Ötzi" – Mord oder Unfall?
- Metalle machen reich – und mächtig?

Altsteinzeit

2,5 Mio. Jahre v. Chr. | 10 000 v. Chr. | 9000 v. Chr. | 8000 v.

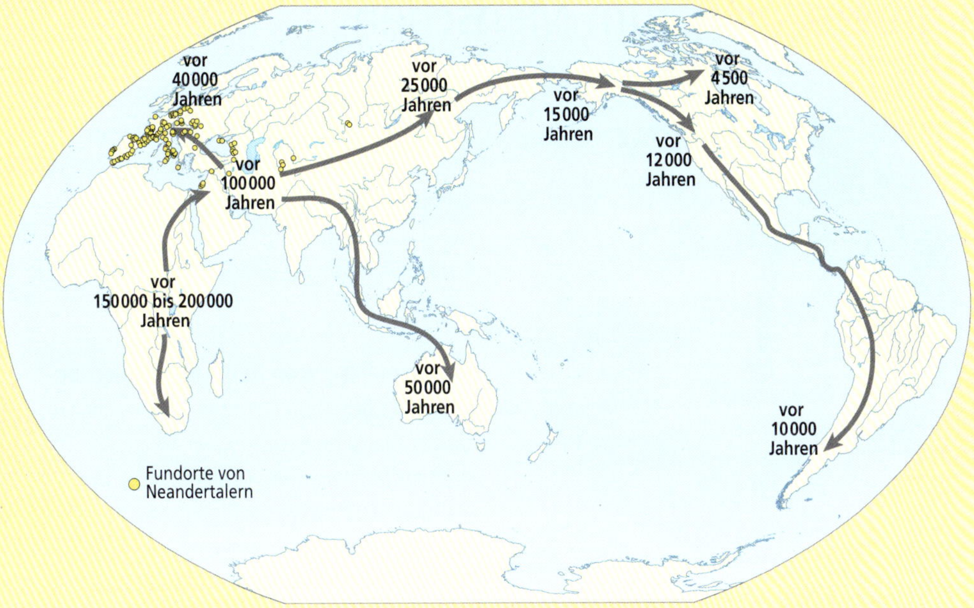

M2 Ausbreitung des Menschen über die Erde
Der Mensch traf bei seiner Ausbreitung auf einen älteren Verwandten: den Neandertaler. Die Neandertaler starben aus, die Jetztmenschen setzten sich durch.

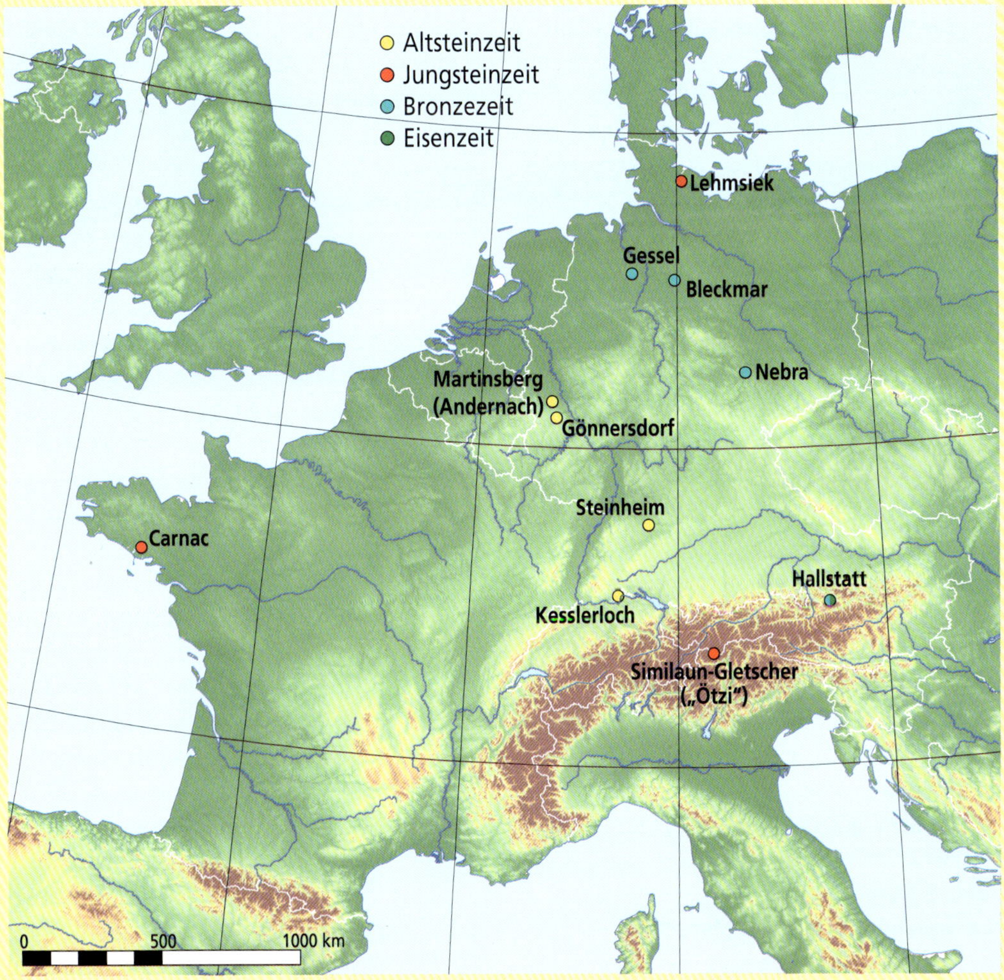

M3 Wichtige Fundorte der Ur- und Frühgeschichte, die du in diesem Kapitel kennenlernst

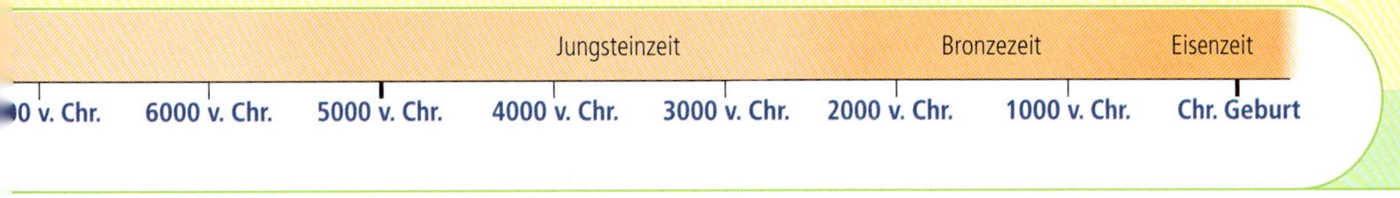

Auf dem Weg zum Menschen

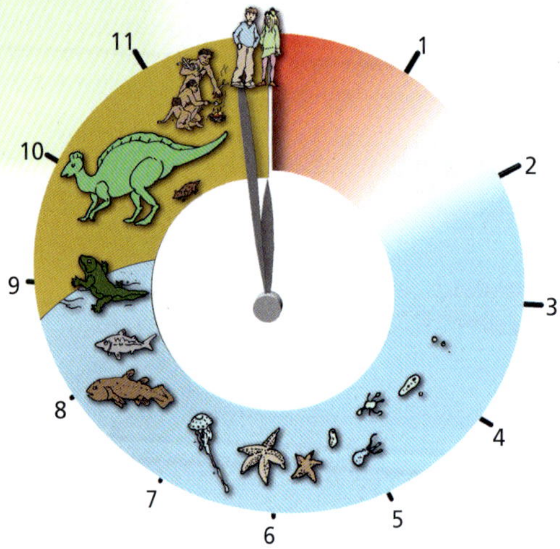

M 1 „Erdzeituhr“
Unsere Erde ist vor 5 Milliarden Jahren entstanden. Die ersten Menschenaffen lebten vor 30 Millionen Jahren. Da sind auf der „Erdzeituhr“ bereits 11 Stunden und 38 Minuten von zwölf Stunden vergangen. Die Menschenart, die heute auf der Erde lebt – der moderne Mensch – entwickelte sich vor ungefähr 150 000 Jahren. In Europa lebt er „erst“ seit etwa 45 000 v. Chr.

Die Menschheitsgeschichte erforschen

Aus den ältesten Zeiten der Geschichte haben wir keine schriftlichen Aufzeichnungen – die Schrift wurde erst viel später erfunden. Unser Wissen stammt allein von Überresten: von Knochenfunden oder Werkzeugen, Schmuck, ehemaligen Häusern und Gräbern. Sie liegen heute im Erdboden.

Auf ihre Erforschung haben sich Archäologen spezialisiert. Archäologen sind Wisschenschaftler, die mithilfe von Ausgrabungen, Gegenständen aus der Vergangenheit oder Experimenten alte Kulturen erforschen.

Die Forscher, die sich mit dem Ursprung des Menschen befassen, untersuchen versteinerte Knochen (Fossilien) und ordnen sie den Schritten auf dem Weg zum Menschen zu. Das gleicht einem Puzzle, bei dem die allermeisten Stücke fehlen – denn dass sich Millionen Jahre alte Knochen erhalten, ist sehr selten. Daher gibt es noch viele offene Fragen. Jeder neue Fund kann die Geschichte des Menschen, wie sie jetzt erzählt wird, verändern.

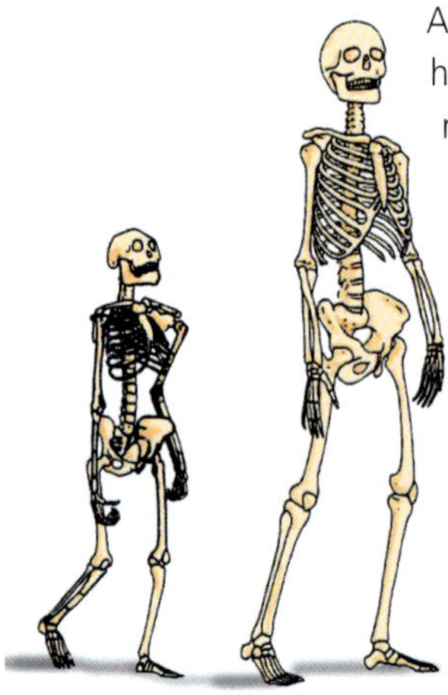

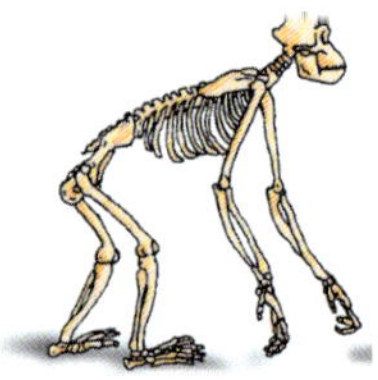

M 2 Skelette von Vormensch „Lucy“, einem modernen Menschen und einem Schimpansen zum Vergleich
„Lucys“ Skelett konnte aus den Funden vollständig rekonstruiert werden.

Was verbindet Affen und Menschen?

Aus Funden erarbeiten Forscher den Stammbaum des Menschen. Die ersten affenähnlichen Lebewesen gab es vor über 60 Millionen Jahren. Vor 18 Millionen Jahren entstand der Zweig der Menschenaffen (**Hominiden**). Vor etwa 7 Millionen Jahren teilte sich dieser nochmals auf: in die heutigen Menschenaffen und die Menschen. Bis dahin hatten Schimpanse und Mensch gemeinsame Vorfahren.

Auf dem Weg zum heutigen Menschen

Auf den Körperbau bezogen beginnt die Geschichte des Menschen vor etwa 6 Millionen Jahren mit dem aufrechten Gang (**Vormensch**). Die aufrechte Haltung brachte Vorteile: Der Vormensch konnte Gefahren schneller erkennen und hatte die Hände frei. Zu seiner Nahrung zählten gesammelte Pflanzen und vermutlich auch Aas. Zu diesen Vormenschen gehörte auch „Lucy“, deren Knochen 1974 in Äthiopien gefunden und auf ein Alter von 3,2 Millionen Jahren datiert wurden.

Vor etwa 2,5 Millionen Jahren entwickelte sich der „geschickte Mensch“ (lat. Homo habilis). Er konnte bereits Werkzeuge aus Steinen und Kieseln herstellen. Daher nennen Archäologen die geschichtliche Epoche, die mit ihm beginnt, **Altsteinzeit**. In den etwa 2,6 Millionen Jahren, die diese älteste und längste Epoche der Menschheit dauerte, veränderte sich in kleinen Schritten das Aussehen der Menschen. Zugleich vergrößerte sich nach und nach das Gehirn. Forscher erkennen dies an erhaltenen Schädeln und ordnen die Funde ab diesem Zeitpunkt der Gattung Homo zu (**Urmensch**).

Dem „geschickten“ folgte der „aufgerichtete Mensch“ (lat. Homo erectus). Er nutzte und kontrollierte das Feuer und jagte in Gruppen Tiere. Der „Homo erectus“ konnte sprechen und damit Informationen an andere weitergeben. Mit dem Feuer konnte er wilde Tiere abhalten und durch Kochen, Backen und Rösten seinen Speiseplan erweitern.

Zuerst in Afrika entwickelte sich vor etwa 150 000 Jahren schließlich der „einsichtige, verständige Mensch“ (lat. **Homo sapiens**), der **Jetztmensch**. Er ist unser direkter Vorfahr und unterscheidet sich im Körperbau nicht von uns. Er breitete sich über die ganze Welt aus und kam vor etwa 45 000 Jahren auch nach Europa.

Hominiden Vormensch – Urmensch – Jetztmensch (Homo sapiens) Altsteinzeit

M 3 Fundorte der Hominiden aus M5 (rot) und des Steinwerkzeugs aus M4 (blau)

M 4 Werkzeug aus Geröllgestein
Fundort Hadar (Äthiopien),
Alter: 1,7 Millionen Jahre

Beim Aneinanderschlagen von Steinen können Teile abspringen. So entstehen einfache Werkzeuge mit scharfen Kanten.

M 5 Der Mensch entwickelt sich

Forscher erschließen die Entwicklung des Menschen aus vielen einzelnen Funden. Schädel sind u. a. deshalb aussagekräftig, weil sie die Gehirngröße erkennen lassen.

Spitzname: „Mrs. Ples" entdeckt 1947
Gattung/Art: Australopithecus africanus (Südaffe aus Afrika)
Fund: Schädel aus Sterkfontein (Südafrika)
Alter: ca. 2,1 Millionen Jahre
Körpergröße: 1,05 m
Gehirngröße: 485 cm³
Schädel einer Frau oder eines männlichen Jugendlichen.

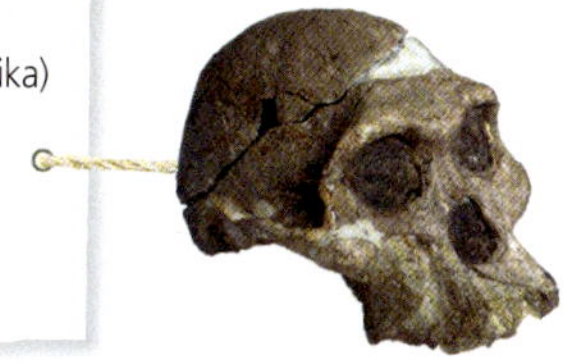

Fundbezeichnung: Sangiran 17 entdeckt 1969
Gattung/Art: Homo erectus (aufgerichteter Mensch)
Sangiran, Insel Java (Indonesien)
Alter: ca. 800 000 Jahre
Körpergröße: ca. 1,60 m
Gehirngröße: ca. 1 000 cm³
Zur Art Homo erectus gehören die ältesten außerhalb Afrikas gefundenen Fossilien von Hominiden.

Spitzname: „Steinheimerin" entdeckt 1933
Gattung/Art: Homo heidelbergensis
(Heidelberg-Mensch, nach einem Fund bei Heidelberg)
Fund: Schädel einer Frau aus Steinheim an der Murr, Deutschland
Alter: ca. 250 000 Jahre
Gehirngröße: ca. 1 100 cm³
Im Schädel fand sich der Abdruck eines Hirntumors.

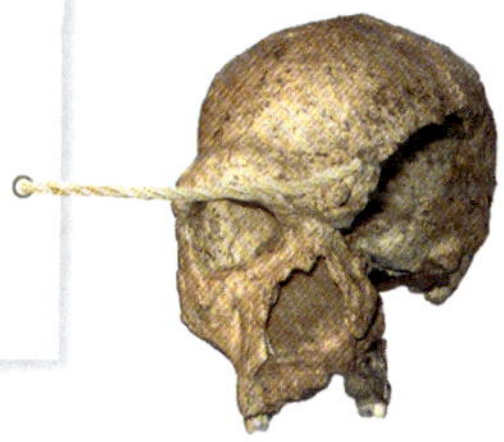

Fundbezeichnung: Qafzeh IX entdeckt 1969
Gattung/Art: Homo sapiens (vernunftbegabter Mensch)
Fund: Schädel einer Frau aus der Qafzeh-Höhle bei Nazareth (Israel)
Alter: ca. 100 000-90 000 Jahre
Gehirngröße: 1 554 cm³
Starb mit 20-25 Jahren, wurde bestattet, neben ihr fand sich das Skelett eines Kleinkindes.

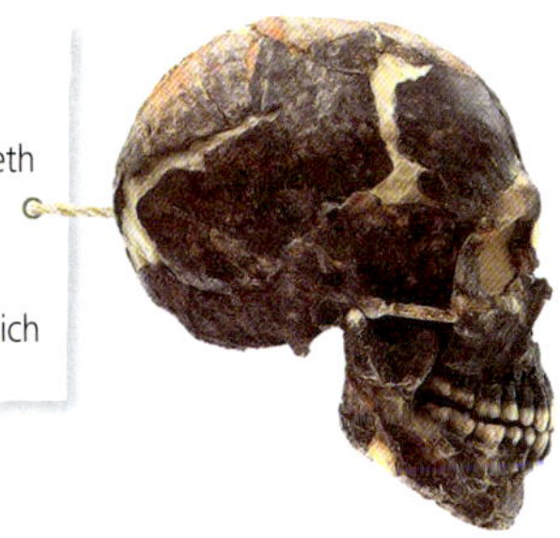

1. *Stelle auf der „Erdzeituhr" (M1) fest, wie spät es war, als die ersten modernen Menschen die Erde bevölkerten.*
2. *Beschreibe die Unterschiede zwischen Vormensch, modernem Mensch und Schimpanse (M2).*
3. *Arbeite aus dem Verfassertext heraus, welche Eigenschaften den Menschen vom Tier unterscheiden.*
4. *Stelle eine Vermutung an, wofür die Urmenschen das Werkzeug M4 benutzten.*
5. *Ordne den Fossilien in M5 die Begriffe Vormensch, Urmensch und Jetztmensch zu. Begründe deine Entscheidung. Achte dabei auf das Alter des Fundes und den Namen der Gattung.*
6. *Erkläre, warum Forscher den Ursprung des Menschen in Afrika vermuten (M3-M5).*

Wie lebten unsere Vorfahren?

M 1 Ausdehnung des Eises während der letzten Eiszeit
Die letzte Kaltzeit (auch Eiszeit genannt) dauerte von 115 000 bis 10 000 Jahren vor heute. Wo heute Meer ist, gab es aufgrund des niedrigeren Meeresspiegels an vielen Stellen Festland.

M 3 Zelt aus Tierhäuten
Nachbau eines Zeltes, das Eiszeitjäger vor etwa 15 000 Jahren in Gönnersdorf am Rhein zwischen Bonn und Koblenz errichteten

Warmzeiten, Kaltzeiten

Im Verlauf ihrer Geschichte war die Erde starken Klimaschwankungen ausgesetzt. Das letzte Eiszeitalter begann vor 2,6 Millionen Jahren. In ihm wechselten sich Warm- und Kaltzeiten ab. Mit den Klimaschwankungen veränderte sich nicht nur die Tier- und Pflanzenwelt. Auch die Menschen mussten sich den wechselnden Lebensbedingungen anpassen.

Vom Neandertaler ...

Ein Menschentyp passte sich besonders gut an die Kaltzeit an: der **Neandertaler**. Er lebte vor etwa 100 000 bis 30 000 Jahren in Europa. Der Neandertaler war im Vergleich zum heutigen Menschen kleiner und schwerer, seine Kiefer waren kräftiger. Als Jäger, die sich überwiegend von Fleisch ernährten, trotzten die Neandertaler der Kälte und der Knappheit an nährstoffreicher pflanzlicher Nahrung. Sie verwendeten Werkzeuge, trugen Kleidung und Schmuck. Heute sind Archäologen aufgrund von Funden der Meinung, dass die Neandertaler sich mit einer gut entwickelten Sprache verständigten, für Alte, Kranke und Verletzte sorgten und vielleicht auch um ihre Toten trauerten.

M 2 Neandertaler
Lebensgroße Rekonstruktion von Alfons und Adrie Kennis in modernem Anzug, 2012, im Neanderthal Museum Mettmann

... zum Jetztmenschen

Zeitgleich lebten in Afrika Menschen, die körperlich von uns nicht zu unterscheiden sind: die Jetztmenschen. Vor etwa 45 000 Jahren kamen sie nach Europa. Neandertaler und Jetztmenschen lebten über Jahrtausende nebeneinander und haben sich wohl teilweise auch vermischt. Während sich die Jetztmenschen über die ganze Erde ausbreiteten, starben die Neandertaler vor rund 30 000 Jahren aus. Die Gründe dafür sind noch immer ungeklärt.

Leben in der Eiszeit

Im letzten Abschnitt der Kaltzeit vor 40 000 bis 10 000 Jahren lagen die Durchschnittstemperaturen in Mitteleuropa etwa 10 °C niedriger als heute. Deshalb wuchsen nur Büsche, Birken und sumpfiges Grasland.
Die Jetztmenschen kamen in der eiszeitlichen Umwelt als **Jäger und Sammler** gut zurecht. Sie erfanden zahlreiche neue Werkzeuge, darunter Speerschleudern, Harpunen, Angelhaken und Nähnadeln aus Knochen. Sie jagten Wildrinder, Wildpferde, Mammute, Wollnashörner, Rentiere und Riesenhirsche, aber auch Kleintiere wie Schneehasen, Vögel und Fische. Dazu sammelten sie Beeren, Pilze, Wurzeln und Eier.
Die Menschen mussten ihr Leben nach der Jagd und den Jahreszeiten richten. Viele Monate im Jahr zogen sie in Gruppen umher und folgten den Wanderungen ihrer Beute. Die Menschen der Eiszeit waren **Nomaden**, lebten also nicht an einem festen Ort. Felsvorsprünge, Höhleneingänge und Zelte boten Schutz vor Kälte, Regen und wahrscheinlich auch Tieren.

Neandertaler   Jäger und Sammler   Nomaden

M 4 Klingenwerkzeuge aus Stein
Fundort: Martinsberg bei Andernach,
Alter: ca. 13 000 Jahre

M 6 Vogeljagd am Rhein vor 12 000 Jahren
Landschaftsrekonstruktion
Der Jäger benutzt für die Vogeljagd eine Speerschleuder.

M 5 Im Innern eines Zeltes

Der Archäologe Gerhard Bosinski schreibt über einen Fund in Gönnersdorf:

Im Innern einer Behausung in Gönnersdorf lag neben der Feuerstelle ein Mammutoberschenkel, der ursprünglich aufrecht gestanden hatte und die Stütze einer Grillvorrichtung war. Dicht neben der Feuerstelle war ein Rengeweih so eingegraben, dass die Zacken der Schaufel eine Gabel über dem Feuer bildeten.

Zur Beleuchtung dienten Steinlampen, in deren Höhlung sich Fett und ein Docht befanden. Der Docht bestand vermutlich aus einem Wacholderzweig. Platten aus Quarzitstein sind erhitzt worden; vielleicht um darauf Fleisch zu braten. Im Innenraum der Häuser hat man mehrere kleine Gruben ausfindig gemacht, die vermutlich mit Leder ausgekleidet waren. Sie dienten als Kochgruben.

Zit. nach: Internetseite der Universität Koblenz, 2003 www.fh-koblenz.de/koblenz/remstecken/rhine98/Rheinlandschaft/projectgruppen/5.umweltgeschichte/97sieferle/naturlandschaft.htm [Zugriff: 22.03.2003]

M 7 Harpunenspitze aus Knochen
Fundort: Kesslerloch (Schweiz), Länge: 15 cm,
Alter: ca. 12 000 Jahre
Eine Erfindung des Jetztmenschen.

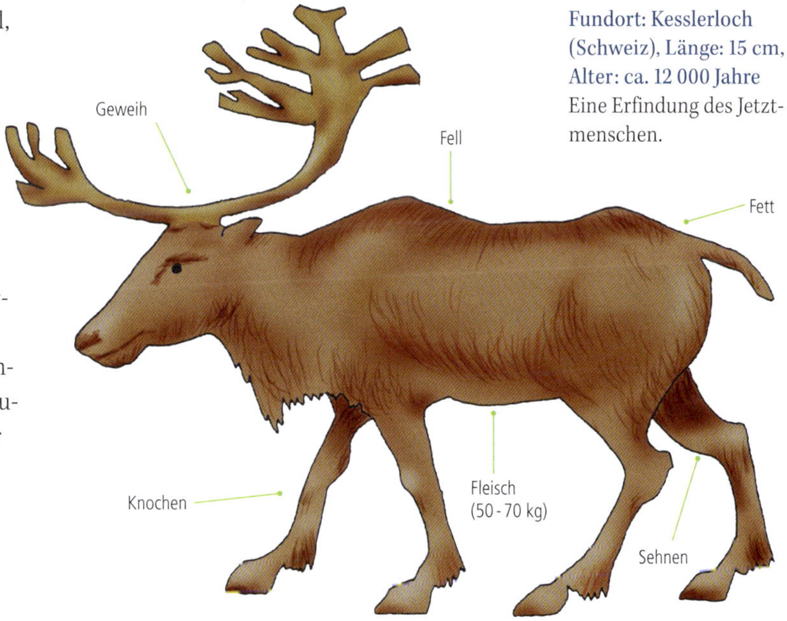

M 8 Nutzung eines Rentieres

1. *Nenne die wesentlichen Unterschiede zwischen Neandertalern und Jetztmenschen.*
2. *Beschreibe das Zelt eines Eiszeitjägers (M3) mithilfe des Textes (M5).*
3. *Begründe, warum der Forscher in seinem Text die Wörter „vielleicht" und „vermutlich" benutzt (M5).*
4. *Stelle in einer Tabelle die Verwendungsmöglichkeiten von Geweih, Fell, Fett, Knochen, Fleisch und Sehnen des Rentieres zusammen. Beachte den Lehrbuchtext sowie M3-M8.*
5. *Schreibe eine Geschichte zum Leben der eiszeitlichen Jäger und Sammler. Nutze dazu den Lehrbuchtext und M3-M8. Erläutere, was du in deiner Geschichte erfunden hast und was du mit Tatsachen belegen kannst.*

Leben in der Jungsteinzeit

M 1 Leben vor 7 000 Jahren im Rheinland
Rekonstruktionsversuch

Ein neues Leben

Sesshaftigkeit ist für uns heute etwas Selbstverständliches, also das ganze Jahr über an einem Ort zu leben. Für die Menschen, die auf diese völlig neue Art lebten, war es eine gewaltige Herausforderung und sehr riskant. Denn sie mussten um ihren festen Wohnsitz herum genügend Nahrung haben, damit sie das ganze Jahr überleben konnten. Ob die Menschen diese neue Lebensform freiwillig wählten, weil Jagen und Sammeln für den Lebensunterhalt nicht mehr genügten, wissen wir nicht.

Die neuen Berufe: Bauern und Hirten

Die Menschen hatten herausgefunden, dass aus Getreidearten, wenn man sie nur lange genug im Boden ließ, neue Pflanzen wuchsen. Sie trugen im nächsten Jahr mehr Körner als eingepflanzt wurden. Die Körner wurden zu Mehl gemahlen und zu Brot gebacken. Den Menschen gelang es außerdem, Wildtiere zu zähmen. Zunächst waren es Schafe und Ziegen, später auch Rinder und Schweine. Sie wurden zu Zuchttieren, die mehr Fleisch und Milch gaben.

Aus Jägern wurden also nicht nur Bauern, sondern auch Hirten. Die Menschen konnten durch regelmäßige Ernten und Schlachtungen Vorräte anlegen.

Dass sich diese Lebensform im sogenannten „Fruchtbaren Halbmond", einem Gebiet in Vorderasien[1], entwickelte, war kein Zufall. Denn dort gab es die notwendigen Pflanzen und Tiere, mit denen die Menschen Ackerbau und Viehhaltung lernen konnten.

Vor- und Nachteile

Nach Missernten, bei ansteckenden Tierkrankheiten, bei Feuer und ausgelaugten Böden fragten sich die Menschen in der Übergangszeit vielleicht, ob sie nicht doch lieber so leben sollten wie die Jäger und Sammler, die noch lebten wie in der Altsteinzeit. Umgekehrt war es genauso: Die Vorteile von festen Häusern, Tieren, die nicht wegliefen, und einer sicheren Versorgung im Winter ließen die Jäger und Sammler möglicherweise mit Missgunst auf die Bauern schauen. Auseinandersetzungen um Weide- und Jagdgebiete waren die Folge. Doch irgendwann gaben die Jäger und Sammler ihr altes Leben auf. Es zeigte sich, dass trotz aller Schwierigkeiten die Landwirtschaft die Menschen besser ernähren konnte als die Jagd. Deshalb kam es nach der Verbreitung der Sesshaftigkeit auch zu einem Bevölkerungswachstum.

Europäer als Nachzügler

Vor mehr als 11 000 Jahren war die Sesshaftigkeit schon in Vorderasien bekannt, dann breitete sich diese Art zu leben bis zu den Alpen aus. Vor rund 7 000 Jahren begann sie auch bei uns, sich durchzusetzen. Damit folgte ein neuer Abschnitt der Geschichte, die **Jungsteinzeit**. Die Umstellung von der altsteinzeitlichen zur jungsteinzeitlichen Lebensweise an einem Ort vollzog sich über mehrere Generationen hinweg und betraf alle Lebensbereiche. Die Veränderungen waren für das Leben der Menschen so tiefgreifend, dass Forscher sie schon als „**neolitische Revolution**" bezeichnet haben.

[1] Vorderasien: das Gebiet in Asien, in dem sich die heutigen Länder Türkei, Syrien, Israel, Libanon, Jordanien und Irak befinden

Sesshaftigkeit Jungsteinzeit „neolithische Revolution"

M 2 Weltweit satt!

In einem Ausstellungskatalog von 1997 heißt es zur Ernährung in der Jungsteinzeit und heute:

Am Ende des Eiszeitalters hatte der Homo sapiens es geschafft, überall auf der Erde satt zu werden. Mit dem Beginn der Landwirtschaft wandelte sich der Speiseplan der Menschen. Sie aßen wieder mehr Vegetarisches – meist Getreidebrei. Das veränderte Menü ging den Menschen jedoch an die Zähne: Die großen Mengen Stärke – vom Speichel rasch in Zucker gespalten – machten den Zahnschmelz anfällig für Karies. Außerdem schmirgelte der Steingrus[1] von den Mahlsteinen, der sich im Mehl versteckte, das Gebiss ab.
Noch nie war es so einfach, an Nahrung zu kommen, wie heute. Aber auch noch nie war unser Essen so stark aufbereitet. Ob aus der Tube, Tüte oder Dose, zu kauen haben wir weniger und weniger. Unsere Zähne verkümmern, der Kiefer wird kleiner. Dabei ist er heute oft so klein, dass kein Platz mehr für die Weisheitszähne bleibt.

Nach: Bärbel Auffermann und Gerd-Christian Weniger (Hrsg.), Zeitreise. Ein Gang durch die Menschheitsgeschichte. Bilder aus dem Neanderthal-Museum, Mettmann 1997, S. 146ff.

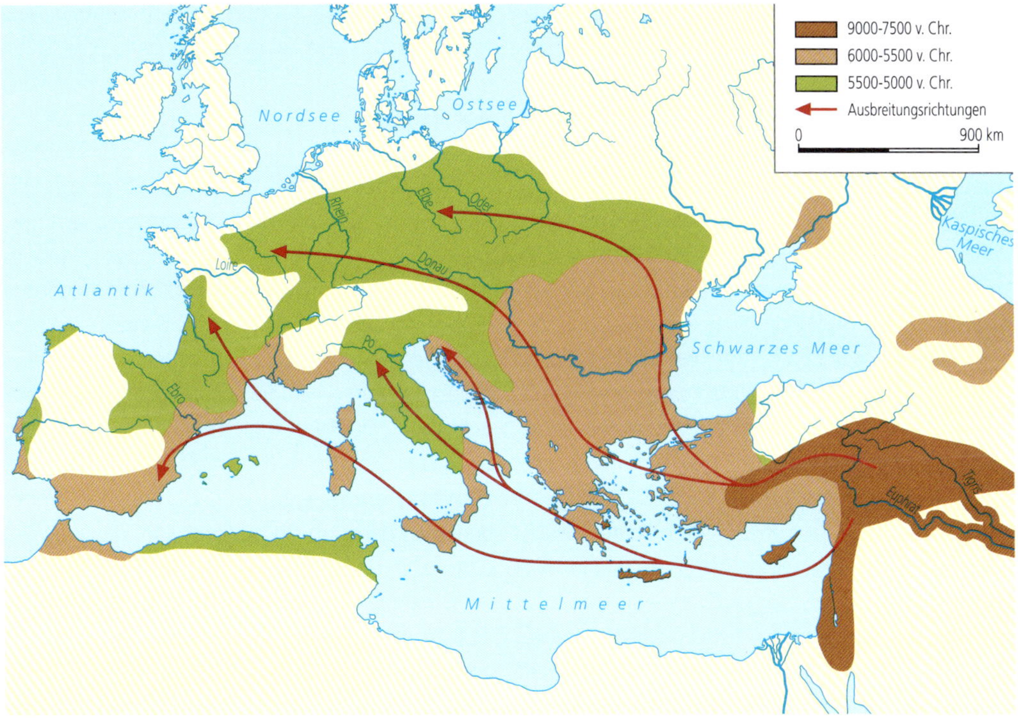

M 3 Ausbreitung der ersten bäuerlichen Gesellschaften

M 4 Weizen im Vergleich
Oben: wilder Weizen. Unten von links nach rechts: gezüchteter Weizen aus der jüngeren Steinzeit – moderner Weizen.

1. *Erkläre den Unterschied zwischen Altsteinzeit und Jungsteinzeit an Beispielen. Betrachte dazu auch das Rekonstruktionsgemälde (M1) und trage zusammen, was das Bild über Ackerbau und Viehhaltung, Ernährung, Kleidung und Schutzbedürfnis aussagt.*
2. *Verwende einen Atlas mit den heutigen Ländern. Folge dann den Pfeilen und nenne die heutigen Staaten, in denen sich die bäuerliche Lebensweise ausgebreitet hat (M3).*
3. *Stell dir vor, du bist ein Jäger und Sammler, der zufällig eine bäuerliche Siedlung entdeckt hat. Erzähle nach der Rückkehr zu deiner Gruppe davon. Beachte dabei auch die Zeichnungen auf S. 42.*
4. *Stelle in einer Liste die Vorteile und Gefahren der Sesshaftwerdung zusammen.*
5. *Beurteile, inwieweit diese Veränderungen einen tiefen Einschnitt im Leben der Menschheit darstellten.*

Internettipp:
Wie sich das Leben in der Steinzeit veränderte, macht ein Experiment deutlich (Mediencode 30041-04)

[1] Steingrus: Steinreste, wie Sand

Gegensätze ziehen sich an

Dilgo ist ein jugendlicher Jäger und Sammler. Um in die Gemeinschaft der Männer aufgenommen zu werden, muss er einen Monat lang ohne jede Hilfe im Wald überleben. Auf seinem Weg durch den Wald hört Dilgo auf einmal ein Mädchen mit klarer Stimme singen. Neugierig folgt er dem Klang und erreicht bald eine Lichtung im Wald.

Hinter einem Haselgebüsch versteckt, schaute Dilgo auf die Lichtung. Kaum konnte er glauben, was er sah: eine sehr große Lichtung, die nicht nur frei von Bäumen, sondern auch frei von Büschen, Sträuchern und Stauden war, auf der auf den ersten Blick nichts anderes wuchs als eine Grassorte mit breiten, spitz zulaufenden Blättern, wie Dilgo sie noch niemals gesehen hatte.

Inmitten dieser fremden Gräser stand das Mädchen und sang. Nein, sie stand nicht, sie bückte sich immer und immer wieder und riss irgendwelche Kräuter aus, die zwischen den Gräsern wuchsen, und warf die Kräuter in einen Korb, den sie über dem linken Arm trug. Soweit Dilgo es aus seinem Versteck erkennen konnte, waren die Kräuter wertloses Zeug, nichts, was man essen und womit man Krankheiten behandeln konnte. Warum sammelte das Mädchen sie dann? Das Mädchen beendete den Gesang, setzte den Korb ab, strich sich mit der Hand die langen blonden Haare zurück und streckte sich. Sie legte sich die Hände in den Rücken und bog sich zurück. Dabei spannte sich das Kleid, sodass man die Brüste erkennen konnte. Wie schön sie mit ihrem schlanken, biegsamen Korper und der gebräunten Haut war! Nur ihr Kleid war sehr merkwürdig, weder aus Fell noch aus Leder, sondern aus einem rauen, hellen Material. Nun nahm sie den Korb auf und begann wieder ihre seltsame Sammeltätigkeit.

Dilgo verhielt sich ganz still. Er wollte nichts als sehen – und hören. Aber das Mädchen sang nicht mehr. Dafür schrie plötzlich ein Kind. Vom Rand der Lichtung hörte Dilgo laut und angstvoll die Kinderstimme: „Mirtani! Mirtani, ein Wolf!“ Dilgo blickte in die Richtung, aus der die Stimme gekommen war. Er sah ein kleines Mädchen mit einem blonden Lockenkopf und er sah den Wolf. Es war der, den er nun schon zweimal im Wald gesehen hatte, und offensichtlich war der Wolf noch immer in freundlicher Stimmung. Sein Schwanz wedelte locker hin und her und spielerisch machte er ein paar Sätze auf das Kind zu. Dieses schrie noch lauter. Das Mädchen auf der Wiese ließ den Korb fallen und rief laut: „Lurini! Lurini!“ Dann rannte sie auf das Kind zu. Eisiger Schreck durchfuhr Dilgo. „Nicht rennen! Bleib stehen! So bleib doch stehen, sonst greift er dich an!“, rief er. Das Mädchen blieb abrupt stehen und drehte sich suchend um.

Dilgo beobachtete den Wolf. Der hatte sich sehr wachsam angespannt, sein Schwanz zeigte gerade nach hinten, seine Zähne waren gefletscht. Dilgo wusste nur zu gut, was das bedeutete: Der Wolf war bereit zum Angriff. Eine falsche Bewegung und das Mädchen würde die Zähne des Raubtiers zu spüren bekommen. Zorn stieg in ihm auf. Wie konnte man so dumm und so leichtsinnig sein, dieses friedlich gestimmte Tier so zu reizen, dass es gefährlich wurde! Dilgo schaute sich suchend um. Endlich entdeckte er einen Stein. Schnell bückte er sich nach ihm, brach gleichzeitig einen Zweig von der Eiche hinter sich ab und stürzte brüllend aus dem Wald. Der Wolf fuhr zu ihm herum. Da warf Dilgo den Stein nach dem Wolf und trat ihm astschwingend entgegen. Jede Regung des Wolfes behielt er dabei im Auge. Als er sah, dass das Tier den Schwanz einzog, den Rücken krümmte und die Ohren demütig anlegte, hätte er beinahe gejubelt. Nun wusste er, dass er gewinnen würde. Er warf den Ast nach dem Wolf und dieser floh in langen Sätzen in den Wald.

Mirtani erlebt dieselbe Situation so:

Mirtani hatte schon den ganzen Vormittag im Getreidefeld Unkraut gejätet. Die Wildpflanzen, die sich immer wieder zwischen dem Weizen ansiedelten, richteten großen Schaden an, sie nahmen dem Getreide Platz und Licht und bei der Ernte mischten sich ihre Samen zwischen die Getreidekörner. Deshalb hatte die Mutter Mirtani zum Unkrautausreißen aufs Feld geschickt. Lurini war ihr wie immer gefolgt. Anfangs hatte sie eifrig geholfen, doch inzwischen war ihr die Arbeit längst zu langweilig geworden und sie baute drüben am Waldrand aus Aststückchen, Rinde und Gras ein kleines Haus.
Mirtani sang. Sie war froh, allein am Feld arbeiten zu können. Sie liebte den Geruch des sonnengebräunten Bodens, das Gefühl von Erde und Pflanzen zwischen ihren Fingern. Am meisten aber liebte sie es, von den Erwachsenen unbeaufsichtigt zu sein. Langsam wurde sie müde und der Rücken begann zu schmerzen. Sie streckte sich. Dann nahm sie die Arbeit wieder auf. Mit dem, was sie bisher geschafft hatte, würde sich die Mutter nicht zufrieden geben. Und die Tante schon gar nicht.
Da hörte sie Lurini schreien: „Mirtani! Mirtani, ein Wolf!" Mirtani ließ den Korb mit Unkraut fallen und rannte los. Sie konnte nicht denken. Sie hatte keine Ahnung, wie sie dem Wolf begegnen sollte. Sie wusste nur eines: Lurini durfte nichts zustoßen. Nicht Lurini, nicht auch noch Lurini! Sie merkte kaum, dass sie schrie. Sie achtete nicht auf die Getreidepflänzchen, die sie niedertrat. Sie rannte. Doch plötzlich hörte sie die fremde Stimme, eine Stimme mit einer ungewohnt weichen und dunkeltönenden Klangfarbe: „Nicht rennen! Bleib stehen! So bleib doch stehen, sonst greift er dich an!" Wie von einer unsichtbaren Hand gestoppt, hielt sie an und drehte sich um. Da sah sie den Jungen aus dem Haselgebüsch hervorstürzen und einen Stein nach dem Wolf werfen, dem Wolf gegenüberstehen und den Wolf vertreiben. […]
Jung und groß war er, schlank und doch stark, und seine Bewegungen waren von einer Gewandtheit und Geschmeidigkeit, wie sie nur Tiere haben, nicht Menschen. Alles war ungewöhnlich an ihm. Sein dunkles Haar hing lang und glatt herab, über die Schultern hatte er einen großen Fellbeutel geworfen, sonst war er nackt bis auf einen Lendenschurz aus Leder. Jetzt sah er sie an und kam langsam auf sie zu. Da drehte sie sich um und rannte davon.

Gabriele Beyerlein und Herbert Lorenz:
Die Sonne bleibt nicht stehen. Eine Erzählung aus der Jungsteinzeit, Arena Verlag

Wie geht es weiter?

Nach dieser ersten Begegnung sehen Dilgo und Mirtani sich wieder und erleben gemeinsam ihre erste Jugendliebe.
Doch es ist nicht einfach für die beiden, denn sie haben eine ganz unterschiedliche Lebensweise. Während Dilgo nur ein Leben der Altsteinzeit kennt, gehört Mirtani zu den ersten Menschen der Jungsteinzeit.
Wie geht es weiter?

Überlege, inwieweit der Wandel von der Alt- zur Jungsteinzeit einen entscheidenden Bruch darstellt.

Neue Bauwerke

M 1 Steinallee von Carnac in Frankreich
Sie entstand vor etwa 5 000 Jahren.
In Carnac gibt es fast 2 800 unbehauene, senkrechte Steinsäulen (Menhire).

„Hinkelsteine"?

Große Steingruppen in Norddeutschland, Frankreich und England beeindrucken die Menschen bis heute. Lange glaubten sie, Riesen (Hünen) oder Teufel hätten sie errichtet. Das zeigen Namen wie „Hünengräber", „Riesenbetten" oder „Teufelssteine". Heute wissen wir, dass unsere Vorfahren diese Gräber, Heiligtümer und Opferstätten vor mehr als 6 000 Jahren errichteten. Sie sind Kennzeichen der Megalithkultur (gr. megas: groß; lithos: Stein) der Jungsteinzeit (Neolithikum).

Zeugen der Veränderung

Die Megalithbauten zeigen, dass Hunderte Menschen über längere Zeit Hand in Hand Steine hoben, brachen, transportierten, aufrichteten oder aufeinandertürmten. Das war nur möglich, weil sie Teil einer Gemeinschaft waren, die während der Bauarbeiten für ihren Lebensunterhalt sorgte. Diese Bauwerke sind damit Zeugnisse für eine organisierte Gemeinschaftsleistung.

M 2 Dolmen[1] von „Lehmsiek" bei Eckernförde
Das Steingrab ist etwa 5 000 Jahre alt und der Deckstein misst 2,5 x 2,2 m. In Schleswig-Holstein sind etwa 200 solcher Großsteingräber erhalten geblieben.

M 3 Wie große Steine bewegt werden
Steinzeitpark in Albersdorf

[1] Dolmen („Steintisch"): tischförmig gebautes Steingrab

M 4 Steinzeithaus
Nachbau im Steinzeitpark des Archäologisch-Ökologischen Zentrums Albersdorf

M 5 Nachbau eines Bootes der Steinzeit
„Steinzeit-Camp" in Albersdorf
Jedes Jahr im Sommer trifft sich eine Gruppe von Forschern und Studenten zu einer „Steinzeit-Woche" in Albersdorf. Sie versuchen herauszufinden, wie die Menschen vor 10 000 Jahren lebten.

1. *Nenne die Materialien, mit denen Haus und Boot errichtet wurden (M4 und M5).*
2. *Beschreibe die Bauweisen.*
3. *Welche Werkzeuge wurden für den Bau benötigt?*
4. *Überlege, welche zusätzlichen Möglichkeiten es für die Menschen durch den Bootsbau gab, beispielsweise in Bezug auf die Beschaffung von Nahrung.*
5. *Versetze dich in einen Hausbewohner deines Alters, der hier vor 5 000 Jahren eine Winternacht verbringt. Welche Geräusche und Gerüche wird er wahrgenommen haben? Was mag er gesehen haben? Wird er gefroren haben? Womit konnte er sich beschäftigen? Beachte bei deinen Antworten: In der Jungsteinzeit lebten Mensch und Tier noch nicht unter einem Dach.*

Exkursionstipp:
Museum für Archäologie und Ökologie, Dithmarschen, Albersdorf

Internettipps:
Museen, die Funde aus der Vorgeschichte deiner Heimat Schleswig-Holstein ausstellen, findest du unter Mediencode 30041-05

Das Dorf und seine Bewohner

M 1 Einige der neuen Geräte und Werkzeuge der Jungsteinzeit
Rekonstruktionszeichnungen: Pflug, Axt, Bohrer, Ofen, Webrahmen, Wagen, Sichel

Neue Arbeiten in Haus und Dorf

Nachdem die Menschen sesshaft geworden waren, entstanden Dörfer mit 90 bis 120 Einwohnern. Statt der Zelte errichteten die Bewohner große lange Häuser, in denen sie arbeiteten und Vorräte lagerten.

Das neue Leben brachte aber nicht weniger Arbeit. Es entstanden neue Aufgabenbereiche, sodass der Arbeitstag für alle länger und mühsamer wurde. Die neuen Aufgaben lösten die Menschen mit Geschick. Viele Werkzeuge und Geräte wurden weiterentwickelt oder neu erfunden, damit mehr, schneller, praktischer oder besser gearbeitet werden konnte. Zu den wichtigsten Neuerungen gehörten das Rad und der Pflug.

Für ihre Kleidung gewannen die Menschen aus Pflanzenfasern oder Wolle Fäden, die sie am Webrahmen zu Stoffen verarbeiteten. Zur Vorratshaltung wurden Gefäße aus gebranntem oder getrocknetem Ton hergestellt. Kinder halfen vermutlich bei allen Tätigkeiten mit.

Geteilte Arbeiten in Haus und Dorf

Gab es Aufgaben, die vor allem von Frauen übernommen wurden, und andere Dinge, um die sich eher Männer kümmerten? Ob es diese Form von **Arbeitsteilung** zwischen Männern und Frauen gab, darüber streiten sich Wissenschaftler. Sicher ist, dass die Menschen alle Aufgaben innerhalb der Dorfgemeinschaft den Fähigkeiten entsprechend aufteilten. Manche Tätigkeiten wurden immer wieder von denselben Personen ausgeführt. Es entstand eine Spezialisierung, aus der später Berufe hervorgingen. Manchmal gab es ganze Dörfer, die sich auf eine bestimmte Arbeit spezialisiert hatten. Es wurden zum Beispiel viel mehr Tongefäße hergestellt als für den Ort nötig waren. Die überzähligen Gefäße tauschten die Menschen dann bei reisenden Händlern gegen Nahrungsmittel und andere Waren. So entstand der Handel. Jedoch nicht alle Arbeiten wurden geteilt: Bei der Ernte, beim Hausbau, bei Rodungen (Fällen oder Abbrennen von Waldbäumen, um z. B. Holz und neues Ackerland zu erhalten) und bei großen Schlachtungen mussten alle Hände mit anpacken.

Internettipp:
Einen virtuellen Rundgang durch die Pfahlbauten am Bodensee in Unteruhldingen kannst du unter Mediencode 30041-06 erleben

M 2 Das Leben der Frauen – kurz und arbeitsreich?

Die Wissenschaftlerin Brigitte Röder zur Arbeitsbelastung von Frauen in der Jungsteinzeit:

Frauen starben in der Jungsteinzeit im Schnitt ein Jahrzehnt früher als Männer. Als wichtiger Grund, der die Lebenserwartung der Frauen herabsetzte, wird die Belastung durch die sehr früh und dann in kurzen Abständen aufeinanderfolgenden Schwangerschaften vermutet. Untersuchungen der Muskelansätze an den Knochen zeigen zweifelsfrei, dass jungsteinzeitliche Frauen extremen körperlichen Belastungen ausgesetzt waren, die mit denen der Männer nicht zu vergleichen waren. Insofern ist es durchaus möglich, dass sie im Arbeitsleben in der Jungsteinzeit eine zentrale Rolle spielten – eine Position, die ihnen offenbar weniger Ansehen, Macht und Einfluss als vielmehr Arbeit und eine niedrigere Lebenserwartung einbrachte.

Nach: Brigitte Röder, Jungsteinzeit: Frauenzeit? Frauen in den frühen bäuerlichen Gesellschaften Mitteleuropas, in: Frauen – Zeiten – Spuren, hg. v. Bärbel Auffermann und Gerd-Christian Weniger, Mettmann 1998, passim und S. 260ff.

M 3 Ein leichteres Leben für die Frauen?

Der Wissenschaftler Hansjürgen Müller-Beck schätzt die Folgen für das Arbeitsleben der Frauen anders ein:

Feldbau und Tierhaltung verursachen zwar Arbeit. Aber diese neue Art von Arbeit ist besser zu planen und bietet größere Sicherheit. Damit werden vor allem die Frauen von ihrer Sammeltätigkeit entlastet, die mit zunehmender Entfernung vom Lager immer gefährlicher wurde und auch enorme Tragleistungen erzwang. Dabei ist zu beachten, dass die Mütter ihre kleineren Kinder wegen des Stillens mit sich tragen müssen. Die Entwicklung zur Jungsteinzeit macht vor allem zunächst den Frauen das Leben leichter. Sie können sich jetzt stärker den Kindern widmen.

Nach: Hansjürgen Müller-Beck, Die Steinzeit. Der Weg der Menschen in die Geschichte, München 1998, S. 102

M 4 Tongefäß
Alter: etwa 7 500 Jahre; Höhe: 16,2 cm; Randdurchmesser: 13 cm

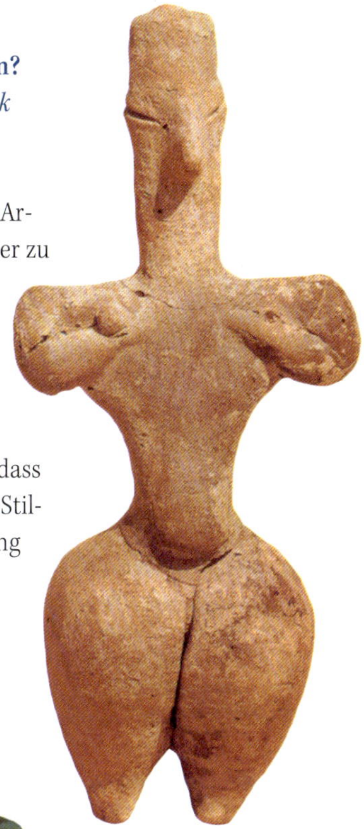

M 5 Weibliche Tonfigur aus Griechenland
Entstanden etwa 6000 v. Chr.
Die Figuren wurden als Darstellungen von Geistern oder Göttern verehrt.

1. *Gib wider, wofür die Geräte im Haushalt, in der Landwirtschaft oder bei anderen Arbeiten im Dorf eingesetzt wurden (M1).*
2. *Nenne Arbeiten, die in einer bäuerlichen Siedlung sonst noch erledigt werden mussten.*
3. *Wählt fünf Dinge des heutigen Lebens aus, die eurer Meinung nach die wichtigsten sind. Vergleicht dann mit den Erfindungen der Jungsteinzeit und erklärt, was von den genannten Dingen für das Leben am wichtigsten ist.*
4. *Erstellt eine Mindmap zum Thema „Arbeitsteilung in der Jungsteinzeit" (siehe auch S. 24 f.).*
5. *Halte einen kurzen Vortrag. Dabei erzählst du einem Menschen, der nur die altsteinzeitliche Lebensweise kennt, vom Leben in einem Dorf. Nenne nicht nur die Vorteile, sondern auch Nachteile und Gefahren.*
6. *Stelle die Folgen der neuen Lebensweise für die Frau zusammen, wie sie in M2 und M3 beschrieben werden.*
7. *Diskutiert in der Klasse, welche Meinung der beiden Wissenschaftler (M2, M3) für euch überzeugender ist. Begründet eure Aussagen.*
8. *Beurteile, inwieweit die Figur M5 etwas über die Rolle der Frau im täglichen Leben aussagt.*

„Ötzi" – Mord im Eis?

M 1 **Leiche im Eis**
Foto vom 21. September 1991
Das Bild zeigt den ersten Bergungsversuch. Fundort: Ötztaler Alpen.

M 3 **Der Fundort am Similaun-Gletscher**

M 2 **So könnte Ötzi ausgesehen haben**
Rekonstruktion für das Südtiroler Archäologiemuseum Bozen (Italien)

Ein besonderer Fund

Stell dir vor, du wanderst in den Bergen und findest im Eis die Leiche eines Mannes, dazu Gegenstände aus Holz, Feuerstein und Pflanzenfasern ... Genau dies ist 1991 einem Ehepaar aus Nürnberg passiert: in 3 200 m Höhe in den Ötztaler Alpen, an der Grenze zwischen Österreich und Italien. Wo durch die inzwischen milderen Temperaturen das Gletschereis schmilzt, kamen Funde zu Tage, die sich als außerordentlicher Glücksfall für die Archäologie herausstellen sollten: Durch die Konservierung im Eis ist der Körper so gut erhalten, dass Mediziner ihn untersuchen können. Auch Teile seiner Ausrüstung und Kleidung konnten geborgen werden.

Wann lebte Ötzi?

„Ötzi" – so wurde der Mann aus dem Eis bald genannt – besaß ein für seine Zeit besonderes Beil: Es hatte eine Klinge aus **Kupfer**. Die Spitzen seiner Pfeile und die Klinge seines Dolches waren hingegen aus Feuerstein. Damit stand für Archäologen schon früh fest: Ötzi lebte am Übergang von den Stein- zu den Metallzeiten. In den Alpen ist dies die sogenannte Kupferzeit. Naturwissenschaftler fanden heraus, dass der Mann irgendwann zwischen 3350 und 3100 v. Chr. zu Tode kam.

Kupfer – Bronze – Eisen

Forscher gehen davon aus, dass die wichtigen Erfindungen im Metallhandwerk im Vorderen Orient gemacht wurden: Ab dem 7. Jahrtausend v. Chr. stellten Menschen dort Gegenstände aus Gold und Kupfer her. 3 000 Jahre später mischten Handwerker Kupfer mit Zinn. Dadurch entstand **Bronze**. Sie kann in Formen gegossen werden und ist härter als Kupfer oder Gold. Die meisten Metalle werden aus Erz gewonnen. Das sind Steine, in denen das Metall in gebundener Form enthalten ist. Wieder 1 000 Jahre später gelang es Menschen, **Eisen** aus Eisenerz zu gewinnen. Es wird bis heute geschmiedet, also glühend gemacht und mit dem Hammer geformt.

All diese Kenntnisse und Fähigkeiten brachten Händler nach Mittel- und Nordeuropa. So wurde auch hier seit 2200 v. Chr. Bronze hergestellt (**Bronzezeit**) und ab etwa 1000 v. Chr. Eisen verarbeitet (**Eisenzeit**)

Ötzis Welt

Ötzi kam aus einer Siedlung, in der die Menschen von Ackerbau und Viehhaltung lebten. Sie bauten Getreide an (Einkorn, Nacktweizen, Gerste) und hielten Haustiere (Schaf, Ziege, Schwein, Rind, Hund). Jagen und Sammeln ergänzten den Speiseplan. Die Menschen bauten Kupfererz in den Alpen ab und verarbeiteten es zu Gegenständen. Die Forscher haben herausgefunden, dass Ötzis Heimat in einem Tal südlich des Alpenhauptkammes lag. Warum er in die Berge ging und wie er dort starb, ist bis heute ein Rätsel.

Kupfer Bronze Eisen Bronzezeit Eisenzeit

M4 Ötzis Kleidung und Ausrüstung

- Fellmütze
- Regenschutz (?) aus Sumpfgras
- möglicherweise ärmelloses Obergewand aus Fell
- gebundener Ledergürtel mit Gürteltasche
- Beinlinge (Leggins) aus Fell, Laschen in Schuhen
- Lendenschurz aus Ziegenleder
- Schuhe aus Fell, Innenschuh aus Gras und Heu

- Beil mit Kupferklinge (*M5, M6.5*)
- unfertiger Eibenholzbogen
- Köcher mit unfertigen Pfeilen (*M6.6-7*)
- Gestell einer Rückentrage
- Dolch mit Feuersteinklinge (*M6.1*)
- Werkzeug zur Feuersteinbearbeitung
- zwei Behälter aus Birkenrinde
- Netz aus Bast, für Vogelfang oder Hasenjagd
- Feuersteingerät zum Bohren von Löchern (*M6.8*)
- Feuerschlagbesteck (Feuerstein *M6.4*, Zunder)
- Steinperle an einem Fellriemen (*M6.3*)
- zwei Stücke eines Pilzes mit Heilwirkung

Zusammengestellt nach: www.iceman.it/de/oetzi-der-mann-aus-dem-Eis

M5 Ötzis Beil

Beilklinge aus Kupfer, Schaft aus Eibenholz

Die 9,5 cm lange Beilklinge wurde mit Teer und Lederriemen im Schaft befestigt.

M6 Was wäre, wenn ...

Die Schriftstellerin Gabriele Beyerlein schreibt im Vorwort zu einem Jugendbuch:

Wäre der Mann vor seinem Tod den Berg ein Stück weiter hinabgestiegen, so wäre er samt seinem Gepäck nicht tiefgefroren und für Jahrtausende mit Schnee und Eis bedeckt worden. Tiere hätten seinen Körper gefressen, und von seinem Besitz würden wir heute nicht mehr finden als bestenfalls das: ⟶

Gabriele Beyerlein erzählt vom Gletschermann, Hamburg 1993, S. 13

M7 Was Wissenschaftler herausfanden

Mit vielfältigen Methoden haben Wissenschaftler die Eismumie untersucht:

untersucht	gefunden	Schlussfolgerung
Oberschenkel	Länge des Knochens	Gesamtkörpergröße 1,60 m
Oberschenkel	Knochenmerkmale	starb mit etwa 45 Jahren
Haare	hohe Kupferkonzentration	zeitweilig mit Kupferverhüttung in Kontakt
siebte und achte Rippe	gebrochen und wieder verheilt	überlebte eine Verletzung
Fingernägel	tiefe Furchen („Beau-Linien")	körperlicher Stress durch Krankheiten
Knochenzellen	Borrelien (eine Bakterienart)	hatte Krankheit durch Zeckenbiss (Borreliose)
Zähne	stark abgenutzt	Brot enthielt Sand vom Getreidemahlen
Zähne	Karies	aß viel Brot und Brei, kein Zähneputzen
Lunge	schwarz durch Rauchpartikel	war viel am offenen Feuer
Zähne, Knochen, Darminhalt	Einlagerungen bestimmter Mineralstoffe	lebte in Südtirol, war nie nördlich der Alpen
Mageninhalt	Pflanzenpollen	kam am letzten Lebenstag von Süden
Mageninhalt	Speisereste, Holzkohlestaub	kurz vor dem Tod: Mahl aus Getreide, Steinbockfleisch, Apfel; auf Feuer gekocht
Schnittwunde an Hand	typische Abwehrverletzung	Kampfhandlung kurz vor dem Tod?
Gehirn	Schädel-Hirn-Trauma	vor dem Tod Sturz oder Schlag auf den Kopf
Pfeilspitze in Schulter	durchschlug eine Arterie	blutende Wunde, mögliche Todesursache

1. ● *Ötzi wird als „Mensch zwischen den Zeiten" bezeichnet. Erläutere diese Aussage (M4, M5).*
2. *Begründe, warum Ötzi ein Glücksfall für die Wissenschaft ist (M4, M6).*
3. ● *Einige Wissenschaftler schließen, dass Ötzi für einen längeren Aufenthalt im Hochgebirge ausgestattet war. Überprüfe diese Vermutung mit M4.*
4. *Du bist Wissenschaftlerin / Wissenschaftler. Eine Reporterin / ein Reporter möchte von dir wissen: Wie sah Ötzi aus? – Wo lebte er? – War er gesund? – Warum ging er in die Berge? – Wurde Ötzi ermordet? – Woher weiß man das alles? Finde und begründe deine Antworten mit M7.*
5. *Mord oder Unfall? Schildert, wie der letzte Tag in Ötzis Leben abgelaufen sein könnte (M7). Stellt eure Geschichten in der Klasse vor. Bewertet abschließend, welche Erzählung ihr für die wahrscheinlichste haltet.*

Internettipps:
Weitere Informationen über Ötzi findest du unter Mediencode 30041-07

Metalle machen reich – und mächtig?

M 1 Eine Marktszene in der Bronzezeit
Rekonstruktion für eine archäologische Ausstellung

M 2 Bronzeschwert
Fundort: Nebra (Sachsen-Anhalt); Zeit: um 1600 v. Chr.
Schwerter sind die ersten Waffen, die nicht zugleich als Jagd- oder Allzweckgerät dienten. Bronzeschwerter sind für den Kampf wenig geeignet. Daher vermuten Archäologen, dass sie vor allem Zeichen der Macht waren.

Metall erfordert besondere Kenntnisse

Rohstoffe, aus denen man Metall gewinnen kann, kommen nicht überall vor. Man braucht besonderes Wissen, um Erze aufzufinden, abzubauen, das Metall daraus zu gewinnen und es zu Gegenständen zu verarbeiten. Handwerker spezialisierten sich auf diese Tätigkeiten.

Der Handel wird wichtig

Menschen haben Handel betrieben. Das wissen Archäologen, wenn sie an einem Ort Gegenstände aus einem Rohstoff finden, der dort nicht natürlich vorkommt. Beispiele dafür gibt es schon aus den Steinzeiten, etwa Muscheln oder bestimmte Gesteinsarten. Die Forscher können nachweisen, dass mit dem Aufkommen von Gold, Kupfer, Bronze und Eisen der Handel eine immer wichtigere Rolle spielte. Nicht nur Rohstoffe, auch fertige Gegenstände wurden gegen andere getauscht.

Alleskönner oder Spezialisten?

Funde aus jungsteinzeitlichen Siedlungen zeigen, dass in jedem Dorf alle zum Leben notwendigen Handwerke betrieben wurden. Einige Tätigkeiten wurden sogar in jedem Haus ausgeübt. In den Metallzeiten muss es für bestimmte Tätigkeiten hingegen Spezialisten gegeben haben. Heute würden wir sie vielleicht Bergleute, Erzgießer, Schmiede und Händler nennen. Ob sie ausschließlich von dieser Tätigkeit lebten und ob sie für andere Menschen oder selbstständig arbeiteten, wissen wir nicht.

Die Menschen sind nicht (mehr) gleich

Sicher ist, dass Unterschiede zwischen Arm und Reich seit den Metallzeiten deutlicher wurden. Erste aufwändige Grabanlagen für einzelne Personen errichteten Menschen seit dem Ende der Jungsteinzeit[1]. Aus der Bronze- und Eisenzeit gibt es einige Gräber mit so kostbaren Grabbeigaben und so aufwändigem Bau, dass Archäologen sie als **„Fürstengräber"** bezeichnen.

Waren diese Menschen durch Handel reich geworden? Bestimmten sie über die Dorfgemeinschaft? Übten sie sogar Herrschaft in einer größeren Region aus? Hatten sie vielleicht besondere Aufgaben in Religion und Kult? Die Deutung der reichen Gräber aus den Metallzeiten ist bis heute nicht abgeschlossen.

Aus der Bronze- und Eisenzeit sind auch die ersten mit Schutzmauern befestigten Siedlungen bekannt. Auch das Schwert als Waffe wurde in der Bronzezeit erfunden und in der Eisenzeit weiterentwickelt. Erstmals scheinen Reichtum, Macht, Herrschaft und Ansehen archäologisch nachweisbar.

[1] Siehe S. 40.

„Fürstengrab"

M 3 Teil des Goldschatzes von Gessel
Fibel (Verschluss für einen Mantel oder ein Kleid), massives Gold, Länge: ursprünglich 16 cm
Mit 116 anderen Goldgegenständen wurde die Fibel um 1300 v. Chr. vergraben. Vorher wurde sie verbogen. Der Schatz wurde 2010 beim Bau einer Pipeline entdeckt, 10 km südlich von Bremen.

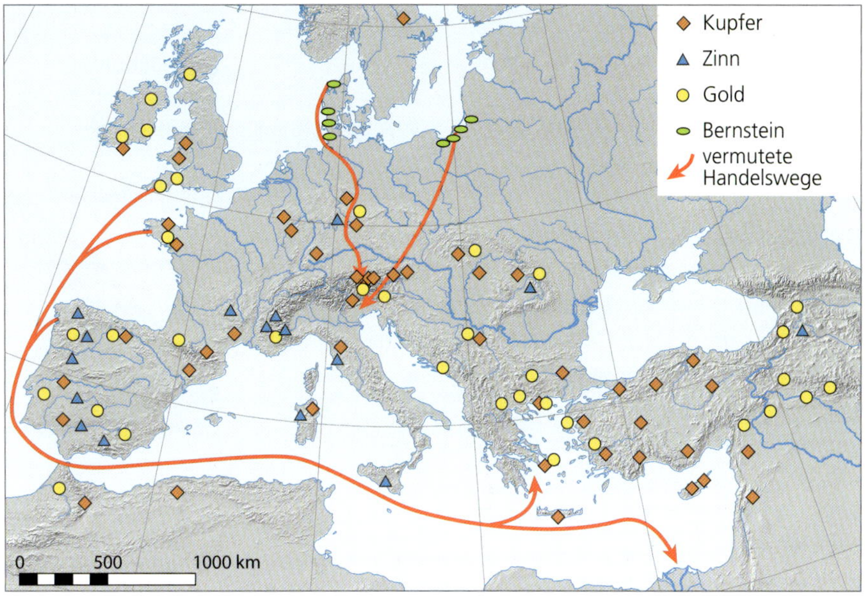

M 5 Rohstoffe und Handelswege in der Bronzezeit (2200 - 800 v. Chr.)

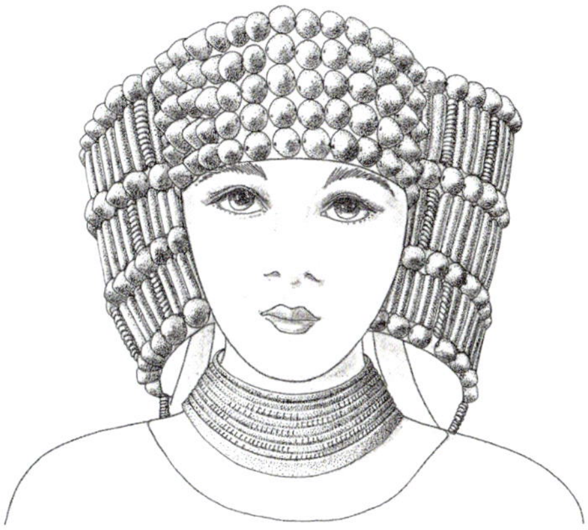

M 4 Eine bronzezeitliche Kopfbedeckung
Rekonstruktionszeichnung nach einem Fund aus Bleckmar (Lkr. Celle), um 1300 v. Chr.
Die Frau trägt eine „Flügelhaube" und einen Halsring aus Bronze. Heute sehen archäologische Bronzefunde grünlich-grau aus (vgl. M2). Frische Bronze glänzt rotgolden.

M 6 Frauenschmuck der Oberschicht?

Ein Journalist schreibt:

Bei den Kopfbedeckungen waren Flügelhauben aus Wolle oder Leder nur Frauen der Oberschicht vorbehalten. Funde aus Frauengräbern [...] zeigten, dass in jeder Generation lediglich einer Frau das Recht zustand, eine Flügelhaube zu tragen. Solche Kopfbedeckungen bestanden aus einem [...] Mittelstück, auf dessen beide Seiten schmale längliche Flügel genäht wurden. Die Flügel endeten in Höhe des Kinns der Frau und waren reich mit bronzenen Blechröhrchen, kegelförmigen Hütchen und Spiralröllchen besetzt.

Nach: Ernst Probst, Die Lüneburger Gruppe in der Bronzezeit, München 1996, S. 15 (gekürzt)

1. *Arbeite heraus, wie die Zeichner Unterschiede zwischen armen und reichen Menschen und ihren Tätigkeiten darstellen (M1).*
2. *Beschreibe Material und Verwendung der Funde M2 - M4. Warum waren die Gegenstände jeweils ein Zeichen von Ansehen und Reichtum?*
3. *Bronze braucht Handel. Erkläre den Zusammenhang mit der Karte M5. Stelle fest, wo die „Zutaten" für Bronze gewonnen werden konnten.*
4. *Erkläre, wie Metalle das Zusammenleben in der Gesellschaft veränderten.*
5. *Diskutiert in der Klasse, womit Menschen heute zeigen, dass sie viel Geld oder eine besondere Stellung haben.*

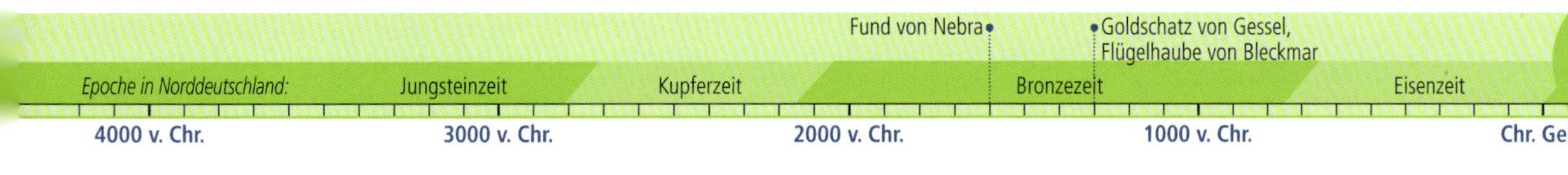

Salz – das weiße Gold

Drei Gramm Salz am Tag braucht ein Erwachsener, um gesund zu bleiben. Mit Salz lassen sich Lebensmittel haltbar machen. Es kommt im Meer vor, aber auch als festes Gestein.
Das älteste bekannte Salzbergwerk der Welt liegt bei Hallstatt in Österreich. Schon in der Bronzezeit haben Menschen hier Salz abgebaut. Aus der Eisenzeit gibt es in Hallstatt auch ein großes Gräberfeld: Über 4000 Menschen wurden in der Nähe des Bergwerkes beerdigt. Aus ihren Gräbern wissen wir, dass sie im Berg gearbeitet haben und der Salzhandel sie reich gemacht hat.

Vorschläge für Forschungsfragen:

Thema 1: *Bergbau – wie bauten die Bergleute der Eisenzeit das Salz ab? Beachte v. a. M1-M3 und M7.*

Thema 2: *Frauen, Männer, Kinder – wer arbeitete im Salzbergwerk von Hallstatt? Beachte v. a. M4-M7.*

Beschreiben

Thema 1: *Notiert in Stichworten, wie die Bergleute das Salz abbauten und transportierten.*

Thema 2: *Nennt Funde, die Auskunft über Alter und Geschlecht der Bergarbeiter geben.*

Untersuchen

Thema 1: *Findet heraus, wofür die Bergleute die abgebildeten Gegenstände benutzt haben.*

Thema 2: *Untersucht, welche Schlüsse die Forscher aus den Kleidungs- und Knochenfunden ziehen.*

Einordnen

Thema 1: *Vergleicht den eisenzeitlichen Bergbau in Hallstatt mit Bergbau heute. Beschreibt Unterschiede in Ausrüstung und Arbeitsweise.*

Thema 2: *Begründet, warum die Ergebnisse aus Hallstatt unsere Vorstellungen über die Aufgaben von Frauen, Männern und Kindern verändern können.*

Präsentieren

Thema 1: *Zeichnet ein Bild vom Bergbau in Hallstatt. Berücksichtigt Abbau, Transport und Beleuchtung.*

Thema 2: *Schreibt eine Geschichte: Ein Tag im Leben einer Bergarbeiterfamilie aus Sicht eines Kindes.*

M 1 Salzabbau
Querschnitt durch den Berg von Hallstatt

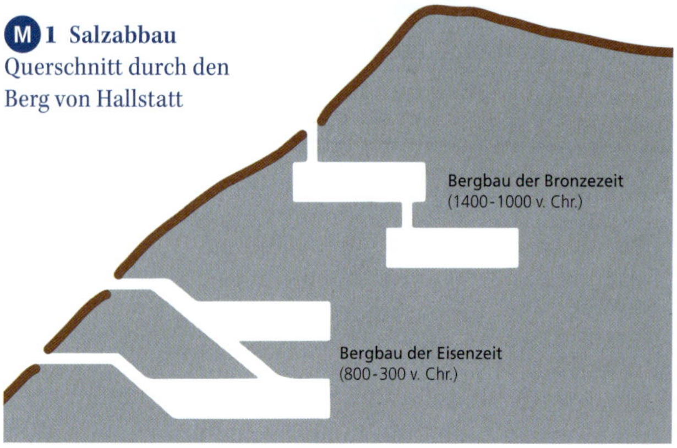

M 2 Salzabbau in der Eisenzeit

Text aus einem Ausstellungskatalog über Hallstatt:

Die Bergleute der Eisenzeit trieben ihre Schächte bis in Tiefen von 330 m. Dem Salz folgten sie mit Bronzepickeln in waagerechten Stollen. Das Salz wurde in großen flachen Stücken von bis zu 40 kg herausgelöst. Das zeigen Abbauspuren an den Stollenwänden. Feuer am Boden spendeten Licht, dienten als Kochstelle und sorgten für eine ausreichende Luftzirkulation. Wahrscheinlich wurden die Salzplatten mit Lederriemen verschnürt und auf dem Rücken aus den Stollen getragen. Bisher wurde kein anderer Tragebehelf gefunden.

Iris Ott, Das weiße Gold der Kelten, Frankfurt am Main 2008, S. 13, 15 und 16 (gekürzt)

M 3 Experimentelle Archäologie heute
Die Bergleute der Eisenzeit haben große herzförmige Salzplatten aus dem Gestein gebrochen. Zwei Archäologen versuchen, mit nachgebauten Werkzeugen diese Technik nachzuvollziehen.

M4 Bergbau: reine Männersache?

Text aus dem Begleitbuch zu einer Ausstellung:

Der Bergbau ist in den Köpfen der meisten Menschen eine reine Männersache. Die Arbeit gilt als anstrengend und gefährlich. [Es] scheint naheliegend anzunehmen, dass Bergbau „schon immer" Männersache gewesen sei. Entsprechend gingen auch Archäologen lange davon aus, dass es Männer waren, die in Hallstatt das Salz abbauten. Die Auswertung der archäologischen Funde in Kombination mit den Untersuchungen an den Skeletten legen aber jetzt nahe, dass beide Geschlechter von Kindheit an im Bergbau tätig waren.

Doris Pany-Kucera und Hans Reschreiter, in: Brigitte Röder (Hrsg.), Ich Mann. Du Frau. Feste Rollen seit Urzeiten?, Freiburg 2014, S. 168 und 176 (gekürzt)

M5 Kinderarbeit in Hallstatt

Text aus dem Begleitbuch zu einer Ausstellung:

Die einzigen, die keine aktive Rolle im Bergwerk gehabt haben werden, waren wohl die Säuglinge. Etwas ältere Kinder, möglicherweise schon ab drei Jahren, könnten bereits die Betreuung der Leuchtspäne übernommen haben. Spätestens mit fünf Jahren ist der Beginn schwerer körperlicher Arbeit anzusetzen. Interessant ist, dass auch Kinderskelette in reich ausgestatteten Gräbern durch Belastung verursachte Veränderungen aufweisen. Schwere körperliche Arbeit war im frühgeschichtlichen Hallstatt demnach nicht auf die „Armen" beschränkt, sondern war für alle üblich.

Doris Pany-Kucera und Hans Reschreiter, a. a. O., S. 176 (gekürzt)

Fundort	Beobachtungen	Schlussfolgerungen
Bergwerk	Lederschuhe in den Größen 31 bis 37; Sohle dort abgenutzt, wo sie beim Steigen auf Leitern oder Stiegen besonders beansprucht wird	Kinder waren im Bergwerk anwesend. Jugendliche oder Frauen waren für das Tragen von Lasten zuständig.
	kleine Mütze aus Schaffell, passt nur einem Baby	Babys waren im Bergwerk anwesend.
Gräberfeld: Skelette von Frauen, Männern und Kindern	robuster Knochenbau	schwere körperliche Arbeit
	ausgewogenes Verhältnis von Frauen, Männern und Kindern auf dem Gräberfeld	normale Dorfbevölkerung, keine Bergwerkssiedlung nur von Männern
	Veränderungen an den Gelenken	früh begonnene, hohe körperliche Belastung
Gräberfeld: Skelette von Frauen	Belastung der Wirbelsäule, am Hals z. T. einseitig	Frauen waren für Transporte zuständig. Sie trugen schwere Lasten einseitig.
	bestimmte Beinmuskeln stärker als bei Männern	
Gräberfeld: Skelette von Männern	Muskeln für Schlagbewegungen stark entwickelt	lebenslanges Arbeiten mit Bronzepickeln
Gräberfeld: Skelette von Kindern und Jugendlichen	Belastung der Arm- und Beingelenke	Kinder und Jugendliche arbeiteten im Berg.
	Kinder ab 8 Jahren: Belastung der Hals- und Brustwirbelsäule	trugen Lasten auf dem Kopf oder mit Stirnband (Wasser, Holz, Babys)
	bei 4 Skeletten: verheilte Eindellung am Schädel	Stürze oder Schläge auf den Kopf
	Viele Kinder starben im Alter von 7-13 Jahren.	Überlastung, Schwächung, Anfälligkeit

M6 Wer arbeitete im Bergwerk?

Forscher haben Funde aus dem Bergwerk und Skelette aus dem Gräberfeld von Hallstatt untersucht. Die Tabelle zeigt, was sie herausfanden und welche Schlüsse sie daraus zogen.

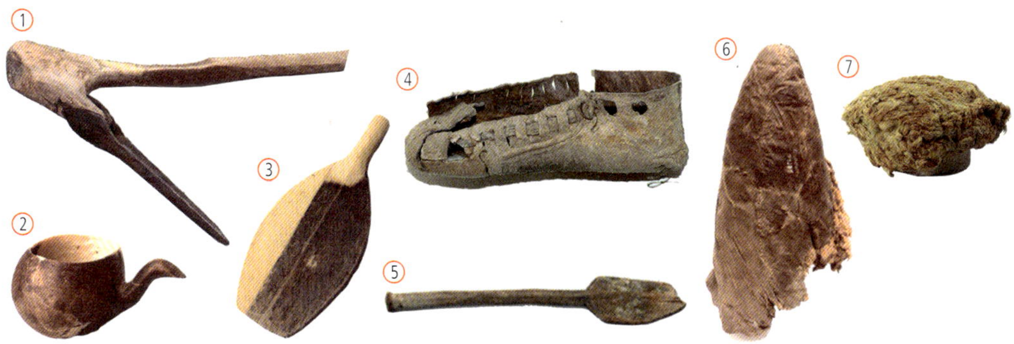

M7 Bergbaufunde aus der Eisenzeit

① Pickel, Holz, Bronze. Länge Griff: 44 cm ② Schöpfgefäß, Holz. Höhe: 8 cm ③ Glutfächer (Hilfe beim Entfachen von Feuer), Holz. Länge: 40 cm ④ Schuh, Schuhgröße 37 ⑤ Kochlöffel, Holz, Breireste. Länge: 62 cm ⑥ Zipfelmütze, Fell. Höhe: 30 cm ⑦ Babymütze, Schaffell. Kopfumfang 41 cm

Das weiß ich – das kann ich!

Am Ende jedes Kapitels findet ihr Karteikarten zu verschiedenen Themen. Hier sind diejenigen für das erste Kapitel des 1. Halbjahres:

In der Altsteinzeit ernährten die Menschen sich als Jäger und Sammler von Tieren und Pflanzen aus ihrer Umwelt. Nach dem Ende der letzten Kaltzeit vor etwa 10 000 Jahren begannen sie, Ackerbau und Viehhaltung zu betreiben. Die Bauern der Jungsteinzeit bauten Getreide an, hielten Haustiere und errichteten Häuser (Sesshaftigkeit).
In der Bronze- und Eisenzeit bauten die Menschen Erze ab, um Metalle zu gewinnen und sie zu Gegenständen zu verarbeiten. Zu jeder Zeit haben die Menschen mit Rohstoffen Handel betrieben.

Gräber, in denen Menschen bestattet wurden, gibt es seit der Altsteinzeit. Die Angehörigen haben den Verstorbenen oft Grabbeigaben mitgegeben, etwa Schmuck oder Kleidung. Wir schließen daraus, dass die Menschen um ihre Angehörigen trauerten.

Wann es erste Formen von Herrschaft gab, wissen wir nicht – aus der frühen Menschheitsgeschichte gibt es keine Schriftquellen. Aus verschiedenen Spuren können wir schließen, dass seit der Bronze- und Eisenzeit Menschen mit besonders hoher Macht auftraten. Das schließen wir aus:
- aufwändigen Grabbauten
- befestigten Siedlungen
- Gräbern mit reichen Grabbeigaben
- sogenannten „Fürstengräbern"
- Waffen als Symbol

Schon Funde von Neandertalern zeigen, dass die Menschen der Altsteinzeit sich gegenseitig halfen. Jeder übernahm in der Gemeinschaft Aufgaben, die seinen Fähigkeiten entsprachen (Arbeitsteilung).
Je schwieriger die Tätigkeiten wurden, die zu einer Lebensweise gehörten, desto mehr Spezialisten gab es. Dies können wir gut in den Metallzeiten beobachten, als sich Handwerker auf die Herstellung von Metallgegenständen spezialisierten. Gleichzeitig wuchsen in der Gesellschaft die Unterschiede zwischen Arm und Reich.

In der Altsteinzeit begegneten sich Neandertaler und Jetztmenschen. Zu Beginn der Jungsteinzeit trafen erste Bauern auf Jäger und Sammler. Die Kenntnis des Ackerbaus und später der Verarbeitung von Metall verbreitete sich durch Kontakt aus dem Vorderen Orient nach Mitteleuropa. Viele Menschen wollten Gegenstände aus Metall haben. Es konnte aber nicht überall hergestellt werden. So wurde der Handel wichtiger. Dabei trafen sich Menschen verschiedener Gegenden.

1. *Die wichtigsten Quellen zum Leben der Menschen in der Ur- und Frühgeschichte sind Funde, die von Archäologen entdeckt und gedeutet werden. Notiere für jede Karteikarte einige Funde aus deinem Buch, die die Erklärung auf der Karte belegen.*
2. *Finde für jede Karteikarte eine passende Überschrift und überlege, welche Informationen du gerne auf die Rückseite der Karten schreiben würdest.*
3. *Viele Historiker bezeichnen die Entwicklung in der Jungsteinzeit als „Revolution". Revolution bedeutet einen kompletten Umbruch. Beurteile, inwieweit du diese Bezeichnung gerechtfertigt findest.*

Ein Posterpuzzle fertigen

Von der Altsteinzeit bis zur Jungsteinzeit hat sich im Leben der Menschen sehr viel verändert. Mit einem „Posterpuzzle" könnt ihr überprüfen, was ihr zu den beiden Zeiträumen gelernt habt, und gleichzeitig sehen, wie sich bestimmte Bereiche entwickelt haben.

Das benötigt ihr:

- 20 Blatt Papier (jeweils DIN A4)
- eine Stellwand/Tafel (mindestens einen Meter breit und 1,20 Meter hoch)
- Reißnägel (oder Klebstreifen)
- Filzstifte: einen schwarzen, zehn grüne und zehn blaue

So stellt ihr ein Posterpuzzle her:

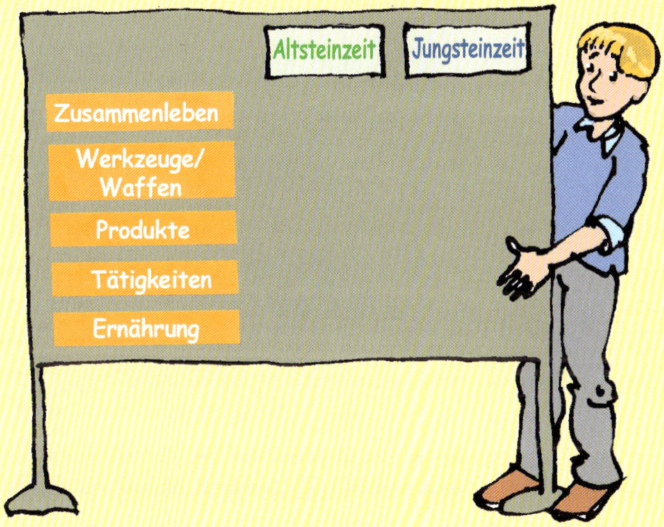

1. Beschriftet mit dem schwarzen Stift je ein Blatt Papier mit den Bereichen:
   Wie lebten die Menschen zusammen (und wo)?
   Welche Werkzeuge und Waffen hatten die Menschen?
   Wie nutzten die Menschen Tiere und Gegenstände?
   Welche Tätigkeiten/„Berufe" übten sie aus?
   Wie ernährten sich die Menschen?
2. Hängt die fünf Blätter mit den Bereichen an der Stellwand/Tafel untereinander am linken Rand auf. Benutzt dafür Reißnägel oder Klebstreifen.
3. Beschriftet je ein Blatt mit „Altsteinzeit" (grüner Stift), „Jungsteinzeit" (blauer Stift) und hängt diese beiden Blätter am oberen Rand der Stellwand auf.
4. Teilt euch in vier Gruppen. Zwei Gruppen behandeln die Altsteinzeit (grüne Stifte), zwei die Jungsteinzeit (blaue Stifte) – jeweils unabhängig voneinander.
5. Sammelt das, was ihr zu jedem einzelnen der fünf Bereiche schreiben wollt, zunächst auf einem Zettel.
6. Füllt nun die fünf Blätter in Reinschrift aus. Ihr könnt dabei auch kleine Zeichnungen einfügen:

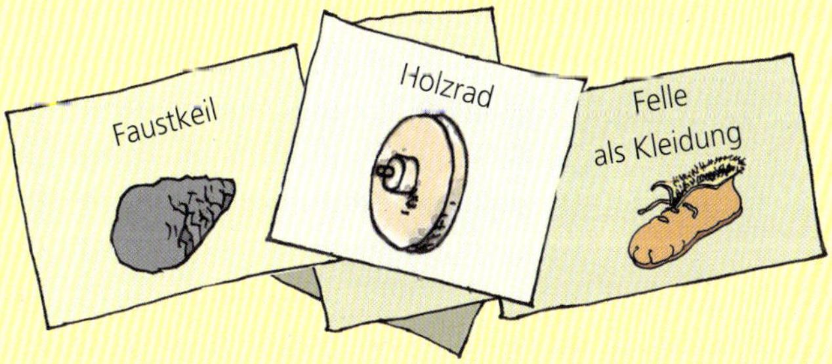

7. Nun werden die ausgefüllten Blätter an die richtige Stelle an der Stellwand geheftet. Die beiden Gruppen, die dieselbe Epoche behandelt haben, wechseln sich dabei ab. Die jeweils andere Gruppe kontrolliert, ob nichts vergessen wurde.
8. Wenn jedes Feld besetzt ist, übertragt alles in euer Heft.
9. Schreibt je einen Text zu folgenden Aufgaben:
   So lebten die Menschen in der Altsteinzeit (bzw. Jungsteinzeit).
   So hat sich das Leben der Menschen von der Alt- zur Jungsteinzeit verändert.

2

Die Hochkultur Ägypten

M Totenmaske des Tutanchamun
Gold, Glas, Halbedelsteine, um 1320 v. Chr.
Das gestreifte Kopftuch („Nemes") durfte nur der Pharao tragen. Geier und Kobra sind die Symboltiere von Ober- und Unterägypten. Vornehme Ägypter waren meist rasiert. Nur der Pharao trug einen künstlichen Bart, der mit Bändern an den Ohren befestigt wurde.

Eine gefährliche Entdeckung?

Dieses Gesicht ist weltbekannt: die Goldmaske aus dem Sarg des Pharaos Tutanchamun. Ihre Entdeckung war eine spannende Geschichte.

Im Tal der Könige bei Theben am Nil gab es über sechzig Pharaonengräber. Aus den meisten von ihnen hatten bereits Räuber die Mumien und Schätze gestohlen.

Seit 1917 suchte der englische Archäologe Howard Carter im Auftrag von Lord Carnarvon, einem reichen englischen Adligen, das Grab des Pharaos Tutanchamun – lange Zeit ohne Erfolg. Da, im November 1922, machte er eine sensationelle Entdeckung. Unter Trümmern und Geröll fand er den unversehrten Eingang des gesuchten Grabes. Die Forscher räumten Schutt aus einem langen Gang. Schließlich kam für Carter der wunderbarste Tag seines Lebens, wie er selbst sagte. Am Ende des Ganges stieß er auf eine Mauer. Lord Carnarvon, Beamte, Prominente und Journalisten waren mit dabei. Als Carter und ein Helfer die Mauer durchstießen, schoss heiße Luft aus dem Loch. Sie war dreitausend Jahre in der Kammer eingeschlossen. Mit einer Kerze prüfte der Archäologe, ob auch keine giftigen Gase ausströmten. Staunend blickten Carter und die anderen Beobachter dann durch die Öffnung. Sie standen vor dem ersten Pharaonengrab, das noch vollständig erhalten war. Die Vorkammer war voll von prachtvollen goldenen Gegenständen.

Monate später wurde wieder in Anwesenheit zahlreicher Zuschauer die Grabkammer geöffnet. In der Mitte stand eine riesige Holzkiste – ein ganz mit Gold überzogener Schrein. Die Holzkiste enthielt drei weitere vergoldete Schreine und vier prunkvolle Särge, die wie Zwiebelschalen ineinandergelegt waren. Im innersten Sarg aus reinem Gold befand sich die Mumie des Pharaos. Auf dem Gesicht lag die Totenmaske.

In den nächsten Jahren starben einige Mitarbeiter Carters. Lord Carnarvon war bei der Öffnung der Grabkammer von einem Moskito gestochen worden. Er starb an den Folgen einer Blutvergiftung und einer Lungenentzündung. Sensationshungrige Journalisten und Schriftsteller sprachen nun vom „Fluch des Tutanchamun". Ihm sollten alle zum Opfer fallen, die die Totenruhe des Pharaos störten. Zwar fand man in anderen Gräbern Inschriften mit Grabflüchen und Drohungen, aber eine Tafel mit einem Fluch hat es im Grab des Tutanchamun überhaupt nicht gegeben. Carter und die Personen, die das Grab und die Mumie erforschten, starben im Durchschnitt vierundzwanzig Jahre später und waren durchschnittlich über 70 Jahre alt. Aber viele Menschen glauben bis heute gerne, die alten Ägypter hätten ungeahnte geheimnisvolle Kräfte bis in die Gegenwart gehabt.

1. *Beschreibe grob die Handlung eines möglichen Films, der den „Fluch des Tutanchamun" zeigt.*
2. *Begründe, warum der Fund der Mumie Tutanchamuns eine Sensation gewesen ist.*

Die Hochkultur Ägypten

Nachdem viele Menschen sesshaft geworden waren, Landwirtschaft und Viehzucht betrieben und gelernt hatten, sich an ihre jeweilige Umgebung anzupassen, gab es Gegenden, die weitere und vielfältigere Möglichkeiten boten. Hier entstanden Hochkulturen, die sich beispielsweise durch besondere Erfindungen und eine entwickelte Wissenschaft auszeichneten. Ein Beispiel hierfür lernst du in diesem Kapitel kennen: das alte Ägypten.

M 1 Cheops Pyramide, Gizeh
Auch heute noch sind viele Menschen von den Pyramiden, altägyptischen Bauwerken fasziniert.

Am Ende dieses Kapitels solltest du beispielsweise auf folgende Fragen antworten können:

- Was ist eine Hochkultur?
- Warum ist Wissenschaft für eine Hochkultur wie Ägypten wichtig?
- Inwieweit bringt ein fester Staatsaufbau Vorteile für Menschen?
- Warum bauten die Ägypter Pyramiden und entwickelten die Mumifizierung?
- Wie sehr prägt uns das Leben in einer Hochkultur eigentlich heute noch?

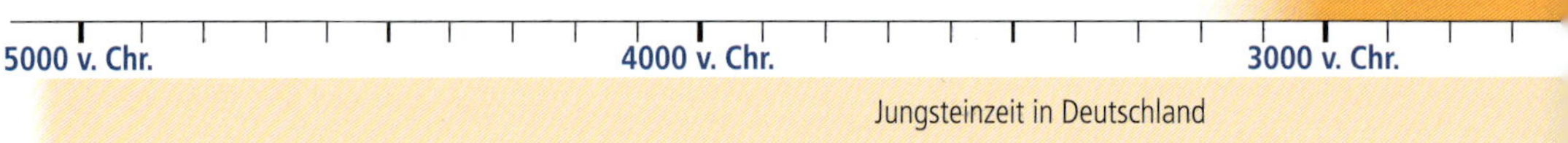

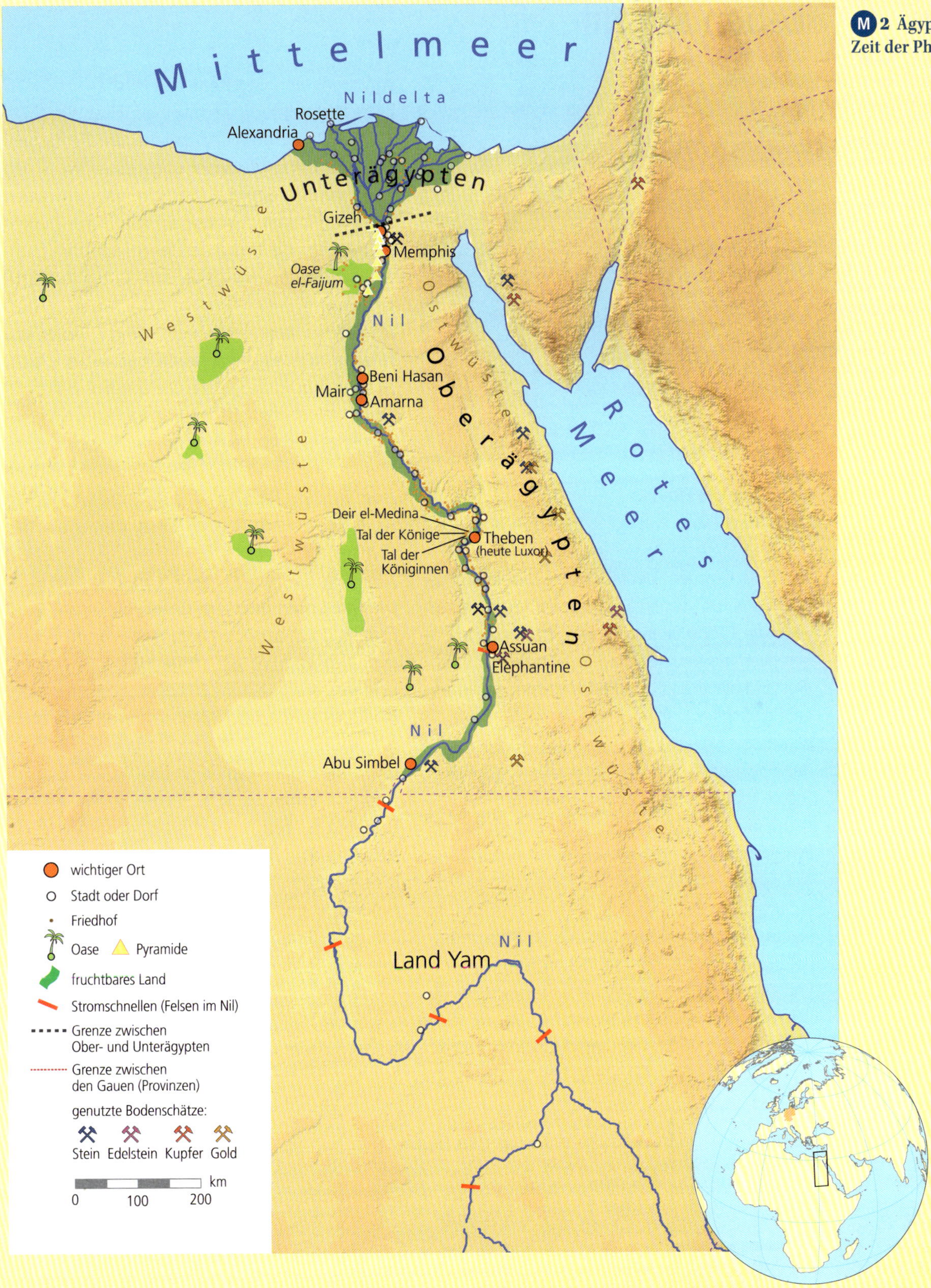

M2 Ägypten zur Zeit der Pharaonen

Leben am Nil

M 1 Das Niltal bei Beni Hasan (Mittelägypten)
Foto um 1960
Wie auf diesem Bild sah das Niltal schon im Altertum aus. Die Bauern lebten damals in ähnlichen Lehmhäusern.

Eine Oase am Fluss

Jahrtausendelang waren Nomaden in Nordafrika mit ihren Rindern, Ziegen und Schafen von Weide zu Weide gezogen. Überall fanden die Herden genug Futter. Da stiegen am Ende der letzten Eiszeit vor etwa 10 000 Jahren die Temperaturen. Der Regen blieb aus und seit dem 5. Jahrtausend v. Chr. entstand allmählich ein großes Wüstengebiet: die heutige Sahara. Nur im Osten gab es noch gute Lebensmöglichkeiten. Hier bewässerte der Nil an beiden Ufern einen bis zu 10 km breiten Landstreifen. Dieser erstreckte sich als Flussoase wie ein fruchtbares Band 1 000 km lang durch das trockene Wüstengebiet.

Auf diesem Boden fanden die Hirtenstämme Weideflächen für ihre Tiere. Sie fischten im Fluss und jagten Tiere, die am Ufer lebten. Die Menschen rodeten das Uferdickicht, sie legten Getreidefelder und Gemüsegärten an. Aus den Stängeln der Papyrusstaude, einer bis zu 8 m hohen Wasserpflanze, schnürten sie Schiffsrümpfe, flochten Matten und stellten ein Schreibmaterial her, den Papyrus[1].

Ägypten, ein „Geschenk des Nils"?

Jährlich ab Mitte Juni schwoll der Fluss allmählich an und überschwemmte die ebenen Uferflächen. Wenn das Wasser wieder abgeflossen war, blieb eine dünne Schicht fruchtbaren schwarzen Schlamms zurück. Das war ein natürlicher Dünger für Weiden und Felder. Aus feuchtem Lehm formten die Bauern Ziegelsteine und bauten ihre Häuser.

Die Ägypter konnten sich das Nilhochwasser, das regelmäßig jedes Jahr auftrat („Nilschwelle"), nicht erklären. Wir wissen heute: Die Quellflüsse des Nils liegen im ostafrikanischen Hochland. Im Sommer regnet es dort so stark, dass die Flüsse über die Ufer treten. Die Wassermassen spülen fruchtbare Erde in den Nil und dieser transportiert den Schlamm bis nach Ägypten. Dort sinkt er auf den Uferstreifen ab.

Die Menschen meistern Gefahren

Bei heftigen Überschwemmungen wurden Häuser und Vieh vom Wasser mitgerissen. Die Ägypter lernten deshalb Dämme zu bauen, um sich und ihren Besitz zu schützen. Manchmal waren die Überschwemmungen sehr gering. Dann herrschte Wassermangel. Die Ägypter gruben Teiche, um das Wasser zu sammeln. Mithilfe von Kanälen und verzweigten Gräben konnten sie es dann planmäßig auf die Felder verteilen. Sie erfanden Schöpfgeräte, mit denen sie das Wasser aus dem Fluss bis in die Gräben hoben. Schließlich bauten sie Speicher, um von guten Ernten Vorräte für schlechte Jahre einzulagern.

[1] Zu Papyrus siehe S. 62 f.

M 2 Jahreszeiten
Die Ägypter teilten das Jahr nach dem Wasserstand des Nils in drei Jahreszeiten ein. Jede hatte vier Monate, die in drei 10-Tage-Wochen gegliedert waren. Nach diesen 360 Tagen (3 x 4 x 3 x 10) wurden am Jahresende fünf Zusatztage eingefügt.

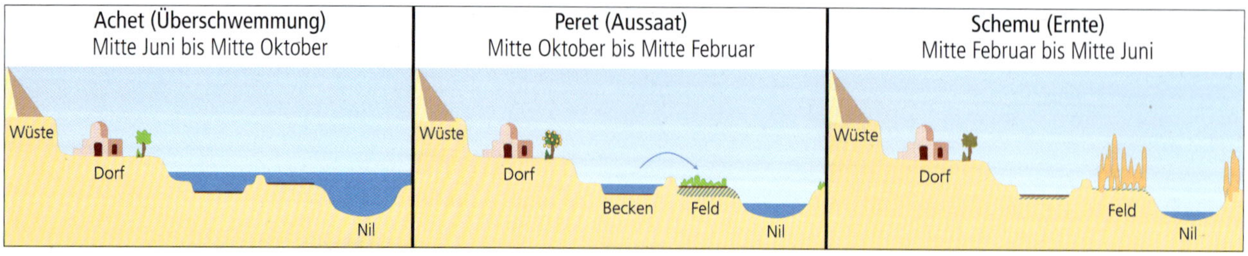

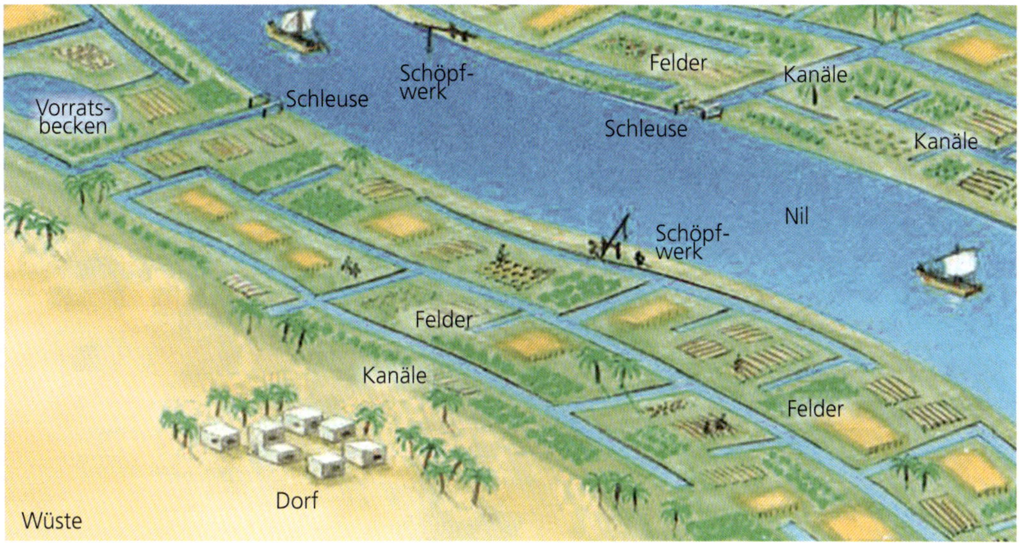

M 3 Zwischen Wasser und Wüste
Schaubild zur künstlichen Bewässerung im alten Ägypten

Internettipps:
Wissenswertes zum alten Ägypten findest du unter Mediencode 30041-08

M 4 Über den Nil

Die alten Ägypter nennen den Nil „Hapi" und verehren ihn als Gottheit. Folgendes Loblied widmen sie ihm um 1300 v. Chr.:

Sei gegrüßt, o Hapi, der aus der Erde hervorgegangen ist, gekommen, um Ägypten wiederzubeleben. O Hapi, Herr der Fische, der die Zugvögel nach Süden führt, der die Gerste erschafft und Emmerweizen[1] entstehen lässt, um die Tempel festlich auszustatten. Wenn es einen Ausfall der Überschwemmung gibt, dann verarmt jedermann. Wenn Hapi den Räuber spielt, leidet das ganze Land. Erscheint er jedoch, ist das Land in Jubel, dann ist jeder Bauch erfreut. […] O Hapi, der Holz und alles, was benötigt wird, wachsen lässt, sodass es keinen Mangel gibt. O Hapi, der die Menschen bekleidet mit Flachs, den er geschaffen hat. Fließe, o Hapi, damit man dir opfert! Komm nach Ägypten, o Hapi, der seinen Frieden entstehen und die beiden Ufer gedeihen lässt.

Übersetzung nach Peter Dils (gekürzt und vereinfacht); Thesaurus Linguae Aegyptiae http://aaew.bbaw.de/tla/servlet/S05?d=d001&h=h001 [12.09.2014]

M 5 Wasserschöpfanlage
Grabmalerei, um 1240 v. Chr.
Das Schöpfgerät gab es seit etwa 1500 v. Chr. Die Bauern versorgten damit vor allem die Gärten.

1. *Erkläre die „Jahreszeiten" (M2). Welchen Nutzen hatten die Ägypter von diesem Kalender?*
2. *Arbeite mithilfe von M2 heraus, welche Jahreszeit in M3 dargestellt ist.*
3. *Beschreibe das Bewässerungssystem am Nil (M3).*
4. *Erläutere, warum die Ägypter den Nil als Gott verehrten (M4). Ziehe den Verfassertext zu Hilfe.*
5. *Lege eine Tabelle an und liste Vor- und Nachteile des Lebens am Nil auf. Beurteile, ob der Nil zu Recht als Lebensader bezeichnet wird.*

[1] Emmer: alte Getreideart, Vorläufer des Weizens

Die Herrschaft des Pharaos

M 1 Tutanchamun
Goldsarg, um 1323 v. Chr.
Der König trägt Herrschaftszeichen (Insignien): künstlicher Königsbart, Kopftuch der Pharaonen, Geierkopf, aufgerichtete Kobra, Krummstab und Wedel.
Der Geier und die Kobra verkörpern die Schutzgötter Unter- und Oberägyptens. Krummstab und Wedel erinnern an die Urzeit der Ägypter. Es sind Stab und Peitsche der früheren Hirten.

Pharao – „großes Haus"

An der Spitze des ägyptischen Reiches standen fast immer Könige. Aus der 3000 Jahre langen Geschichte des Reiches sind ungefähr 350 Herrschernamen bekannt. Es gab aber auch vier Königinnen. Dazu gehören Hatschepsut (1490-1468 v. Chr.) und Kleopatra VII. (69-30 v. Chr.), die letzte Herrscherin des Reiches.

Einer der vielen Titel des ägyptischen Königs hieß **Pharao**. Das bedeutet „großes Haus" und war ursprünglich wohl die Bezeichnung für den Palast des Herrschers. Die Ägypter glaubten, der Pharao sei nicht nur ein Mensch, sondern zugleich der Stellvertreter des Sonnengottes Re. Nach dem Glauben der Ägypter hatten die Götter zugleich mit der Welt auch Maat, eine göttliche Kraft, geschaffen. Sie sicherte Wahrheit, Gerechtigkeit und Anständigkeit auf der Erde. Da diese Ordnung gottgegeben war, sollten die Menschen sie nie verändern. Der Pharao hatte den Auftrag, dafür zu sorgen und den ewigen Willen der Götter durchzusetzen. Er war der Vermittler zwischen den Göttern und den Menschen. Deshalb wurde er selbst wie ein Gott verehrt.

Die Ägypter glaubten, dass es dem Pharao zu verdanken sei, dass die Gestirne sich regelmäßig am Himmel bewegen, dass der Nil jährlich Fruchtbarkeit bringt und dass im Land Gerechtigkeit herrscht.

Die weltliche Macht des Pharaos

Der Pharao bestimmte über alles. Er allein entschied über Krieg und Frieden. Nur er konnte Gesetze erlassen und hohe Beamte einsetzen. Ihm gehörte auch das ganze Land. Die Bewohner hatten für ihn zu arbeiten und das zu tun, was seine Beamten anordneten. Wenn alles gut gelang, so glaubte man, der Pharao habe den Segen der Götter.

M2 Kriegsszene
Malerei auf einer Truhe aus dem Grab des Tutanchamun, um 1325 v. Chr.
Die Ägypter lernten erst Mitte des 2. Jahrtausends v. Chr. von fremden Völkern, wie sie Pferd und Streitwagen benutzen konnten. Der Pharao trägt die blaue Kriegskrone.

M3 Aus einem Loblied auf Pharao Sesostris III. (1878 - 1843 v. Chr.)

Wie groß ist der Herr gegenüber seiner Stadt.
Er allein ist wie Millionen, andere Menschen sind nur klein ihm gegenüber.
Er gleicht einer Schutzwehr,
die den Furchtsamen vor seinem Feind errettet.
Er hat zu den beiden Ufern Frieden gegeben.
Er hat Ägypten das Leben gegeben und
die Kehle der Toten zum Atmen gebracht.
Er hat für seine Grenzen gekämpft und die Räuber zurückgetrieben.
Er sorgt dafür, dass wir unsere Kinder erziehen und unsere Alten [in Frieden] begraben können.

Nach: Adolf Erman, Die Literatur der Ägypter. Gedichte, Erzählungen und Lehrbücher aus dem 3. und 2. Jahrtausend v. Chr., Leipzig 1923, S. 179f.

M4 Königin Hatschepsut
Figur aus Rosengranit, um 1500 v. Chr.
Hatschepsut war eine Königstochter. Da ihr Vater keine Söhne hatte, wurde zunächst ihr Mann Pharao.
Nach seinem Tod regierte sie im Namen ihres noch unmündigen Sohnes. Sieben Jahre später ließ sie sich jedoch selbst zum Pharao erklären, ihr Sohn wurde Mitherrscher.
Hatschepsut strebte nicht nach Kriegsruhm, sondern bemühte sich vor allem um friedlichen Handel mit anderen Ländern.

1. *Verfasse eine „Berufsbeschreibung“ für den Pharao. Erkläre dabei seine soziale Stellung, Aufgaben, Kennzeichen.*
2. *M2 zeigt eine Schlacht der Ägypter unter Tutanchamun gegen Schwarzafrikaner. Beschreibe die unterschiedliche Darstellung der Gegner. Wie ist das „Bild“ der Anderen?*
3. *Beurteile, wie Tutanchamun in der Kriegsszene im Vergleich zu den anderen Personen dargestellt wird (siehe dazu auch S. 68f.).*
4. *Erkläre, welchen Zweck wohl die Darstellungen des Pharaos und das Loblied hatten (M1 - M3).*
5. *Stelle fest, wodurch Hatschepsut als Herrscherin gekennzeichnet ist (M4).*
6. *Suche Beispiele dafür, wie sich heutige Herrscher und Staatsmänner darstellen lassen.*
7. *Der Pharao – Mensch oder Gott? Beantworte die Frage aus der Sicht eines Zeitgenossen im alten Ägypten.*

Die Menschen und ihr Staat

M 1 Eine Familie
Wandmalerei aus dem Grab des hohen Beamten Inherchau in Theben, um 1150 v. Chr.
Sie zeigt Inherchau (Mitte) mit seiner Frau, seinem Sohn und seinen Enkeln.

Eine geschichtete Gesellschaft

Die meisten Ägypter sprachen die gleiche Sprache, verehrten gemeinsame Götter und lebten ähnlich. Sie unterschieden zwischen sich und anderen Völkern. Menschengruppen in einem Land, die sich selbst als zusammengehörig betrachten, nennen wir eine **Gesellschaft**. In der ägyptischen Gesellschaft gab es unterschiedliche Schichten. In sie wurde man hineingeboren.

Es gab eine von oben nach unten gegliederte Rangordnung (**Hierarchie**). In ihr hatte jeder seine Rechte und Aufgaben. An der Spitze standen der Pharao und seine Familie. Sie konnte groß sein, denn der König hatte im Gegensatz zu fast allen Ägyptern mehrere Frauen. Aus seiner Familie stammten oft die Wesire, die höchsten Beamten, und die Oberpriester der Tempel. Sie herrschten über die Mehrheit des Volkes, das vor allem aus Bauern bestand.

Beamte

Im Auftrag des Königs verwalteten Beamte das Land. Ägypten war in etwa 40 Verwaltungsbezirke (Gaue) unterteilt, die je ein Verwalter leitete. Höhere Verwaltungsbeamte überwachten die Arbeit der Beamten, gaben die Befehle des Pharaos weiter, sprachen Recht und leiteten Großbauten und Expeditionen. Ägyptische Beamte unterstützten als Priester den König beim Kult für die Götter. Militärbeamte waren für das Heer zuständig.

Ein früher Staat

Ägypten war mehr als eine lose Vereinigung von Menschen. Wir können von einem frühen **Staat** sprechen. Seine Merkmale sind:

- die Macht des Pharaos über alle Ägypter
- die Verwaltung des Landes durch Beamte
- die Zusammengehörigkeit der Untertanen
- ein gegen andere Völker abgegrenztes Land

Frauen und Männer

Frauen waren rechtlich unabhängig und den Männern gleichgestellt. Sie konnten Ansprüche vor Gericht einklagen und über Besitz verfügen.

Nur wenige Ägypterinnen übten wichtige Ämter aus. Zwar gab es Frauen, die als Pharaonin regierten oder als königliche Gemahlin oder hohe Priesterin politischen Einfluss hatten. Die Hauptaufgabe der Frauen bestand aber in der Betreuung der Familie. Sie führten den Haushalt, erzogen die Kinder und verwalteten den Besitz. Frauen galten als „Herrinnen des Hauses".

Eltern und Kinder

Eine Durchschnittsfamilie hatte zwar viele Kinder, aber viele starben früh an Krankheiten. Mädchen halfen der Mutter im Haus, Jungen erlernten meist den Beruf des Vaters. Kinder ab fünf Jahren durften eine Schule besuchen, auch Mädchen. Nur wenige Familien machten davon Gebrauch. Die meisten Kinder arbeiteten mit und hatten keine Zeit für den Unterricht. Mädchen heirateten früh, etwa mit 14 Jahren, und mussten dann ihren eigenen Haushalt führen.

Unfreie

Im alten Ägypten gab es Unfreie, die zur untersten Schicht der Gesellschaft zählten. Meist waren es Kriegsgefangene. Auch zur Bestrafung verloren Menschen ihre Freiheit. Unfreie besaßen trotzdem Rechte und Eigentum. Einige stiegen sogar in die höchsten Beamtenränge auf. Es waren allerdings keine Unfreien, die die Pyramiden[1] und Tempel errichteten, sondern Angehörige des einfachen Volkes. Sie wurden während der Überschwemmungszeit zu Arbeitsdiensten herangezogen.

[1] Vgl. dazu S. 70 f.

Gesellschaft Hierarchie Staat

M 2 Familiengruppe
Grabbeigabe, um 2500 v. Chr.
Die Frau hat den Arm um die Schulter des Mannes gelegt und berührt mit der Hand seinen Arm. Dies ist ein Zeichen ihrer Fürsorge als Hausherrin.

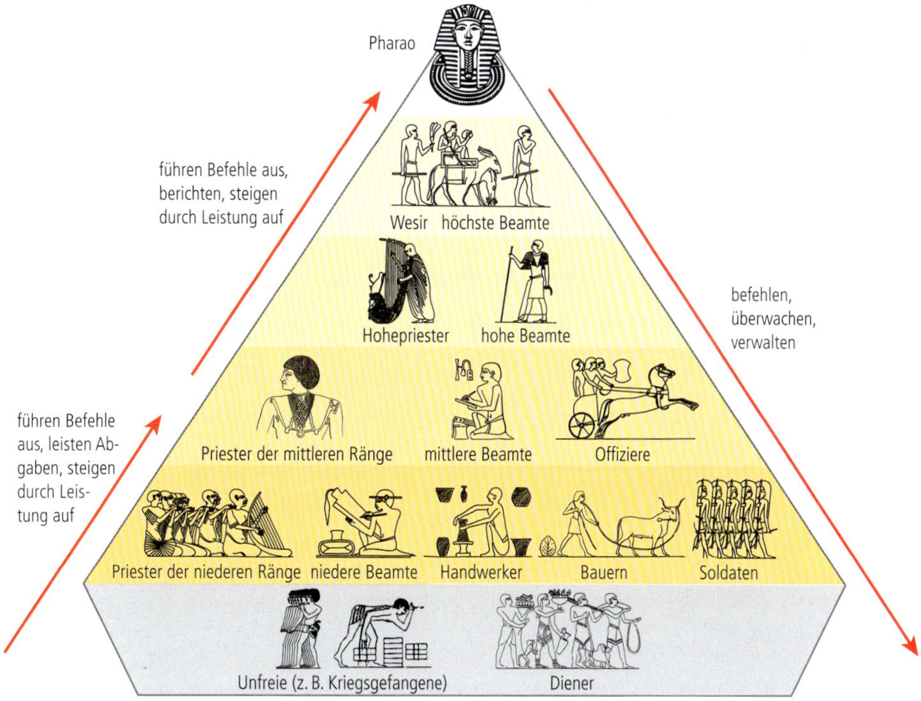

M 4 Aufbau der Gesellschaft
Die ägyptische Gesellschaft war klar gegliedert. Allerdings waren die Grenzen zwischen den Schichten fließend. Zum einen konnte man durch Leistung aufsteigen, zum anderen übten die meisten Ägypter gleichzeitig mehrere Ämter oder Tätigkeiten aus.

M 3 Ein ägyptischer Ehevertrag

Aus der späten Pharaonenzeit (219 v. Chr.) stammt dieser Text. Heremheb bescheinigt seiner Frau Tais:

Als deine Frauengabe habe ich dir zwei Silberlinge gegeben. Entlasse ich dich als Ehefrau, sei es, dass ich dich hasse, sei es, dass ich dir eine andere Frau vorziehe, so gebe ich dir noch zwei Silberlinge, also zusammen vier. Und ich gebe dir ein Drittel von allem und jedem, was wir von jetzt an gemeinsam besitzen. Die Kinder, die du mir geboren hast und die du mir noch gebären wirst, sind die Herren von allem und jedem, was mir gehört und was ich noch erwerben werde. Die Wertsumme deiner Sachen, die du mit dir in mein Haus gebracht hast, beträgt drei Silberlinge. Ich soll keinen Eid gegen dich wegen deiner Sachen geben können, sagend: „Nein, du hast sie nicht mit dir in mein Haus gebracht." Deine Sachen, du hast sie mit dir in mein Haus gebracht, ich habe sie vollständig aus deiner Hand empfangen, ohne einen Rest. Mein Herz ist zufrieden mit ihnen. Wenn ich dich als Ehefrau entlassen werde oder wenn du zu gehen beliebst, so gebe ich dir die Sachen, die du mit dir in mein Haus gebracht hast, oder ihren Wert in Silber zurück.

Nach: Steffen Wenig, Die Frauen im Alten Ägypten, Wien / München 1969, S. 24 (gekürzt und vereinfacht)

1. *Gib den Aufbau der ägyptischen Gesellschaft in eigenen Worten wieder.*
2. *Die Griechen nannten eine in Schichten gegliederte Gesellschaft „Hierarchie", „heilige Ordnung". Erläutere, was sie damit aussagten.*
3. *Die Ägypterinnen waren ihren Männern weitgehend gleichgestellt. Überprüfe diese Behauptung anhand von M3 und dem Darstellungstext.*
4. *Vergleiche die Stellung der Frauen und das Leben der Kinder in Ägypten mit heute.*

Schreiben – Aufbewahren für alle Zeit

M1 Hieroglyphen und Schreibschrift auf einem Papyrus
Papyrus mit hieratischer Schrift (links) und Hieroglyphen (rechts), um 1500 v. Chr.
Papyrus war ein Schreibmaterial, das aus dem Mark der Papyrusstaude gewonnen wird (M2).

Die Erfindung der ägyptischen Schrift

Ursprünglich haben die Ägypter alles, was sie wussten und mitteilen wollten, im Kopf behalten und anderen mündlich übermittelt. Als sie immer mehr wussten und immer mehr zu planen hatten, reichten mündliche Mitteilungen nicht mehr aus. Die Menschen konnten nicht mehr alles behalten, die Boten vergaßen vieles und wichtige Informationen wurden ungenau überliefert.

Deshalb entwickelten die Ägypter eine Schrift. Zuerst benutzten die Schreiber für jedes Wort, ob Person, Gegenstand oder Tätigkeit, ein eigenes Bildzeichen. Diese Zeichen nennen wir heute **Hieroglyphen**. Wer schreiben wollte, musste sehr viele Zeichen und ihre Bedeutung lernen.

Aber es gab auch Namen, Tätigkeiten und Gefühle, die man nicht mit einem Bildzeichen darstellen konnte. Da kamen Schreiber auf die Idee, einzelne Zeichen als „Buchstaben" für bestimmte Laute zu benutzen. So ließen sich aus wenigen Hieroglyphen immer wieder neue Wörter zusammensetzen.

Traumberuf Schreiber

Erst die Schrift machte die Herrschaft der Pharaonen über das große Land Ägypten möglich. Am Königshof und im ganzen Land wurden Leute gebraucht, die lesen und schreiben konnten. Schreiber wurde ein angesehener Beruf. So entstand eine Gruppe, die nicht von körperlicher Arbeit leben musste. Die Beamten, aber auch Handwerker und alle anderen Gruppen der ägyptischen Gesellschaft, die selbst keine Nahrung erzeugten, wurden von Teilen der Ernte bezahlt, die die Bauern abliefern mussten. Nur so konnten sich die Menschen auf verschiedene Berufe spezialisieren. Die Erfindung der Schrift, die staatliche Organisation und Arbeitsteilung sind Kennzeichen der frühen **Hochkultur**.

Die Entschlüsselung der Hieroglyphen

Nach dem Untergang des ägyptischen Reiches 30 v. Chr. verlernten die Menschen die alten Schriften. Die Hieroglyphen wurden zu rätselhaften Zeichen.

Um 1800 n. Chr. begeisterten sich viele Menschen in Europa für das alte Ägypten. Viele Gegenstände wurden gesammelt, ausgegraben und nach Europa gebracht. Eine neue Wissenschaft entstand: die Ägyptologie. 1798 wurde bei dem Ort Rosette im Nildelta ein Basaltstein gefunden, in den Texte in Hieroglyphen, in Demotisch[1] und in Altgriechisch eingemeißelt waren. Das Griechische konnten die Forscher übersetzen, die beiden ägyptischen Inschriften jedoch nicht.

Der französische Ägyptologe Jean François Champollion (1790-1832) wollte unbedingt das Rätsel der Hieroglyphen lösen. Er nahm an, dass alle drei Texte den gleichen Inhalt hatten. Nach 14 Jahren Arbeit kam er auf die Lösung: Er vermutete zu Recht, dass die Namen von Herrschern durch Kartuschen[2] hervorgehoben sind. Deshalb verglich er den Namen des Pharaos PTOLEMAIOS im griechischen Text mit den Hieroglyphen in einer Kartusche und entdeckte die Buchstabenfolge PTOLMIIS. So kannte er sieben Zeichen. In einer anderen Kartusche fand er den Namen der Pharaonin KLEOPATRA als KLIOPADRA heraus. Nun hatte er bereits zwölf Zeichen entziffert. Damit besaß Champollion die Schlüssel, um auch weitere Buchstaben der Hieroglyphenschrift zu enträtseln.

[1] Ägyptische Schreiber entwickelten schnelle Schreibschriften wie das Hieratische und das Demotische, da die Hieroglyphenschrift für alltägliche Schriftstücke (z. B. Notizen, Briefe) zu langsam war.

[2] Kartusche: ovale Umrahmung der Königsnamen

M 2 Wie Papyrus hergestellt wird
Aus den Stängeln der Papyrusstauden wurden zuerst dünne Streifen geschnitten. Damit das Mark nicht austrocknete, legte man die Streifen in Wasser.
Auf einer harten Unterlage wurden dann zwei Streifenlagen kreuzweise übereinandergelegt, geklopft und getrocknet.
Schließlich wurde die Oberfläche der Lagen poliert und dann wurden die entstandenen Blätter zu Schriftrollen zusammengeklebt.

M 3 Die „Schlüssel" zur Entzifferung der Hieroglyphenschrift

M 4 Stein von Rosette
196 v. Chr.
Höhe 118 cm, Breite 77 cm
Auf dem Basaltstein ist derselbe Text in drei verschiedenen Schriften eingraviert: als Hieroglyphen, in Demotisch und in Griechisch. In den vergrößerten Ausschnitten ist der Name des Königs Ptolemaios oben in Hieroglyphen (von rechts) und unten in Griechisch geschrieben.

1. *In M2 fehlen die Zeichnungen zu zwei Arbeitsschritten. Ergänze sie in einer eigenen Bildfolge (Comic).*
2. *Stelle aus den Kartuschen eine Liste von elf Hieroglyphen mit den zugehörigen heutigen Buchstaben zusammen (M3).*
3. *Vergleiche den Verwendungszweck und die Brauchbarkeit von Bildzeichen und Schriftzeichen (M1).*
4. *Sucht heutige Bildzeichen, zeichnet sie auf und besprecht in der Gruppe deren Vor- und Nachteile.*
5. *Erkläre, welche Bedeutung die Erfindung der Schrift für die Menschen bis zum heutigen Tag hat.*

Internettipps:
Mehr über Hieroglyphen erfährst du unter Mediencode 30041-09

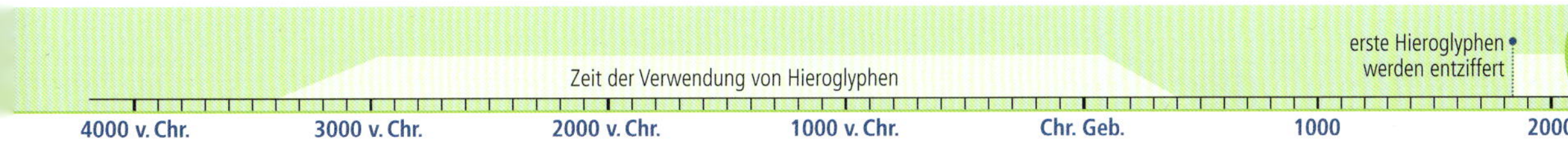

Wer tötete Tutanchamun?

In der Geschichte gibt es viele noch nicht geklärte Fälle. So auch das Geheimnis um den frühen Tod des Pharaos Tutanchamun. Historiker vermuten, dass er ermordet wurde. In diesem Krimi kannst du gemeinsam mit den Zeitdetektiven erleben, wie es gewesen sein könnte. Denn Kim, Julian und Leon kennen den Zeit-Raum „Tempus", von dem aus man in die Vergangenheit reisen kann. In ihrem fünften Abenteuer reisen sie nach Ägypten ins Jahr 1323 v. Chr., das Todesjahr Tutanchamuns. Dabei begleitet sie die Katze Kija, die sie von ihrer ersten Zeitreise, bei der die Kinder schon einmal im alten Ägypten waren, mitgebracht haben.

Die Freunde glitten durch das Gestein eines Pylonen[1], der den Eingang zur Tempelanlage bildete, die den Göttern Amun, Chons und Mut geweiht war. Niemand hatte die Ankunft der Freunde in Theben bemerkt.

„Mann, ist das herrlich heiß hier!", rief Leon begeistert. Wie Julian war er nur mit einem weißen Lendenschurz bekleidet. Kim trug ein weißes Leinenkleid, das von zwei Trägern über den Schultern gehalten wurde.

„Ja, ein Traum!", antwortete das Mädchen. [...]

Kija stürmte voran. Von der Tempelanlage führte der Weg am Nil entlang. Fischer standen im Wasser und mühten sich mit einem großen Netz ab, in dem zahlreiche Fische zappelten. Am Ufer tobten einige Kinder herum, während mehrere Frauen Wasser in Tonkrüge schöpften. Etwas abseits, halb verborgen vom hohen Schilf, stand ein Mann mit Pfeil und Bogen, der auf der Entenjagd war.

Die Freunde folgten einem Bauern, der einen Esel, beladen mit Säcken, vor sich hertrieb. War die Bebauung in der Nähe der Tempelanlage noch spärlich gewesen, so wurde sie jetzt rasch immer dichter. Die gedrungenen, weiß getünchten Ziegelhäuser mit ihren Flachdächern schienen immer dichter zusammenzurücken.

Der Weg gabelte sich und mündete in einem Gewirr von Gassen. Die Freunde hatten die Innenstadt von Theben erreicht. Wohnhäuser, Geschäfte, Werkstätten, Kneipen und Ställe drängten sich aneinander. Die Luft zwischen den Gebäuden stand. Kein Windhauch sorgte für Abkühlung. Überall wurde etwas angeboten und verkauft. In Pferchen blökten Rinder, quiekten Schweine, schnatterten Enten, meckerten Ziegen und wieherten Pferde. An einem Stand gab es Glücksbringer wie Ankh-Kreuze oder Skarabäus-Ringe zu kaufen. An anderen Ständen wurden duftende Gewürze, schwere Weine, süße Datteln und ofenwarmes Gerstenbrot angeboten.

Ein Händler pries seine blank polierten Spiegel an, ein weiterer versuchte lautstark eine Wundersalbe gegen Schmerzen aller Art zu verkaufen. Eine junge Frau warb mit heller Stimme für ihre fein gewebten Stoffe. Wie immer auf ihren Zeitreisen verstanden Julian, Kim und Leon die Landessprache ohne Probleme. Staunend ließen sie sich durch das Gedränge treiben. Inzwischen hatten sie es aufgegeben, gezielt nach dem Palast zu suchen. Die Eindrücke, die auf sie einstürmten, waren vielfältig und verwirrend. Nach einer Stunde gelangten sie in ein ärmliches Viertel, in dem viele der einfachen Ziegelhäuser eingestürzt waren. Plötzlich wurden Rufe laut.

„Verfluchter Betrüger!", keifte eine Stimme. „Bei Amun, ich bringe dich um!"

Ein junger, zierlicher Mann sprang mit einem riesigen Satz aus einem Wirtshaus. Ihm auf den Fersen war ein wahrer Riese, groß und kräftig, dessen Gesicht zu einer wütenden Fratze verzerrt war. [...]

Der junge Mann rannte geduckt an den Freunden vorbei. Dabei warf er ihnen einen flehenden Blick zu. „Helft mir, wenn mich Kaaper erwischt, ist es aus mit mir!" [...]

Leon handelte ohne groß zu überlegen. Als der Riese an ihm vorbeistürmte, stellte er ihm kurzerhand ein Bein. Kaaper schrie auf, kam aus dem Gleichgewicht und krachte in den Staub.

„Abhauen! Schnell!", rief Leon Kim und Julian zu und flitzte los.

Geschickt bahnten sich die Freunde ihren Weg durch die Menge. Kaaper hatte sich inzwischen wieder aufgerappelt und war noch wütender als zuvor. Fluchend und schnaufend wie ein Nilpferd verfolgte er sie. Kurz darauf landeten die Freunde in einer Sackgasse. Hektisch blickten sie sich um. Wohin jetzt?

„Psst, hierher!", wisperte eine Stimme neben ihnen. Hinter einer Holztür winkte ihnen der junge Mann zu, der gerade noch von dem Riesen verfolgt worden war. Rasch glitten die Freunde durch die Tür. Der junge Mann verriegelte sie. [...]

[1] Pylone: die beiden massiven Türme, die den Eingang zu einem Tempel flankieren

„Puh, das war knapp!", sagte der junge Mann im Flur seines Hauses. […] „Ich danke euch vielmals. Ihr habt mir das Leben gerettet!", ergänzte der junge Mann. „Ich heiße übrigens Iti." […]
Auf Itis Frage nach ihrer Herkunft erzählte Julian die Geschichte, die er immer bei solchen Fragen erzählte: Kim, Leon und er seien Waisen und hofften auf Arbeit in der großen Stadt Theben. Und Kija, die Katze, gehöre einfach zu ihnen.
„Ihr könnt gerne erst einmal hier bleiben", bot Iti an. „Zum Dank, dass ihr mir geholfen habt. Morgen sehen wir dann weiter. Vielleicht findet ihr irgendwo Arbeit."
Er führte seine Gäste vom Flur ins angrenzende Zimmer. Es hatte nur ein schmales, rechteckiges Fenster kurz unterhalb der Decke, sodass der Raum in angenehmes Halbdunkel getaucht war. Drei kleine Stühle, ein niedriger Tisch, ein paar Krüge und eine Pritsche: Das war die gesamte Einrichtung. Vom Wohn- und Schlafraum konnte man in zwei weitere Räume blicken. Einer davon war die Küche. Darin verschwand Iti für einen Moment und kam mit einem Krug Irtet zu ihnen zurück. Den Freunden schmeckte die Ziegenmilch hervorragend. Jetzt erst bemerkten sie, wie durstig sie waren.
„Warum hat dich der große Kerl eigentlich verfolgt?", fragte Leon, während er sich den Mund mit dem Handrücken abwischte.
Iti hob die schmalen Schultern. „Och, eigentlich war nichts Besonderes. Wir haben nur gespielt. Und der dicke Kaaper hat behauptet, dass ich geschummelt hätte."
Leon hatte das Gefühl, dass das nicht die ganze Wahrheit war. […]
„Hast du ihn betrogen?", fragte Kim, während sie ihre Trinkschale mit Milch vor Kija auf den Boden stellte.
Iti sah zur Decke. „Sagen wir es mal so: Ich habe meinem Glück ein wenig nachgeholfen. Und irgendwie muss das Kaaper gemerkt haben. Aber die Gefahr ist ja vorerst gebannt. Habt ihr auch Hunger?"
Die Freunde nickten.
Offenbar erleichtert, das Thema erfolgreich gewechselt zu haben, ging Iti erneut in die Küche. Diesmal brachte er Granatäpfel, Feigen und eine Melone mit. Während sie aßen, erzählte Iti, dass er am Hof des Pharao arbeite.
„Heute habe ich frei, aber sonst bin ich jeden Tag im Palast. Ich komme dem großen Falkengott sogar sehr nahe", erzählte Iti stolz. „Ich darf den großen Pharao Tutanchamun massieren! Dafür verwende ich natürlich nur die feinsten Kräuteröle." Iti senkte die Stimme und klang mit einem Mal traurig. „Unser geliebter Pharao hat oft schlimme Schmerzen im Rücken. Er kann den Kopf nicht richtig drehen. Irgendetwas stimmt mit seiner Wirbelsäule nicht. Aber ich gebe mir immer größte Mühe, die Schmerzen zu lindern. Doch häufig scheint es umsonst zu sein. Unser Pharao hat viel Pech. Manchmal kommt es mir so vor, als läge ein Fluch auf ihm und seiner wunderschönen Frau Anchesenamun."
„Ein Fluch?" Julian war hellhörig geworden.
„Ja", führte Iti aus. „Anchesenamun hat noch keine lebenden Kinder geboren. Sie ist todunglücklich darüber. Mein Herr lässt sich nichts anmerken, aber ich sehe ihm an, dass auch er sehr traurig ist. Und dann auch noch diese ständigen Rückenschmerzen! Ja, ich glaube, auf ihm und seiner Familie lastet ein Fluch. Seth steckt hinter allem!"
Kim und Leon warfen Julian einen fragenden Blick zu. Seth? Wer war das nun wieder?
Julian gab den Freunden mit den Augen zu verstehen, dass sie schweigen sollten. Er wusste sehr wohl, wer Seth war. Er hatte es in einem Ägypten-Buch gelesen. Wenn etwas die Ägypter in große Angst versetzte, war es Seth. Er war der ägyptische Gott des Umsturzes und des Unheils, der Herrscher über das Böse.
Auch wenn Julian sich sagte, dass Iti nur abergläubisch war, ein kleiner Zweifel nagte doch an ihm, ob an der Geschichte vom göttlichen Fluch nicht doch etwas dran sein könnte …

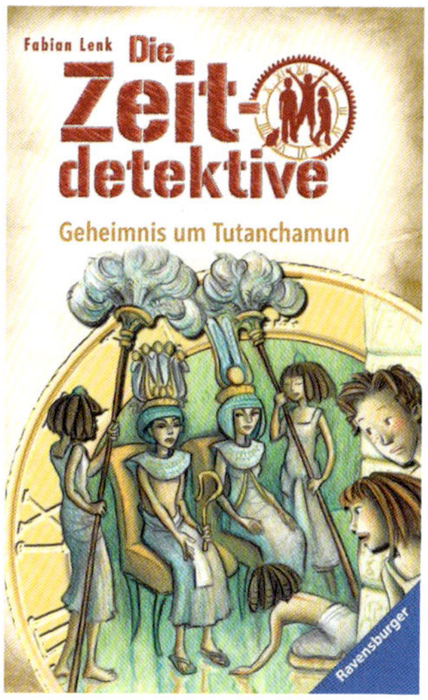

Fabian Lenk: Geheimnis um Tutanchamun. Ein Krimi aus dem alten Ägypten (Die Zeitdetektive, Band 5), Ravensburger Buchverlag
Das Buch enthält zahlreiche Illustrationen, ein Glossar und Hintergrundinformationen zur Person Tutanchamuns.

Wie geht es weiter?

Ob wirklich ein Fluch auf Tutanchamun lastet, bleibt ungewiss. Sicher ist, dass der Pharao schon am nächsten Tag tot auf der Massageliege aufgefunden wird. Iti wird verdächtigt und festgenommen. Natürlich wollen die Zeitdetektive Iti helfen, doch wird es ihnen gelingen, den wahren Täter zu ermitteln?

Überlege, inwieweit eine Hochkultur Streit unter Menschen fördert.

Götter, Tempel und Mumien

M1 Darstellung einiger ägyptischer Hauptgötter

Die Welt der Götter

Die Ägypter glaubten, dass in Pflanzen, Luft, Wasser, Sonne und vor allem Tieren göttliche Kräfte wohnen. Sie verehrten viele Götter, die sie sich in Menschen- oder Tiergestalt oder als Mischwesen mit menschlichem Körper und Tierkopf vorstellten. Zu den wichtigsten Göttern zählen der Sonnengott Re, der falkenköpfige Himmelsgott Horus, sein Vater Osiris (Herrscher der Unterwelt), der Gott Anubis mit Schakalkopf und Amun, der Hauptgott der Ägypter. Eine solche Verehrung vieler Götter nennt man **Polytheismus** (von griech. poly: viel und theos: Gott). Die Ägypter entwickelten eine Lehre von den Göttern (Theologie). Dies ist ebenfalls ein Kennzeichen für eine Hochkultur.

M2 Ein Tempel für Amun
Rekonstruktion
Zu den größten Tempeln am Nil gehört der für den Gott Amun im antiken Theben (heute Luxor).

Wohnhäuser für die Götter

Die Ägypter bauten ihren Gottheiten Tempel. Sie galten als Wohnhäuser der Götter auf Erden. Die Bevölkerung durfte die Tempel nicht betreten. Die wichtigsten Gegenstände in den Tempeln waren die Götterstatuen. Vor ihnen wurden Speisen und Getränke geopfert, Musik und Tänze aufgeführt.

Von der richtigen Anbetung und Verehrung der Götter (**Götterkulte**) hing nach ägyptischer Vorstellung der Wohlstand des gesamten Landes ab. Nur wenn die Götter zufrieden waren, ließen sie es Ägypten gutgehen. Die Tempel wurden deshalb von Pharaonen und reichen Ägyptern großzügig beschenkt.

Was kommt nach dem Tod?

Die Ägypter glaubten an ein Leben nach dem Tod. Nach ägyptischer Vorstellung war ein Weiterleben an zwei Bedingungen geknüpft: Der Körper musste erhalten bleiben und der Verstorbene hatte sich vor dem Totengericht zu behaupten. Das Totengericht stellten sich die Ägypter in einer unterirdischen Halle vor. Am Ende eines Weges voller Gefahren musste sich jeder Ägypter schließlich vor Osiris, dem Gott der Unterwelt, für seine Taten verantworten.

Für die Ewigkeit

Um den Leichnam vor dem Verfall zu schützen, entwickelten die Ägypter die Mumifizierung. Das ist eine vom Menschen eingesetzte Technik zur Konservierung eines Leichnams. Die Toten wurden in reich ausgestatteten unterirdischen Grabanlagen beigesetzt, die wie unterirdische Wohnhäuser angelegt waren. Diese sind geschmückt mit bunten Bildern, die Szenen aus dem Alltagsleben und dem Begräbnisritual[1] zeigen. Dazu gaben die Ägypter den Toten viele Grabbeigaben (z. B. Möbel, Schmuck oder sogar mumifizierte Haustiere) mit, denn es sollte ihnen an nichts fehlen. Die Ägypter stellten sich das Leben nach dem Tod ähnlich wie ihr irdisches Leben vor, mit dem Unterschied, dass es ewig dauerte. Deshalb bemühten sie sich schon zu Lebzeiten um eine möglichst prunkvolle Grabausstattung.

[1] Ein Ritual ist eine nach vorgegebenen Regeln ablaufende, meist feierliche Handlung.

M3 Mumie des Pharaos Ramses II.

Ramses II. starb 1213 v. Chr. Die Balsamierer entnahmen dem Toten Gehirn und Eingeweide, nicht aber das Herz. Die Organe bestatteten sie in besonderen Gefäßen. Anschließend wurde der Leichnam etwa 70 Tage in Natronsalz gelegt, um ihn auszutrocknen. Dann füllte man den Körper mit Papyrus und umwickelte ihn mit wohlduftenden Leinenbinden: Der Leichnam war nun eine Mumie. Er wurde in einen Sarg gelegt und bestattet.

M4 Du musst nicht sterben!

Pharao Teti II. regiert um 2347-2337 v. Chr. In seiner Pyramide in Sakkara, im Vorraum der Grabkammer, findet sich folgende Inschrift:

He! Ho! Fahre auf, o Teti!
Nimm deinen Kopf, nimm deine Knochen, sammle deine Glieder ein, schüttle die Erde von deinem Fleisch.
Nimm dein Brot, das nicht verschimmelt, und dein Bier, das nicht sauer wird.
Stelle dich zum Tor, das die einfachen Sterblichen aussperrt! Der Torwächter kommt heraus zu dir.
Er fasst dich bei der Hand und nimmt dich in den Himmel, zu deinem Vater Geb [= der Erdgott].
Er jubelt über dein Kommen, reicht dir seine Hände, küsst und streichelt dich.
Er setzt dich vor die Geister, die ewigen Sterne.
Die Verborgenen beten dich an, die Großen umgeben dich, die Wächter warten auf dich.
Gerste wird für dich gedroschen, Emmer reift für dich.
Deine Feste zum Monatsanfang und deine Feste zur Monatsmitte werden damit gefeiert, wie es Geb, dein Vater, für dich befohlen hat.
Fahre auf, o Teti! Du musst nicht sterben!

Nach: Miriam Lichtheim, Ancient Egyptian Literature, Vol. I, Berkeley 2006, S. 41 f. (übersetzt von Markus Sanke)

M5 Herzskarabäus

Grün glasierter Stein mit Gold, um 1300 bis 1100 v. Chr.

Der Käfer „Heiliger Pillendreher" (Skarabäus) legt seine Eier in selbst gedrehte Mistkugeln. Brechen diese auf, kommen junge Käfer heraus. Die Ägypter glaubten deshalb, die Käfer könnten sich selbst neu erschaffen und somit ewig leben. Daher sahen sie diese als heilige Tiere und Symbol für die Neubelebung und Wiedergeburt an. Die Ägypter fertigten Amulette in Gestalt von Skarabäen an. Dazu gehören auch die großen Herzskarabäen, die der Mumie auf die Höhe des Herzens gelegt wurden.

1. *Erkläre, warum es für die Ägypter wichtig war, den Leichnam vor dem Verfall zu bewahren.*
2. *Arbeite aus M4 heraus, was Pharao Teti im Jenseits erwartet.*
3. *Überprüfe, welche Informationen uns die Grabbeigaben über die Vorstellungen der Ägypter vom Leben nach dem Tod geben.*
4. *Begründe, warum die Ägypter ausgerechnet Mistkäfer verehrt haben (M5). Überlege, ob es heute vergleichbare Vorstellungen gibt, und stelle Beispiele vor.*
5. *Vergleiche deine Ergebnisse mit dem Jenseitsglauben anderer dir bekannter Religionen.*

Internettipp:
Unter Mediencode 30041-10 kannst du mehr über Mumien und den Totenkult erfahren

Auch Bilder können sprechen

Bilder können Geschichten erzählen und uns etwas über die Zeit mitteilen, in denen sie entstanden sind. Du kannst sie zum Sprechen bringen, indem du Fragen an sie stellst. Nicht alle lassen sich bei jedem Bild beantworten. Oft musst du weitere Informationen einholen.
Du kannst bei der Arbeit mit Bildern in drei Schritten vorgehen:

1. Beschreibe das Bild

- Wann und wo wurde es geschaffen oder veröffentlicht?
- Welche Personen erkennst du auf dem Bild?
- Was tun die Personen?
- Wie sind sie gekleidet? Haben sie Gegenstände bei sich?
- Kannst du weitere Dinge oder Tiere auf dem Bild erkennen?
- Wie wirkt das Bild auf dich?

2. Erkläre die Zusammenhänge

- Ist auf dem Bild etwas hervorgehoben? Woran erkennst du das?
- Wie sind die Personen dargestellt? Fällt dir dabei etwas auf? Sind es wirkliche Personen oder stehen sie für etwas?
- In welcher Beziehung zueinander sind die Personen dargestellt?

3. Bewerte das Bild

- Zu welchem Zweck wurde das Bild hergestellt?
- Was sollte es dem Betrachter sagen?
- Welche Ereignisse und Vorstellungen haben für die Darstellung eine Bedeutung? Kannst du sie auf dem Bild wiederfinden?

Diese Formulierungen helfen dir, Bildquellen auszuwerten:

1. *Das Bild stammt aus dem Jahr .... Es wurde von ... gemalt. Von links nach rechts erkennt man .... Die Figur ... ist mehrmals abgebildet. Die Figur des ... ist durch ... besonders hervorgehoben. Auffällig ist .... Einige Figuren halten ... in der Hand.*

2. *Einige der Figuren sind (Menschen/Götter/Teufel ...). Dies erkennt man an .... Die meisten Figuren (blicken/gehen) nach .... Besonders hervorgehoben ist .... Als einzige Figur ist ... dargestellt. Das Bild zeigt (einen einzigen Moment/einen längeren Zeitraum).*

3. *Das Bild diente als .../war angebracht am .... Es beschreibt die Vorstellung vom .... Die abgebildete Szene war für die Menschen sehr wichtig, da .... Das Bild ist eine Quelle für die Vorstellungen der ...zeit über ....*

M1 Die „große Prüfung“: das Totengericht
Ausschnitt aus dem „Totenbuch“ des Schreibers Hunefer, Wasserfarben auf Papyrus, Höhe 39 cm, um 1300 v. Chr.

M3 Das „Jüngste Gericht“
Relief über dem Westeingang zum Freiburger Münster (Ausschnitt), Stein, bemalt und z. T. vergoldet, um 1330 n. Chr.
Auch im Christentum gibt es die Vorstellung einer Prüfung der menschlichen Seele nach dem Tod. Am Ende der Zeit, beim „Jüngsten Gericht“, wird über das Leben jedes Menschen geurteilt. Je nach Ausgang der Wägung erwartet die Seele entweder den Eingang in das himmlische Paradies oder die ewige Verdammnis der Hölle.

Ägypter schmückten die Wände ihrer Grabkammern mit Bildern und Inschriften. Außerdem stellten sie „Totenbücher" her, Papyrusrollen, die sie den Mumien in den Sarg legten. Ihr Text enthielt die Antworten, die der Verstorbene auf die Fragen des Totengerichts geben sollte. Außerdem sind in vielen Totenbüchern Szenen aus dem Totenreich bildlich dargestellt.

M2 Eine (sehr kurze) Bildinterpretation

Wenn du die Anleitung links befolgst und die Informationen einbeziehst, könntest du schreiben:

Das Bild zeigt den Ausschnitt aus einem ägyptischen Totenbuch. Es wurde um 1300 v. Chr. auf Papyrus gemalt. Die Szene muss von links nach rechts gelesen werden.

Ein Verstorbener im weißen Gewand wird vom Totengott Anubis zur wichtigsten Stelle des Bildes geführt: Auf einer großen Waage wiegt Anubis das Herz des Verstorbenen. Es ist leichter als die Feder der Maat, deshalb verschlingt die „Große Fresserin", die dabeisitzt, es nicht. Der Gott Thot schreibt das Ergebnis der Wägung mit seinem Schreibzeug auf. Der Himmelsgott Horus zeigt dem Verstorbenen den Weg zu Osiris, dem Herrn des Totenreiches. Er sitzt auf einem Thron. Der Tote hat das Totengericht bestanden und wird in die Ewigkeit eingelassen. Das Bild erzählt eine wichtige Stelle im Glauben der Ägypter. Jeder Ägypter hoffte, dass es ihm nach seinem Tod beim Totengericht so ergeht wie dem abgebildeten Verstorbenen.

Jetzt bist du dran: Bildbefragung üben

Die Bildquelle M3 ist über 2 600 Jahre später entstanden als M1. Sie behandelt aber das gleiche Thema: Was geschieht nach dem Tod? Diese Frage haben sich Menschen zu jeder Zeit gestellt. Ihre Antworten haben sie oft in Bildern ausgedrückt.

1. *Schreibe eine Auswertung des Reliefs M3. Berücksichtige die Arbeitsschritte links und die Formulierungsvorschläge.*
2. *Vergleiche das Relief M3 mit dem Bild M1. Welche Einzelheiten kommen auf beiden Bildern vor? Was ist ganz anders dargestellt? Wie geht die Szene jeweils aus?*
3. *Überprüfe anhand von M1 - M3, welche Vorstellungen vom Leben nach dem Tod die Künstler hatten.*

Die Pyramiden

M 1 Großer Sphinx mit der Pyramide des Cheops, um 2600 v. Chr.
Der Sphinx ist das Steinbild eines Gottes oder Königs in Löwengestalt.

Pyramiden: eine Touristenattraktion

Unzählige Touristen reisen alljährlich nach Ägypten, um dort die berühmten **Pyramiden** von Gizeh in der Nähe Kairos zu besichtigen. In der Zeit des Alten Reiches wurden sehr viele Pyramiden gebaut. Die bekanntesten sind für die Pharaonen Cheops, Chefren und Mykerinos errichtet worden.

Wohnung für die Ewigkeit

Wenn ein Pharao an die Regierung kam, befahl er, eine Pyramide zu planen und zu bauen. Sie sollte später seine Grabstätte und zugleich ein Denkmal sein, an dem man ihn verehren konnte. Im Glauben der Ägypter stieg der tote Pharao jeden Morgen von der Pyramide zu den Göttern im Himmel auf und kehrte abends in sein Grab zurück. Er legte einen Kreislauf zurück wie die Sonne. Deshalb wurde die Pyramide auch „Wohnung für die Ewigkeit" genannt.
Jede Pyramide war nur Teil einer großen Anlage. Dazu gehörten Totentempel, Straßen für feierliche religiöse Umzüge (Prozessionen) vom Nilufer her, kleinere Pyramiden für Königinnen und Prinzessinnen sowie Gräber hoher Beamter.
Alles diente dazu, den verstorbenen Pharao zu verehren. Deshalb hielten es die Ägypter nicht für einen Zwang, sondern für einen religiösen Dienst, wenn sie an dieser Gotteswohnung mitarbeiteten.

Gigantische Bauwerke

Die größte Pyramide ist die des Cheops. Jede Seite misst 230 m, ihre Höhe betrug ursprünglich 147 m. Der Bau dauerte über 20 Jahre. Etwa 4000 Menschen arbeiteten ständig auf der Baustelle. Während des jährlichen Nilhochwassers brachen tausende Bauern in den Steinbrüchen am Oberlauf des Nils zwei Millionen Steinblöcke, zogen sie über Holzrollen und auf Schlitten zum Fluss, transportierten sie auf Schiffen nach Gizeh und schleiften sie wieder über Rampen vom Nilufer bis an ihren geplanten Platz.
Die Blöcke wogen durchschnittlich 2,5 Tonnen (so viel wie zwei Pkw). Sie wurden nur mit Werkzeugen aus Holz, Stein und Kupfer bearbeitet. Die Ägypter verwendeten keine Zugtiere. Sie hatten auch keine Wagen, denn sie kannten im Alten Reich noch nicht das Rad. Trotzdem arbeiteten Baumeister und Handwerker sehr genau. Die Grundfläche ist bis auf wenige Zentimeter waagerecht und quadratisch. Bis heute sind die Methoden, mit denen die Ägypter die gewaltigen Steinblöcke hoben und zusammenfügten, rätselhaft geblieben.

Das Tal der Könige

Seit etwa 1500 v. Chr. ließen sich die Herrscher unterirdische Grabanlagen im Tal der Könige am Westufer des Nils nahe der heutigen Stadt Luxor bauen. Viele Pharaonen wurden dort in unterirdischen Grabanlagen mit kostbaren Beigaben bestattet. Das berühmteste Grab gehört Pharao Tutanchamun (1333-1323 v. Chr.). Der britische Archäologe Howard Carter entdeckte 1922 sein versiegeltes Grab[1]. Die Sensation bestand darin, dass alle Grabbeigaben und die Mumie des Königs erhalten waren. Die meisten anderen Königsgräber hatten Grabräuber zerstört.

[1] Siehe dazu auch die Geschichte auf S. 53.

M2 Bau einer Pyramide
Rekonstruktionszeichnung

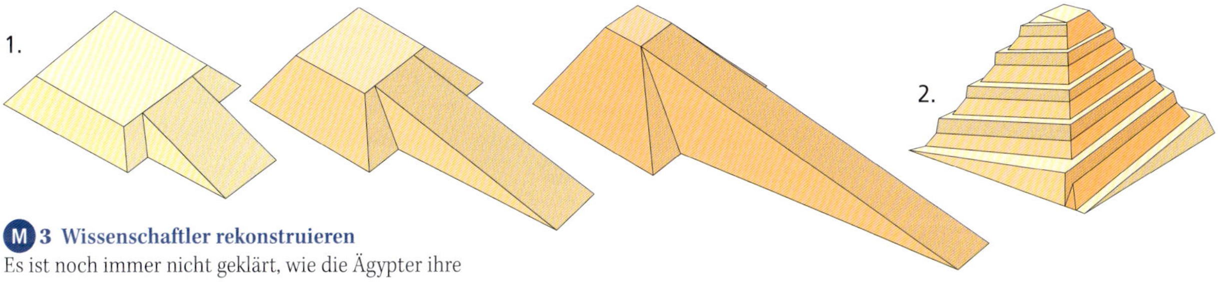

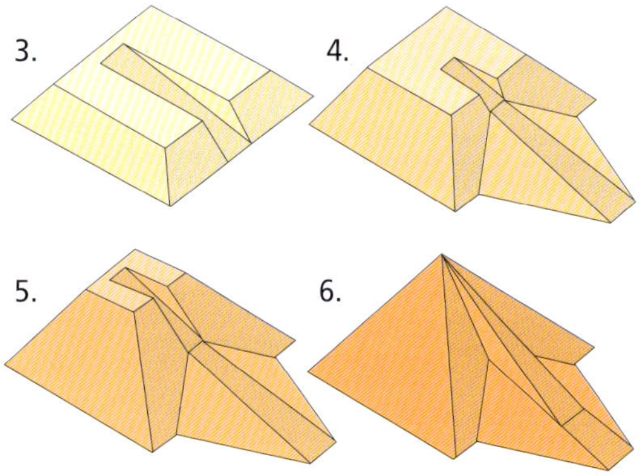

M3 Wissenschaftler rekonstruieren

Es ist noch immer nicht geklärt, wie die Ägypter ihre Pyramiden bauten. Deshalb haben Wissenschaftler verschiedene Theorien entwickelt.
Die meisten Archäologen vermuten, dass die Arbeiter die Steinblöcke mit Holzschlitten auf Holzrollen über schräge Rampen nach oben zogen.
Nach einer Theorie lief die Rampe gerade auf die Pyramide zu. Die Rampe wurde immer wieder verlängert, da sie sonst für den Transport der schweren Steine zu steil geworden wäre (1.).
Nach einer anderen Theorie wurden von jeder Ecke des Fundaments aus Rampen rings um die Pyramide gebaut (2.). Alle vier Rampen endeten auf der obersten Plattform. Drei dienten dem Transport nach oben, eine dem Weg nach unten.
Neuerdings meint ein Architekt, die Rampe sei im Inneren der Pyramide verlaufen (Bilder 3. bis 6.).

1. *Zähle die Arbeiten auf, welche die Menschen beim Pyramidenbau zu leisten hatten (M2).*
2. *Nenne Material, aus dem die Rampen wohl errichtet wurden (M2 und M3).*
3. *Beschreibe die technischen Probleme bei den drei Arten von Rampen, auf denen die riesigen Steinblöcke transportiert wurden (M3).*
4. *Fasse die unterschiedlichen Vermutungen der Wissenschaftler zusammen (M3).*
5. *Begründe, welche Theorie dich mehr überzeugt (M3).*
6. *Erkläre, warum Ägypter Pyramiden bauten.*

Internettipps:
Mehr zu Pyramiden erfährst du unter Mediencode 30041-11

Die Arbeiter des Pharaos

In der Nähe des Tals der Könige (siehe S. 70) lag die Siedlung der Arbeiter. Heute heißt der Ort Deir el-Medina. Hier wohnten Handwerker, Bildhauer, Maler und Architekten, die die Gräber der Pharaonen bauten. Insgesamt lebten in der Stadt etwa 100 Erwachsene mit ihren Kindern. Sie bestand fast fünf Jahrhunderte.
Bis 1951 wurden alle 70 Häuser von Archäologen untersucht. Die Ausgrabungsergebnisse machen den Alltag der Bewohner lebendig. Dazu tragen auch viele Tausend Scherben mit Texten und Zeichnungen bei, die im Ort gefunden wurden.

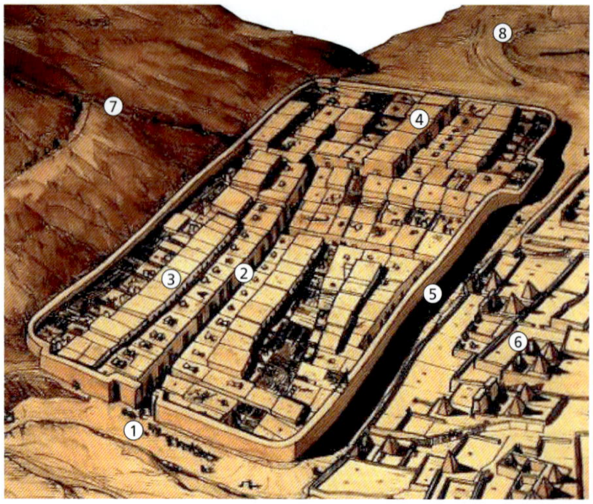

M 1 Rekonstruktion der Arbeitersiedlung um 1500 v. Chr.
① einziges Tor, ② Hauptstraße, ③ Häuser der Handwerker, ④ Häuser der Vorarbeiter und Aufseher, ⑤ Umfassungsmauer, ⑥ Gräber der Bewohner, ⑦ Weg zum „Tal der Königinnen“ und zum Tempel Ramses III. (dort wurden Wasser und Lebensmittel für die Bewohner geholt), ⑧ Weg zum „Tal der Könige“

Vorschläge für Forschungsfragen:

Thema 1: *Wohnen und Essen in Deir el-Medina*
Thema 2: *Die Arbeit der Männer, die die Königsgräber bauten*
Thema 3: *Konflikte in der Handwerkerstadt und ihre Lösung*

Beschreiben

Thema 1: *Sammelt alle Informationen zum Wohnen, Essen und Trinken in Deir el-Medina.*
Thema 2: *Nennt die Tatsachen, die zum Bau und Schmuck der Gräber im „Tal der Könige“ gehören.*
Thema 3: *Stellt alle Streitigkeiten im Dorf Deir el-Medina zusammen.*

Untersuchen

Thema 1: *Untersucht, welche Unterschiede beim Wohnen oder bei den Speisen in der Siedlung bestanden.*
Thema 2: *Findet heraus, welche Fähigkeiten und Materialien zum Bau der Pharaonengräber erforderlich waren.*
Thema 3: *Untersucht die Ursachen der Streitigkeiten, die streitenden Parteien und die Lösungsversuche.*

Einordnen

Thema 1: *Überprüft, welche Risiken die arbeitsteilige Gesellschaft für die Bewohner mitbrachte.*
Thema 2: *Vergleicht den Arbeitsaufwand für die Königsgräber mit demjenigen für die Pyramiden.*
Thema 3: *Begründet, warum die Verhältnisse in Ägypten solche Konflikte begünstigten.*

Präsentieren

Thema 1: *Baut ein Hausmodell aus Karton. Entwerft ein Kochrezept mit ägyptischen Zutaten.*
Thema 2: *Präsentiert eine Berechnung, wie lange der Bau des Grabes von Ramses IV. gedauert haben kann.*
Thema 3: *Schreibt einen Klagebrief an Pharao Ramses III. aus der Sicht der streikenden Arbeiter.*

M 2 Übles wird am Platz Pharaos getan!

Ein Papyrus berichtet über Ereignisse im 29. Jahr von Ramses III. Die Arbeitersiedlung ist in Aufregung: Die Grabarbeiter streiken, sie weigern sich also zu arbeiten!

4. November: Sie sagen: „Wir sind hungrig, da bereits 18 Tage im Monat fortgeschritten sind.“ Sie ließen sich hinter dem Totentempel von Thutmosis III. (▸ M5) nieder. Kommen des Schreibers, der Vorarbeiter, der Stellvertreter und der Aufseher. Sie riefen: „Geht wieder hinauf!“ Sie schworen Eide und sagten: „Wir haben Worte Pharaos!“
6. November: Die Arbeiter erreichen das Ramesseum (▸ M5). In sein Inneres dringen sie ein. Der Polizeichef ging nach Theben mit den Worten: „Ich werde den Bürgermeister holen.“ Er kam zurück und sprach: „Der Bürgermeister sagte mir: „Holt die Versorgung aus dem Lager!“ [Die Arbeiter:] „Wir schreiben dorthin, wo der König ist! Wir sind in diese Lage gekommen aus Hunger und Durst. Es gibt keine Kleidung, kein Öl, keinen Fisch, kein Gemüse. Schreibt das an den Pharao, unseren guten Herrn. Schreibt auch an unseren Vorgesetzten, den Wesir, dass uns unser Lebensunterhalt gegeben werde.“
Einige Zeit später: Zwei Arbeiter haben gesagt: „Wir werden nicht kommen! Wir haben den Streik nicht gemacht, weil wir hungern, sondern wir haben eine große Erklärung abzugeben! Wahrlich, Übles wird am Platz Pharaos getan!“

M3 Gebote und Verbote

Die Schriftstellerin Freya Stephan-Kühn hat herausgearbeitet, welche Regeln für die Bewohner der Arbeitersiedlung gelten. Achtung: Ihr Text stammt nicht aus der Zeit der Siedlung. Die Regeln könnten aber zur Pharaonenzeit so gelautet haben:

1. Das Verlassen der Arbeitersiedlung ist nur in Ausnahmefällen und mit Genehmigung gestattet.

3. Die Arbeiter müssen pünktlich zum Wochenanfang an der Baustelle jenseits des Berges eintreffen.

5. Die Arbeiter müssen das ihnen zugeteilte Werkzeug sorgfältig behandeln und bei Verlust ersetzen.

6. Die tägliche Arbeitszeit beträgt acht Stunden.

7. Während der Woche bleiben alle Arbeiter im Feldlager im Tal der Könige. An den Wochenenden dürfen sie zu ihren Familien in das Dorf. (▸ M5)

9. Jeder Arbeiter erhält am 28. Tag jedes Monats als Lohn aus den königlichen Speichern 300 Liter Weizen, 110 Liter Gerste, zwei Kilo getrockneten Fisch und Salz zugeteilt. Wasser wird jeden Tag ausgegeben, Gemüse und 500 Stück Holz einmal pro Woche. Je nach Lage und Fleiß gibt es Sonderzuteilungen von Fett, Kleidern, Fleisch, Wein und Seife.

10. Die Bewohner des Tales sind verpflichtet, die Wäsche der Arbeiter zu waschen.

11. Die Arbeiter dürfen mit den nicht verbrauchten Teilen ihres Lohnes Handel treiben.

13. Die Arbeiter dürfen für sich und ihre Familie ein Grab anlegen. Ein Platz wird zugeteilt. (▸ M1)

14. Streit der Bewohner, der nicht gütlich beizulegen ist, entscheidet das Ortsgericht. Verbrecher werden dem Königsgericht in Theben überstellt.

Nach: Freya Stephan-Kühn, Viel Spaß mit den alten Ägyptern!, Würzburg 1990, S. 71 f. (gekürzt und vereinfacht)

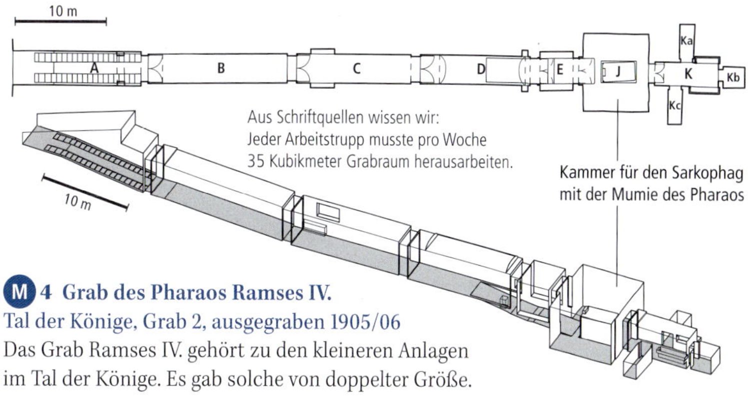

M4 Grab des Pharaos Ramses IV.

Tal der Könige, Grab 2, ausgegraben 1905/06

Das Grab Ramses IV. gehört zu den kleineren Anlagen im Tal der Könige. Es gab solche von doppelter Größe.

M5 Westufer des Nils, gegenüber der Stadt Theben

Übersichtsplan von 2000

Hier ließen Pharaonen zwischen ca. 1500 und 1100 v. Chr. Tempel bauen. Darin wurden sie nach ihrem Tod als Götter verehrt. Westlich von ihnen liegen das „Tal der Könige“ und das „Tal der Königinnen“. Dort wurden die königlichen Mumien beigesetzt.

M6 Was Scherben erzählen

Auf Scherben halten Schreiber Verträge, Urteile und Ereignisse fest. So erfahren wir, was die Menschen in der Siedlung bewegt. Zwei Beispiele:

- Aussage des Schreibers *Nefer-Hetep* vor dem Gerichtshof: „Bei Amun und dem Herrscher! Wenn ich den Esel des *Heri*, Sohn des *Hui-Nefer*, nicht bezahle, sei es in Vieh, sei es in Gegenwert, bis zum [*unleserlich*], erhalte ich 100 Hiebe, und er wird gegen mich doppelt berechnet.“
- Meine Tochter sagte: „Mein eigener Mann, der Arbeiter [*unleserlich*], er schlug und schlug mich ununterbrochen!“ Da ließ ich seine Mutter holen. Der [*Vorsteher*] fand ihn im Unrecht. Man ließ ihn vor die Beamten holen. Ich sagte zu ihm: „Wenn du sie nicht mehr schlagen wirst, so schwöre vor den Beamten!“ Da sprach er den Eid: „Bei Amun und dem Herrscher!“

Nach: Wolfgang Helck, Die datierten und datierbaren Ostraka, Papyri und Graffiti von Deir el-Medineh. Ägyptologische Abhandlungen, Bd. 63, Wiesbaden 2002, S. 227, 240, 351, 230 und 238

M7 Frauenarbeit – Männerarbeit

Bemalte Tonscherben, um 1200 v. Chr.

Während die Männer bei den Gräbern arbeiteten, war die Siedlung ein Frauen- und Kinderdorf. Aus den Getreidezuteilungen backten die Frauen Brot für ihre Familien.

Ältestes Königsgrab im „Tal der Könige“: Amenophis I. | Großer Streik der Arbeiter | Jüngstes Königsgrab im „Tal der Könige“: Ramses XI.

Die Arbeitersiedlung (Deir el-Medina) besteht

1600 v. Chr. | 1500 v. Chr. | 1400 v. Chr. | 1300 v. Chr. | 1200 v. Chr. | 1100 v. Chr | 1000 v. Chr

Wie in dem vorausgegangenen Kapitel findet ihr hier Karteikarten zu verschiedenen Themen:

Um wichtige Informationen genau übermitteln zu können, entwickelten die Ägypter eine Schrift. Mit den **Hieroglyphen** schickten sie Nachrichten in alle Teile des Reiches. Dies erleichterte die Verwaltung des riesigen Landes. Allerdings gab es nur wenige Schriftkundige. Sie wurden als Beamte eingesetzt und waren sehr angesehen. Die Erfindung der Schrift ist ein Kennzeichen der frühen **Hochkultur**.

Die Ägypter verehrten viele Götter (**Polytheismus**). Der Wohlstand des gesamten Landes hing nach ägyptischer Vorstellung von der richtigen Anbetung und Verehrung der Götter ab (**Götterkulte**). Die Ägypter glaubten an ein Weiterleben nach dem Tod. Daher bestatteten sie ihre Könige z. B. in riesigen **Pyramiden** und gaben ihren Toten Grabbeigaben mit. Wichtige Bedingungen für das Weiterleben waren der Erhalt des Körpers durch Mumifizierung und das Bestehen des Totengerichts.

Ägypten verdankte seinen Wohlstand nicht nur dem Nil, sondern auch der gut organisierten Landwirtschaft und der künstlichen Bewässerung. Es konnte sogar das Datum für die jährliche Nilschwemme vorausberechnet werden. Durch reiche Ernten wuchs die Bevölkerung. Die Bauern mussten Teile ihrer Ernte abliefern. Damit ernährte der Herrscher seine Beamten und Spezialisten, die selbst keine Nahrung erzeugten.

Die ägyptische **Gesellschaft** beruhte auf Arbeitsteilung: Neben der großen Gruppe der Bauern gab es Spezialisten wie Handwerker und Beamte, die für besondere Aufgaben eingesetzt wurden. Die Gesellschaft war **hierarchisch** gegliedert. An der Spitze standen der **Pharao** mit seiner Familie und die höchsten Beamten. Die unterste Schicht bildeten die Unfreien.

Herr über die Menschen und das Land war der **Pharao**. Die Ägypter glaubten, er sei der Stelllvertreter des Sonnengottes Re. Zu seinen wichtigsten Herrscherpflichten gehörten die Verwaltung seines **Staates** sowie die Versorgung und der Schutz seines Volkes. Dabei halfen ihm zahlreiche hohe Beamte als Stellvertreter in den Gauen sowie mittlere und niedere Beamte. 3 000 Jahre regierten Pharaonen. Eine ähnlich lange Herrschaftsform hat es in der Geschichte nicht wieder gegeben.

1. *Finde Belege für die Aussagen auf den Karteikarten.*

2. *Finde für jede Karteikarte eine passende Überschrift und überlege, welche Informationen du auf die Rückseite schreiben würdest.*

Hieroglyphen lesen und schreiben – gar nicht so schwer!

Ägyptische Schriftzeichen

Die ägyptischen Schriftzeichen können nicht einfach mit unserem Alphabet gleichgestellt werden. Es gibt zwar Hieroglyphen für einzelne Laute, aber viele stehen für ganze Silben oder sind einfache Darstellungen der Dinge, die sie bezeichnen. Von wenigen Ausnahmen abgesehen schrieben die alten Ägypter keine Vokale. Über die Aussprache wissen wir daher kaum etwas. Um sich dennoch über die Lesung der alten ägyptischen Texte zu verständigen, haben Wissenschaftler eine Umschrift (Transkription) entwickelt, in der die hieroglyphische Schreibung in die entsprechenden Laute umgesetzt wird.

Greifvogel	a	Schilfblätter	i (j)	Mund	r
Bein	b	Korb mit Henkel	k	gefalteter Stoff	s
Brunnenschacht	ch	Löwe	l	Teich	sch
Hand	d	Eule	m	Brotlaib	t
Schilfblatt	e	Wasser	n	Wachtelküken	u, v, w
Hornviper	f	Schlinge	o	Türriegel	z
Krugständer	g	Hocker oder Matte	p	Seil	tsch
Hof	h	Abhang	q	Schlange	dsch

M 1 Einige ägyptische Schriftzeichen

Probiere es einmal aus:

1. Entziffere mithilfe der ägyptischen Schriftzeichen folgende Hieroglyphen:

2. Schreibe deinen Namen in Hieroglyphen. Achte darauf, ihn genauso zu schreiben, wie er gesprochen wird. Setze hinter einen Mädchennamen [Hieroglyphe] und hinter einen Jungennamen [Hieroglyphe]!

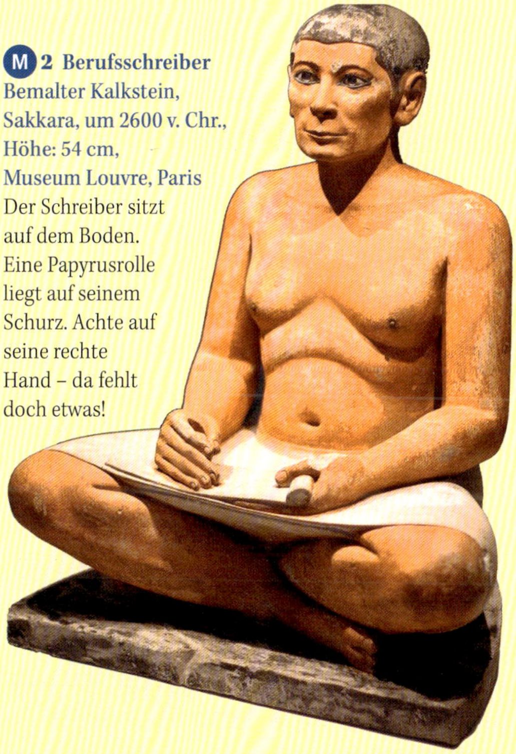

M 2 Berufsschreiber
Bemalter Kalkstein, Sakkara, um 2600 v. Chr., Höhe: 54 cm, Museum Louvre, Paris
Der Schreiber sitzt auf dem Boden. Eine Papyrusrolle liegt auf seinem Schurz. Achte auf seine rechte Hand – da fehlt doch etwas!

3

Das antike Griechenland

M Europa auf dem Stier
Schale aus Unteritalien,
um 340 v. Chr.
Durchmesser: 21,5 cm, Höhe: 7,8 cm

Unsterbliche Geliebte

Verzweifelt blickte Europa zum Himmel und klagte: „Ihr Götter, wie konntet ihr das nur zulassen?" Aber im gleichen Atemzug machte sie sich selbst Vorwürfe: „Kann ich denn alle Schuld auf die Götter wälzen? Bin ich nicht selbst schuldig? Wie konnte ich so unvorsichtig sein, mich dem fremden Stier zu nähern und mich sogar auf seinen Rücken zu setzen? Geschah es mir da nicht recht, dass er mich forttrug?" Schaudernd erinnerte sie sich an ihre Reise. Eine Nacht und einen Tag lang war sie auf dem Rücken des weißen Stieres durch das Meer geschwommen. Er hatte sie von ihrer Heimat Phönizien in Kleinasien an die Küste einer fremden Insel im Westen gebracht. Den Namen der Insel kannte sie nicht einmal. Wehmütig erinnerte sie sich an ihre Heimatstadt Tyros, wo sie im Palast ihres Vaters aufgewachsen war. Die Tränen rannen ihr über die Wangen, als sie an ihren Vater dachte, an die Mutter und die Freundinnen, die sie nun sicherlich überall suchen würden. Selbst wenn sie in dieser menschenleeren Gegend überleben sollte, würde sie die Lieben in der Heimat wohl nie mehr wiedersehen. Für einen Augenblick dachte Europa daran zu sterben. Da hörte sie ein leises Geräusch. Als sie sich umdrehte, sah sie eine Frauengestalt, die sich ihr näherte, ohne den Boden mit den Füßen zu berühren. „Hör auf, so zu jammern", begann sie zu sprechen. „Kennst du mich noch? Ich bin Aphrodite, die Göttin der Liebe. Neulich bin ich dir im Traum erschienen, um dir mitzuteilen, dass der Göttervater Zeus in dich verliebt ist." Europa starrte sie ungläubig an. Aphrodite fuhr fort: „Und was meinst du, wer dich hierher auf die Insel Kreta trug? Etwa ein normaler Stier? Hast du dich nicht gewundert, dass dich auf dem Meer kein Tropfen Wasser benetzt hat, obwohl die Wellen hochgingen? – Nein, der Stier war niemand anderer als Zeus. Er hatte dich vom Olymp aus erblickt und sich aufgrund deiner Schönheit sofort in dich verliebt. Um dich zu besitzen, beschloss er, dich zu entführen. Du bist", fuhr Aphrodite etwas schnippisch fort, „zwar nicht die einzige Geliebte unseres mächtigsten Gottes, aber tröste dich: Als Tochter des Königs von Tyros hätte man dich vielleicht geehrt, als Geliebte des Zeus wirst du unsterblich werden. Denn der Erdteil, zu dem Kreta gehört und in den er dich entführt hat, soll deinen Namen tragen: Europa."

Dieter Brückner

1. *Versetze dich in die Lage von Europa und formuliere eine Antwort auf Aphrodites Rede.*
2. *Überlege, welche Bedeutung diese sagenhafte Begegnung heute noch für den Kontinent Europa hat.*

Das antike Griechenland

„Die Olympischen Spiele feiern, heißt, sich auf die Geschichte berufen." Mit diesen Worten setzte sich der französische Sportfunktionär Pierre de Coubertin in den 1890er-Jahren für die Wiederbelebung der antiken Sportwettkämpfe ein. Mit seiner Forderung stand er nicht allein. Auch unabhängig vom Sport beriefen sich seit langer Zeit immer wieder Menschen auf die „alten Griechen" und verehrten sie als Vorbilder.

Mit den Griechen beginnt der Abschnitt des Altertums, den man Antike nennt (ca. 1000 v. Chr. bis ca. 500 n. Chr.). Die Antike ist die Geschichte der Griechen und Römer, die wichtige Grundlagen für das heutige Europa geschaffen haben.

M 1 **Theater in Delphi, Griechenland, 4. Jh. v. Chr.**
Illustration

M 2 **Sokrates**
Statue vor der Akademie in Athen, 19. Jh.

In diesem Kapitel geht es um folgende Fragen:

- Woher kommt die Hochachtung vor den „alten Griechen"?
- Warum verwenden wir noch heute so viele griechische Begriffe in unserer Sprache?
- Warum spielen wir noch heute Theaterstücke der alten Griechen und ahmen ihre Kunstwerke nach?

Blützeit der

1000 v. Chr. 800 v. Chr. 600 v. Chr.

Späte Pharaonenzeit in Ägypten

M 3 **Die Heimat der Griechen**
Griechenland und Kleinasien im 5. Jh. v. Chr.

- große Stadt
- Kleinstadt oder Dorf
- bedeutendes Heiligtum
- Austragungsort von Wettkämpfen aller Griechen
- wichtiger Hafen
- Abbauort von Marmor
- Abbauort von Silber
- Abbauort von Gold

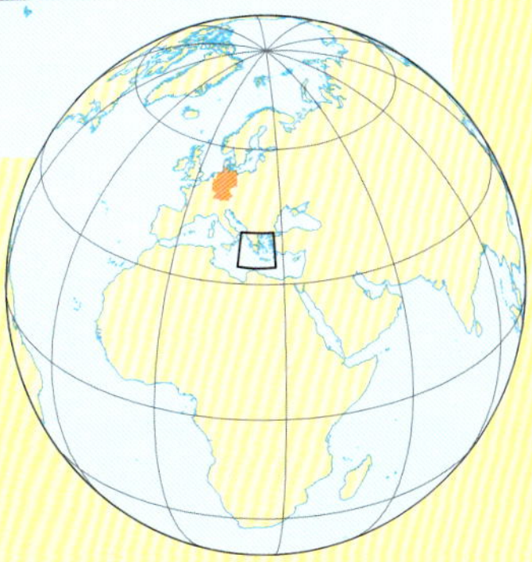

griechischen Antike

400 v. Chr. | 200 v. Chr. | Chr. Geburt

Die Welt der Griechen

M 1 Im Schatten der Burg
Landschaftsbild
So stellt sich ein Künstler die Anfänge der Stadt Athen um 800 v. Chr. vor.

M 2 Eine nützliche Erfindung
Münze aus Athen, um 500 v. Chr., und 1-Euro-Münze aus Griechenland, 2002
Griechen waren die Ersten in Europa, die Münzen prägten. Fast jede Polis hatte eigene Münzen. Münzen aus Athen erkannte jeder Grieche an der Eule und der Göttin Athene, der Schutzgöttin der Stadt.

Schwieriges Leben in schöner Landschaft

Griechenland ist heute ein beliebtes Reiseziel. Die Touristen genießen vor allem Sonne, Strand und eine eindrucksvolle Berglandschaft.

In der **Antike** war der Alltag in dieser Landschaft nicht so angenehm. Viele Griechen waren Bauern, aber das Land ist meist zu steinig und zu trocken für den Ackerbau. Fruchtbaren Boden findet man nur in den Flusstälern und in einigen Buchten am Meer. Die schroffen Gebirgszüge zerteilen das Land in viele kleine Täler. Da der Weg über die Berge sehr beschwerlich ist, fuhren die Griechen häufig mit Schiffen von Bucht zu Bucht.

Jede Stadt ein eigener Staat

In dieser zerklüfteten Landschaft entstand kein gemeinsamer Staat. Mittelpunkt des Lebens waren das eigene Tal oder die eigene Bucht. Ab etwa 800 v. Chr. bildeten sich dort jeweils eigene Herrschaftsbereiche mit einer kleinen Stadt als Hauptort, die meist um eine Burg herum entstanden war. Um 700 v. Chr. war Griechenland schließlich mit vielen Stadtstaaten übersät. Die Griechen nannten einen solchen Stadtstaat **Polis**. Eigentlich glichen die Poleis eher Dörfern, denn sie hatten meist weniger als 5 000 Einwohner. Die Poleis achteten genau auf ihre Selbstständigkeit. In der Politik wollten sie sich nichts von anderen vorschreiben lassen.

Die Kultur der Griechen

Obwohl die Griechen keinen gemeinsamen Staat hatten, fühlten sie sich als Volk mit gemeinsamer Kultur. Sie nannten sich selbst Hellenen. Die Römer bezeichneten sie später als Graeci, Griechen. Ein Grieche erkannte einen anderen Griechen an der Sprache. Wer kein Griechisch sprechen konnte, galt nicht als Grieche.

Miteinander verbunden fühlten sich die Griechen auch, weil sie alle an dieselben Götter glaubten. Sänger wanderten von Polis zu Polis und trugen Geschichten von Göttern und Helden vor. Deshalb waren überall in Griechenland dieselben Sagen verbreitet. Seit ca. 800 v. Chr. gab es eine griechische Schrift. Da die Sagen nun aufgeschrieben werden konnten, wurden sie noch bekannter.

Auf der Suche nach einer neuen Heimat

Seit dem 8. Jh. v. Chr. verließen zahlreiche Griechen auf Schiffen ihre Heimat und siedelten an den Küsten des Mittelmeeres und des Schwarzen Meeres. Dabei nahmen die Auswanderer Land in Besitz und gründeten griechische Tochterstädte (**Kolonien**). Deshalb wird diese Entwicklung **Kolonisation** (lat. colere: Land bebauen) genannt.

Die Gründe für diese Auswanderung (Migration) waren Naturkatastrophen, Bevölkerungswachstum, Kriege sowie Armut und Hunger. Aber auch die Aussicht auf Landbesitz, Handelsgewinne und Abenteuer lockte manche Griechen in die Fremde. Die Kolonisation trug zum inneren Frieden in vielen Poleis bei, denn die Unzufriedenen sahen eine Chance, ihre Lage zu verbessern. Seefahrt, Schiffbau und Handel profitierten: Bald bekam man rund ums Mittelmeer griechische Töpferwaren im Tausch gegen Getreide und andere nützliche Rohstoffe.

M 3 Bauernkalender

Der Dichter Hesiod lebt um 700 v. Chr. als Bauer. In seinen Gedichten gibt er auch Ratschläge für die Feldarbeit:

Beginne mit dem Ernten, wenn die Sterne der
Plejaden[1] aufsteigen,
beginne zu säen, wenn sie wieder sinken.
Pass auf, wenn Du den Kranich[2] rufen hörst.
Er gibt das Signal für das Pflügen und Säen und
kündigt den winterlichen Regen an.

Nach: Hesiod: Erga, 383 - 466 (übersetzt von Björn Onken)

M 5 Jahreszeiten

Der griechische Dichter Alkman lebt in der zweiten Hälfte des 7. Jh. v. Chr. In einem seiner Gedichte beschreibt er die Jahreszeiten:

Er schuf drei Jahreszeiten,
er schuf Sommer, Herbst,
Winter als dritte,
den Frühling dann als vierte,
die Zeit des Blühens, freilich bietet
sie nicht genug zu essen.

Rolf Rilinger, Leben im antiken Griechenland, München 1990, S. 48

Griechischer Buchstabe		Name	Lautwerte
Α	α	Alpha	a
Β	β	Beta	b
Γ	γ	Gamma	g
Δ	δ	Delta	d
Ε	ε	Epsilon	(kurz) e
Ζ	ζ	Zeta	z
Η	η	Eta	(lang) e
Θ	θ, ϑ	Theta	th
Ι	ι	Iota	i
Κ	κ	Kappa	k
Λ	λ	Lambda	l
Μ	μ	My	m
Ν	ν	Ny	n
Ξ	ξ	Xi	x
Ο	ο	Omikron	(kurz) o
Π	π	Pi	p
Ρ	ρ	Rho	r(h)
Σ	σ, ς	Sigma	s
Τ	τ	Tau	t
Υ	υ	Ypsilon	y
Φ	φ	Phi	ph, f
Χ	χ	Chi	ch
Ψ	ψ	Psi	ps
Ω	ω	Omega	(lang) o

M 7 Griechisches Alphabet
Der Laut „h" am Anfang eines Wortes wurde mit einem kleinen Zeichen (ähnlich einem kleinen hochgestellten „c") ausgedrückt. (Beispiel: die griechische Göttin Hera: ᶜHra)

M 4 Landschaft in Griechenland
Foto von 2008

M 6 Olivenernte
Vase aus dem späten 6. Jh. v. Chr.
Die Oliven wurden mit Stöcken vom Baum geschlagen und dann aufgesammelt. Der Olivenbaum kann auch in trockenen Gegenden gut gedeihen.

1. *Beschreibe die Landschaft in Griechenland (M4).*
2. *Erkläre, warum sich in Griechenland viele Stadtstaaten (Poleis) bildeten.*
3. *Gib wieder, wie sich die griechischen Bauern bei ihrer Arbeit nach Himmels- und Naturereignissen richteten (M3).*
4. *Schreibe deinen Namen mit griechischen Buchstaben (M7).*
5. *Der bei uns übliche Begriff Alphabet kommt aus dem Griechischen. Erkläre, woran man das erkennen kann.*
6. *Beurteile, inwieweit man trotz der vielen Unterschiede von einer „Welt der Griechen" sprechen kann.*

[1] Plejaden: Sternbild mit sieben Sternen, das im Mai aufsteigt und im November wieder sinkt
[2] Kranich: Zugvogel, überwintert von Oktober bis März im Mittelmeerraum und in Afrika

Geschichtskarten kannst du lesen

Landkarten informieren über die Lage von Ländern, Orten, Meeren, Flüssen, Bergen und anderen Kennzeichen einer Landschaft. Karten für den Geschichtsunterricht enthalten noch mehr: Sie verknüpfen Erdkunde und Geschichte, indem sie zeigen, welche Ereignisse und Entwicklungen in der Vergangenheit in bestimmten Gebieten stattfanden. Wo siedelten die Menschen? Wie veränderten sich Lebensräume von Völkern und Ländergrenzen? Woher kamen Handelsgüter und wohin wurden sie auf welchen Wegen gebracht? Auch genaue Karten geben immer nur einen Teil der Gegebenheiten wieder.

Karten kannst du lesen:

Schritt 1:

- Kläre, um welches Thema es in der Karte geht. Berücksichtige dabei die Über- oder Unterschrift.
- Beachte die Legende: Sie erklärt dir die verwendeten Zeichen, Farben und Abkürzungen und nennt meist auch den Maßstab.

Schritt 2:

- Kläre zunächst, welches Gebiet die Karte zeigt, welche Zeit sie behandelt und über welche Einzelheiten sie informiert.

Schritt 3:

- Wenn dir Fragen zu Entfernungen zwischen Orten gestellt werden, nutze die Maßstabsleiste.
- Bei Fragen zur Landschaft solltest du Merkmale wie Küstenverlauf, Flüsse und Höhenangaben berücksichtigen.
- Wähle die Informationen aus, die zu den Fragen, die du selbst an die Karte stellst, oder zu den Aufgaben, die du lösen sollst, passen.

Zur Kartenauswertung nützliche Formulierungen:

Der Kartenausschnitt zeigt .... – Der abgebildete Raum ist ungefähr ... x ... km groß. – Die Karte bildet die Verhältnisse im .... Jh. / im Jahr ... ab. – Mit Farben wird angegeben, ... – Aus den Angaben kann man erkennen, dass der Raum über den Landweg / Seeweg ... zu erreichen war. – Symbole zeigen an, wo die Menschen ..., wo sie welche ... anbauten, wo es Orte für die Verehrung von ... gab und wo sie ... förderten. Außerdem sieht man, welche ... es in ... gab. – Die Karte erlaubt also Aussagen über die Lebensbereiche ....

M1 Wo die Griechen bis etwa um 750 v. Chr. lebten

M2 Die Polis Athen im 5. Jh. v. Chr.

So könnte deine Kartenauswertung aussehen:

1. *Beschreibe die Karte M1 zunächst allgemein.*

1. Der Kartenausschnitt zeigt Griechenland, Kreta und die Westküste Kleinasiens in der Zeit um 750 v. Chr. Der abgebildete Raum ist etwa 600 x 650 km groß. Mit Symbolen sind Stadtstaaten, wichtige Heiligtümer sowie Austragungsorte gesamtgriechischer Wettkämpfe eingezeichnet. Farben geben an, wie hoch die Landschaften liegen.

2. *Zähle die Informationen der Karte M1 auf, die für die Geschichte Griechenlands von Bedeutung sein können.*

2. Die Kartierung der Stadtstaaten zeigt, wo Griechen im 8. Jh. v. Chr. in Poleis lebten: auf der Peloponnes, auf Inseln im Ägäischen Meer und an der Küste Kleinasiens. Wenige Poleis gab es in Nordgriechenland, keine auf Kreta. – Wichtige Heiligtümer lagen auf der Peloponnes, auf einigen Inseln und in Städten Kleinasiens. Auffällig sind Heiligtümer im bergigen Nordgriechenland, wo es wenige Poleis gab. – Vier Stätten gesamtgriechischer Wettkämpfe sind eingetragen: Olympia, Delphi, Nemea, Korinth. – Kulturland (landwirtschaftlich nutzbares Land) gab es überall in Küstennähe sowie in einigen Gegenden im Binnenland. Es ist zerteilt von Gebirgszügen.

3. *Odysseus kehrt vom Kampf um Troja in seine Heimat Ithaka zurück. Wie weit ist dieser Weg? (Maßstabsleiste!)*

3. Landweg, zum Teil durch hohe Berge: ca. 700 km – Seeweg: ca. 800 km.

4. *Beschreibe mit der Legende die Landschaft in Thessalien und auf der Peloponnes.*

4. Thessalien ist eine große, fruchtbare Tiefebene, die von Bergen umgeben ist. – Die Peloponnes hat eine schmale, fruchtbare Küstenzone. Im Binnenland gibt es dagegen viel Gebirge mit über 1 000 m hohen Bergen.

5. *Untersuche, wie sich die Landschaft auf das Leben der Menschen auswirkte.*

5. Lange Küste, viele Inseln: Griechen betrieben Seefahrt und Fischerei.
Stark zerklüftete Landschaft: Griechen gründeten kleinere Staaten (Poleis).
Die meisten Städte lagen an der Küste, Heiligtümer auch im Binnenland.

Kartenausschnitt
Finde den dargestellten Raum auf der Karte M1.

Orte und Landschaft
Diese Siedlung war mit besonders starken Mauern umgeben. Kannst du dir denken, warum?

Warum hier?
Frage dich, warum ein so gekennzeichneter Ort gerade hier zu finden ist.

Legende
Suche die Symbole auf der Karte. Manche sind selten, manche häufiger. Einige haben auch Zusatzinformationen als Text.

Höhen
Finde heraus, wo sich Berge und Niederungen befinden. Wo liegen die meisten Siedlungen?

Entfernungen
Wie weit ist es von Athen nach Marathon? Wie weit liegen die Siedlungen etwa auseinander?

Jetzt bist du dran: Kartenarbeit üben

Anhand der Karte M2 kannst du überprüfen, wie gut du Informationen aus einer historischen Karte entnehmen kannst. Bei der Befragung solltest du die Reihenfolge einhalten, die wir links beschrieben haben.

1. *Welchen Raum zeigt die Karte („Kartenausschnitt")?*
2. *Welche Zeit wird von der Karte abgebildet?*
3. *Welche Information über die Form des Landes enthält die Karte (z. B. durch Färbung)?*
4. *Welche Angaben zu Orten werden in der Karte gemacht? (Beachte dazu die Legende.)*
5. *Lassen sich die Kartensymbole verschiedenen Lebensbereichen zuordnen? Besprich sie in einer sinnvollen Reihenfolge.*

Götter und Helden

M 1 Griechische Götter
Artemis war die Göttin der Jagd. An Apollon wandte man sich für die Kunst und Musik. Der Gott des Krieges hieß Ares. Athene war für ihre Klugheit bekannt, sie half den Menschen auch im Krieg und schützte besonders die nach ihr benannte Stadt Athen. Demeter förderte den Getreideanbau. Dionysos war der Gott des Weines. Hermes hatte Flügel an den Schuhen, denn er war der Bote der Götter.

Götterwelt

Warum blitzt und donnert es? Wie entstehen Stürme auf dem Meer mit meterhohen Wellen? Die Griechen erklärten solche Naturereignisse mit dem Wirken der Götter. Sie glaubten, dass der mächtige Gott Zeus die Blitze schleuderte. Er beherrschte Himmel und Erde. Sein Bruder Poseidon regierte die Meere und konnte mit seinem Dreizack das Wasser aufwühlen. Der andere Bruder Hades wachte über die Unterwelt, in die die Menschen nach ihrem Tod hinabstiegen. Es gab noch viele weitere Götter. Sie waren aber eine große Familie und alle miteinander verwandt. Jeder von ihnen hatte bestimmte Aufgaben: Hera war mit Zeus verheiratet und schützte die Ehe. Die Zeustochter Aphrodite war die Göttin der Schönheit und der Liebe. Ihr Ehemann war Hephaistos, der Gott der Schmiede und des Feuers. Aphrodite war ihm allerdings nicht immer treu.

Götter und Menschen

Die griechischen Götter sahen aus wie Menschen und waren ihnen auch sonst in vielem sehr ähnlich. Sie verliebten sich, sie stritten sich, waren eitel und launisch. Im Unterschied zu den Menschen aber waren die Götter ewig jung, schön und unsterblich. Nach der Vorstellung der Griechen lebten die Götter auf dem höchsten Berg Griechenlands, dem Olymp. Sie beobachteten das Geschehen in der Welt und verließen gelegentlich den Olymp, um in das Leben der Menschen einzugreifen. Davon erzählen die Sagen. Göttervater Zeus soll auch mit schönen menschlichen Frauen Kinder gezeugt haben. So ist der Sagenheld Herakles ein Sohn des Zeus und einer Königstochter. Er wurde der tapferste aller Helden und bestand viele Abenteuer.

Orte für die Götterverehrung

Die Griechen bauten prächtige Tempel für die Götter. Im Inneren befand sich eine große Statue des jeweiligen Gottes. Menschen betraten den Tempel nur selten. Die Opfer und religiösen Handlungen fanden auf Altären vor dem Tempel statt. Dabei waren die Tempeltüren geöffnet.

Wenn die Menschen Fragen an die Götter hatten, wandten sie sich an ein **Orakel**. Das Orakel war ein heiliger Ort, an dem man Fragen an Götter stellen konnte. Priester oder Priesterinnen haben die Antworten verkündet. Das wichtigste Orakel war in Delphi. Die Auskünfte waren jedoch oft doppeldeutig.

Orakel

M 2 Ein Orakelspruch

Der Historiker Herodot hat im 5. Jh. v. Chr. aufgeschrieben, wie 100 Jahre zuvor der König der Lyder, Kroisos, das Orakel von Delphi und das Orakel von Theben befragt hat. Die Lyder lebten im Gebiet der heutigen Türkei und fühlten sich von den Persern bedroht, die ein großes Reich im Nahen Osten beherrschten:

Kroisos sandte noch viele Geschenke, silberne Gusswerke von runder Form und ein goldenes Standbild seiner Frau. Auch Halsketten und Gürtel seiner eigenen Frau stiftete Kroisos. Das waren die Geschenke für Delphi. Dem Orakel in Theben stiftete er einen Schild und eine Lanze, die ganz aus Gold waren. Den Lydern, die die genannten Gaben überbringen sollten, gab Kroisos den Auftrag, die Orakel zu fragen, ob er gegen die Perser zu Felde ziehen sollte. Und als die Boten zu den Tempeln mit den Orakelstätten kamen, brachten sie die Weihgeschenke dar und befragten die Orakel. Beide Orakel erteilten die gleiche Antwort und verkündeten, wenn Kroisos gegen die Perser zu Felde zöge, würde er ein großes Reich zerstören.

[Kroisos unterlag im Krieg gegen die Perser, die das Lyderreich eroberten.]

Nach: Herodot I 51-53, in: Herodot, Historien, übersetzt von August Horneffer, Stuttgart 1971, S. 22

M 3 Tempel des Hephaistos und der Athene in Athen

Um 420 v. Chr. vollendet

In der Antike waren Tempel und Statuen farbig bemalt. An der Ostseite des Tempels für Hephaistos und Athene waren auch Geschichten von Herakles dargestellt, denn Athene hatte ihm viel bei seinen Abenteuern geholfen.

M 4 Herkules und Antaeus

Antonio Pollaivolo, um 1478

Der griechische Sagenheld Herakles wurde später auch Herkules genannt. Hier gelingt es Herkules (rechts auf dem Bild), den Riesen Antaeus zu bändigen und ihm seine Kraft zu rauben. Darstellungen wie diese wurden im 15. bis 18. Jh. nach antiken Vorbildern gefertigt und oft von Fürsten in Auftrag gegeben.

Internettipps:
Weitere Informationen zu den griechischen Göttern und dem Olymp findest du unter Mediencode 30041-12

1. *Ordne den Götterfiguren (M1) ihren Namen zu. Achte dabei darauf, mit welchen Gegenständen sie dargestellt sind.*
2. *Erkläre, welchen Fehler König Kroisos machte, als er die Orakelsprüche deutete (M2).*
3. *Begründe, warum Herrscher späterer Zeiten gerne mit Herkules in Verbindung gebracht werden wollten (M4).*

Wettspiele ehren die Götter

M 1 Wettlauf
Vasenmalerei, 6. Jh. v. Chr.
Der Wettlauf war die älteste Disziplin bei den Olympischen Spielen. Der griechische Historiker Hippias schrieb um 400 v. Chr. die ersten Siegerlisten, die bis in das Jahr 776 v. Chr. zurückreichen. Ob diese Jahreszahl stimmt, wissen wir nicht. Schon in der Antike wurde sie angezweifelt.

Die Griechen feiern Zeus in Olympia

In der Nähe von Olympia feierten die Griechen ab dem 11. Jh. v. Chr. Feste zu Ehren von Göttervater Zeus. Neben religiösen Zeremonien wie großen Tieropfern fanden ab 776 v. Chr. auch alle vier Jahre Sportwettkämpfe statt. Die Wettspiele zogen immer mehr Teilnehmer an. Die Wettkämpfer und Zuschauer kamen aus dem Umland, aus den Stadtstaaten Griechenlands und aus weiteren Orten im ganzen Mittelmeerraum, wohin Griechen ausgewandert waren.

Die Teilnehmer an den Spielen durften frei und unbehelligt anreisen, auch wenn Kriege herrschten. Für die Dauer der Spiele und die Zeit der An- und Abreise sollte überall Waffenruhe herrschen, aber das wurde nicht immer beachtet. Frauen, Sklaven und alle, die keine Griechen waren, durften nicht an den Wettkämpfen teilnehmen, verheiratete Frauen nicht einmal zuschauen. Für Frauen gab es zwischen den Spielen eigene Wettbewerbe.

Stärker, schneller, weiter für die Polis

Am Anfang der Sportwettkämpfe schworen die Sportler und Schiedsrichter, sich genau an die Regeln zu halten.

Wettkampfdisziplinen waren verschiedene Wettläufe, Pferde- und Wagenrennen sowie Faust- und Ringkampf und eine Mischform dieser Kampfsportarten. Beim Fünfkampf absolvierten die Wettkämpfer nacheinander einen Lauf, Weitsprung, Diskus- und Speerwurf sowie Ringen. Mit der Verteilung der Siegerkränze und einem Festessen endeten die Spiele nach fünf oder sechs Tagen.

Daheim erwartete den Sieger der Lohn seiner Polis, denn der Erfolg brachte auch dem Heimatort Ruhm und Ansehen.

Neue Zeit – neue Spiele

Im 19. Jh. wollten viele Menschen die Spiele wiederbeleben. Der Franzose Pierre de Coubertin gab den entscheidenden Anstoß: 1896 fanden in Athen zum ersten Mal wieder **Olympische Spiele** statt. Vier Jahre später durften Frauen teilnehmen und seit 1924 gibt es Winterspiele. Doch Coubertins Wunsch, mit den Olympischen Spielen den Frieden zu bewahren, ging nicht in Erfüllung. Während der beiden Weltkriege im 20. Jh. fielen die Spiele aus.

Im Unterschied zur Antike sind die modernen Olympischen Spiele reine Sportwettkämpfe ohne religiöse Festlichkeiten.

M 2 Die Olympische Flagge
Sie wurde 1920 bei den Spielen in Antwerpen zum ersten Mal gehisst. Die fünf Ringe symbolisieren die fünf Kontinente.

Internettipps:
Mehr zur Geschichte der Olympischen Spiele erfährst du unter Mediencode 30041-13

Olympia: Einführung der Sportarten
- **776 v. Chr.** Stadionlauf (Stadion: 192 m)
- **724 v. Chr.** Doppellauf (zwei Stadien)
- **720 v. Chr.** Langstreckenlauf (20-24 Stadien)
- **708 v. Chr.** Ringkampf
- **708 v. Chr.** Fünfkampf (Diskuswerfen, Weitsprung, Speerwerfen, Stadionlauf, Ringkampf)
- **688 v. Chr.** Faustkampf
- **680 v. Chr.** Wagenrennen (Vierspänner)
- **648 v. Chr.** Pferderennen
- **648 v. Chr.** Pankration („Allkampf")
- **520 v. Chr.** Waffenlauf (zwei Stadien in voller Bewaffnung)
- **408 v. Chr.** Wagenrennen (Zweispänner)

M 3 Weitsprung in der Antike

Philostratos (3. Jh. n. Chr.) beschreibt ein Hilfsmittel für den Weitsprung:

Das Sprunggewicht ist eine Erfindung der Fünfkämpfer, erfunden aber wurde es für den Sprung, von dem es auch den Namen hat; die Spielregeln betrachten den Sprung als schwierigere Kampfart, feuern den Springenden mit Flötenspiel an. Sie beflügeln ihn mit dem Sprunggewichte, es ist nämlich ein sicherer Führer für die Hände und bringt die Füße fest und elegant auf den Boden.

Nach: Philostratos, Über Gymnastik, nach: Walter Arend, Geschichte in Quellen 1, München [3]1978, S. 124

M 4 Die Bedeutung der Spiele

Der Redner und Schriftsteller Isokrates aus Athen verfasst für die Olympischen Spiele von 380 v. Chr. eine „Festschrift". Darin schreibt er:

Mit Recht lobt man diejenigen, welche die Festversammlungen eingeführt haben, denn sie überlieferten die Sitte, dass wir uns nach Verkündung des Gottesfriedens und nach Beilegung der schwebenden Feindschaften an einem Ort zusammenfinden, um den Göttern gemeinschaftlich Gebete und Opfer darzubringen. Dabei erinnern wir uns der bestehenden Verwandtschaft, verbessern für die Zukunft das gegenseitige Verständnis, erneuern alte und schließen neue Freundschaften.

Nach: Isokrates, Panegyrikos 43 f. – Sämtliche Werke, übers. v. Christine Ley-Hutton, Bd. 1, Stuttgart 1993, S. 44 - 82, hier S. 51 f.

M 5 Wagenrennen

Vasenmalerei, um 400 v. Chr.

Nur Reiche konnten sich Wagenrennen leisten. Sie nahmen an den Rennen nicht selbst teil, sondern überließen ihre Pferde und Wagen angeworbenen Wagenlenkern. Die olympischen Ehren erhielten aber die Besitzer der Gespanne. Deshalb konnten im 4. und 3. Jh. auch zwei Frauen „Olympiasieger" werden.

M 6 Fünfkämpfer mit ihrem Trainer

Trinkschale, um 490 v. Chr. (Ausschnitt)

Weitspringer hielten Gewichte in den Händen, um ihren Schwung zu vergrößern (siehe M3). Der Trainer korrigierte den Flug.

M 7 Weitspringerin aus der Moderne

Foto von 2015

1. *Nenne die Wettkampfdisziplinen bei den Olympischen Spielen der Griechen.*
2. *An eurer Schule soll ein großes Sportfest mit Teilnehmern aus der ganzen Gegend stattfinden. Schreibt dazu für eure Schul-Homepage eine kurze Ankündigung nach dem Vorbild des Isokrates (M4).*
3. *Erkläre, warum die Olympischen Spiele die Gemeinschaft der Griechen stärkten.*
4. *Vergleiche die Darstellung eines antiken Weitspringers mit dem Foto von heute (M6, M7).*
5. *Stell dir vor, ein Bewohner des alten Griechenland erlebt die heutigen Olympischen Spiele. Schreibe einen Brief, in dem er einem Freund Bekanntes und Merkwürdiges mitteilt.*

776 v. Chr.: angeblich erste Olympische Spiele

Alle vier Jahre finden in Olympia Sportwettkämpfe statt

393 v. Chr.: Die Olympischen Spiele werden vom christlichen Kaiser verboten

1896: Wiederbegründung als „Olympische Spiele der Neuzeit", die ersten Wettkämpfe finden in Athen statt

800 v. Chr. | 400 v. Chr. | Chr. Geb. | 400 | 800 | 1200 | 1600 | 2000

Dabeisein ist nicht alles!

In dem Mitratekrimi „Skandal in Olympia" kannst du gemeinsam mit den Kindern Hippias, Pasion, Nike und Leon das antike Olympia um 350 v. Chr. kennenlernen und eine unsportliche Verschwörung aufdecken.

„Was bildest du dir ein? Das kommt überhaupt nicht infrage! Wir haben eine Abmachung, Kapros, und du hältst dich daran!"
Troilos stand mit zornrotem Kopf vor seinem ältesten Sohn. Kapros' jüngerer Bruder Hippias saß draußen vor dem offenen Hoftor und hielt sich die Ohren zu. Er wusste nicht mehr, wie oft die beiden sich in der letzten Zeit schon lautstark gestritten hatten. Und er konnte es einfach nicht mehr hören.
„Aber ich halte mich doch daran!", explodierte Kapros. „Ich trainiere wie ein Verrückter! Was willst du denn noch?"
„Das reicht nicht! Du bist für den Fünfkampf und für das Ringen angemeldet. Ich will, dass du in Olympia siegst. Und dass dieser Kallippos einen Denkzettel bekommt. […]" Empört blitzte Troilos seinen Sohn an. Er war Trainer im Pentathlon, im Fünfkampf. Er war ein guter Trainer, denn er war selbst Fünfkämpfer gewesen. Seit zehn Monaten bildete er Kapros aus. Diskuswerfen, Weitsprung, Speerwerfen, Laufen und Ringen waren die fünf Disziplinen, die sein Sohn beherrschen musste, wenn er bei den Heiligen Spielen in Olympia siegen wollte. Er wusste, dass sie beide ihr Bestes gaben, aber trotzdem war Kapros ihm nie gut genug. Nie war er ihm schnell oder stark oder geschickt genug. […]
Hippias nahm ein Steinchen von der Straße und ritzte „Nike" in den Sand. Wie oft hatte er dieses Wort in letzter Zeit gehört! Nike. Es bedeutete Sieg. Und Nike hieß auch die Siegesgöttin, die sein Vater seit zehn Monaten ständig um Beistand bat. Wegen Olympia. Und wegen Kallippos.
Hippias seufzte wieder. Im letzten Monat war alles noch schlimmer geworden. Alle Trainer und Athleten, die an den Heiligen Spielen teilnehmen wollten, hatten hierher nach Elis kommen müssen, um sich gemeinsam vorzubereiten. So lauteten die Regeln. Auch der Fünfkampftrainer Kallippos aus Athen und sein Sohn Kylon waren gekommen. Seitdem war Troilos noch unausstehlicher geworden.
Eilige Schritte schreckten Hippias aus seinen Gedanken auf […]. Im nächsten Augenblick standen Hippias' Freunde Pasion und Nike vor ihm. Rasch wischte er mit dem Fuß das Wort aus dem Sand. Vielleicht hätte Nike gemeint, dass er es geschrieben hatte, weil sie so hieß. Aber das stimmte nicht.
„Kommt schnell!", rief Pasion außer Atem. „Dein Vater tobt vor dem Stadion!"
„Ja", sagte seine Schwester aufgeregt. „Kallippos und er brüllen sich an. […] Mein Vater hat gesagt, er wird Kapros ausschließen, wenn das so weitergeht!" Das brachte Leben in Hippias. Nach allem, was hinter ihnen lag, durfte das auf keinen Fall passieren! Dann waren Troilos Wutausbrüche und Kapros Anstrengungen umsonst gewesen.
Pasions und Nikes Vater Eupolis hatte die Macht, Athleten von den Spielen auszuschließen. Er war der oberste der zehn Kampfrichter, die für die Spiele ausgelost worden waren. Sie kamen wie er alle aus Elis, denn die Stadt organisierte die Spiele im Heiligtum von Olympia. Einen Monat lang begutachteten die Kampfrichter vor den Spielen nicht nur Pferde und Fohlen auf ihre Tauglichkeit im Hippodrom, der Pferderennbahn. Auch alle Athleten und Trainer mussten sich unter ihrer Aufsicht friedlich zusammen vorbereiten. War einer von ihnen nicht in Form oder brach den olympischen Frieden, wurde er ausgeschlossen. […]
„Was soll das?", fragte Nike. […] „Warum streiten sich die zwei dauernd? Ich verstehe das nicht!"
„Vater hat sich auch schon gewundert", sagte Pasion. „Kapros hat noch mehr Gegner und alle versuchen zu prahlen und den anderen vor dem Kampf Angst einzujagen. Aber dein Vater ist auf keinen so wütend wie auf Kallippos und Kylon."
[…] Hippias konnte kaum an sich halten! Schließlich platzte die ganze Geschichte aus ihm heraus. „Kallippos war einmal Vaters Gegner bei den Spielen von Olympia. Sie waren damals so alt wie Kapros und Kylon jetzt. Vater war besser als Kallippos. Aber Kallippos hat gewonnen."

„Ja, und?", fragte Pasion und zuckte mit den Schultern. „Der Beste gewinnt. Bei den Spielen gibt es nur einen Sieger. So ist die Regel."
Nike blickte Hippias nachdenklich an. „Wenn dein Vater besser war, wieso hat dann Kallippos gewonnen?"
„Ganz einfach. Kallippos hat am Tag vor dem Wettkampf alle seine Fünfkampfgegner zum Essen eingeladen. Das ist nicht ungewöhnlich. Vater sagt, er war eben einer dieser reichen Angeber aus Athen und wollte allen zeigen, was er sich leisten konnte."
Am nächsten Tag war Troilos jedoch so übel gewesen, dass er nicht gegen Kallippos hatte gewinnen können. Er war sich sicher, dass Kallippos ihm ein Kraut ins Essen gemischt hatte, von dem ihm schlecht geworden war.
„Was?", rief Nike bestürzt. „Aber dann war der Kampf doch ungültig! Man hätte Kallippos auspeitschen müssen." Sie hatte inzwischen genug über die Regeln der Spiele gelernt.
Hippias schüttelte den Kopf. „Man konnte Kallippos nichts nachweisen. Es war seltsam, dass nur meinem Vater übel war und den anderen nicht. Aber die anderen waren ja auch nicht gefährlich für Kallippos. Er hat gewonnen und den Preis bekommen. Die beiden haben nie wieder gegeneinander gekämpft. Nur wenn mein Bruder Kylon im Pentathlon besiegt, ist für Vater die Welt endlich wieder in Ordnung." [...]
Hippias blickte zu Boden. Nike sah ihn aufmerksam an und sagte dann: „Das kann ich verstehen. Aber das ist noch nicht alles, was dir Sorgen macht, oder?"
„Nein", antwortete Hippias. „Ich habe Angst, dass in Olympia wieder etwas passiert. Ihr habt ja gehört, was Kallippos gesagt hat!"
„Du meinst, dass diesmal vielleicht mit Kapros ...?"
Nike wagte nicht, die Frage zu beenden.
„Genau. Wie damals mit Vater. Und dann kann Kapros auch nicht siegen und die endlosen Streitereien gehen weiter. Ich habe keine Ahnung, was ich dagegen tun soll."
„Aber kann man überhaupt etwas dagegen tun?", fragte Nike.
„Kapros ist doch bestimmt klug genug, nichts zu essen, was von Kallippos kommt", warf Pasion ein.
„Man kann ihm doch auch anders schaden!", antwortete Hippias düster.
„Bisher haben Kallippos und dein Vater sich immer nur beschimpft", überlegte Nike. Sie musste trotz allem lachen. „Holzklotz! Bleischädel! Dummkopf! Esel! Solche Sachen eben. Aber sie haben nie mit irgendwas gedroht."
„Aber Kallippos hat doch eben gedroht!", rief Hippias aufgebracht. „Wenn man auf Kapros nicht aufpasst, passiert ihm was. Das habt ihr doch selbst gehört!"
Pasion dachte nach. „Gut", meinte er dann entschlossen. „Du hast recht. Wir passen auf. Und wenn wir etwas herausfinden, erzählen wir es am besten sofort meinem Vater. Wenn einer was dagegen unternehmen kann, dann er."
„Ja, aber wir müssen sicher sein, dass Kallippos überhaupt etwas vorhat", warf Nike ein. „Und das Wichtigste ist, dass wir Kapros nicht aus den Augen lassen."
Hippias fühlte sich plötzlich ganz leicht. Es war richtig gewesen, seinen Freunden von seinen Sorgen zu erzählen. Sie würden ihm helfen. Und vielleicht irrte er sich ja sogar mit seinen Befürchtungen. Aber was war, wenn er recht hatte?

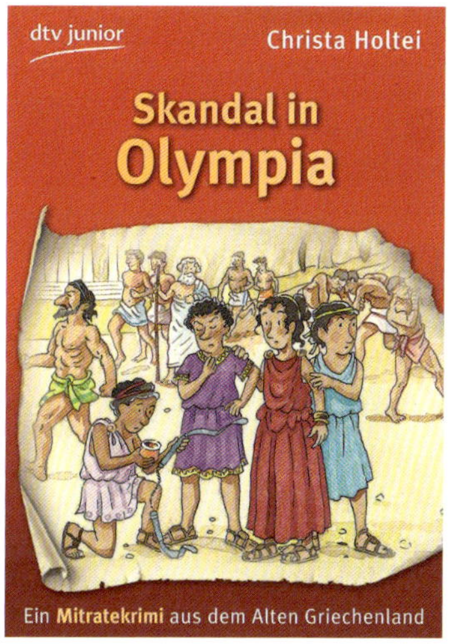

Christa Holtei:
Skandal in Olympia. Ein Mitratekrimi aus dem Alten Griechenland,
dtv junior
Das Buch enthält zahlreiche Illustrationen, Karten und Rätsel sowie einen Anhang mit Erklärungen zu Begriffen und historischen Personen, die im Text vorkommen.

Wie geht es weiter?

Die Freunde machen sofort einen Plan, wie sie Kylon in den Heiligen Stätten von Olympia bewachen wollen. Doch werden sie ihn dort schützen können? Wird Kylon den Fünfkampf gewinnen und Olympiasieger werden?

Nenne moderne Beispiele für Skandale im Sport und beurteile, inwieweit diese mit dem antiken Geschehen vergleichbar sind.

Seemacht Athen

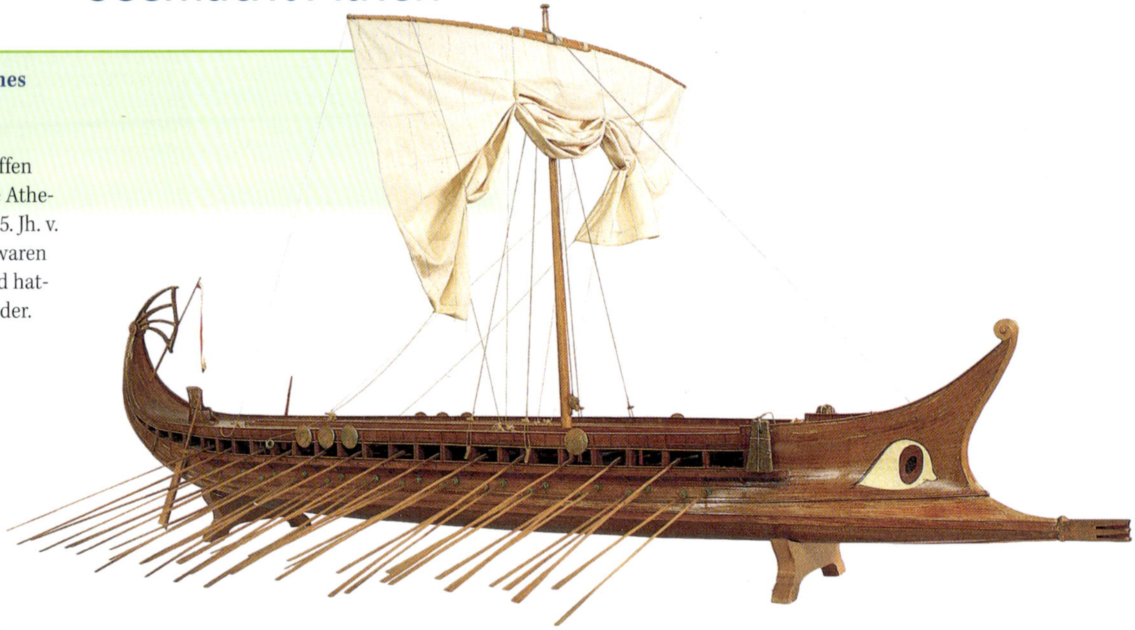

M 1 Athenisches Kriegsschiff
Rekonstruktion
Mit solchen Schiffen beherrschten die Athener die Ägäis im 5. Jh. v. Chr. Die Schiffe waren ca. 40 m lang und hatten bis zu 170 Ruder.

Seefahrt bei den Griechen

Mit dem Schiff unterwegs zu sein, war in der Antike gefährlich. Stürme und Piraten bedrohten die Seefahrer. Meist folgten die Schiffe den Winden und fuhren möglichst in Sichtweite der Küsten. Die Griechen entwickelten sich zu erfahrenen Seeleuten, denn über See ließen sich trotz aller Gefahren die Handelswaren besser transportieren als auf den Landwegen über die griechischen Gebirge. Mit ihren Schiffen befuhren die Griechen bald den ganzen Mittelmeerraum, weil der Handel gute Gewinne einbrachte. Die Einführung von Münzgeld im 6. Jh. v. Chr. erleichterte die Geschäfte sehr. Nun mussten die Händler ihre Waren nicht mehr mühevoll tauschen, sondern verlangten einfach Geld.

M 2 Ein Zweikampf
Weingefäß, Mitte 5. Jh.
Die Szene zeigt rechts einen persischen Krieger. Er hat alle Pfeile verschossen. Nun bleibt ihm nur noch sein Schwert gegen Schild und Lanze des Kämpfers aus Sparta.

Die Seeschlacht bei Salamis

Im Jahr 480 v. Chr. befand sich die Freiheit der griechischen Städte in großer Gefahr. Der **Großkönig** der Perser kam mit seinem mächtigen Heer und einer großen Flotte nach Griechenland. Er wollte seinem riesigem Reich (**persisches Großreich**) auch noch die griechischen Poleis einfügen. Viele Städte beugten sich kampflos der Übermacht, doch Athen, Sparta und noch einige andere verweigerten die Unterwerfung und verbündeten sich untereinander. Die Spartaner führten das Landheer der Griechen. Die Athener konzentrierten ihre Kraft auf den Kampf zur See. Durch taktisches Geschick gelang es ihnen, die zahlenmäßig weit überlegene persische Flotte bei der Insel Salamis vor der Küste Athens entscheidend zu schlagen. Ohne die Versorgung durch die Flotte konnte sich danach auch das Landheer der Perser nicht mehr lange in Griechenland halten und musste abziehen. Die Freiheit Athens und der anderen Städte war gerettet.

Die Seeherrschaft der Athener

Nach dem Sieg über die Perser beherrschte im 5. Jh. v. Chr. die athenische Flotte das Meer um Griechenland. Viele griechische Küstenstädte verbündeten sich mit Athen, um von seiner mächtigen Flotte geschützt zu werden. Als Gegenleistung stellten sie Schiffe zur Verfügung oder gaben Geld. Athen war deshalb in dieser Zeit neben Sparta die mächtigste Polis in Griechenland.
Auch der Handel Athens erlebte einen großen Aufschwung. Viele Händler fuhren in seinen Hafen. Um Waren einführen zu dürfen, mussten die Händler Zollgebühren an die Staatskasse Athens bezahlen. Durch die Seeherrschaft und den Handel wurde die Polis Athen sehr reich.

M3 Handeln und herrschen

In einer Schrift aus dem 5. Jh. v. Chr. wird festgestellt:

Die Athener allein sind imstande, über die Schätze Griechenlands und die der Barbarenländer zu verfügen. Denn, wenn irgendeine Stadt Überschuss an Schiffsholz, Eisen, Kupfer oder Flachs hat, wohin soll sie es exportieren ohne die Einwilligung Athens, des meerbeherrschenden Volkes? [...]

Dem meerbeherrschenden Staat gewährt der Verkehr auch die Mittel zu allerlei Genüssen. Was es in Sizilien, Italien, auf Zypern, in Ägypten, in Libyen, in Pontusländern[1] oder in der Peloponnes oder sonst wo an Delikatessen gibt, das ist alles in Athen vereinigt.

Nach: Michel Austin und Pierre Vidal-Naquet, Gesellschaft und Wirtschaft im alten Griechenland, München 1984, S. 259

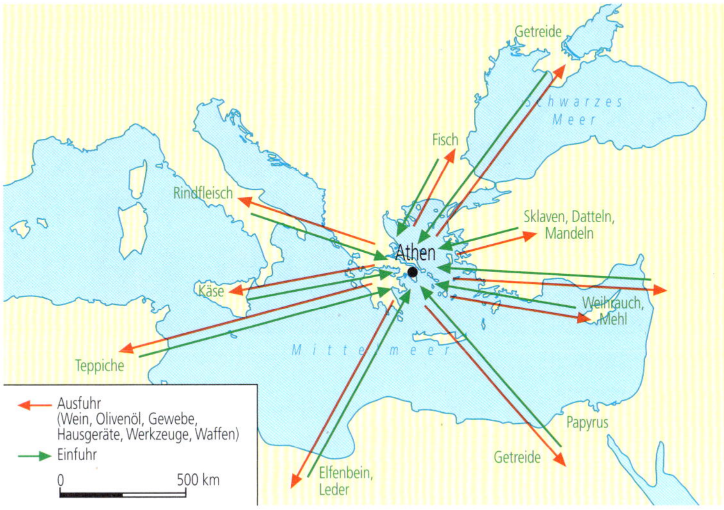

M5 Athen – Zentrum des Handels

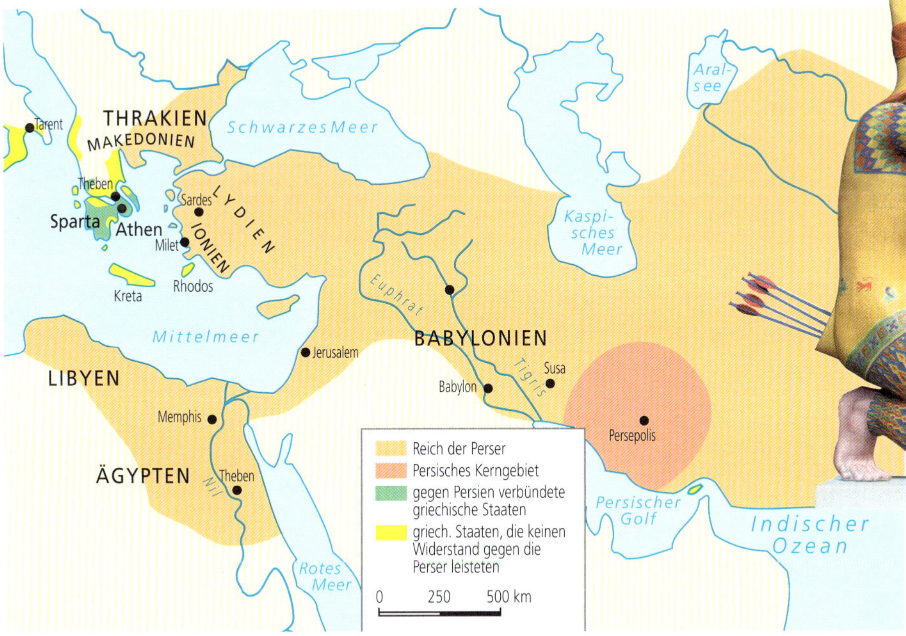

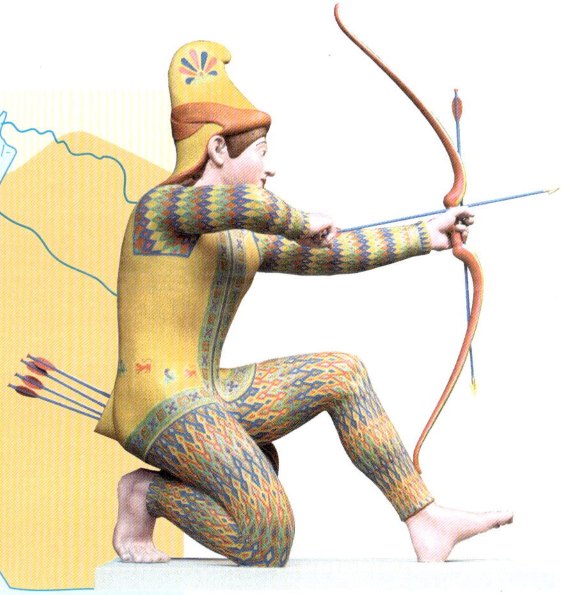

M6 Persischer Bogenschütze

Rekonstruktion einer Giebelfigur des Tempels in Ägina bei Athen, um 490 v. Chr.

M4 Griechenland und das Reich der Perser, um 500 v. Chr.

1. *Fasse zusammen, wie Athen zur Seemacht wurde.*
2. *Erläutere mithilfe des Verfassertextes und M3 die Überschrift „Handeln und herrschen".*
3. *Vergleiche das Reich der Perser mit dem Gebiet der verbündeten Griechenstädte (M4). Beurteile die Siegchancen der Griechen.*
4. *Erkläre, für welche Zwecke die Importwaren in Athen benötigt wurden (M5).*
5. *Beurteile die Bedeutung der Seeherrschaft für Athen aus damaliger Sicht und bewerte aus heutiger Sicht, inwieweit du das Vorgehen Athens für richtig hältst.*

[1] Pontusländer: Länder am Schwarzen Meer

Viele Menschen leben in Athen

M1 **Frauenarbeit in eigenen Frauenräumen in Athen**
Vasenmalerei, um 550 v. Chr.
Griechische Frauen und Mädchen aus der Oberschicht leisteten Arbeit im Haus. Dort lebten sie in eigenen Frauenräumen. Ihr Auftreten in der Öffentlichkeit galt den Männern als unfein.

Nicht jeder Einwohner ist ein Bürger

Athen war die größte Stadt im antiken Griechenland. Im 5. Jh. v. Chr. wohnten in Athen ca. 250 000 Einwohner. Aber sie hatten nicht alle die gleichen Rechte. Nur die männlichen Bürger durften in Athen Häuser oder Land besitzen und sich an der Regierung der Polis beteiligen. Allerdings mussten sie auch Militärdienst leisten. Reiche Bürger luden oft Freunde, Gelehrte und Künstler zu besonderen Gastmählern ein.
Kinder bekamen das Bürgerrecht nur dann, wenn Vater und Mutter Bürger der Polis waren. Hatte ein Bürger Kinder mit einer Frau ohne Bürgerrecht, dann konnten diese das Haus des Vaters nicht erben.

Rolle der Frauen

Die Frauen Athens standen unter der Vormundschaft eines Mannes: Vater, Bruder oder Ehemann bestimmten über sie und vertraten sie vor Gericht. Zu ihren Aufgaben gehörte es, Kinder zu bekommen und zu erziehen, den Haushalt zu führen und Alte und Kranke zu pflegen. Eine Möglichkeit gab es allerdings für Frauen, öffentlichen Einfluss auszuüben: Sie konnten Priesterinnen werden.

Die Metöken

Am Handel, der Versorgung der großen Bevölkerung sowie den Bauvorhaben konnte man so gut verdienen, dass auch viele Fremde nach Athen kamen. Die meisten waren Kaufleute oder Handwerker wie Weber, Töpfer oder Schmiede. Wer als freier Fremder in die Stadt kam und länger als einen Monat blieb, wurde in die Gruppe der **Metöken** aufgenommen. Sie hatten weniger Rechte als die Bürger, standen aber wenigstens unter dem Schutz der Polis. Einige von ihnen verbrachten viele Jahre in Athen oder waren dort schon geboren worden. Wie die männlichen Bürger leisteten die Männer unter den Metöken Militärdienst. Außerdem mussten sie eine Fremdensteuer zahlen. Einige Metöken brachten es zu Ansehen und großem Reichtum, aber Bürger konnten sie in der Regel nicht werden.

Viele Sklaven – viele Schicksale

Einige Athener ließen **Sklaven** für sich arbeiten. Dazu brauchte man allerdings genügend Geld, denn für gute Sklaven mussten hohe Preise bezahlt werden. Sehr reiche Griechen besaßen 50 oder mehr Sklaven. Das waren oft Kriegsgefangene, Kinder von Sklaven, Findelkinder und Schuldner; etliche Metöken gerieten durch Schulden in die Sklaverei. Ein erträgliches Leben wartete auf sie, wenn sie gebildet waren und als Haussklaven arbeiteten. Sie überwachten dann zum Beispiel die Hausaufgaben der Kinder und begleiteten sie zum Unterricht. In der Landwirtschaft oder im Bergwerk wartete dagegen ein schlimmes Los auf sie. Durch die schwere Arbeit überlebten viele Sklaven im Bergbau nur wenige Jahre.

M2 **Arbeiter in einer Tongrube**
Tontafel aus Korinth, 6. Jh. v. Chr.
An der Decke hängt ein Wassergefäß, aus dem sich die Männer erfrischen konnten. Die Arbeit war sehr hart.

Metöke Sklaven

M3 Bürgerrecht in Deutschland

In Deutschland wird rechtlich unterschieden zwischen Ausländern und den Staatsbürgern, die das Bürgerrecht der Bundesrepublik Deutschland besitzen. Männer und Frauen mit Bürgerrecht dürfen sich in Deutschland an politischen Entscheidungen beteiligen. Ausländer dürfen sich nicht an der Regierung Deutschlands beteiligen. Wer als Ausländer seit acht Jahren regelmäßig in Deutschland lebt, hat Anspruch auf Einbürgerung. Grundbesitz kann jeder erwerben, der den Kaufpreis zahlen kann.

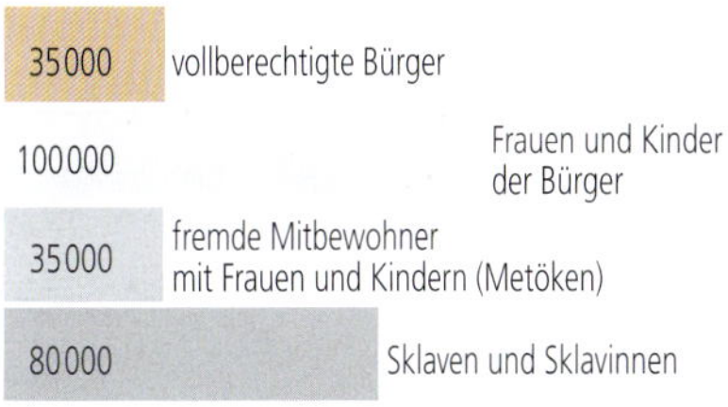

M4 Zusammensetzung der Bevölkerung Athens (Stadt und Umland) um 450 v. Chr.

M5 Haus eines reichen Kaufmanns

Rekonstruktion, nach Ausgrabungen in der Stadt Olynth

(1) Eingangshalle; (2) offener Innenhof; (3) Hausaltar; (4) Lagerraum; (5) Vorraum und (6) Männergemach, beide mit Mosaikfußboden; (7) Küche; (8) Rauchabzug, zugleich Räucherkammer; (9) Treppe; (10) offene Galerie; (11) oben Frauengemach, im Erdgeschoss Speiseraum der Familie; (12) im Erdgeschoss Empfangsräume

M6 Abwiegen von Waren

Vasenmalerei, um 540 v. Chr.

Auf den Märkten waren viele Metöken tätig.

1. *Petros aus der griechischen Stadt Korinth möchte in Athen leben. Schreibe ihm einen Brief und erkläre, welche Möglichkeiten und Pflichten er als Fremder dort haben wird.*
2. *Stell dir vor, du bist ein männlicher oder weiblicher Bürger in Athen. Schreibe auf, was dir an deinem Leben gefällt und was du nicht so gut findest.*
3. *Beschreibe die Arbeit in der Tongrube (M2) und erkläre, warum hier vor allem Sklaven eingesetzt wurden.*
4. *Vergleiche die Rechte der Ausländer in Deutschland (M3) mit denen der Metöken in Athen.*
5. *Berechne, welchen Bruchteil die vollberechtigten Bürger bilden (M4).*
6. *Zeichnet mithilfe von M4 in Partnerarbeit ein Schaubild zur Gesellschaft Athens (vgl. S. 61).*
7. *Beschreibe mithilfe von M5 den Lebensraum einer Athener Frau.*

Demokratie in Athen

M 1 Volksversammlung in Athen
Rekonstruktionszeichnung
Die Athener versammelten sich im 5. und 4. Jh. v. Chr. auf dem Pnyx-Hügel im Westen von Athen. Etwa 6000 Menschen fanden dort Platz.

M 2 Bleimarken
4. Jh. v. Chr.
Seit etwa 480 v. Chr. wurde die Teilnahme an Volksversammlungen und Geschworenengerichten vom Staat bezahlt: Die Teilnehmer erhielten eine solche Wertmarke, die gegen den entgangenen Tageslohn eingewechselt werden konnte.

Wer soll regieren?

Krieg oder Frieden? Dies war eine wichtige Frage, die in den griechischen Poleis häufig diskutiert wurde. Aber wer sollte darüber entscheiden? In Athen waren es zunächst die reichen, besonders gebildeten und angesehenen Männer, die allein die Politik der Polis bestimmten. Eine solche Regierungsform nennt man **Aristokratie** (griech.: Herrschaft der Besten). Für die Kriege Athens mussten aber viele Fußsoldaten und Ruderer auf den Kriegsschiffen in den Kampf ziehen. Dazu brauchte man alle Bürger. Weil sie in der Schlacht für den Staat ihr Leben riskierten, wollten die Bürger bald mitregieren. Die bisher führenden Männer teilten die Macht nicht gern, mussten aber schließlich nachgeben.

Die Volksherrschaft

In Athen war die **Volksversammlung** zuständig für alle wichtigen Entscheidungen wie Gesetze, Verträge und Kriegserklärungen. Jeder Bürger konnte in der Volksversammlung reden und hatte bei Abstimmungen eine Stimme. Der Staat wurde damit von den Bürgern gemeinsam regiert. Deshalb spricht man von einer **Demokratie** (griech.: Volksherrschaft). Athen war die erste Demokratie der Welt.

Der sogenannte Rat der Fünfhundert bereitete die Volksversammlungen vor. Er legte fest, worüber die Bürger entscheiden sollten. Außerdem kontrollierte er, ob die Beamten gewissenhaft arbeiteten. Die Mitglieder des Rates wurden aber nicht gewählt, sondern ausgelost. Damit hatten alle Bürger die gleiche Chance, in diesen wichtigen Rat zu kommen. Die Richter wurden in Athen ebenfalls mit dem Losverfahren bestimmt. Die Feldherren und ein kleiner Teil der Beamten wurden gewählt.

Grenzen der Demokratie

Allerdings hatten in Athen nur die männlichen Bürger die Möglichkeit, sich an der Politik zu beteiligen. Alle anderen blieben ausgeschlossen: Frauen und Kinder, Metöken und Sklaven durften nicht an der Volksversammlung teilnehmen. Aber auch viele Bürger kamen nicht zur Volksversammlung. Sie hatten keine Zeit für die Sitzungen. Sie mussten für ihren Lebensunterhalt hart arbeiten und konnten sich nicht leisten, Pflug oder Werkzeug wegzulegen, um zur Volksversammlung zu gehen. Seit ca. 400 v. Chr. half man ihnen ein wenig dadurch, dass jeder Teilnehmer an der Volksversammlung einen Geldbetrag ausgezahlt bekam. Dennoch hatten die reichen Bürger auch in der Demokratie die größte Macht. Sie hatten großes Ansehen, weil sie oft wichtige Gemeinschaftsaufgaben wie den Unterhalt eines Kriegsschiffes aus eigener Tasche bezahlten. Außerdem konnten sie die anderen durch ihre Bildung und Redekunst besser überzeugen.

Aristokratie Volksversammlung Demokratie

M 3 Echt oder gefälscht?

Nehmen wir an, ein Frankfurter Händler bietet einen Stein mit einer alt aussehenden Inschrift zum Verkauf an. Er behauptet, dass der Stein aus dem alten Athen stamme. Nach seiner Aussage sei die Inschrift eine Aufstellung der Grundregeln der athenischen Demokratie.

1. Die Entscheidungen über Krieg und Frieden sowie über die Gesetze werden in der Volksversammlung gefällt.
2. Männer und Frauen dürfen an der Volksversammlung teilnehmen.
3. In der Volksversammlung dürfen alle männlichen Bürger reden.
4. Alle männlichen Bürger nehmen an den Abstimmungen teil.
5. Die Mitglieder des Rates werden aus dem Kreis der Bürger gewählt.

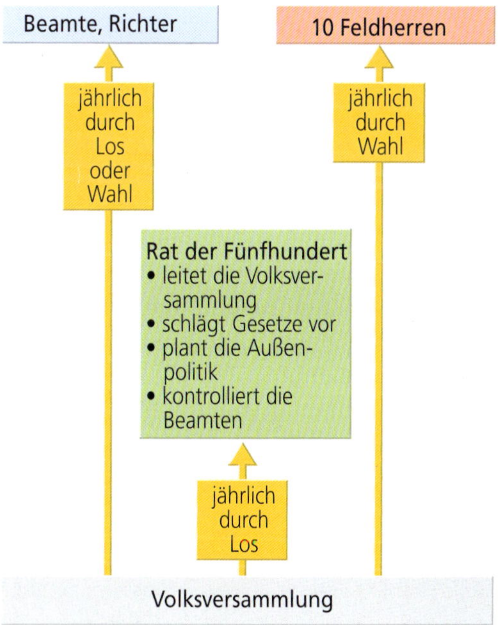

M 4 Die Demokratie in Athen

M 5 Abstimmungsscherbe von 482 v. Chr.

Die Scherbe trägt den Namen des athenischen Politikers Aristeides Lysimachou. Bei einem Scherbengericht ritzten die versammelten Bürger den Namen eines Politikers auf eine Scherbe, den sie aus der Stadt schicken wollten. Wurden mindestens 6000 Scherben (Stimmen) abgegeben, musste der gehen, dessen Name am häufigsten genannt wurde. Bemerkenswert war, dass der Verbannte sein Vermögen behielt.

M 6 Kopf des Perikles

48 cm hohe Marmorbüste nach einem Original von 440 v. Chr.

Perikles (um 490 bis 429 v. Chr.) stammte aus einer alten Adelsfamilie. Er wurde von 443 bis zu seinem Tod alljährlich in das Feldherrnamt gewählt. Seine häufige Wiederwahl beweist nicht nur sein Ansehen in der Bevölkerung, sondern auch, dass es in der attischen Demokratie möglich war, über lange Zeit eine führende Stellung zu behaupten.

1. *Stelle in einer Tabelle die Aufgaben der Volksversammlung und die Aufgaben des Rates zusammen (M4).*
2. *Nenne den Grund, warum Metöken und Frauen in M4 nicht aufgeführt sind.*
3. *Überführe den Händler in M3 als Betrüger. Finde dazu möglichst viele Aussagen in der Inschrift, die nicht zum alten Athen passen.*
4. *Gib den Ablauf eines Scherbengerichts wieder (M5).*
5. *Diskutiert die Frage, ob euer Klassensprecher jeden Montag neu ausgelost werden sollte.*
6. *Schreibe eine kurze Rede, in der du die Grundsätze der Demokratie begründest.*

Textquellen auswerten

Textquellen sind die wichtigsten geschichtlichen Zeugnisse. Ein Text aus der Vergangenheit kann beim ersten Lesen aber schwierig sein – sogar für Profi-Historiker! Dazu ein paar Tipps:

Schritt 1: Texte verstehen

(1) Lies den Text sorgfältig durch. Oft erschließt sich sein Sinn beim zweiten Lesen schon besser.

(2) Notiere dir unbekannte Begriffe und Namen. Kläre sie mithilfe eines Lexikons (Buch, Internet).

(3) Ausdrücke, die dir unverständlich bleiben, kannst du im Unterricht klären.

Schritt 2: Texte einordnen

(4) Finde heraus, wann und wo der Text entstand.

(5) Ermittle den Autor. Welchen Beruf, welche Aufgabe hatte er, als er den Text schuf? Was war der Anlass? Ein Lexikon kann dir dabei helfen.

(6) Lies in deinem Geschichtsbuch nach, was wir über die Zeit der Textquelle wissen.

(7) Um welche Art von Quelle handelt es sich? Ein Gesetz hatte andere Absichten als ein Gedicht oder eine Rede.

(8) Manchmal ist wichtig, wie ein Text in unsere Zeit kam (Historiker nennen das „Überlieferung"). So klärst du, wie zuverlässig der Inhalt ist.

Schritt 3: Texte deuten

(9) Arbeite die wichtigen Aussagen des Textes heraus.

(10) Stelle fest, was der Autor in seiner Zeit mit dem Text bewirken wollte und warum.

(11) Finde heraus, ob die beabsichtigte Wirkung erzielt wurde (etwa: „Was geschah nachher?").

So kannst du dich bei Texten ausdrücken:

Der Text soll von ... im Jahr ... aufgeschrieben worden sein. – Er stammt aus der Stadt ... / dem Land .... – Zur dieser Zeit war für die dortigen Menschen (das Ereignis ...) sehr wichtig, weil ... . – Der Text wurde vom Autor ... selbst aufgeschrieben / von ... überliefert. – Die wichtigsten Stellen / Kernaussagen des Textes sind: a) ..., b) ..., c) ... – Der Autor möchte mit seinem Text (wahrscheinlich) erreichen, dass ... .

M1 Eine Rede, die die Athener bewegt

Im Jahr 431 spricht Perikles, Athener Heerführer und Politiker, zu den Athenern. Kurz nach Ausbruch des Peloponnesischen Krieges hat Athen die ersten Toten zu beklagen. Perikles hält daher eine Trauerrede. Der Historiker Thukydides hat sie miterlebt, aber erst 30 Jahre später aufgeschrieben:

Unsere Verfassung ahmt nicht die Einrichtungen anderer nach. Sie ist sogar ein Vorbild für andere. Ihr Name ist „Volksherrschaft", denn die Macht liegt nicht in den Händen weniger, sondern einer größeren Zahl von Bürgern. [...]

Mag jemand noch so arm sein, so ist ihm doch der Weg zur Auszeichnung nicht versperrt – wenn er nur dem Vaterland nützt. Wegen der Größe unserer Stadt bekommen wir aus der ganzen Welt, was wir wünschen, Erzeugnisse fremder Länder ebenso wie die unserer Heimat. Wir öffnen allen den Zutritt zu unserer Stadt. [...] Andere wollen schon die Kinder mit Härte zur Tapferkeit drillen. Wir leben ohne solchen Zwang! Aber wir stellen uns genauso mutig jeder Gefahr, selbst wenn uns ein gleich starker Feind gegenübersteht.

Unsere Staatsmänner verstehen es, ihre eigenen Interessen und die der Gemeinschaft zu berücksichtigen. [...]

Ich fasse zusammen: Erstens ist unsere Stadt eine Schule für ganz Griechenland. Zweitens kann sich in unserer Verfassung jeder Bürger bestmöglich entfalten. Deshalb werden uns die Menschen in Gegenwart und Zukunft bewundern!

Thukydides, Geschichte des Peloponnesischen Krieges, Buch 2, 35-46, nach: Georg Peter Landmann (Übers.), München / Zürich 1993, S. 235-249 (gekürzt und vereinfacht)

- Entstehungszeit (4)
- der Autor und sein Amt (5)
- geschichtlicher Zusammenhang: Wann war das? Wer kämpfte? Warum? Lies nach in M4, S. 101. (6)
- Art des Textes: Was sollte er bewirken? (7)
- Überlieferung: Wie genau kann ein Zuhörer die Rede nach so langer Zeit noch wiedergegeben? (10)
- Begriff klären: *Verfassung* = Gesetze, die die Einrichtungen in einem Staat regeln und festlegen, wie regiert wird (3)
- Begriff klären: *Volksherrschaft* = deutsche Übersetzung des griechischen Wortes „Demokratie" (2)
- Einordnung: Stimmt das? Lies nach auf S. 92 und 94. (6)
- Einordnung: Warum betont Perikles das? Lies nach in M3, S. 91. (6)
- Einordnung: Wen meint Perikles mit „Andere"? Lies nach auf S. 100 f. (6)
- Einordnung: Warum behauptet Perikles das? Lies nach auf S. 94. (6)
- Bewertung: Warum behauptet Perikles das? (6)
- Fast alle Quellen in Schulbüchern sind gekürzt und/oder vereinfacht, ohne den Sinn zu verändern, damit ihr sie leichter bearbeiten könnt. (8)

Wenn du die Fragen am Rand beantwortet hast, hast du den Text sicher verstanden. Alle Personen und Begriffe hast du geklärt und wichtige Informationen über die Zeit der Quelle nachgeschlagen. Nun kannst du deine eigene Deutung aufschreiben. Berücksichtige dazu die Arbeitsschritte links.

⑤

Perikles lebte von etwa 490 v. Chr. bis 429 v. Chr. in Athen. Er stammte aus einer Adelsfamilie. Perikles hatte großen Einfluss auf die Politik. In Reden verteidigte und festigte er die Demokratie.
15 Jahre wurde er immer wieder zum Befehlshaber der Truppen gewählt.

⑧

Thukydides lebte von etwa 454 v. Chr. bis 396 v. Chr. in Athen. Er war ein bedeutender Historiker. Seine „Geschichte des Peloponnesischen Krieges“ gilt als zuverlässige Quelle für den Kampf der Athener um die Macht in Griechenland.

M2 Eine mögliche Deutung der Rede des Perikles

Der Historiker Thukydides hat eine Rede des Athener Politikers und Heerführers Perikles überliefert. Dieser soll sie 431 v. Chr. gehalten haben. Dies war das erste Jahr des Peloponnesischen Krieges, in dem Athen gegen Sparta kämpfte.

Zuerst wird die Quelle in ihre Zeit, ihren Raum und ihren Zusammenhang eingeordnet.

Perikles lobt die Herrschaft des Volkes, die Demokratie. In Athen könne sich jeder Bürger, ob arm oder reich, am Staat beteiligen. Seine Mitbürger, die Athener, grenzt Perikles von „Anderen“ ab, die mit Zwang regieren. Er meint damit Athens Gegner, die Spartaner, die ihr ganzes Leben dem Krieg unterordnen.

Hier fasst der Autor die wesentlichen Aussagen der Quelle zusammen.

Diese Aussage erscheint ihm besonders wichtig.

Perikles betrauert die Bürger, die im Krieg gefallen sind. In dieser schlimmen Lage will er den Stolz der Athener auf ihre Polis und ihre Kampfbereitschaft stärken: Alle sollen wissen, dass sie ihre großen Opfer zur Rettung der Demokratie erbringen.

Deutung: Der Autor beantwortet die Frage, warum Perikles die Rede hielt und was sie damals bewirken sollte.

Thukydides hat die Rede erst 30 Jahre später aufgeschrieben. Sicher hielt er sie nicht wörtlich fest. Daher muss noch überprüft werden, wie zuverlässig er sie wiedergegeben hat.

Am Ende der Darstellung bewertet der Autor die Zuverlässigkeit seiner Quelle.

M3 Jetzt bist du dran

In der gleichen Rede rät Perikles den Athenern:

Mit den Gefallenen als Vorbilder sollt auch ihr das Glück in der Freiheit sehen. Sucht die Freiheit mit Mut und blickt nicht zu viel auf die Gefahren des Krieges. Wer keine Hoffnung mehr hat, hat auch keinen Grund, sein Leben hinzugeben. Wir aber hoffen auf die Verbesserung unserer Lage, und wir wissen, was wir verlieren, wenn wir aufgeben. Für einen stolzen Mann ist es schmerzhafter, feige zu sein, als einen kaum gespürten Tod zu erleiden.

Thukydides, Geschichte des Peloponnesischen Krieges II.43, a. a. O., Bd. 1, S. 146 (gekürzt und vereinfacht)

1. *Bildet zwei Gruppen: Gruppe 1 sammelt Informationen zu Perikles, Gruppe 2 zu Thukydides. Stellt eure Person der jeweils anderen Gruppe in einem Kurzreferat vor. Berichtet auch über eure Informationsquellen.*
2. *Vergleiche die Quelle M1 mit der Deutung M2. Arbeite heraus, was eine historische Quelle von einer Deutung unterscheidet.*
3. *Finde für jede Aussage in der Deutung M2 heraus, auf welcher Information in der Quelle M1 sie beruht.*
4. *Verfasse eine Deutung von M3. Berücksichtige, was du bereits über die Rede des Perikles (M1, M2) weißt.*

Wer ist das Volk?

Demokratie – in Deutschland und im antiken Athen

„Unsere Demokratie ist eine Erfindung der alten Griechen", ist eine weit verbreitete Meinung. Mithilfe von M1-M5 könnt ihr euch euer eigenes Urteil bilden. (Im Unterschied zu „Meinungen" sind „Urteile" begründete Einschätzungen.) Mit eurer Auswertung könnt ihr die besten Gründe (Argumente) herausfinden und darüber in der Klasse diskutieren.

Unsere heutige Demokratie ist durch folgende Werte bestimmt: Freiheit – Gleichheit – Gerechtigkeit – Mitbestimmung des Volkes.

Vorschläge für Forschungsfragen:

Thema 1: *Prüfe die Aussage kritisch: „So ähnlich wie die Griechen machen wir es noch heute, zum Beispiel im Bundestag."*

Thema 2: *Warum konnte sich in Athen die Staatsform der Volksherrschaft (Demokratie) entwickeln?*

Beschreiben

Thema 1: *Arbeitet heraus, welche Einrichtungen zur Herrschaft des Volkes unser Grundgesetz vorsieht.*

Thema 2: *Schreibt heraus: Personen mit Lebenszeiten – Ereignisse mit Daten – Orte (kopiert die Karte S. 79 auf Transparentpapier) – Griechische Begriffe, die etwas mit der Staatsform zu tun haben (z. B. M4: „Demokratie").*

Untersuchen

Thema 1: *Vergleicht, welche unserer heutigen Einrichtungen im antiken Athen bereits bestanden, welche nicht.*

Thema 2: *Untersucht, wie sich die Mitbestimmungsrechte des Volkes entwickelten und welche griechischen Begriffe zu den heutigen Werten der Demokratie passen.*

Einordnen

Thema 1: *Begründet, worin die Volksversammlung der Polis Athen sich vom Deutschen Bundestag unterschied.*

Thema 2: *Nehmt die Rolle einer dieser Personen an: Solon – Peisistratos – Kleisthenes. Begründet den Athenern in einer kurzen Rede, warum eure Handlungen gut sind.*

Präsentieren

Thema 1: *Zeichne ein einfaches Schema, mit dem du die Unterschiede zwischen der Athener Demokratie und der Demokratie in der Bundesrepublik vergleichen kannst.*

Thema 2: *Als Titelbild des Grundgesetzes wird ein Grieche gesucht, den man „Held der Demokratie" und „Vorbild unserer Verfassung" nennen kann. Wähle dir einen Griechen aus und vertritt ihn in einer Podiumsdiskussion.*

M1 Aus dem Grundgesetz

Das Grundgesetz ist unsere Verfassung, also das oberste Gesetz. Es regelt, wie Deutschland regiert wird.

Artikel 20, Absatz 2: Alle Staatsgewalt geht vom Volke aus. Sie wird vom Volke in Wahlen und Abstimmungen und durch besondere Organe der Gesetzgebung [*Parlament*], der vollziehenden Gewalt [*Regierung*] und der Rechtsprechung [*Gerichte*] ausgeübt.

Artikel 38, Absatz 1: Die Abgeordneten des Deutschen Bundestages werden in allgemeiner, unmittelbarer, freier, gleicher und geheimer Wahl gewählt. Sie sind Vertreter des ganzen Volkes, an Aufträge und Weisungen nicht gebunden und nur ihrem Gewissen unterworfen.

Absatz 2: Wahlberechtigt ist, wer das achtzehnte Lebensjahr vollendet hat; wählbar ist, wer das Alter erreicht hat, mit dem die Volljährigkeit eintritt.

Grundgesetz für die Bundesrepublik Deutschland, hrsg. von der Bundeszentrale für politische Bildung, Bonn 1996, S. 13 und 22

M2 Solon richtet das Volksgericht ein

In Athen hat der Adel die Königsherrschaft abgeschafft. Seither geht es darum, welche Adelsfamilie sich an die Spitze der Polis stellen kann. Der Streit wird immer heftiger. Das Volk fühlt sich ungerecht behandelt. Alle Bewohner haben Angst vor einem neuen Tyrannen. Deshalb beauftragen sie 594 v. Chr. Solon, kluge Gesetze zu schaffen, die das verhindern sollen. Besonders heikel ist die Frage, wer Beschlüsse fassen darf. Bislang sind das die adligen Beamten (Archonten) und die Adelsversammlung (Areopag). Der entscheidende Gedanke Solons ist, die Macht nicht mehr nach Herkunft, sondern nach dem Vermögen zu bemessen: Je reicher, desto mehr Mitsprache. Aristoteles (384-322 v. Chr.) fasst später zusammen:

Nach geltender Ansicht gelten folgende drei Maßnahmen der Staatsordnung Solons als die volksfreundlichsten. Die erste und wichtigste war die Abschaffung der Darlehen, für die mit dem eigenen Körper gehaftet werden musste; dann das Recht, dass jeder, der wollte, für diejenigen, die Unrecht erlitten hatten, Vergeltung fordern konnte; und drittens – wodurch, wie man sagt, die Menge am meisten gestärkt worden ist – die Überweisung von Rechtsverfahren an das Gericht. Denn wenn das Volk [im Gericht] Herr über den Stimmstein ist, wird es auch Herr über die Staatsordnung.

Aristoteles, Der Staat der Athener, übers. u. hrsg. v. Martin Dreher, Stuttgart 1993, in: Hans-Joachim Gehrke und Helmuth Schneider (Hrsg.), Geschichte der Antike. Quellenband, Stuttgart 2013, S. 38

M3 Tyrannenmord während der Athena-Festspiele

Der Adel war mit Solons Lösung nicht zufrieden: Zu viel Macht hatte er an das Volk abtreten müssen. Dennoch war die neue Ordnung zunächst ein Erfolg. Aber die Machtkämpfe im Adel hielten an. Etwa fünfzig Jahre nach Solons Reformen gelang es schließlich dem Adligen Peisistratos, die Macht zu ergreifen. Bis zu seinem Tod 527 v. Chr. herrschte er viele Jahre lang als Tyrann über Athen. Peisistratos konnte sich halten, weil er viele Maßnahmen ergriff, die dem Athener Volk gefielen. So investierte er viel Vermögen, um das Stadtfest zu Ehren der Athene zu einem großen Ereignis mit vielen Besuchern aus anderen Poleis zu machen.

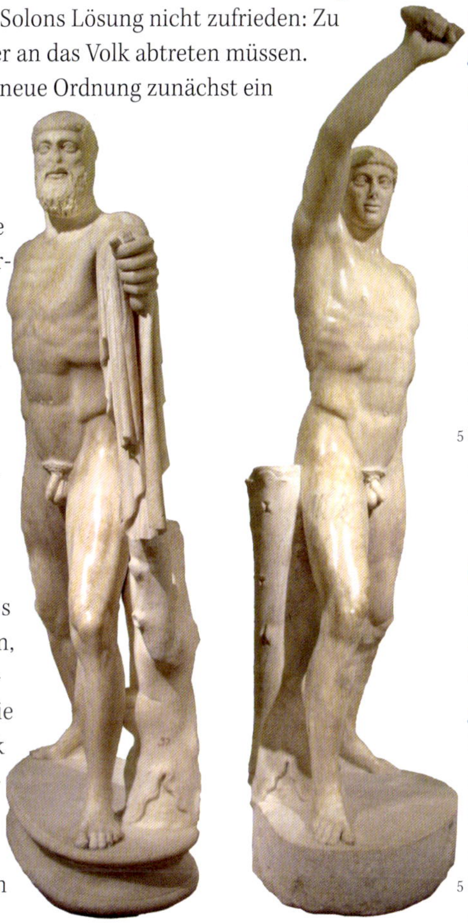

Nach seinem Tod übernahmen seine Söhne Hipparchos und Hippias die Tyrannis. Während des Athena-Festes wurde Hipparchos 514 v. Chr. von zwei Attentätern erdolcht. Sein Bruder Hippias wurde vier Jahre später aus der Stadt vertrieben. Den Attentätern setzten die Athener spater dieses Denkmal.

M4 Kleisthenes, die Herrschaft des Volkes und die Gleichheit vor dem Gesetz (Isonomie)

Die Tyrannen sind tot oder verjagt – freie Fahrt also für das Volk, endlich selbst zu entscheiden? Das sehen nach 510 die Adligen Athens etwas anders. Ein wütender Kampf zwischen den prominenten Adligen Isagoras und Kleisthenes entbrennt um die Vorherrschaft in Athen. Da entwickelt Kleisthenes einen listigen Plan. Er erkennt, dass derjenige, der das Volk (Demos) auf seine Seite bringen kann, schließlich den Sieg davontragen würde. Kurzerhand entwirft er eine neue politische Ordnung, in der die Volksversammlung (erwachsene Männer) das meiste zu sagen habe. Im jährlichen Wechsel wird von dieser Versammlung ein Rat von 500 Männern gewählt, der die Regierungsgeschäfte führen soll. Isagoras erkennt die Gefahr und vertreibt Kleisthenes aus der Stadt. Doch Kleisthenes kann sich auf seine neuen Freunde verlassen, und der Rat veranlasst erfolgreich, den Volksfreund wieder in die Stadt zurückzubringen.

Der Historiker Klaus Rosen (2000) bewertet Kleisthenes' Leistung für die Demokratie kritisch:

Er [Kleisthenes] galt denn auch im Athen des 4. Jahrhunderts als der eigentliche Schöpfer der Demokratie. Eine solche Auszeichnung ist jedoch bedenklich, da diejenigen, die sie ihm gegeben haben, aus dem Rückblick sprachen und die weitere Entwicklung überblickten. Sie wussten, wie eine Demokratie aussieht.

Klaus Rosen, Griechische Geschichte erzählt, Darmstadt 2000, S. 108 f.

M5 Ostrakismos – Vollendung der Demokratie?

Der letzte Tyrann Athens, Hippias, ist an den Hof des Perserkönigs Dareios geflohen (M3). Seine Heimatstadt sieht er erst 490 v. Chr. anlässlich des unverhofften Sieges der Athener gegen die Großmacht Persien als alter Mann wieder.

Damals war das Selbstbewusstsein der Athener gewachsen, denn sie hatten einen großen und mächtigen Feind besiegt und die Freiheit der Polis erfolgreich verteidigt. Drei Jahre nach der Schlacht von Marathon machten sie sich selbst ein Geschenk: die höchsten Beamten der Polis, die Archonten, wurden von nun an durch das Los bestimmt – auch die ärmsten Bürger konnten nun Archonten werden. Und sie setzten eine Idee in die Tat um, die vielleicht schon auf Kleisthenes zurückgeht: Einmal im Jahr konnte die Volksversammlung durch Abstimmung auf Täfelchen (*ostrakoi*) unbeliebte Politiker für zehn Jahre der Stadt verweisen (*ostrakisieren*).

Ein weiterer Schub für die Volksherrschaft folgte 479 v. Chr. nach dem Sieg von Salamis. Nun war klar: Die Bürger Athens konnten sich ihre Freiheit von Tyrannen und von Fremdherrschaft selbst erkämpfen, gerade weil sie alle vor dem Gesetz gleich waren. Weil einer ihrer erfolgreichsten Krieger, Kimon, sie ihrer Meinung nach nicht genügend unterstützte, wurde er 461 v. Chr. kurzerhand ostrakisiert. Die letzten Einflüsse der Areopagiten wurden beseitigt und die Bezahlung der Tätigkeit im Volksgericht und im Rat eingeführt (*Diäten*). Einer der radikalen Reformer dieser Tage war Ephialtes. Er wurde ermordet – vielleicht von einem, dem das alles zu weit ging.

Eigenbeitrag Nicola Brauch

Sparta macht vieles anders

M 1 Durch Kampf zur Macht
Umzeichnung einer griechischen Vasenmalerei, ca. 640 v. Chr.
Im 10. bis 8. Jh. fochten die Griechen Zweikämpfe „Mann gegen Mann". Im 7. Jh. erfanden sie die geschlossene Schlachtreihe, die Phalanx („Walze"). Die Soldaten aus Sparta waren für diese Kampfweise berühmt.

Eine harte Erziehung

Die Kinder in Sparta wurden sehr streng erzogen. In den ersten sieben Lebensjahren blieben sie zwar noch bei der Mutter, aber schon bei den kleinen Jungen und Mädchen im Haus achtete die Mutter vor allem auf die körperliche Stärke. Nach dem siebten Lebensjahr mussten die Jungen das Elternhaus verlassen. In Lagern übten sie hart für den Kampf. Sie trainierten ihre körperlichen Kräfte und den Gebrauch der Waffen. Strapazen wie Hunger, Kälte oder Schmerzen sollten sie klaglos aushalten. Die Mädchen blieben weiter bei der Mutter, aber trainierten ebenfalls Sportarten wie Laufen, Diskus und Speerwurf.

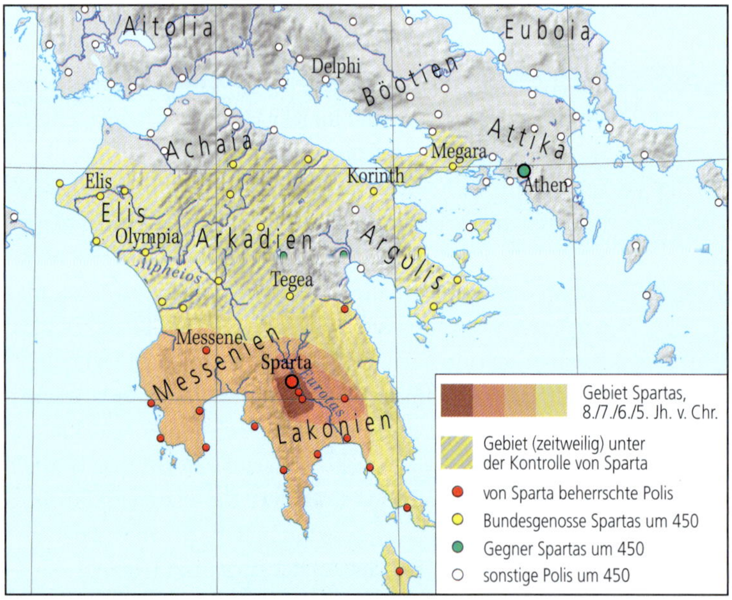

M 2 Aus fünf Dörfern wird eine Großmacht
Im 5. Jh. v. Chr. war Sparta auf dem Höhepunkt der Macht. Viele Städte waren mit Sparta verbündet. Es konnte auch über deren Soldaten verfügen.

Sparta braucht viele Soldaten

Warum aber legte man in Sparta so viel Wert auf die körperliche Stärke in der Erziehung? Ursprünglich waren die Bürger Spartas Bauern in Lakonien gewesen. Am Ende des 8. Jh. v. Chr. jedoch konnten sie ihr Gebiet durch Eroberungen mehr als verdoppeln. Die Spartaner teilten das Land unter sich auf und versklavten die Bewohner. Über 150 000 Heloten[1] standen nun weniger als 9 000 Spartaner gegenüber. Um dennoch diese große Zahl von Heloten kontrollieren zu können, gaben die Spartaner ihre alten Berufe auf. Sie waren jetzt alle Soldaten. Die Heloten dagegen mussten die Feldarbeit verrichten und Abgaben an die spartanischen Landbesitzer zahlen. Handwerk und Handel lagen in den Händen von Zuwanderern. Diese waren persönlich frei, hatten aber keine Bürgerrechte.

Ein ganzes Leben im Dienst des Staates

Die Frauen waren bei der Führung des Haushaltes meistens auf sich gestellt und verwalteten eigenständig die Abgaben der Heloten. Die jungen Männer Spartas im Alter zwischen 18 und 30 lebten als Kampfgenossen in festen Zeltgemeinschaften außerhalb der Familie, damit das spartanische Heer ständig einsatzbereit war. Die älteren Männer verwalteten die Polis, leisteten ebenfalls Kriegsdienst und trafen sich mit ihren Kameraden regelmäßig zum gemeinsamen Essen. Durch die harte Ausbildung und das ständige Training waren die Spartaner die besten Soldaten Griechenlands. Überall wurde ihre Kampfkraft gefürchtet. Sparta war deswegen neben Athen die mächtigste griechische Polis.

[1] Heloten sind rechtlose Bewohner im Herrschaftsbereich von Sparta, die wie Sklaven arbeiten mussten.

M3 Nicht jedes Kind darf leben

Der griechische Schriftsteller Plutarch (um 45 - 120 n. Chr.) schreibt:

Die zur Welt Gekommenen aufzuziehen, unterlag nicht der Entscheidung des Vaters. Er hatte den Säugling an einen Ort zu bringen, wo die ältesten und erfahrensten Spartiaten[1] saßen und das Kind untersuchten. Wenn es wohlgebaut und kräftig war, ordneten sie die Aufzucht an. War das Neugeborene aber schwächlich und missgestaltet, so ließen sie es zu einem Felsabgrund am Taygetosgebirge bringen.

Plutarch: Lykurg 16, in: Konrat Ziegler (Hrsg.), Plutarch. Große Griechen und Römer, Zürich/Stuttgart 1955, Bd. 1, S. 146 - 147 und 157 (gekürzt)

M4 Krieg mit Athen

In seiner Beschreibung des Lebens des athenischen Politikers und Feldherrn Perikles schreibt Plutarch über die ersten Kämpfe im großen Krieg zwischen Athen und Sparta (431 - 404 v. Chr.):

Bald darauf brachen die Spartaner und ihre Bundesgenossen mit einem starken Heer in Attika[2] ein, verwüsteten die Felder und Bauernhöfe und drangen bis Acharnai[3] vor. Hier schlugen sie ein Lager auf in der Hoffnung, die Athener würden zornig zur Schlacht ausrücken. Für Perikles aber war es ein furchtbarer Gedanke, eine Schlacht zu wagen, welche über Sein oder Nichtsein der Stadt entscheiden musste. Den Bürgern, welche zum Kampfe drängten, hielt er entgegen, dass umgehauene Bäume nachwüchsen, erschlagene Männer aber schwer zu ersetzen seien. Es gingen Chöre um, die Spottlieder sangen und Perikles als Feigling verhöhnten, dessen Feldherrnkunst darin bestehe, das Staatswesen an die Feinde auszuliefern. Perikles nahm die Beleidigungen ruhig und gelassen hin, während er eine Flotte von hundert Schiffen nach der Peloponnes schickte.
[Als die Spartaner später selbst eine starke Flotte aufbauten, konnten sie den Krieg gegen Athen gewinnen.]

Plutarch, Perikles 33, nach: Konrat Ziegler (Hrsg.), Plutarch. Große Griechen und Römer, Bd. 2, Zürich/Stuttgart 1955, S. 148 f.

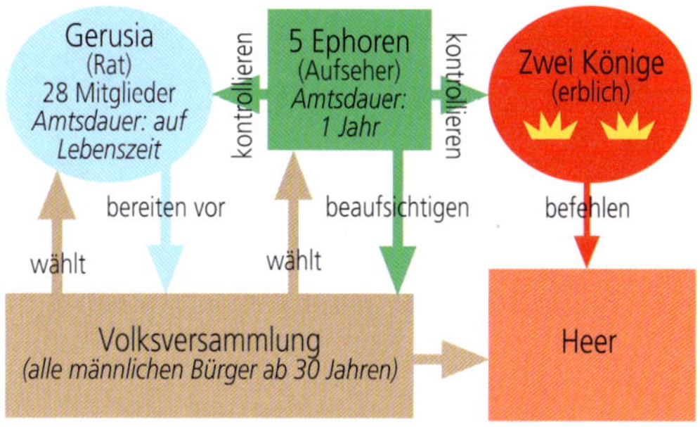

M5 Bevölkerung und politische Ordnung Spartas um 500 v. Chr.

M6 Spartanisches Mädchen
12 cm hohe Bronzefigur, um 500 v. Chr.
Die Spartaner glaubten, dass nur kräftige Frauen gesunde Kinder zur Welt bringen können.

M7 Spartanischer Krieger
Bronzefigur, Höhe: ca. 13 cm, um 530 v. Chr.
Auf dem Schlachtfeld sollen die Spartiaten rote Hemden getragen haben, damit das Blut nicht zu sehen war. Im Gegensatz zu den anderen Griechen hatten sie lange Haare.

1. *Entnimm dem Bild M1, wie eine Phalanx funktionierte und welche Vorteile sie bot.*
2. *Erläutere die Karte M2.*
3. *Erkläre, warum Sparta zu einer Soldatenpolis wurde. Nenne dabei auch die Ziele, die mit dem in M3 beschriebenen Vorgehen verfolgt wurden.*
4. *Beurteile die Strategie von Perikles im Krieg zwischen Sparta und Athen (M4).*
5. *Vergleiche die Regierungssysteme in Sparta und Athen (M5 und S. 94 f.).*
6. *Stell dir vor, du lebst im antiken Sparta: Was würde dir gefallen, was nicht? Begründe deine Entscheidung.*

[1] Spartiat: Bürger Spartas
[2] Attika: Landschaft um Athen
[3] Acharnai: Ort in Attika, etwa 10 km nördlich von Athen

Architekten, Dichter und Denker

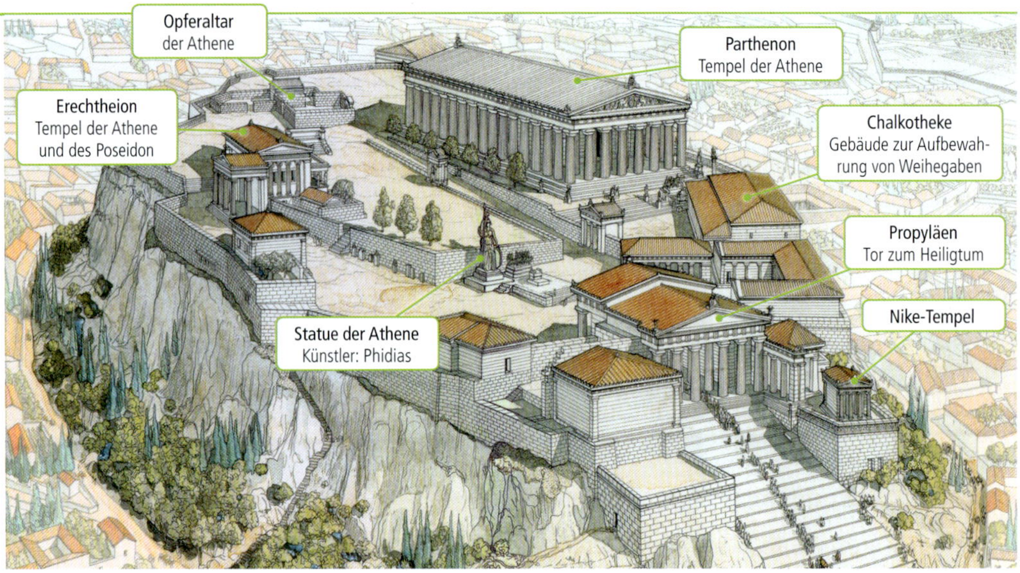

M 1 Die Akropolis von Athen Ende des 5. Jh. v. Chr.
Ansicht von Westen, Rekonstruktion von Jean-Claude Golvin

Die Akropolis

Wer heute als Tourist nach Athen kommt, besucht meistens die Akropolis. Im 5. Jh. v. Chr. hatten die Athener die alte Burg auf dem Berg über den Wohnvierteln der Stadt zu einer prunkvollen Anlage mit herrlichen Tempeln ausgebaut. Die Architekten gestalteten die Tempel nach mathematischen Regeln, um sie besonders schön aussehen zu lassen. Farbige Darstellungen von Göttern und Helden schmückten den Giebel und die Flächen oberhalb der Säulen. Den größten Tempel weihten die Athener ihrer Schutzgöttin Athene.

Theater

Auch die griechischen Theaterbauten beeindrucken noch heute. Die Sitzreihen waren so geschickt angeordnet, dass selbst die Zuschauer in den oberen Reihen die Schauspieler ohne Lautsprecher verstehen konnten.

In Athen lag das größte Theater am Fuße der Akropolis. Beim Fest für den Weingott Dionysos wetteiferten die Dichter dort um Preise für die besten Theaterstücke. In einigen der griechischen Stücke werden ergreifende Geschichten so eindrucksvoll erzählt, dass sie sogar in unseren Theatern heute immer noch gespielt werden.

Freunde der Weisheit

Die Griechen liebten es, über die Welt nachzudenken. Was sich nicht einfach erklären ließ, führten sie auf Götter und **Mythen** zurück. Seit etwa 600 v. Chr. gab es in Griechenland Männer, die die Natur genau beobachteten und schwierige Fragen stellten, etwa: Was war am Anfang von allem? Diese fragenden Männer nannte man **Philosophen** (griech. philos: Freund; sophia: Weisheit).

Einer von ihnen war Thales von Milet. Durch ihn und andere Denker wurden viele naturwissenschaftliche Entdeckungen gemacht, etwa, dass die Erde eine Kugel ist. An die Stelle der Mythen trat die **Logik** (griech. logos: Sprache, Vernunft). Das „logische" Denken wurde Grundlage der Wissenschaften.

Oft stritten sich die Anhänger des alten Glaubens und die der „logischen" Sichtweise. Ein Opfer dieser Auseinandersetzungen wurde im 5. Jh. v. Chr. der Philosoph **Sokrates**. Sein Ziel war es, ohne Götter und durch ständiges Fragen das Gute und Gerechte herauszufinden. Die Athener verurteilten ihn zum Tode. Die Philosophen gründeten auch Schulen. Die bedeutendste Schule gründete **Platon** um 385 v. Chr. in Athen: die Akademie. Aus ihr ging **Aristoteles** hervor, einer der größten Denker aller Zeiten. Er erforschte alle Wissensgebiete und schrieb über Physik, Biologie und Politik.

Mythos   Philosoph   Logik   Sokrates   Platon   Aristoteles

M2 Sokrates und der Soldat Trasybulos

Sokrates will die Menschen zur Selbsterkenntnis führen und so zu einem sinnvollen Leben anregen. Deshalb verwickelt er die Leute gern in Gespräche:

Trasybulos: Guten Morgen, Sokrates!

Sokrates: Guten Morgen, Trasybulos! Gut siehst du aus in deiner Rüstung. Du bist wohl ein tüchtiger Soldat?

T(rasybulos): Klar! Ich habe im Kampf schon zehn Thebaner totgeschlagen.

S(okrates): Brav, Trasybulos; denn die Thebaner sind alle Lumpen.

T: Das hat unser General auch gesagt, Sokrates.

S: Und der General der Thebaner hat seinen Soldaten gesagt, alle Athener sind Lumpen.

T: Aber das stimmt doch nicht, Sokrates! Wir Athener sind keine Lumpen.

S: Sind denn die Thebaner Lumpen?

T: Meinst du etwa, unser General habe nicht Recht?

S: Ich weiß nicht, Trasybulos. Wir wollen das nächste Mal darüber weitersprechen.

Nach: Gustav A. Süß, Sokrates – der Archetypus des Wahrheitssuchers, in: Praxis Geschichte 3/2003, S. 28

M3 Sokrates und der Getreidehändler Kimon

Sokrates: Guten Tag, Kimon! Wohin gehst du?

Kimon: Zum Tempel, Sokrates, um den Göttern zu opfern.

S(okrates): Du bist ein frommer Mann, Kimon.

K(imon): Ja, das sagen mir die Priester auch; denn ich opfere viel.

S: Kimon, schläfst du eigentlich gut?

K: Wie meinst du das, Sokrates?

S: Wie ich es gesagt habe. Schläfst ... du ... gut?

K: Manchmal kann ich nicht einschlafen, Sokrates.

S: Warum?

K: Ich denke immer an meinen Getreidehandel, überlege, wann ich mein Getreide am günstigsten verkaufe.

S: Doch wohl dann, wenn in Athen das Getreide knapp ist und die armen Leute hungern.

K: So ist es, Sokrates. Und wenn ich viel verdiene, kann ich viel opfern, den Göttern und den Priestern.

S: Aber warum kannst du denn dann nicht einschlafen, wo du doch ein frommer Mann bist?

K: Sokrates, das ist so: In mir ist etwas, das spricht zu mir ...

S: Eine Stimme?

K: Ja.

S: Was sagt sie denn?

K: Sie sagt, es sei nicht recht, wenn ich mein Getreide verkaufe, wenn die Athener am meisten Hunger haben und bereit sind, für Getreide den höchsten Preis zu bezahlen.

S: Ach Kimon, auf diese Stimme musst du nicht achten.

K: Das geht nicht so einfach, Sokrates. Die Stimme geht immer mit mir.

S: Vielleicht spricht da ein Gott in dir, Kimon.

K: In mir ein Gott, Sokrates?

S: Ja, eine göttliche Stimme, die weiß, was gut und böse ist, und die keine Opfer braucht.

K: Meinst du das wirklich, Sokrates?

S: Du musst es bedenken, Kimon. Wenn wir uns wiedersehen, sagst du mir dann, wie du die innere Stimme zum Schweigen gebracht hast.

Nach: Gustav A. Süß, Sokrates – der Archetypus des Wahrheitssuchers, a. a. O., S. 28

M4 Sokrates
Marmorfigur, Höhe 27,5 cm, 2. Jh. v. Chr.
Sokrates philosophierte in der Öffentlichkeit und verfasste keine Schriften. Seine Lehre kennen wir aus den Büchern seines Schülers Platon. Im Jahr 399 v. Chr. wurde Sokrates vorgeworfen, die Götter nicht anzuerkennen und die Jugend zu verderben. Das Volksgericht verurteilte ihn zum Tode: Er musste einen Becher mit Gift trinken.

1. *Spielt die Gespräche (M2 und M3).*
2. *Erläutert jeweils, wie Sokrates vorgeht.*
3. *Von Sokrates stammt die Aussage: „Ich weiß, dass ich nicht weiß." Erkläre, was er damit gemeint haben könnte.*
4. *Nenne mögliche Gründe, warum sich viele Athener über Sokrates ärgerten.*
5. *Bewerte, ob die Art, wie Sokrates Fragen stellte und dachte, für uns heute nützlich sein kann.*

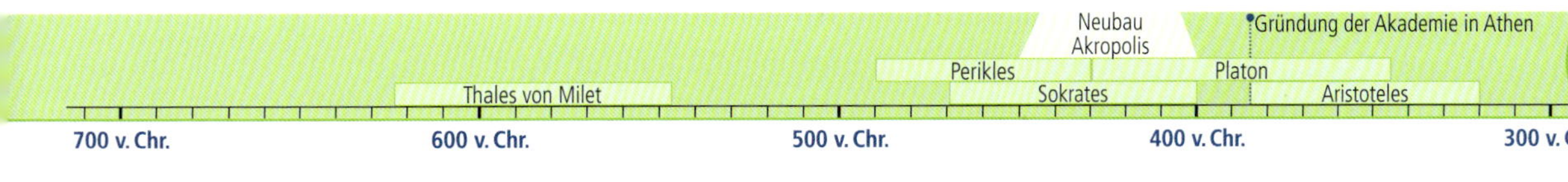

Alexander erobert ein Weltreich

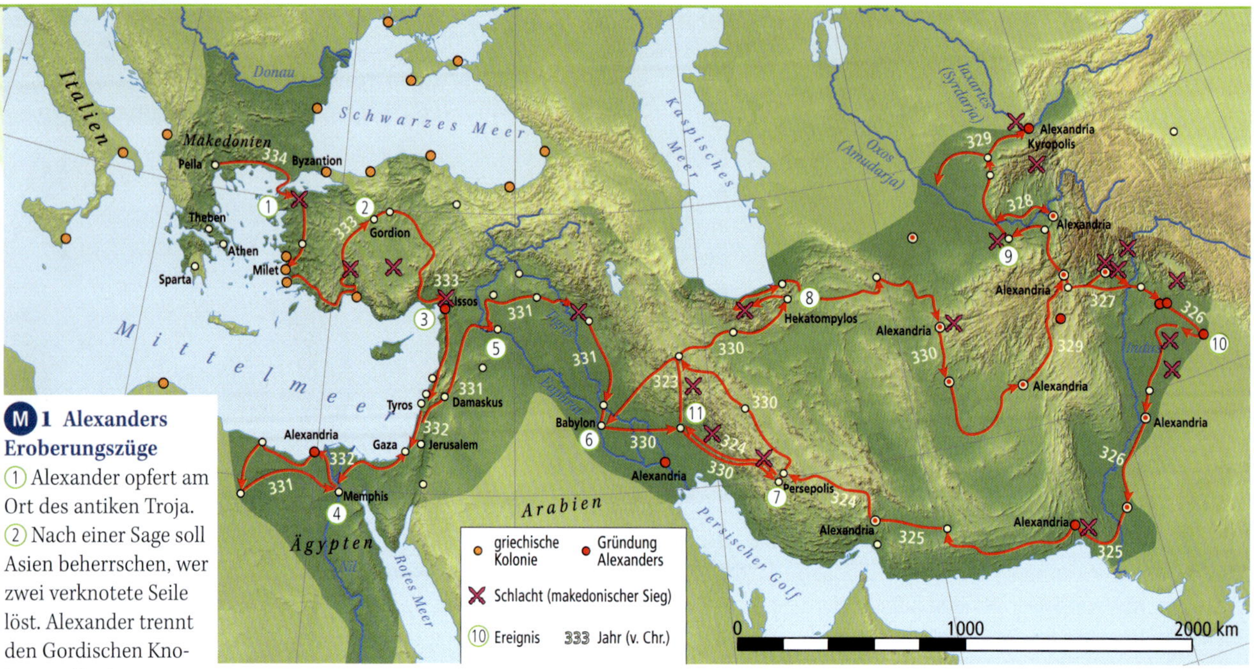

M 1 Alexanders Eroberungszüge

① Alexander opfert am Ort des antiken Troja.
② Nach einer Sage soll Asien beherrschen, wer zwei verknotete Seile löst. Alexander trennt den Gordischen Knoten – mit seinem Schwert.
③ Alexander nimmt die Familie des persischen Großkönigs Dareios gefangen.
④ Alexander lässt sich zum Pharao krönen.
⑤ Das Heer überquert den Euphrat und betritt persisches Kernland.
⑥ Alexander lässt sich in Babylon zum König von Asien ausrufen.
⑦ Das Heer erobert die persische Hauptstadt.
⑧ König Dareios stirbt.
⑨ Diener planen einen Mordanschlag auf Alexander. Er schlägt fehl.
⑩ Alexander will auch Indien erobern, aber seine Soldaten wollen in die Heimat zurück.
⑪ 10 000 Soldaten werden mit persischen Frauen verheiratet.

Der Eroberungszug Alexanders

Es war ein wagemutiges Unternehmen, als der junge König **Alexander** von Makedonien, einem Königreich nördlich von Griechenland, mit seinem Heer von Griechenland 334 v. Chr. nach Osten marschierte. Er griff das sehr mächtige Reich der Perser an. Es erstreckte sich damals von der heutigen Türkei bis an die Grenze Indiens. Alexander aber führte eine schlagkräftige Truppe aus Makedonen und Griechen. Er hatte die griechischen Poleis in ein Bündnis gezwungen und konnte deshalb sein Heer mit ihnen verstärken. Seine Soldaten schlugen jedes Heer, das der persische Großkönig ihnen entgegenschickte. Im Jahr 331 v. Chr. besiegte Alexander bei Gaugamela die Perser endgültig. Bis nach Indien stieß er noch vor und kehrte erst 326 v. Chr. um.

Sicherung der Herrschaft

Um seine Herrschaft zu stärken, gründete Alexander unterwegs an zentralen Orten neue Städte. Die meisten von ihnen bekamen den Namen Alexandria. Im Jahr 324 v. Chr. heiratete Alexander eine Tochter des Perserkönigs, und viele seiner Offiziere nahmen ebenfalls Perserinnen zur Frau. Alexander hoffte, sich auf diese Weise mit den Persern zu versöhnen. Eine neue Führungsschicht aus Persern, Makedonen und Griechen sollte ihm helfen, das riesige Reich zu regieren. Mit 32 Jahren aber starb Alexander im Jahr 323 v. Chr.

Hellenismus

Über Alexanders Nachfolge stritten sich seine Generäle. Sie gründeten jeweils eigene Königreiche in von Alexander eroberten Gebieten. Durch diese Nachfolgereiche waren weiterhin Makedonen oder Griechen im östlichen Mittelmeer die mächtigsten Herrscher. Da deshalb die Kultur und Sprache der Hellenen, wie sich die Griechen nannten, weit verbreitet waren, spricht man von der Zeit des **Hellenismus**. Die neuen Könige förderten Philosophie, Wissenschaften und Künste. In Alexandria in Ägypten gründete der König Ptolemaios die damals größte Bibliothek der Welt. Ungefähr 700 000 Schriftrollen konnte man dort lesen. Einige wichtige Erfindungen wurden gemacht, etwa Schraube und Flaschenzug. Der Mathematiker Euklid schrieb ein Buch zur Geometrie, das bis zum 19. Jh. nicht wesentlich verbessert werden konnte.

M2 Strapazen des Alexanderzuges

Der Geschichtsschreiber Arrian (um 95-175 n. Chr.) berichtet über die Leiden der Soldaten auf dem Marsch von Indien zurück nach Westen:

Die glühende Hitze und der Mangel an Wasser hatten einen großen Teil des Heeres umkommen lassen und vor allem die Zugtiere. Diese sind infolge des tiefen Sandes und der Hitze und durch Durst größtenteils verendet. Das massenhafte Sterben der Zugtiere war dem Heere sogar willkommen. Denn wenn sie nichts mehr zu essen hatten, liefen sie zusammen, schlachteten die meisten Pferde und Maulesel und behaupteten, die Tiere wären vor Durst oder infolge von Erschöpfung krepiert. Bei solcher Not gab es niemanden, der den wahren Hergang ans Licht brachte. Alexander blieb dieses Treiben nicht verborgen; er sah aber die Heilung dieses Zustandes darin, dass er so tat, als merkte er nichts davon.

Nach: Arrian, Alexanders des Großen Siegeszug durch Asien, hrsg. von Wilhelm Capelle, München 1950, S. 346f.

M3 Alexander der Große
Ausschnitt aus einem Fußbodenmosaik aus Pompeji, entstanden um 100 v. Chr.
Forscher gehen davon aus, dass das Mosaik die Kopie eines älteren griechischen Originals ist. Der Ausschnitt zeigt Alexander in einer Schlacht.

M4 Der Leuchtturm von Pharos
Rekonstruktionszeichnung
Anfang des 3. Jh. v. Chr. wurde bei Alexandria dieser etwa 100 Meter hohe Leuchtturm errichtet. Ein Hohlspiegel verstärkte die Leuchtkraft des Feuers, sodass es noch in 50 km Entfernung zu sehen war. Wegen seiner Leuchtkraft zählte der Turm zu den sieben Weltwundern.

1. *Beschreibe, wie Alexander seine Herrschaft sichern wollte.*
2. *Nenne die Probleme beim Alexanderzug, die in M2 deutlich werden.*
3. *Schreibe einen Brief, wie ihn ein Teilnehmer des Alexanderzuges an seine Familie in Griechenland geschrieben haben könnte. Suche dir dazu auf der Karte M1 eine Station des Feldzuges aus.*
4. *Stellt in einem Rollenspiel das Leben der Soldaten beim Alexanderzug dar.*
5. *Begründe, warum Alexander den Beinamen „der Große" bekam.*
6. *Nimm Stellung dazu, ob Alexander seinen Beinamen verdient hat.*
7. *Finde heraus, was in der Antike zu den sieben Weltwundern zählte.*

Internettipp:
Weitere Informationen über den Leuchtturm von Pharos (Alexandria) erhältst du unter Mediencode 30041-14

Das weiß ich – das kann ich!

Wie in den vorausgehenden Kapiteln findet ihr hier Karteikarten zu verschiedenen Themen:

Die fruchtbaren Gebiete in Griechenland sind durch Berge und Buchten voneinander getrennt, außerdem gibt es viele Inseln. Daher gründeten Griechen kleine, selbständige **Poleis**. Das Meer lieferte ihnen auch Nahrung und war Handels- und Verkehrsraum. Mit Schiffen wanderten Griechen auch an andere Küsten des Mittelmeers aus und gründeten dort **Kolonien**.

In der **Polis** trafen zunächst die reichen, besonders gebildeten Männer die Entscheidungen in wichtigen Angelegenheiten (**Aristokratie**). Aber auch die einfachen Bürger wollten mitbestimmen. In vielen **Poleis** setzen sie ihre Beteiligung in **Volksversammlungen** durch (**Demokratie**). Frauen waren allerdings von dieser Volksherrschaft ausgeschlossen. In Sparta dagegen unterdrückten wenige Spartiaten die Bewohner eroberter Gebiete. **Alexander** aus Makedonien schuf durch Eroberungen als Alleinherrscher ein riesiges griechisches Weltreich.

Die Griechen kannten viele Götter und stellten sich diese wie Menschen mit übernatürlichen Kräften vor. Von den Göttern erzählten viele **Mythen**. Vor wichtigen Entscheidungen wurden **Orakel** befragt. Sportwettkämpfe wie die **Olympischen Spiele** wurden zu Ehren der Götter veranstaltet. **Philosophen** wie z. B. **Sokrates**, **Platon** und **Aristoteles** fragten nach den Ursachen der Dinge. Sie ergänzten den **Mythos** durch die **Logik**.

In Athen durften nur die männlichen Bürger Häuser und Land besitzen. Allerdings mussten sie auch Militärdienst leisten. Zu den Aufgaben der Frauen gehörte es, den Haushalt zu führen und sich um die Familie zu kümmern. Einige Athener ließen **Sklaven** für sich arbeiten. Viele mussten härteste Arbeit in der Landwirtschaft oder im Bergwerk verrichten, einige waren gebildet und arbeiteten als Haussklaven. Kam ein Fremder in die **Polis**, wurde er in die Gruppe der **Metöken** aufgenommen, die weniger Rechte als Bürger hatten.

Durch Handel und Auswanderung kamen Griechen in Berührung mit anderen Kulturen. Über ihre **Kolonien** verbreitete sich die griechische Lebensweise im gesamten Mittelmeerraum. Als der **Großkönig** des **Perserreiches** Griechenland erobern wollte, schlossen sich viele **Poleis** zusammen und wehrten den Angriff ab. **Alexanders** Heer brachte dann den griechischen Einfluss in viele andere Gebiete. Nach dessen Tod blühte die griechische Kultur im **Hellenismus** weiter auf. Die Weltstadt Alexandria ist dafür ein Beispiel.

1. *Finde Belege für die Aussagen auf den Karteikarten.*
2. *Finde für jede Karteikarte eine passende Überschrift und überlege, welche Informationen du auf die Rückseite schreiben würdest.*
3. *Begründe, welche Leistungen von Griechen für uns heute von Bedeutung sind.*

Ein kleines Theaterstück schreiben

Die Athener liebten das Theater. In ernsten Stücken lernten sie tragische Geschichten über Götter und Menschen kennen und konnten über sie nachdenken. In den Komödien aber sollte auch herzhaft gelacht werden. Ein besonders beliebter Autor von Komödien war Aristophanes (445 - 386 v. Chr.). Er hat mindestens 40 Stücke geschrieben, aber nur elf davon sind weitgehend vollständig überliefert worden. Aristophanes hat viel vom Alltagsleben in Athen auf die Bühne gebracht. Mit Kritik an Ungerechtigkeiten oder schlechten Charaktereigenschaften hat er nicht gespart.

Ein solches kleines Rollenspiel zum Leben in Athen könnt ihr auch selbst schreiben. Lasst euch dabei vom großen Meister Aristophanes anregen. Von einem seiner Stücke wissen wir nur einen kleinen Teil der Geschichte:

Ein Bauer lebt mit seiner Familie in der Nähe von Athen und hat zwei Söhne. Beide wollen in die Stadt gehen, um dort zu leben. Einer von ihnen gibt sich große Mühe, um ein guter Bürger zu werden und ein rechtschaffenes Leben zu führen. Der andere Sohn aber schert sich nicht um Recht, Gesetz oder Moral. Er ist vor allem an Vergnügungen interessiert.

Daraus sollt ihr nun ein kleines Theaterstück machen. Dabei könnt ihr natürlich noch viele andere Rollen einbauen. So sind beide Brüder vielleicht daran interessiert, Frauen kennenzulernen. Es können Sklaven auftreten, und in Athen begegnet man auch vielen Fremden aus anderen Orten. Vom Hafen aus können sich die Personen auch auf Reisen begeben.

So könnt ihr vorgehen:

1. Teilt euch in Gruppen von 5-8 Personen auf.
2. Denkt euch in eurer Gruppe gemeinsam Ideen für Szenen aus. Schreibt auf, was in ihnen vorkommt.
   Hinweis: Wichtig ist, dass ihr darauf achtet, dass die Geschichte sich auch tatsächlich im alten Griechenland abgespielt haben könnte. Telefone, Flugzeuge und andere Dinge, die es damals noch nicht gab, dürfen dementsprechend nicht auftauchen.

3. Sucht dann die besten Szenen aus und überlegt genauer, wie ihr sie spielen wollt.
   Hinweis: Achtet darauf, dass jeder in der Gruppe eine interessante Rolle bekommt. Macht euch auf einem Blatt Papier eine Liste. In ihr tragt ihr die Rolle und den Namen des „Schauspielers"/der „Schauspielerin" ein.

4. Verteilt die Rollen. Sprecht darüber, wie sich die Mitspieler verhalten müssen, dass es zu ihrer Rolle passt.
5. Übt das Rollenspiel und achtet darauf, dass eure Spielszenen in der vereinbarten Zeit gespielt werden können.

6. Im antiken Griechenland wurde mit Masken gespielt. Die herzustellen war ziemlich aufwändig. Stattdessen könnt ihr von zu Hause Kleidung oder Gegenstände mitbringen, die zu eurem kleinen Stück passen.

M Roms Wahrzeichen: die „Kapitolinische Wölfin"
Die bronzene Figur der Wölfin wurde nach antiken Vorbildern zwischen dem 9. und 13. Jh. hergestellt. Das Original soll über Jahrhunderte auf dem Kapitol, dem religiösen Mittelpunkt Roms, gestanden haben. Die Figuren der Zwillinge Romulus und Remus stammen erst aus dem 16. Jh.

4

Das antike Rom

Brudermord am Tiber

„Du bist wie immer ein schlechter Verlierer, Remus!" Spöttisch und verärgert zog Romulus die Mundwinkel nach unten und ging ein paar Schritte weiter. Seit einiger Zeit mäkelte sein Zwillingsbruder an allem herum, was er anordnete oder tat. Offensichtlich konnte er es nicht verwinden, dass er, Romulus, nun König der Stadt sein würde, die sie gemeinsam mit anderen Männern hier auf dem Palatin, einer der Anhöhen über dem Tiber, gründen wollten. Romulus spürte den bohrenden Blick seines Bruders. Er drehte sich noch einmal um. „Was willst du? Die Götter haben ihren Willen unmissverständlich kundgetan, indem sie mir zwölf, dir aber nur sechs Geier geschickt haben. Du solltest dich dem Götterwillen fügen." Als er das verschlossene Gesicht von Remus sah, fügte er hinzu: „Ich bin mit all den anderen Männern hierher gekommen, um eine Stadt zu gründen, und niemand wird mich davon abhalten – auch du nicht. Hier ist nur Platz für einen König. Und der bin ich. Auf keinen Fall wirst du verhindern, dass die Stadt meinen Namen trägt: Roma!"

Feierlich schritt Romulus hinter dem Pflug mit einem weißen Ochsen her. Die Furche, die er auf dem Hügel zog, nahm allmählich die Form eines Quadrates an. Auf ihr sollte sich bald Roms Stadtmauer erheben. Als Romulus die Furche vollendet hatte, blickte er stolz auf sein Werk. „Die Stadt wird ewig stehen; die Götter schützen sie. Kein Bewaffneter darf sie betreten, denn sie ist heilig. Kein Feind soll je ihre Mauern überwinden, ohne dafür mit dem Tod zu büßen ..."

Noch bevor Romulus zu Ende gesprochen hatte, zog Remus sein Schwert und rief herausfordernd: „Dann versuche doch, mich aufzuhalten, wenn du dich traust! Mich wird deine ‚Mauer' nicht aufhalten." Mit einem weiten Satz sprang er über die Furche. Romulus wurde blass vor Zorn. Er zog ebenfalls seine Waffe, setzte dem Bruder nach und schlug auf ihn ein, bis er sich nicht mehr regte. Als er endlich wie aus einem tiefen Rausch wieder zu sich kam, stieß er keuchend hervor: „Bei meinem Vater Mars, so soll es jedem ergehen, der es wagt, Roms Mauern zu missachten."

Dieter Brückner

1. *Denke die Geschichte weiter. Angenommen, es gäbe einen Prozess gegen Romulus. Überlege, wie dieser sich verteidigen würde.*
2. *Die alten Römer erklärten sich die Gründung ihrer Stadt mit dieser Sage von dem Stadtgründer Romulus und seinem Zwillingsbruder Remus, Nachfahren des trojanischen Königssohns Aeneas und der Göttin Aphrodite (röm. Venus). Begründe, warum die Römer diese Sage wichtig fanden. Lies dazu auch M4 auf S. 113.*

Das antike Rom

Das Römische Reich umfasste vor ungefähr zwei Jahrtausenden den gesamten Mittelmeerraum und große Teile Europas – auf der Karte M2 kannst du seine Ausmaße erkennen. Regiert wurde es von Rom aus, auch heute noch ist das die Hauptstadt Italiens. Von Rom ausgehend verbreitete sich auch die Sprache der römischen Bürger: Latein. Bis heute kannst du es in Schulen lernen, viele Wörter der deutschen Sprache stammen davon ab (z. B. „Frucht" vom lateinischen „fructus"). Sprachen aus näher am alten Rom gelegenen Gebieten sind teilweise noch stärker vom Latein beeinflusst, etwa Französisch und Spanisch, sogar Rumänisch. Die Kultur der Römer verbreitete sich ebenfalls. Unsere heutige Rechtsprechung beruht in vielen Teilen auf derjenigen der Römer. Auch wurden schon damals Städte gegründet, die heute noch existieren: in Deutschland etwa Köln oder Trier. In diesen Orten gab es Wasserleitungen, Kanalisation, Bäder und mehrstöckige Wohnhäuser, von denen du hier ein Modernes und ein Römisches sehen kannst:

M 1 Ein Wohnhaus, „Villa" genannt
Diese Villa wurde 1926 in Frankfurt am Main gebaut.

Am Ende des Kapitels solltest du beispielsweise auf folgende Fragen antworten können:
- Wie organisierten die Römer ihre Herrschaft über große Gebiete?
- Inwieweit profitierten die Römer ihrerseits vom Austausch mit fremden Kulturen an den Grenzen ihres Reiches?
- Welche Rolle spielten die unterschiedlichen Religionen im Römischen Reich?
- War das Römische Reich von einzelnen Personen abhängig oder hatten viele Menschen Einfluss?

M 2 Das Römische Reich zum Zeitpunkt seiner größten Ausdehnung (2. Jh. n. Chr.)

M 3 Villa in Pompeji im 1. Jh. v. Chr.

1. Geschäft, Lokal
2. Flur
3. Eingangshalle
4. Wasserbecken
5. Seitenraum im Atrium
6. Empfangs-, Arbeitszimmer
7. Speiseraum
8. Schlafraum
9. Säulengang mit Garten

Die ersten Römer

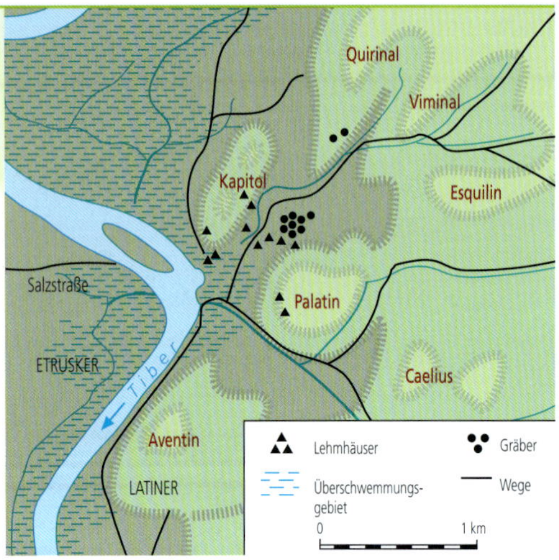

M1 Rom um 900 v. Chr.
Es wird auch die Stadt auf den sieben Hügeln genannt. Auf dem Kapitol bauten die Römer die erste Befestigungsanlage.

Rom wird besiedelt

Wer um 900 v. Chr. in die kleine Siedlung Rom kam, konnte nicht ahnen, dass dies die künftige Hauptstadt eines Weltreiches werden sollte. Auf den Hügeln Palatin und Kapitol standen ein paar Hütten und im feuchten Tal lag ein Friedhof.

Etwa ein bis zwei Jahrhunderte zuvor waren Völkergruppen in das heutige Italien gezogen. Dort, wo der Fluss Tiber an einer seichten Stelle (Furt) leicht überquert werden konnte und der Boden fruchtbar war, hatten sich Hirten und Bauern angesiedelt. Die Stelle war strategisch günstig, weil sie sich durch ihre Hügellage leicht verteidigen ließ und mit dem Tiber eine direkte Verbindung zum Meer besaß.

Um 700 v. Chr. schützte schon eine Mauer aus Lehmziegeln die kleine Stadt. Tempel, Häuser aus Stein und die erste Kanalisation wurden errichtet. Rom wuchs zu einem Stadtstaat nach griechischem Vorbild heran.

M2 Stimmabgabe in einer Volksversammlung
Diese Silbermünze wurde unter der Aufsicht des Münzmeisters Publius Nerva um 113 v. Chr. geprägt.

Wer regiert in Rom?

Zunächst herrschten in Rom Könige (Monarchie). Um 500 v. Chr. aber vertrieben die vornehmen und reichen Römer, die **Patrizier**, den letzten König. Sie übernahmen selbst die „öffentlichen Angelegenheiten" (lat. res publicae), also die Macht im Staat, und verwandelten damit die Monarchie in eine **Republik**.

Sie rechtfertigten ihre Herrschaft damit, Nachfahren der „Väter" (lat. patres) zu sein, die angeblich die Stadt gegründet hatten. Außerdem verfügten sie über genügend Zeit für die Politik, weil sie auf ihren Landgütern andere für sich arbeiten ließen. Dies waren Bauern, Handwerker, Händler und Tagelöhner – also der größte Teil des Volkes (lat. plebs) – die **Plebejer**.

Die Aufgaben in der Regierung wurden auf verschiedene Regierungsbeamte verteilt. Alle wehrfähigen Männer Roms durften in Volksversammlungen die Regierungsbeamten wählen, Gesetze beschließen oder über Krieg und Frieden abstimmen. Anders als bei den Athenern entstand in Rom aber keine Demokratie. Denn die Stimmen der reichen Bürger, der Patrizier, zählten viel mehr als die der Armen. Kleine Bauern und Handwerker gaben ihre Stimme oft gar nicht ab, weil sie jeden Tag hart arbeiten mussten und deshalb nicht zur Volksversammlung kommen konnten. Wenn die Amtszeit eines Mitgliedes der Regierung abgelaufen war, kam er in den angesehenen „Rat der Alten", den **Senat**. Wenn diese Versammlung von erfahrenen Staatsmännern etwas vorschlug, wagte kaum jemand zu widersprechen.

Die Bürger bekommen mehr Macht

Aufgrund der vielen Kriege wurden aber auch die anderen Bürger, die Plebejer, als Soldaten gebraucht. Deshalb forderten sie, stärker an der Regierung beteiligt zu werden. Im Verlauf von 200 Jahren erstritten sie sich immer mehr Rechte, unter anderem Volkstribune zu wählen. Diese durften jede Maßnahme eines Mannes aus der Regierung verbieten. An dem großen Einfluss des Senats änderte sich aber nur wenig. Die Senatsmitglieder besaßen immer noch den meisten Grundbesitz, das meiste Geld, die beste Bildung und deswegen das höchste Ansehen.

Im Laufe der Zeit entstand eine Führungsschicht von etwa 30 Patrizier- und wenigen besonders reichen Plebejerfamilien: die Nobilität (dt. „die Namhaften"). Diese bestimmte die Politik Roms.

Patrizier Republik Plebejer Senat

M3 Der Magen und die Glieder

Der römische Geschichtsschreiber Livius (59 v. Chr. - 17 n. Chr.) erzählt eine Geschichte aus der Frühzeit Roms:

Als der römische Senat beschloss, in den Krieg zu ziehen, weigerten sich die meisten Plebejer. Anstatt die Waffen zu ergreifen, verließen sie zornig die Stadt und schlugen auf einem nahe gelegenen Hügel ein Lager auf. Sie wollten nicht länger den Befehlen der Patrizier gehorchen. Die in der Stadt zurückgebliebenen Patrizier fürchteten sich. Allein konnten sie sich nicht gegen die Feinde verteidigen. Einige wollten die Plebejer mit Gewalt zurückholen. Schließlich sagte Menenius Agrippa: „Ich werde zu ihnen gehen."

Er wagte sich tatsächlich in das Lager der Plebejer. Dort erzählte er den verärgerten Bürgern folgende Geschichte:

„Stellt euch einen Körper vor mit Kopf, Armen, Beinen, Rumpf und Magen. Eines Tages empörten sich die Glieder dieses Körpers. Denn sie mussten ja schließlich alle für den Magen arbeiten, der selbst nichts tat. Die zornigen Glieder beschlossen ebenfalls nichts mehr für den Magen zu tun. Die Hände wollten keine Speise mehr zum Mund führen und der Mund weigerte sich Essen aufzunehmen. Bald mussten sie aber erkennen, dass der ganze Körper verfiel."

Nach: Livius, Römische Geschichte II, 32 (nacherzählt von Björn Onken und Dieter Brückner)

M4 Gründungssage

Der Sage nach soll es folgendermaßen zur Gründung Roms gekommen sein:

Als die Griechen Troja erobert hatten, floh der trojanische Held Aeneas, der von der Göttin Venus abstammte, mit seinem Vater und seinem Sohn aus der brennenden Stadt. Mit dem Schiff gelangte er zur Westküste Italiens und ließ sich dort nieder. Eine seiner Nachfahren in Italien war die Königin Ilia.

Ilia wurde vom Kriegsgott Mars geschwängert und bekam Zwillinge, Romulus und Remus. Ihr machtgieriger Onkel trieb Ilia in den Tod und setzte die beiden Säuglinge auf dem Fluss Tiber aus. Eine Wölfin fand sie, säugte sie und bewahrte sie dadurch vor dem Verhungern.

Ein Hirte entdeckte die Kinder und zog sie mit seiner Frau groß. Romulus gründete im Jahr 753 v. Chr. die Stadt Rom, tötete im Streit seinen Bruder und wurde der erste König Roms.

Verfassertext

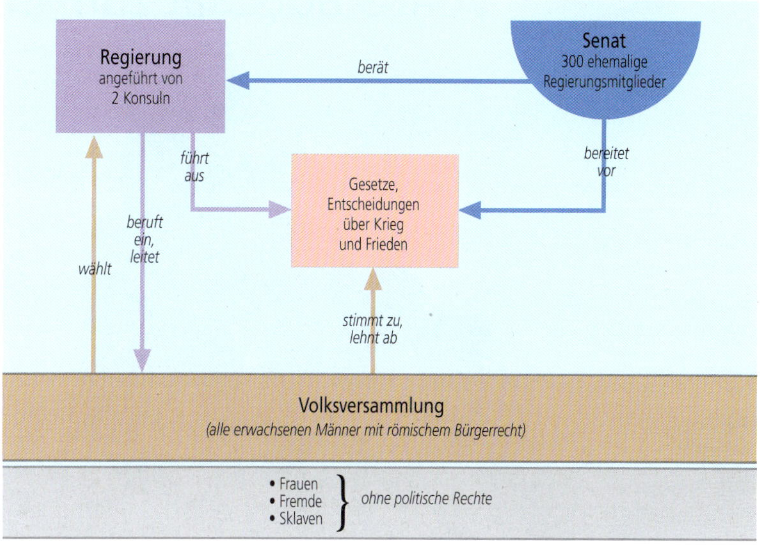

M5 So wird die Republik Rom regiert

M6 SPQR

Die Abkürzung der Formel „Senat und Volk von Rom" (lat. Senatus Populusque Romanus) finden wir unter anderem auf Münzen und öffentlichen Gebäuden. Noch heute dient die Abkürzung in Rom – wie auf diesem Kanaldeckel – zur Bezeichnung öffentlichen Eigentums.

1. *Beschreibe die Entwicklung Roms vom Dorf zur großen Stadt (M1, Verfassertext).*
2. *Die Römer waren sehr stolz auf ihre Gründungssage (M4). Erkläre, warum.*
3. *Der Senat hatte in der Zeit der Republik immer einen großen Einfluss auf die Politik. Nenne die Gründe dafür.*
4. *In M3 wird nicht erzählt, wie Livius' Geschichte ausgeht. Denkt euch in Gruppenarbeit einen Schluss für die Geschichte aus.*
5. *Übertrage das Schaubild M5 in dein Heft und füge auch die Volkstribunen ein.*
6. *Alle Regierungsämter im frühen Rom wurden mit zwei Personen besetzt. Diskutiert Vor- und Nachteile dieser Regelung.*

Vom Stadtstaat zum Imperium Romanum

M 1 Römische Legionäre
Rekonstruktionszeichnung
Die Bezeichnung Legionär leitet sich ab von Legion, der größten Einheit der römischen Armee (4000 - 6000 Soldaten). Ein römischer Legionär musste seine Ausrüstung selbst mitbringen. Dazu gehörten nicht nur Waffen, sondern auch Werkzeuge zum Bau von Schutzwällen und Lagern, Geschirr zum Kochen sowie Proviant.

Italien wird römisch

Als Rom Republik wurde, war der Staat kaum größer als die Stadt selbst. Ab dem 4. Jh. v. Chr. vergrößerten die Römer ihn aber durch zahllose Kriege beträchtlich. Ein Jahrhundert später beherrschten sie fast ganz Italien. Die besiegten Städte und Stämme Italiens band Rom – freiwillig oder durch Zwang – mit Bündnisverträgen an sich. Die Bundesgenossen verpflichteten sich, Rom künftig in jedem Krieg mit Soldaten zu unterstützen. Dafür versprachen die Römer ihnen Schutz.
So konnte die römische Armee immer weiter vergrößert werden. Durch die Eroberungen gerieten die Römer in Konflikt mit neuen Gegnern.

Roms gefährlichster Gegner

Die Bewohner eines kleinen Dorfes am Fuße der italienischen Alpen trauten im November 218 v. Chr. ihren Augen nicht: Von den schneebedeckten Bergen stiegen über 20000 feindliche Soldaten herab. Mit ihnen kamen nie gesehene furchterregende Tiere – Kriegselefanten. Roms gefährlichster Gegner hatte nach langem Marsch vom Gebiet des heutigen Spanien auf dem Landweg Italien erreicht. Es war die Armee des Feldherrn **Hannibal** aus der nordafrikanischen Stadt Karthago[1].

Der erste Punische Krieg

Schon Hannibals Vater hatte im ersten Krieg zwischen Rom und den Puniern als General gekämpft. Es war 264 v. Chr. zum Krieg gekommen, weil beide Großmächte die reiche Insel Sizilien kontrollieren wollten. Mit ihrer Kriegsflotte beherrschten die Punier das westliche Mittelmeer. In dieser Situation entschloss sich die römische Landmacht, erstmals eine große Kriegsflotte zu bauen.
Sie brauchte 23 Jahre, dann hatte sie genügend Erfahrung in der Seekriegsführung gewonnen. 241 v. Chr. musste sich Karthago geschlagen geben; Sizilien kam unter römische Herrschaft.
Anders als auf dem Festland machte Rom die Insel nicht zum Bundesgenossen, sondern zur **Provinz**: einem von Soldaten besetzten römischen Amtsbereich, der von einem römischen Statthalter regiert wurde. Die Bewohner mussten für Rom Dienste leisten und oft überhöhte Steuern zahlen.

Rom erobert den Mittelmeerraum

Im zweiten Punischen Krieg gegen Karthago (218-201 v. Chr.) brachte Hannibal den Römern die schlimmste Niederlage ihrer Geschichte bei: 60000 Soldaten starben 216 v. Chr. bei Cannae. Sein Vorhaben blieb aber erfolglos: Als die Römer in Afrika landeten und nun Karthago selbst bedrohten, musste Hannibal zurückkehren. Im Jahr 202 v. Chr. wurde sein Heer in Afrika bei Zama geschlagen. Im dritten Punischen Krieg (149 - 146 v. Chr.) machten die Römer Karthago dem Erdboden gleich. Seine Einwohner wurden versklavt, das Land als Provinz Africa dem Römischen Reich einverleibt.
Bis dahin waren auch schon weite Teile des heutigen Spanien und Griechenland unter römische Herrschaft gekommen und zu Provinzen erklärt worden. Rom beherrschte nun viele Länder rund um das Mittelmeer. In den folgenden zwei Jahrhunderten sollten noch große Teile Nordafrikas, Vorderasien und Gallien hinzukommen.
Aus der Sicht der Zeitgenossen war Rom damit zur Weltmacht aufgestiegen. Schon bald bürgerte sich die Bezeichnung Imperium Romanum (dt. Römisches Reich) ein. Heute spricht man auch bei anderen Großreichen von einem **Imperium**.

[1] Karthago war um 800 v. Chr. von dem Volk der Phönizier gegründet worden. Deshalb nannten die Römer die Karthager Punier (von lat. poeni für Phönizier).

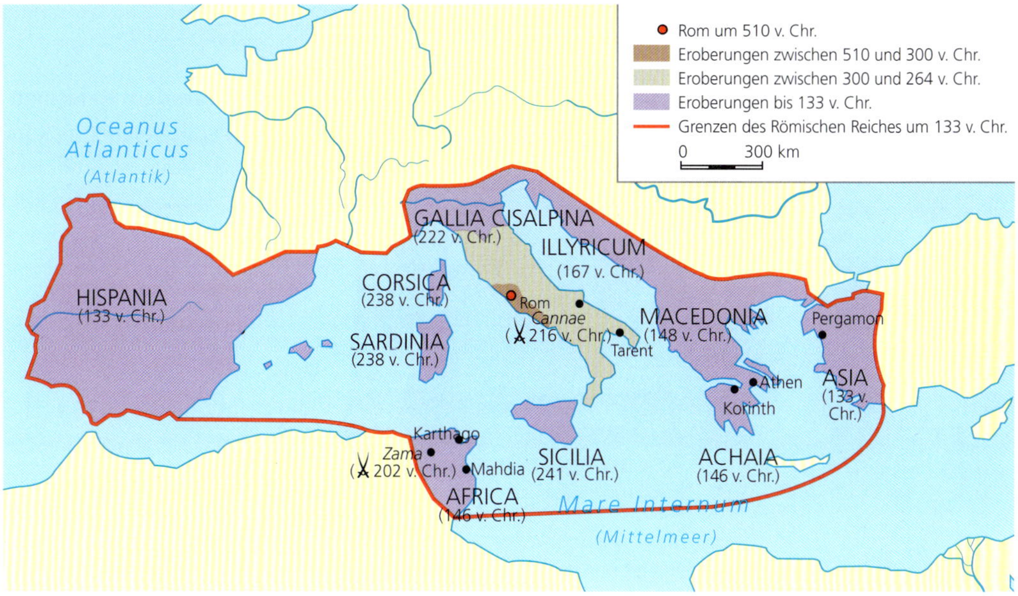

M 2 Das Imperium Romanum um 133 v. Chr.
Die Vergrößerung des Machtbereiches heißt „Expansion".

M 3 Ein typischer Statthalter

Der römische Redner und Politiker Cicero (106-43 v. Chr.) beschreibt, wie der Statthalter Verres im 1. Jh. v. Chr. in Sizilien geherrscht hat:

Ich behaupte, in ganz Sizilien, einer so reichen, so alten Provinz, mit ihren zahlreichen Städten, mit ihren zahllosen wohlhabenden Häusern gab es kein silbernes Gefäß, kein Geschirr aus Korinth oder Delos, keinen kostbaren Stein und keine Perle, keine einzige Statue aus Bronze, Marmor oder Elfenbein, die Verres nicht aufgestöbert, besichtigt und, wenn es ihm gefiel, weggeschafft hätte. Um mich noch deutlicher auszudrücken: Nichts in Sizilien hat er unangetastet gelassen, nichts in irgendeinem Privathaus, nichts auf öffentlichen Plätzen, selbst nicht in Heiligtümern.

Cicero, Reden gegen Verres 2, 4, 1, nach: Walter Arend, Geschichte in Quellen 1, München 1965, S. 501

M 4 Zwei Meinungen über Roms Herrschaft

a) Der aus Sizilien stammende griechische Geschichtsschreiber Diodor (80-29 v. Chr.) schreibt:

Die Römer errichteten ihre Weltherrschaft durch die Tapferkeit ihrer Heere und brachten sie zur größten Ausdehnung durch die überaus anständige Behandlung der Unterworfenen [...]. Als die Römer aber nahezu die ganze bewohnte Erde beherrschten, da begannen sie, ihre Herrschaft durch Terror und die Vernichtung der ansehnlichsten Städte zu sichern.

b) Der römische Dichter Vergil schreibt um 20 v. Chr. über die Aufgabe der Römer:

Du, Römer, lenke durch deine Herrschaft die Völker! Bedenke, das kannst du am besten: gesitteten Frieden stiften, die Unterworfenen schonen und die Hochmütigen bezwingen.

Nach: Walter Arend (Bearb.), Altertum, a. a. O., S. 456 (Diodor) und Vergil, Aeneis 6, 847ff., übers. von Klaus Gast

M 5 Wrackfund
Kapitell (oberes Ende einer Tempelsäule) aus einem Schiffswrack vor Mahida, um 100 v. Chr.
Vermutlich hat ein Sturm das Schiff weit vom Kurs abgebracht und an die nordafrikanische Küste getrieben, wo es gesunken ist.

1. *Schildere mithilfe des Verfassertextes und M2 die Ausdehnung Roms.*
2. *Beschreibe das Verhalten des römischen Statthalters Verres (M3).*
3. *Schreibe einen Brief aus der Perspektive eines Provinzbewohners nach Rom, der sich begründet über das Verhalten eines Statthalters beschwert.*
4. *Arbeite aus den Quellen M4 heraus, wie Diodor und Vergil den römischen Herrschaftsanspruch jeweils rechtfertigen.*
5. *Beurteile, wessen Urteil deiner Meinung nach am ehesten zutrifft. Berücksichtige auch die Herkunft der beiden Autoren.*
6. *Stelle Vermutungen an, von wo die Ladung des Schiffswracks (M5) stammen könnte und wohin sie gebracht werden sollte.*

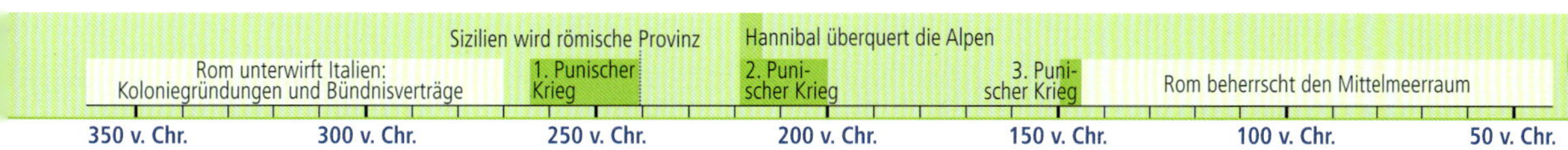

Rom in der Krise

M1 Getreideverteilung
Mosaik aus Ostia, 2. Jh. n. Chr.
Das Mosaik zeigt, wie Korn an arme Bürger verteilt wird. Gaius und Tiberius Gracchus forderten bereits über 200 Jahre früher die verbilligte oder kostenlose Abgabe von Getreide.

Kann ein Soldat noch Bauer sein?

Wütend schimpften die römischen Bauern nach den Siegen gegen Karthager, Griechen und die Iberer im heutigen Spanien. Sie hatten tapfer als Soldaten gekämpft. Von der Kriegsbeute aber nahmen die Senatoren den Löwenanteil. Außerdem hatten die Bauern während des Kriegsdienstes ihre Felder nicht bestellen können, sodass sie nun kaum etwas ernteten. Mancher Hof war zudem von Feinden verwüstet worden. Die siegreichen Legionäre mussten sich bei den Senatoren Geld leihen. Nur so konnten sie das notwendige Saatgut kaufen.
Doch es wurde noch schlimmer: Die nächsten Ernten konnten nur zu niedrigen Preisen verkauft werden. Die Senatoren beschäftigten viele neue Sklaven und produzierten deshalb viel günstiger als die Bauern. Außerdem kam aus den neuen Provinzen weiteres billiges Getreide. Dadurch aber hatten die Bauern Probleme, ihre Schulden zu bezahlen, und mussten ihr Land an die Senatoren verkaufen. Aus den ruhmreichen Legionären waren mittellose **Proletarier** geworden. Viele zogen in die Stadt Rom. Aber auch dort gab es wegen der zahlreichen Sklaven nur wenig Arbeit für sie.

Volkstribune fordern Reformen

Das Elend der Proletarier in Rom brachte auch militärische Probleme. Die Besitzlosen konnten sich die Waffen für den Kriegsdienst nicht mehr leisten. Dem römischen Heer mangelte es an Soldaten. Deshalb forderten zwei Volkstribune, die Brüder Tiberius und Gaius Gracchus, 133 v. Chr. Reformen[1]: Die Senatoren sollten nur noch eine bestimmte Größe an Land besitzen dürfen; der Rest des Landes sollte an die Proletarier verteilt werden. Die meisten Senatoren waren dazu nicht bereit. Außerdem gewannen Tiberius und Gaius Gracchus so viel Ansehen und Einfluss im Volk, dass die Senatoren um die alte Ordnung und damit ihre Macht fürchteten. Erst wurde Tiberius mit vielen seiner Anhänger umgebracht. Als sein jüngerer Bruder Gaius die Politik des Tiberius fortsetzte, wurde dieser ebenfalls verfolgt und getötet. Auch anschließend gelang es nicht, die Probleme der Armen zu lösen. Es kam zu blutigen Bürgerkriegen. Die Einheit der politischen Führung war zerbrochen.

Die Republik ist bedroht

Im Jahr 107 v. Chr. spitzte sich die Lage zu: **Germanen** waren in Norditalien eingefallen und zogen plündernd durch das Reich. In dieser Notlage wählten die Römer den Feldherrn Gaius Marius zum Konsul. Er holte erstmals viele Proletarier in das Heer und ließ sie auf Staatskosten bewaffnen. Marius siegte und rettete Rom.
Die Soldaten bekamen von ihrem Anführer am Ende ihrer Dienstzeit Land als Altersversorgung. Ihre Treue galt nun mehr dem Feldherrn als der Republik. Wer als Feldherr eine große Anhängerschaft gewann, gewann damit Macht und Einfluss. Im 1. Jh. v. Chr. hing die politische Karriere eines Mannes nicht so sehr von seinen Leistungen in Rom ab, sondern vor allem vom Erfolg als Feldherr.

[1] Reform: friedliche Veränderung, die eine Verbesserung bewirken soll

Proletarier Germanen

M2 Die Situation der Kleinbauern

Der Geschichtsschreiber Appian blickt um 170 n. Chr. zurück:

Die Reichen eigneten sich die umliegenden Höfe von Armen an, indem sie diese zum Verkauf überredeten oder sogar mit Gewalt vertrieben. So besaßen sie schließlich große Ländereien und nicht nur einzelne Höfe. Auf ihrem Land arbeiteten Sklaven als Landarbeiter und Hirten. So wurden auch in Kriegszeiten keine Arbeiter vom Land der Reichen zum Kriegsdienst abgezogen. Auf diese Weise wurden die Mächtigen sehr reich und es gab immer mehr Sklaven im Land; die Bevölkerung Italiens dagegen schrumpfte, aufgerieben von Armut, Abgaben und Kriegsdienst. Und selbst wenn sie davor einmal Ruhe hatten, fanden sie doch keine Arbeit, denn das Land war im Besitz der Reichen, die Sklaven statt freier Männer als Landarbeiter verwendeten.

Appian, Bürgerkriege 1,7 (übersetzt von Björn Onken)

M4 Landleben

Ausschnitt aus einem Marmorrelief, 1. Jh. n. Chr.

Ein Bauer geht mit einem Rind, dem er zwei Schafe umgebunden hat, an einem Heiligtum vorbei. Auch im 1. Jh., als das Relief entstand, kämpften die meisten kleinen Bauern noch mit denselben Problemen wie zu Lebzeiten der Gracchen und Marius'.

M3 Reformvorschläge von Gaius Gracchus

Der Historiker Plutarch (45 - 125 n. Chr.) stellt die Gesetzesvorschläge des Gaius Gracchus aus dem Jahr 123 v. Chr. vor:

Von den neuen Gesetzen, die er vorschlug, um die Gunst des Volkes zu erlangen und die Macht des Senats zu verringern, betraf das eine die Anlegung neuer Kolonien und die Verteilung des Staatslandes unter die Armen. Ein zweites nahm sich der Soldaten an und erlangte, dass sie auf öffentliche Kosten ohne den geringsten Abzug von ihrem Sold ausgestattet werden sollten und dass keiner unter 17 Jahren zum Kriegsdienst eingezogen werden sollte. [...] Ein viertes verordnete, dass Getreide an die Armen zu einem niedrigen Preis verkauft werden sollte.

Nach: Plutarch, Parallelbiographien: C. Gracchus 26 (5). – Große Griechen und Römer (übers. v. Konrat Ziegler), Bd. 6, Düsseldorf³2010, S. 264f.

M5 Luxus bei den Reichen

Silbergeschirr aus der Villa eines reichen Römers bei Boscoreale in der Nähe von Neapel, 1. Jh. v. Chr.

1. *Nenne die Gründe für die Armut vieler Römer (Verfassertext, M2).*
2. *Untersuche die Reformvorschläge von Gaius Gracchus (M3): Für welche Bevölkerungsgruppen sind die einzelnen Vorschläge von Vorteil? Wem bringen sie möglicherweise Nachteile?*
3. *Prüfe mithilfe des Verfassertextes, M2 und M3, ob die Verteilung des Getreides eine sinnvolle Maßnahme gegen die Notstände war.*
4. *Diskutiert, ob die Senatoren den Reformen der Gracchen hätten zustimmen sollen.*

Caesar

M 1 Gaius Julius Caesar
Marmorbüste, Höhe 33 cm, angefertigt im 1. Jh. n. Chr.
Es gibt viele Bildnisse von Caesar. Diese Büste gilt als das am besten erhaltene Porträt. Sie wurde erst 2003 auf einer Insel im Mittelmeer in einer antiken Zisterne ausgegraben.

Ein erfolgreicher Feldherr

Einer der bekanntesten Römer ist Gaius Julius **Caesar**. Er wurde 100 v. Chr. in Rom geboren und stammte aus einer sehr alten, aber verarmten Familie. 68 v. Chr. begann er eine politische Ämterlaufbahn in Rom.
Großen Ruhm erlangte er jedoch als Feldherr. Von 58 v. Chr. bis 51 v. Chr. hatte er Krieg gegen die freien Völker im Norden Galliens geführt. Es wurde lange Jahre erbittert gekämpft. Bei Alesia schließlich fügte Caesar im Jahr 52 v. Chr. dem zahlenmäßig überlegenen Heer der Gallier eine entscheidende Niederlage zu. Aufgrund der enormen Kriegsbeute war Caesar nun auch ein sehr reicher Mann.

M 2 Silbermünze des Brutus
Geprägt 42 v. Chr. in der Heeresmünzstätte des Brutus in Griechenland
Die Aufschrift (Eidibus Martis = Iden des März) nennt das Datum Mitte März nach dem römischen Kalender. In der Mitte ist eine Kappe zu sehen, wie sie freigelassene Sklaven trugen.

Ein mächtiger Politiker

Im römischen Volk gab es viele Anhänger von Caesar. Er hatte prächtige Spiele zur Unterhaltung der Römer veranstaltet und alle Kosten selbst übernommen. Außerdem nutzte er den Streit zwischen Reichen und Armen in Rom.
Viele römische Bürger waren so arm, dass sie kaum ihren Lebensunterhalt bestreiten konnten. Sie unterstützten Caesar, da er ihnen Hilfe versprach. Auch auf seine Soldaten konnte sich Caesar verlassen. Viele von ihnen waren vor dem Eintritt ins Militär arme Proletarier gewesen. Caesar kümmerte sich um sie und versprach eine gute Versorgung auch nach ihrer Dienstzeit.

Diktator in Rom

Nach dem Sieg in Gallien befürchtete die Mehrheit des Senats, dass Caesar zu mächtig werden könnte. Deshalb versuchten viele Senatoren, ihn daran zu hindern, in Rom wieder als Politiker aufzutreten. Caesar aber kam 49 v. Chr. mit seinen Soldaten nach Italien. Ein Bürgerkrieg brach aus, den Caesar nach schweren Kämpfen gewann.
In Rom ließ sich Caesar 45 v. Chr. zum **Diktator** auf Lebenszeit ernennen. Die meisten Senatoren durften im Amt bleiben, aber Macht hatten sie keine mehr. Caesar traf alle wichtigen Entscheidungen allein. Er führte den verbesserten **Julianischen Kalender** ein, gab Land in den Provinzen an römische Bürger oder ehemalige Soldaten (Veteranen) und plante große Bauten in Rom. Auf den Baustellen hätten viele arme Römer eine gute Arbeit gefunden. Dazu kam es aber nicht mehr. Eine Gruppe von ca. 60 Senatoren, darunter auch Caesars Freund Brutus, wollte die Macht des Senats wiederherstellen. Sie trafen sich heimlich und vereinbarten, den Diktator gemeinsam zu ermorden. Am 15. März des Jahres 44 v. Chr. kamen sie mit versteckten Dolchen in die Senatssitzung. Als Caesar seinen Platz im Senat einnahm, umringten sie ihn unauffällig. Einer von ihnen riss Caesar die Kleidung herunter. Dann stachen sie mit ihren Dolchen zu und töteten den Diktator.

Caesar Diktator Julianischer Kalender

M3 Caesar – der Kamerad

Der römische Schriftsteller Sueton (ca. 70 - 140 n. Chr.) berichtet über Caesars Soldaten:

Seine Soldaten beurteilte Caesar weder nach ihrer Moral noch nach ihrer äußeren Stellung, sondern nur nach ihren militärischen Fähigkeiten. Er beachtete nicht jedes Vergehen und bestrafte Fehlverhalten auch nicht immer so hart, wie es sonst üblich war. Gegenüber Deserteuren[1] und Meuterern war er aber ein sehr strenger Richter und Rächer, im Übrigen drückte er ein Auge zu. Bei Ansprachen redete er seine Truppen nicht mit „Soldaten", sondern mit „Kameraden" an und achtete auch auf ihr Äußeres. So gab er ihnen silber- und goldverzierte Waffen, einerseits weil es besser aussah, andererseits aber auch, damit die Soldaten im Kampf eher darauf achteten und Angst hätten, sie zu verlieren. Auf diese Weise erreichte er, dass die Soldaten ihm sehr treu ergeben waren und äußerst tapfer kämpften. Als er den Bürgerkrieg begann, stifteten die Offiziere jeder Legion mit ihrem privaten Geld die Ausrüstung je eines Reiters, und alle Soldaten boten an, ganz ohne Sold und Getreiderationen, ganz umsonst für ihn zu kämpfen.

Nach: Sueton, Caesar 65-68 (übersetzt von Björn Onken)

M5 Gaius Julius Caesar
Szene aus „Cleopatra", einem US-amerikanischen Historienfilm mit Rex Harrison als Caesar, 1963

M6 Gaius Julius Caesar
Ölbild von Clara Grosch, 1892

M4 Über Caesar

Der griechische Schriftsteller Plutarch (ca. 45 - 120 n. Chr.) berichtet:

Vor Caesars Glück indes beugten die Römer trotz alledem das Haupt und fügten sich willig ins Joch. Und da sie Erholung zu finden hofften von den Leiden der Bürgerkriege, ernannten sie ihn zum Diktator auf Lebenszeit. Dies bedeutete die unverhüllte Tyrannis.

Wenn aber der Hass gegen Caesar immer sichtbarer hervorbrach und ihn schließlich in den Tod hineinriss, so trug daran sein Streben nach der Königswürde die Schuld. Für das Volk war dies der erste Anlass, sich von ihm abzuwenden, für seine Gegner ein besonders günstiger Vorwand.

Nach: Sueton, Gaius Iulius Caesar, 65 ff., nach: Ders., Leben der Caesaren, übers. u. hrsg. von André Lambert, Reinbek 1960, S. 38 ff. und Plutarch, Große Griechen und Römer: Caesar 57 und 60, übers. von Walter Wuhrmann, München 1994

1. *Überlege, warum Brutus die Münze (M2) prägen ließ.*
2. *Nenne Gründe für Caesars Beliebtheit beim Volk (Verfassertext, M3).*
3. *Erkläre, warum Caesar ermordet worden ist (Verfassertext, M4).*
4. *Überlege, inwieweit in M5 und M6 die wichtigsten Charaktereigenschaften Caesars dargestellt sind.*
5. *Stellt Argumente zur Rechtfertigung oder Ablehnung der Alleinherrschaft Caesars zusammen: a) aus der Sicht Caesars, b) aus der Sicht eines Senators und c) aus der Sicht eines einfachen römischen Bürgers.*
6. *Bewerte aus heutiger Sicht, inwieweit du eine Alleinherrschaft gerechtfertigt findest.*

[1] Soldat, der nicht den Befehlen gehorcht und sich von seiner Truppe entfernt

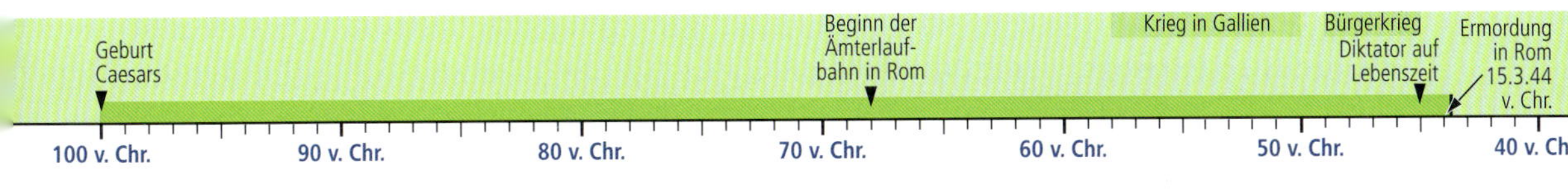

Kaiser Augustus

M1 Augustus
Statue aus Primaporta bei Rom, um 20 v. Chr. Rekonstruktion von 1998/99
Das Original der Marmorstatue wurde in der Villa der Livia, der Frau des Augustus, gefunden. Die bunte Fassung wurde nach Farbspuren rekonstruiert. Auf dem Brustpanzer ist dargestellt, wie der König der Parther dem Kriegsgott Mars römische Feldzeichen übergibt. Die Römer hatten sie 53 v. Chr. in einer Schlacht verloren, Augustus erreichte 20 v. Chr. ihre Rückgabe.

Der Sieger der Bürgerkriege

Nach der Ermordung Caesars brachen erneut Bürgerkriege aus. 14 Jahre lang wurde erbittert gekämpft. Erst 31 v. Chr. konnte Caesars Adoptivsohn Octavian einen entscheidenden Sieg erringen. Die Caesarmörder und seine anderen Gegner entfernte er aus dem Senat. Der neu zusammengesetzte Senat verlieh Octavian den Ehrennamen **Augustus**, was „der Erhabene" bedeutet. Mit seinen Soldaten beherrschte Augustus nun das Reich, aber wie sollte es regiert werden?

Augustus wollte sich den Senat nicht zum Feind machen. Deshalb gab er den Senatoren eine ehrenvolle Stellung. Sie durften angesehene Ämter übernehmen. Der Senat verwaltete einige große und reiche Provinzen. Dadurch sah es so aus, als wenn die Republik wiederhergestellt worden wäre. Die wahre Macht aber lag bei Augustus. Denn er befehligte das Heer, verfügte über die Staatskasse und kontrollierte die Aktivitäten des Senats.

Der erste Kaiser

Um den Senat nicht zu verärgern, nannte sich Augustus trotz seiner großen Macht nicht König. Im Gegenteil: Er gab sich betont bescheiden als primus inter pares (Erster unter Gleichen) und princeps senatus (Erster des Senats). Aus dieser Bezeichnung leitet sich die heute übliche Bezeichnung für die Herrschaft des Augustus und seiner Nachfolger ab: **Prinzipat**. Gleichbedeutend kannst du auch die Begriffe **Kaiser** und **Kaisertum** verwenden. Diese leiten sich von Julius Caesar ab, dessen Name alle römischen Herrscher seit Augustus als Titel übernahmen. Ausgesprochen wurde er „Kaesar".

Der Selbstdarsteller

Augustus war beim Volk beliebt, denn er hatte die langen und blutigen Bürgerkriege beendet. Im Inneren des Reiches herrschte nun endlich Frieden. Außerdem verbesserte Augustus die Getreideversorgung Roms, schenkte der Hauptstadt schöne neue Bauwerke und veranstaltete zur Freude der Massen aufwändige Kampfspiele, Wagenrennen und Schauspiele. Mit Inschriften, Münzbildern und Kunstwerken machte Augustus auf seine Verdienste aufmerksam. Die von ihm geförderten Dichter verkündeten in ihren Werken, mit Augustus sei ein „goldenes Zeitalter" angebrochen.

Die Kaiserzeit

Nach seinem Tod übernahm sein Stiefsohn Tiberius die Macht. Rom wurde fortan von Kaisern regiert. Sie orientierten sich meist am Regierungsstil Augustus'. Einige aber verachteten den Senat und nahmen im Unterschied zu Augustus auch in der Öffentlichkeit keine Rücksicht auf die Würde der Senatoren. Die Macht des Kaisers und der Untergang der Republik wurden so für alle Römer sichtbar.

M2 Augustus lobt sich selbst

In Ankara (Türkei) ist eine große Inschrift von 14 n. Chr. gefunden worden. Es ist eine Abschrift einer heute verlorenen Inschrift aus Rom. In ihr schildert Augustus selbst, welche Verdienste er erworben hat. Vermutlich standen an vielen Orten im Reich Abschriften dieser Inschrift.

Im Alter von 19 Jahren stellte ich aus eigenem Entschluss und aus eigenen Mitteln ein Heer auf, mit dem ich die Gewaltherrschaft einer Partei in Rom beendete und die Republik in die Freiheit zurückführte. Den Tempel auf dem Kapitol und das Pompeiustheater, diese beiden Bauten ließ ich mit gewaltigem Aufwand wiederherstellen. Die Wasserleitungen, die wegen ihres Alters bereits schadhaft geworden waren, ließ ich wiederherstellen. Dem Meer habe ich Ruhe vor Seeräubern verschafft. In diesem Krieg habe ich von den Sklaven, die ihren Herren entlaufen waren und Waffen gegen den Staat ergriffen hatten, fast 30 000 gefangen genommen und ihren Herren zur Bestrafung übergeben. Das Gebiet aller Provinzen des römischen Volkes, die Volksstämme zu Nachbarn hatten, die nicht unserem Befehl gehorchten, habe ich vergrößert. Auf meinen Befehl und unter meinem Oberkommando wurden zwei Heere gegen Äthiopien und Arabien geführt. Große Truppenkontingente beider Völker wurden niedergehauen und mehrere Städte eingenommen.

Nach: Augustus, res gestae 20 und 25-26, in: Augustus, res gestae, übersetzt von Marion Giebel, Stuttgart 1975, S. 23 und 30f.

M3 Wie die kaiserliche Macht entsteht

Der wohl bedeutendste römische Historiker, der Senator Cornelius Tacitus (um 56-117 n. Chr.), schreibt:

Sobald Augustus das Militär mit Geschenken, das Volk durch Getreidespenden, alle miteinander durch die Annehmlichkeit einer Friedenszeit für sich gewonnen hatte, erhob er allmählich höher sein Haupt und zog die Befugnisse des Senats, der Staatsverwaltung und der Gesetzgebung an sich. Dabei fand er keinen Widersacher, da die tatkräftigsten Männer auf den Schlachtfeldern geblieben oder den öffentlichen Verfolgungen zum Opfer gefallen waren, während die übriggebliebenen Angehörigen der Nobilität bereitwillig das Joch der Knechtschaft auf sich nahmen und dafür umso höher an Reichtum und Ehren stiegen.
So hatte sich denn die Staatsform gewandelt. Die Gleichheit der Staatsbürger war beseitigt, und alle schauten nur noch auf die Befehle des Princeps.

Nach: Tacitus, Annalen I.2, übersetzt von Walther Sontheimer, Stuttgart 1964

M4 Wie viel Macht hat der „erste Bürger"?

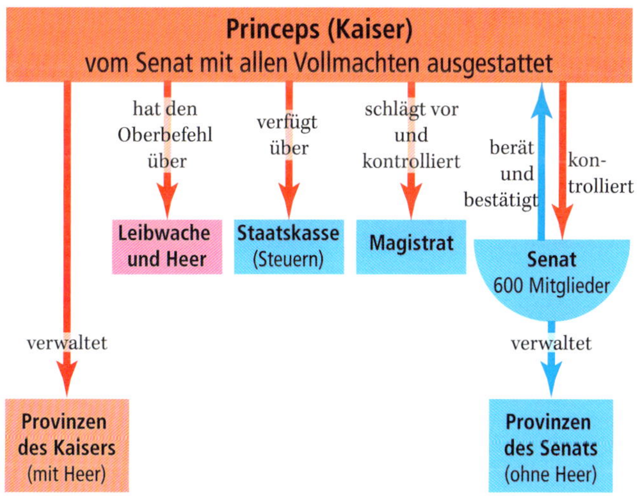

1. *Beschreibe, wie Augustus den Senat auf seine Seite zog.*
2. *Nenne die Verdienste, die Augustus in seiner Inschrift erwähnt (M2).*
3. *Beurteile, welchen Nutzen Augustus aus der Aufstellung der Inschrift im Reich zog.*
4. *Erkläre, wie es Augustus im Unterschied zu Caesar gelang, eine dauerhafte Alleinherrschaft zu errichten.*
5. *Stelle mit M4 dar, wie viel Macht der Princeps und wie viel Macht der Senat hat.*
6. *Verfasst in Partnerarbeit ein Flugblatt, das ihr heimlich in eurem Ort verbreiten wollt. Darin wollt ihr die Leser davon überzeugen, dass Augustus nicht so vorbildlich ist, wie er selbst von sich behauptet.*

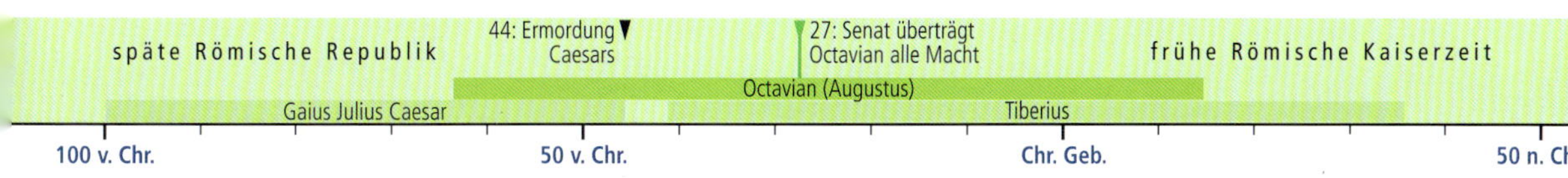

Leben in der Weltstadt Rom

Römische Baukunst

Wer heute nach Rom reist, kann noch viele Reste von antiken Bauwerken besichtigen, mit denen reiche Römer und vor allem die Kaiser die Stadt verschönert hatten: Tempel und riesige Vergnügungsstätten wie das Kolosseum, der Circus Maximus und die Theater[1]. Die Bürger trafen sich in den Parkanlagen, Bibliotheken, Museen und Sportplätzen oder in den warmen Bädern (Thermen). Viele Straßen waren gepflastert, große Wasserleitungen – die Aquädukte – brachten ständig frisches Wasser in die Stadt. Die Häuser reicher Bürger hatten oft sogar Toiletten mit Wasserspülung und Fußbodenheizung. Eine Kanalisation sorgte für den Abfluss des Schmutzwassers.

Internettipps:
Weitere Informationen über das antike Rom und seine historischen Stätten erhältst du unter Mediencode 30041-15

Viele Menschen leben in Rom

In der Hauptstadt eines Weltreiches wurden so viele Arbeiter, Handwerker, Bauleute, Lehrer, Anwälte, Ärzte, Künstler und Angehörige anderer Berufe gebraucht, dass zahlreiche Fremde nach Rom zuwanderten. Aber nicht alle waren freiwillig gekommen, denn ein großer Teil der Arbeiten wurde von Sklaven oder Freigelassenen verrichtet.

Zur Zeit von Augustus lebten ungefähr eine Million Menschen in Rom. Tagsüber waren die Straßen mit Fußgängern so verstopft, dass Pferdewagen nur abends und nachts in der Stadt fahren durften. Da nicht genügend Platz für Wohnhäuser zur Verfügung stand, mussten viele Menschen in engen Wohnungen in Mietshäusern leben. Aus Gewinnsucht waren diese Häuser oft mit billigem Baumaterial gebaut, sodass einige einstürzten.

[1] Lies dazu S. 128 f.

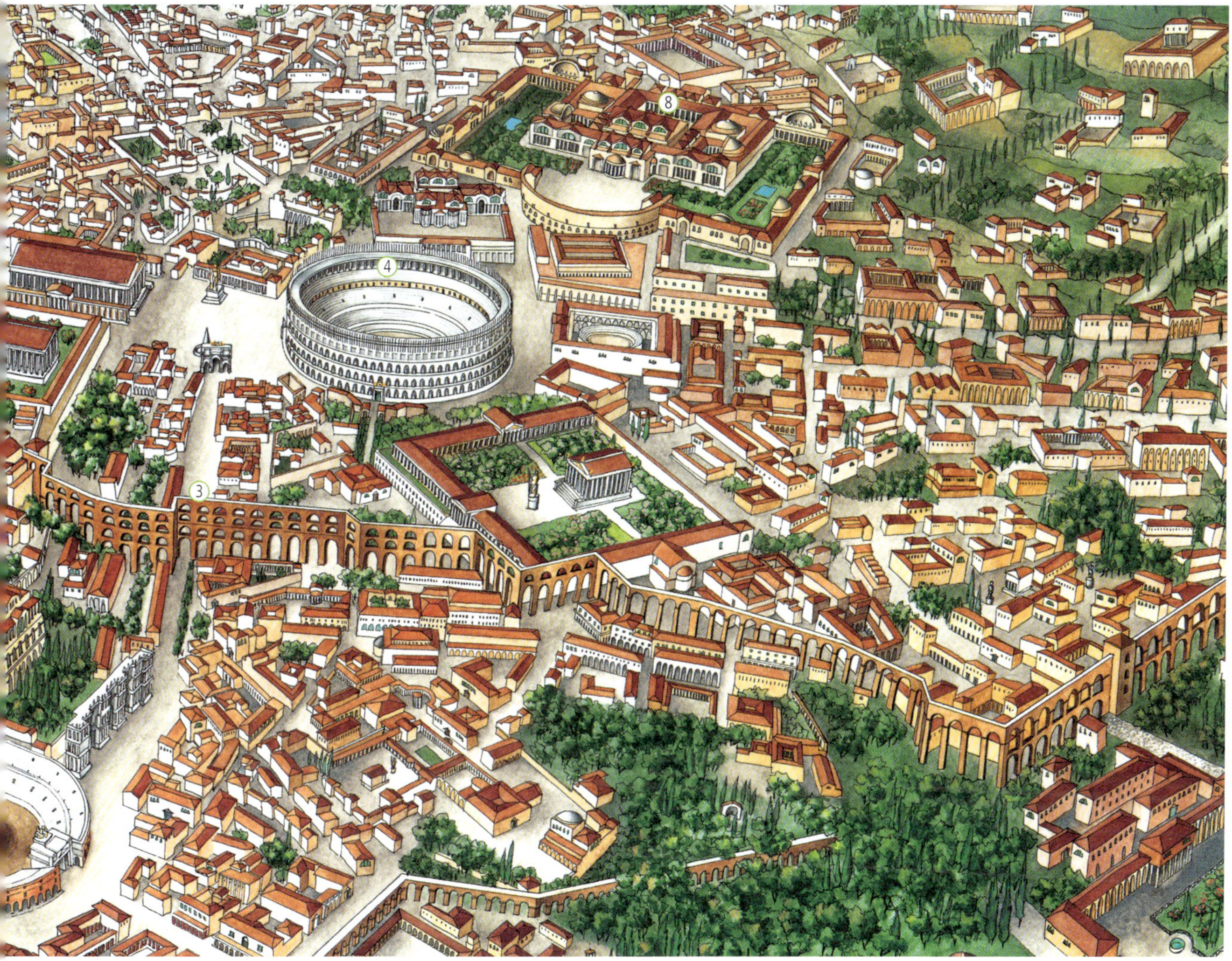

M Die Stadt Rom zur späten Kaiserzeit
Rekonstruktionszeichnung

1. Circus Maximus: der älteste und größte Circus in Rom – die Wagenrennbahn hatte eine Länge von 600 m. 225 000 Zuschauer sollen hier Platz gefunden haben.
2. Kaiserpalast, benannt nach dem Hügel Palatin
3. Wasserleitung
4. Kolosseum: Spielstätte für Gladiatorenkämpfe und Tierhetzen (vgl. dazu S. 128 f.)
5. Forum Romanum: Marktplatz und wichtigster Versammlungsort
6. Tempel des Jupiter auf dem Kapitol
7. Marcellustheater: Augustus ließ dieses von ihm gebaute Theater nach seinem Neffen benennen.
8. Thermen des Kaisers Trajan

1. *Beschreibe, welche Sorgen die Einwohner Roms beim Leben in der Stadt bedrückten.*
2. *Schlüpft in die Rolle eines Reiseführers und erklärt das alte Rom.*
3. *Suche im Internet oder in Reiseführern, was von den berühmten römischen Bauwerken auf M heute noch zu sehen ist.*
4. *Erarbeitet in Gruppen eine Plakatausstellung zum Leben im römischen Weltreich. Die Grundlage für die Plakate können die Seiten aus diesem Kapitel sein.*
5. *Beurteile, ob Rom wirklich eine Weltstadt genannt werden kann.*

Familienleben

M 1 Patrizier mit Ahnenbildnissen
Marmorstatue, Höhe: 1,65 m, 1. Jh. v. Chr.
Bildnisse der Vorfahren wurden zu festlichen Anlässen gezeigt. Vornehme Römer drückten so das Weiterleben in der Erinnerung der Nachfahren aus.

Der Vater und die „familia"

Zur römischen „familia" gehörten nicht nur Eltern und Kinder, sondern alle Generationen einer Familie mit Sklaven und Freigelassenen. An der Spitze des Familienverbandes stand das älteste männliche Mitglied: der „**Pater familias**" (dt. Vater der Familie). Er besaß aufgrund seines Alters und seines Ansehens die Entscheidungsgewalt über alle Angehörigen der „familia" und das Vermögen. Nur er konnte sich und seine „familia" vor Gericht vertreten.

Der „Pater familias" durfte die Familienmitglieder bestrafen, sogar mit dem Tode. Er konnte bis ins 4. Jh. n. Chr. Neugeborene aussetzen, wenn sie unehelich, krank oder nicht zu ernähren waren. Er war auch das religiöse Oberhaupt der Familie. Nur er durfte den Hausgöttern Opfer bringen. Sich seinem Willen zu widersetzen, war ein Verstoß gegen die „Sitten der Vorfahren" (lat. mos maiorum), die ungeschriebenen Gesetze der ehrenhaften Lebensführung. Sie zu missachten, konnte zum Ausschluss aus der Familie führen. Nur der „Pater familias" durfte wählen und öffentliche Ämter übernehmen.

Frauen, Ehe und Kinder

Die starke Stellung des römischen Familienoberhauptes, das **Patriarchat**, kennzeichnete die römische Gesellschaft. Lediglich einige Frauen aus vornehmen Familien durften Priesterinnen werden, z. B. Vestalinnen, die der Göttin des häuslichen Herdes (lat. vesta) dienten. Frauen konnten nicht vor Gericht aussagen. Das begründeten die Männer damit, dass Frauen keinen Kriegsdienst leisten müssten.

Der „Pater familias" bestimmte Ausbildung, Beruf und oft die Ehepartner der Kinder. Mädchen waren mit zwölf Jahren volljährig, die Jungen mit 14. Meist wurden Mädchen zwischen dem 13. und 17. Lebensjahr verheiratet.

Seit dem Ende des 3. Jh. v. Chr. konnten Paare einen Ehevertrag abschließen, bei dem die Frau im Besitz ihres Vermögens blieb. Diese Form der Ehe konnte geschieden werden, wenn einer der Ehepartner das verlangte.

Auch wenn die Römer erwarteten, dass die Frau im Haus arbeitete, gab es viele berufstätige Frauen: Hebammen, Näherinnen, Friseurinnen, Gastwirtinnen und seltener Ärztinnen oder selbstständige Geschäftsfrauen. Anders als in Athen lebten die Frauen also weniger zurückgezogen. Sie nahmen an den Mahlzeiten mit Gästen teil, gingen allein in die Öffentlichkeit und besuchten nicht nur Läden, sondern auch Wagenrennen oder Gladiatorenkämpfe.

M 2 Römische Luxusvilla
Rekonstruktion der Villa Romana del Casale auf Sizilien, erbaut Anfang des 4. Jh. n. Chr.
Das zum Teil erhaltene Anwesen erstreckte sich über ca. 1,5 Hektar, hatte ca. 50 Wohn-, Dienst- und Repräsentationsräume mit Böden aus kunstvollen Mosaiken, Säulengänge aus Marmor und eine eigene Thermenanlage.

M3 Ein Mann trauert

Aus der Grabrede eines Römers für seine Ehefrau (1. Jh. v. Chr.):

Ehen von so langer Dauer, die durch den Tod beendet, nicht durch Scheidung getrennt werden, sind selten. Ward es uns doch beschieden, dass unsere Ehe ohne eine Trübung bis zum 41. Jahre fortdauerte […].

Was soll ich deine häuslichen Tugenden preisen, deine Keuschheit, deine Folgsamkeit, dein freundliches und umgängliches Wesen, deine Beständigkeit in häuslichen Arbeiten, deine Frömmigkeit, frei von allem Aberglauben, deine Bescheidenheit im Schmuck, die Einfachheit im Auftreten? Wozu soll ich reden von der Zuneigung zu den Deinen, deiner liebevollen Gesinnung gegenüber der ganzen Familie? […]

Wir haben uns so die Pflichten geteilt, dass ich die Betreuung deines Vermögens übernahm und du über dem meinen wachtest […]. Als ich vor politischer Verfolgung fliehen musste, warst du es, die mir mithilfe deines Schmuckes die meisten Mittel dazu verschaffte […].

Wir sehnten uns nach Kindern, die ein neidisches Geschick uns für lange Zeit verweigert hatte […]. Verzweifelnd an deiner Fruchtbarkeit und untröstlich darüber, dass ich ohne Kinder bleiben sollte […], sprachst du von Scheidung und dass du das kinderlose Heim einer anderen, fruchtbareren Gattin abtreten wolltest […] und versichertest, du wollest ihre Kinder wie deine eigenen halten […]. Du bist bei mir geblieben; hätte ich doch dir nicht nachgeben können, ohne mir selbst Unehre und uns beide unglücklich zu machen.

Nach: Jochen Martin, Das alte Rom. Geschichte und Kultur des Imperium Romanum, München 1994, S. 188, übersetzt von Hans-Jürgen Hillen (vereinfacht)

M4 Römisches Ehepaar
Grabrelief aus Marmor, Ende des 1. Jh., gefunden an der Via Appia in Rom
Dargestellt sind laut Inschrift Publius Aiedius (Rufname Amphio) und seine Frau Aiedia.

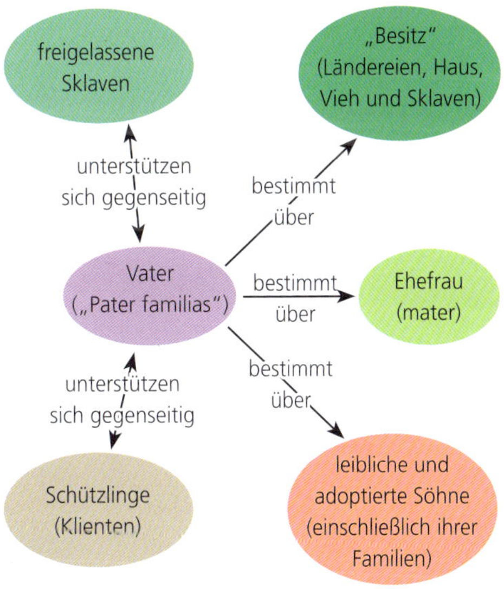

M5 Die Macht des „Pater familias"

1. *Erläutere den Begriff „Patriarchat" mithilfe des Verfassertextes an einem Beispiel.*
2. *Als „Pater familias"/vornehme Römerin willst du eine Statue von dir fertigen lassen (M1). Teile dem Bildhauer mit, wie er dich darstellen soll.*
3. *Arbeite aus der Grabrede (M3) heraus, was der Mann an seiner Frau schätzte. Welches Verhältnis hatten die Eheleute zueinander? Begründe deine Meinung.*
4. *Beschreibe die Macht des „Pater familias" (M5).*
5. *Nimm Stellung, ob es bei uns heute noch patriarchalische Verhältnisse gibt.*

Sklavenleben in Rom

Lebendige Werkzeuge

Auf den vorigen Seiten hast du viel über die römische Gesellschaft erfahren. Eine Gruppe fehlt jedoch, denn über die sollst du selbst etwas herausfinden – die Sklaven. Einer von ihnen war sogar recht bekannt – Spartakus. Wie du ja schon weißt, gab es Sklaven auch bei den Ägyptern und den Griechen. Sie waren also keine Besonderheit der Römer. Doch wie lebten Sklaven in Rom?

Vorschläge für Forschungsfragen:

Thema 1: *Welche Bedeutung hatten Sklaven für die Römer?*
Thema 2: *Spartakus – eine Gefahr für die Republik?*

Beschreiben

Thema 1: *Beschreibe die Lebensverhältnisse der Sklaven im Römischen Reich.*
Thema 2: *Arbeite heraus, welche Gründe Sklaven für ihre Aufstände hatten.*

Untersuchen

Thema 1: *Analysiere, wie die Römer die Sklaven behandelten.*
Thema 2: *Analysiere die Reaktion der Römer auf den Spartakus-Aufstand.*

Einordnen

Thema 1: *Prüfe, ob Seneca mit seiner Behauptung über Sklaven Recht hat: „Wir haben sie nicht als Feinde, wir machen sie erst dazu."*
Thema 2: *Überprüfe worin eine mögliche Gefahr der Sklavenaufstände für die Römische Republik bestanden haben könnte.*

Präsentieren

Thema 1: *Erstelle ein Plakat, auf dem du die Bedeutung, darstellst, die die Sklaven für die Römer hatten.*
Thema 2: *Verfasse einen kurzen Text, in dem du die Frage beantwortest, ob der Sklavenaufstand unter Spartakus deiner Meinung nach eine Gefahr für die Römische Republik darstellte.*

M1 Sklaven in der Landwirtschaft
Relief, Venedig, 2. Jh. n. Chr.

M2 Sklaven im Haus
Relief, Rom, 1. Jh. v. Chr.

M3 Sklaven für die Unterhaltung
Bodenmosaik einer Villa bei Tusculum, 3. Jh. n. Chr.

M 4 Die Lage der Sklaven im Bergbau

Der griechische Geschichtsschreiber Diodor hat im ersten Jh. v. Chr. lange in Rom gelebt.

Die Sklaven, die im Bergbau beschäftigt sind, bringen ihren Besitzern unglaubliche Einkünfte; sie selbst aber müssen unterirdisch graben, und viele sterben infolge der übermäßigen Anstrengung – denn Erholung oder Pausen in der Arbeit gibt es nicht; Aufseher zwingen sie mit Schlägen, die furchtbaren Leiden zu ertragen.

Diodorus 5,336 ff., nach: Heinz-Dieter Schmid (Hrsg.) Fragen an die Geschichte, Bd. 1, Frankfurt am Main 1979, S. 96

M 5 Menschen sind's

Der römische Philosoph Seneca schreibt um 62 n. Chr. in einem Brief an seinen Freund Lucilius:

Gern habe ich erfahren, dass Du mit Deinen Sklaven freundlich umgehst. Das steht Deiner Klugheit gut an. „Sklaven sind's." – Nein, Menschen sind's, wenn du bedenkst, dass dem Schicksal gegen sie und uns gleich viel erlaubt ist. Deshalb muss ich über die lachen, die es für eine Schande halten, mit ihren Sklaven zusammen das Essen einzunehmen. Da isst der Herr mehr, als er vertragen kann, und stopft sich den Magen voll, der schon am Platzen ist. Aber den unglücklichen Sklaven ist es nicht einmal erlaubt, die Lippen zu bewegen, um zu sprechen. Mit einer Tracht Prügel muss einer büßen, wenn er die Stille durch einen Laut unterbricht. Die ganze Nacht stehen sie da, nüchtern und stumm. Die aber, die sich mit ihrem Besitzer unterhalten dürfen, sind bereit, für ihn den Hals hinzuhalten und Gefahren auf sich zu nehmen. Es gibt ein Sprichwort: „Man hat so viele Feinde wie Sklaven." Nein, wir haben sie nicht als Feinde, sondern machen sie erst dazu.

Seneca, Epistulae Morales 47,1-5, hrsg. und übers. von Gerhard Fink, Düsseldorf 2007, S. 241 f. (gekürzt und vereinfacht)

M 6 Einmal Sklave – immer Sklave?

Auch die Freilassung von Sklaven ist möglich, etwa beim Tod des Herrn, nach einer gewissen Dienstzeit oder gegen Geld. Ein römisches Gesetz:

Wenn ein Sklave sich mit eigenem Geld freikaufen will, kann er dies verlangen, wenn sein Eigentümer ihm dies zugesagt hat. Wenn er von ihm nicht freigelassen wird, kann der Sklave Anklage erheben. In Rom kann er dies vor dem Stadtpräfekten tun, in den Provinzen beim Gouverneur. Wenn ein Sklave eine solche Anklage vorbringt, sie aber nicht beweisen kann, wird er zur Zwangsarbeit in die Bergwerke geschickt. Wenn sein Herr ihn zurückfordert, darf er ihn bestrafen, aber nicht härter als die Behandlung im Bergwerk.

Nach: Thomas Wiedemann, Greek and Roman Slavery, London/New York 2005, S. 47 f. (übers. von Markus Sanke)

M 7 Der Sklavenaufstand des Spartakus

Der ehemalige Gladiator Spartakus hat 70 000 Kämpfer um sich geschart und mehrmals römische Heere besiegt. Appian berichtet um 140 n. Chr.:

Drei Jahre hatte bereits dieser anfangs von den Römern als einfacher Sklavenaufstand verachtete, nun gefürchtete Krieg gedauert. Bei der anstehenden Wahl von neuen Prätoren zögerten alle und niemand bewarb sich. Da übernahm endlich L. Crassus, ein vornehmer und reicher Mann, die Prätur und zog mit sechs Legionen gegen Spartakus. Als er im Kriegsgebiet angekommen war, nahm er auch die beiden Legionen der Konsuln in sein Heer auf. Weil diese Heere wiederholt von Spartakus besiegt worden waren, ließ er jeden zehnten Legionär auslosen und sofort hinrichten.

Appian, Bellum Civile, lib. 1 cap. 118 (vereinfacht)

M 8 Sklavenaufstände in Rom

Immer wieder kam es im Verlauf der römischen Geschichte zu Sklavenaufständen. Dabei wollten die Sklaven ihre Lebensbedingungen verbessern. Nie hatten sie das Ziel, die Sklaverei abzuschaffen. Auch hatten sie nicht die Absicht, die römische Gesellschaft zu verändern. Der gefährlichste Aufstand war sicherlich der von Spartakus. Aber letztlich blieb auch er erfolglos. Nachdem ein römisches Heer die Aufständischen 71 v. Chr. besiegt hatte, sollen 6 000 Sklaven an der Via Appia zwischen Capua und Rom gekreuzigt worden sein. Alle Aufstände hatten keinen Erfolg. Die Lebensbedingungen der Sklaven änderten sich nicht. Die Sklaverei blieb lange Zeit eine wichtige Grundlage der römischen Landwirtschaft.

Volker Herrmann

Anteil der Sklaven: ca. 12 %

135-132 v. Chr. Sklavenaufstand in Sizilien

104-100 v. Chr. Sklavenaufstand in Sizilien

73-71 v. Chr. Sklavenaufstand in Italien

• Spartakus fällt im Kampf, seine Mitkämpfer werden hingerichtet

Anteil der Sklaven: vielleicht über 40 %

200 v. Chr. | 150 v. Chr. | 100 v. Chr. | 50 v. Chr. | Chr. Geb. | 50 n. Chr.

Schauspiele und Politik

M 1 Das Kolosseum in Rom
Rekonstruktionszeichnung
Das Bauwerk wurde zwischen 72 und 80 n. Chr. gebaut. Es ist 50,75 m hoch und bot etwa 50 000 Zuschauern Platz. Hier wurden Gladiatorenspiele und Tierhetzen mit Löwen, Panthern, Bären und sogar Elefanten veranstaltet. Bei den Einweihungsspielen im Jahr 80 n. Chr. sollen in 100 Tagen über 5 000 Tiere getötet worden sein. Die Arena konnte für das Nachspielen von Seeschlachten auch mit Wasser geflutet werden. Später diente das Kolosseum dann als Steinbruch für andere Bauten.

Gladiatorenspiele

Ein Kampf auf Leben und Tod nur zur Unterhaltung der Zuschauer? In Rom gab es das tatsächlich. An Festtagen fanden in Rom und vielen anderen Städten im Reich in Amphitheatern (griech. amphi: ringsrum) solche Kämpfe statt. Das größte Amphitheater der Antike war das **Kolosseum** in Rom. Die Kämpfer hießen **Gladiatoren** und waren oft Sklaven. Aber auch Freie übten das blutige Handwerk aus, denn Geld und Ruhm winkten als Belohnung. Um die Vorstellung noch interessanter zu machen, traten Gladiatoren mit verschiedener Bewaffnung gegeneinander an. Dabei gab es regelrechte Typen. Ein „Netzkämpfer" zum Beispiel kämpfte ohne Helm und Schild, nur am linken Arm war ein Schutzpanzer. Seine Angriffswaffen waren ein Dreizack und natürlich ein Netz, mit dem er den Gegner sehr behindern konnte.

Da die Gladiatoren eine gute Ausbildung benötigten, waren sie sehr wertvolle Sklaven. Damit die Spiele nicht zu viel kosteten, führte bei Weitem nicht jeder Kampf zum Tod eines der Kämpfer. Das Risiko, in der Arena zu sterben oder schwer verwundet zu werden, war trotzdem sehr hoch. Außer den Gladiatoren gab es in der Arena auch Kämpfe mit Tieren und Hinrichtungen zu sehen.

Wagenrennen und Theaterstücke

An Festtagen fanden auch spektakuläre Wagenrennen statt. In Rom schickten vier Rennställe ihre Pferdegespanne in den **Circus Maximus**. Gerade an den Wendemarken kam es oft zu brisanten Situationen und Zusammenstößen, bei denen es auch Tote gab. Die Zuschauer hatten ihre jeweiligen Lieblinge unter den Wagenlenkern und fieberten eifrig mit. Schließlich wurden an den Festtagen auch Theaterstücke aufgeführt. Vor allem lustige Stücke trafen den Geschmack des römischen Publikums.

Schauspiele und Politik

Wer in Rom Gladiatorenspiele, Wagenrennen oder Theateraufführungen besuchte, musste in der Regel keinen Eintritt bezahlen. Politiker veranstalteten sie und übernahmen die Kosten. Auf diese Weise konnten sie sich beim Volk beliebt machen. In der Kaiserzeit achteten die Herrscher sehr genau darauf, dass die von ihnen gestifteten Spiele stets die größten und prächtigsten waren. Niemand sollte so beliebt sein wie der Kaiser. Da die Kaiser in Rom auch kostenloses Getreide verteilten, sagte man, dass die Kaiser sich die Gunst des Volkes mit **„Brot und Spielen"** erkauften.

M 2 Das Kolosseum heute

Kolosseum Gladiator Circus Maximus „Brot und Spiele"

M3 Ein Unentschieden

Der Dichter Martial (40-102 n. Chr.) schildert in einem Gedicht einen Zweikampf im Amphitheater:

Der Kampf zwischen Priscus und Varus dauerte schon lang, das Gefecht fand einfach keinen Sieger. Das Publikum rief laut, dass die Kämpfer aufhören sollten. Der Kaiser aber folgte dem Wunsch nicht, er handelte nach der Regel: Ein Kampf ist erst zu Ende, wenn einer besiegt ist und aufgibt. Schließlich endete der unentschiedene Kampf: Beide hatten gleich gut gefochten und nun gaben sie gleichzeitig auf. Der Kaiser schickte beiden den Stab und die Palme des Siegers. Dies war der Lohn für den Mut und die Fähigkeiten der Kämpfer.

Martial, Liber spectaculorum 29 (übersetzt von Björn Onken)

M4 Mörder gegen Mörder

Über seinen Besuch im Circus schreibt Seneca (4 v. Chr. - 65 n. Chr.) an seinen Freund Lucilius:

Durch Zufall bin ich in das Mittagsprogramm des Circus geraten, Scherze erwartend und Witze und etwas Entspannung, damit sich die Augen der Menschen vom Anblick des Menschenblutes ein wenig erholen können. Das Gegenteil ist der Fall: Der lustige Teil fällt weg, und es findet eine bloße Menschenschlächterei statt. Die Kämpfer haben nichts, womit sie sich schützen können. [...] Wozu eine Rüstung, wozu Fechtkünste? Für [die Zuschauer] ist dies alles nur eine Verzögerung des Todes. Morgens wirft man die Menschen den Löwen und Bären zum Fraß vor, mittags ihrem eigenen Publikum! Dies möchte Mörder gegen Mörder kämpfen sehen und hebt den Sieger für einen weiteren Mord auf. Am Schluss steht der Tod aller Kämpfer.

Seneca, Ad Lucillum, 7.2 - 6, übersetzt von Klaus Gast

M5 Der siegreiche Wagenlenker Polydus mit seinem Leitpferd Compressor

Ausschnitt aus einem Bodenmosaik aus Trier, um 250 n. Chr.

Anfangs wurden Kriegsgefangene und Sklaven zu Gladiatorenkämpfen und Wagenrennen gezwungen. Weil Gladiatoren und Wagenlenker berühmt und reich werden konnten wie heutige Filmstars, zog es später auch Männer der römischen Oberschicht in die Arenen.

M6 Gladiatorenausbildung

Mosaik aus einer Villa in Nennig (Saarland), 3. Jh. n. Chr.

Ein Aufseher überwacht den Kampf zweier Gladiatoren, hier eine Retiarius („Netzkämpfer") gegen einen Secutor („Verfolger"). Der Retiarius kämpfte mit Wurfnetz, Dreizack und Kurzschwert oder Dolch. Er trug lediglich einen Schulterschirm und eine Armschiene. Der Secutor schützte sich zusätzlich durch Schild und Helm.

1. *Nenne Angebote für die Unterhaltung des Volkes in Rom.*
2. *Begründe mithilfe des Verfassertextes, warum die Spiele für die Herrschaft der Kaiser wichtig waren.*
3. *Versetze dich in die Rolle eines Gladiators. Überlege, was dir an deinem Leben gefällt und was nicht.*
4. *Arbeite aus M4 heraus, was Seneca beim Circusbesuch erwartete und was er tatsächlich erlebte. Welche Vorwürfe macht er den Zuschauern?*
5. *Vergleiche die Gladiatorenspiele mit Boxkämpfen heute oder die Wagenrennen mit modernen Autorennen.*

Neu in Rom

Die Familie des vierzehnjährigen Quintus muss ihr Landgut aufgeben, weil sie überschuldet ist. Sie zieht mit ihrem Sklaven Kirkos nach Rom und hofft darauf, sich mithilfe des Händlers Silvanus eine neue Existenz in der Hauptstadt aufzubauen.
Gemeinsam mit Quintus kannst du die Weltstadt Rom kennenlernen, mit ihm auf einen Neuanfang seiner Familie in Rom hoffen und gefährliche Abenteuer bestehen. Im folgenden Textauszug kommen sie gerade in der Straße an, wo Silvanus ihnen eine Wohnung in einer Insula (Mietshaus) besorgt hat, die – wie sich später herausstellen wird – sich die Familie eigentlich gar nicht leisten kann.

„Sind wir da?", rief Schwester Herennia.
„Noch nicht", erklärte Silvanus. „Ich muss aufpassen, dass ich den Weg nicht verfehle. Sich bei Nacht hier zurechtzufinden, ist schon ein Kunststück, zumal niemand da ist, den man fragen kann." […]
Ist doch gar nicht so schlimm!", bemerkte Quintus zu Kirkos.
„Was?", fragte dieser zurück.
„Das mit dem nächtlichen Verkehr!"
„Ha!", lachte Kirkos. „Das kommt noch! Dann nämlich, wenn du im tiefsten Schlaf liegst. – Lange vor Sonnenaufgang kommen die Bauern aus der Umgebung mit ihren Wagen, fahren zu den Großmärkten und beliefern die Händler mit Gemüse, Fleisch, Eiern, Geflügel, Milch und Käse. Denn schon mit Sonnenaufgang müssen sie die Stadt wieder verlassen haben." […]
Nach einer Weile fragte Quintus: „Weißt du, wohin wir fahren?"
„Ja. In die Subura. Aber das sagt dir jetzt nicht viel. Wirst sie morgen und in den nächsten Tagen kennenlernen."
„Was ist das, die Subura?"
„Hm ... Die wohl dichtest bevölkerte Straße von Rom. Am Tag ist da kaum ein Durchkommen. Ich nehme an, Silvanus hat uns eine Wohnung in einer ihrer Seitenstraßen besorgt."
„Recte. – Stimmt", erklärte Silvanus, der mitgehört hatte. „Wird euch gefallen. Lauter nette Leute."
[…] Der Wagen stand wieder. Quintus schaute um sich. So viel er erkennen konnte im Licht der Laterne, hielten sie vor einer Toreinfahrt. Sein Blick wanderte nach oben. Aus einigen Fenstern kam Lichtschimmer von Öllampen oder Kerzen, andere waren dunkel. Es mussten über dem Erdgeschoss noch zwei Stockwerke liegen. In dem links anschließenden Hause schienen es drei oder mehr zu sein.
„So, dann wollen wir mal!", sagte Silvanus und führte zusammen mit Kirkos Maultier und Wagen durch die Einfahrt in den Gang und wieder hinaus auf den Hinterhof.
„Wir müssen nämlich die Straße freimachen, verstehst du! […]
Nun ging es zurück in den gewölbten Gang. Rechts erreichten sie durch einen Eingang das Treppenhaus. Silvanus ging voran, die anderen folgten. […]
Die dicken Holzstufen knarrten, ja die ganze hölzerne Konstruktion der Treppe erzitterte unter dem Gewicht der sechs aufwärts steigenden Personen. Sehen konnte Quintus kaum etwas. Er hielt sich an seinen Vordermann. Immer wieder spürte er den Luftzug, der von den offenen Fenstern her wehte und mit zunehmender Höhe angenehm kühlte.
In der Höhe des zweiten Stockwerks über dem Erdgeschoss endete die Treppe. Aus einer halb offenen Tür fiel ein Lichtschein. Silvanus ging darauf zu, öffnete sie, machte dann eine übertrieben tiefe Verbeugung und lud die Familie zum Eintritt in ihr neues Zuhause ein. Quintus hatte sich flink vorgedrängt und trat gleich hinter dem Vater in den Raum. Es war ein kleines Vorzimmer. In der Ecke erkannte er im Licht einer Wandlampe die Latrine. Daneben standen mehrere Wasserkrüge, ein Bottich und mehrere Bürsten an Stielen, die nach dem Stuhlgang zur Reinigung des Gesäßes dienten. Ein Wasseranschluss war nicht vorhanden.
„Wasser ist unten auf dem Hof. An der Außenfront ist ein Brunnen. Sehr bequem!"
Mutter betrachtete das alles vorsichtig, ja ängstlich. Auf ihrem Hof bei Caere hatten sie fließendes Wasser in der Küche gehabt.
Sie gingen in den nächsten Raum, der wohl als Wohn-, Tages- und Essraum gedacht war.
„Gut, dass wir den Tisch mitgenommen haben!", sagte die Mutter und Vater nickte. „Hier passt einiges hinein."
Der Raum war kahl, die Wände gerade frisch gekalkt. Der Fußboden bestand aus gestampftem

Lehm, in den zerstoßene Ziegelstückchen eingelassen waren. Die dicken, tragenden Bohlen lagen darunter auf Längs- und Querbalken.

„Vielleicht können wir uns noch ein paar Liegen und Hocker vom Hof holen", sagte Mutter und die anderen nickten.

Der dritte Raum würde als Schlafzimmer dienen. Er hatte eine Nische, in die man die Truhe mit den Kleidungsstücken stellen könnte. Groß war der Raum nicht. Quintus konnte sich kaum vorstellen, wie sie alle hier schlafen sollten.

Vater musste dasselbe gedacht haben, denn er sagte schnell: „Publius und Herennia können in der Nische schlafen. Quintus und Cossinia, wenn sie hier ist, im anderen Zimmer."

Das war Quintus sehr recht, denn er mochte seine ältere Schwester sehr.

„Und Kirkos?", fragte er.

„Interim fit aliquid. – Kommt Zeit, kommt Rat", sagte Vater und kratzte sich am Kopf.

Kirkos aber erklärte: „Ich guck mich morgen mal um. Werde wohl irgendwo eine Ecke zum Schlafen finden in diesem Haus. Ist ja noch ein Speicher drüber."

„Viel zu warm!", erklärte der Vater. „Und im Winter zu kalt!"

Kirkos knetete seine Nase, was er immer tat, wenn er im Augenblick nicht klar sah.

Aber es wurde an diesem Abend nicht weiter darüber gesprochen. Heute Nacht würde er zusammen mit Quintus im Essraum auf dem Boden schlafen.

Silvanus, der bisher geschwiegen hatte, rieb sich die Hände und rief laut: „Na, wie gefällt's euch denn? Was Besseres war in der Kürze der Zeit nicht aufzutreiben." [...]

„Also dann bis morgen ...", murmelte der Vater und es klang müde.

Plötzlich hatte Silvanus es auch sehr eilig, er verabschiedete sich und versprach morgen gleich nach Sonnenaufgang da zu sein. [...] Mutter breitete Decken und Felle auf dem Boden aus, und da sie alle müde von der Fahrt und der Aufregung der letzten Tage waren, schliefen sie wider Erwarten bald ein.

Wie Kirkos es gesagt hatte, wurde Quintus am nächsten Morgen lange vor Sonnenaufgang von ununterbrochenem Rattern, Quietschen, Getrappel, Scheppern, Rufen, Brüllen und was sonst nicht allem geweckt. [...] Er schaute zur Seite und erkannte, dass auch Kirkos wach war, denn auch er starrte zur Decke und schien zu überlegen.

„Sind das die Wagen der Bauern?", fragte Quintus.

„Recte. Und wir können von Glück sagen, dass wir in einer Nebenstraße untergekommen sind." [...]

Sie schwiegen. Quintus lauschte auf die Geräusche von draußen. Auch vor ihrem Haus fuhr jetzt ein Wagen vorbei. [...] Dann zog er seine Sandalen an, ging leise zur Tür und in den Vorraum. Dort erledigte er auf der Latrine sein Bedürfnis, wobei er peinlich darauf achtete, nicht mit dem übel riechenden, fauligen Holz des Sitzes in Berührung zu kommen. Er tat dies instinktiv, denn er ekelte sich davor. Auch auf dem Hof war es schon so gewesen, und wenn eben möglich, hatte er das Geschäft im Freien abgelassen.

Er stellte fest, dass zwei der Krüge voll Wasser, ein dritter leer war. [...]

Er trat auf den Verbindungsgang hinaus, der den Hof mit der Straße verband. Im Hof sollte es Wasser geben. Quintus ging langsam durch den Gang, und als er aus seinem Schatten trat, konnte er kaum glauben, was er sah.

Hans Dieter Stöver:
Quintus geht nach Rom,
dtv junior
Das Buch enthält einen informativen, materialreichen Anhang.

Wie geht es weiter?

Was Quintus sieht, ist eine erste Überraschung, von der die Stadt Rom noch viele für ihn bereithält. Bis er die unterschiedlichen Stadtviertel kennenlernt, muss er einige Abenteuer bestehen. Wird Rom dabei zur neuen Heimat von Quintus und vor allem wird es Quintus und seiner Familie gelingen, Arbeit zu finden, um sich wenigstens die kleine Wohnung leisten zu können, oder werden auch sie bald zu der großen Zahl der Bettler in Rom gehören?

1. *Beschreibe das Leben der einfachen Bürger in Rom.*
2. *Vergleiche das Ergebnis mit dem Leben der Patrizier.*
3. *Bewerte, inwieweit die heutige Bezeichnung „Die Römer" zutreffend ist.*

Münzgeschichte(n)

Stell dir vor, du bist römischer Kaiser und möchtest beim Volk für dich als Herrscher werben. Doch wie erreichst du Millionen von Untertanen? Welche „Reklame" lässt sich leicht von Nordafrika bis Britannien verbreiten und wandert dabei noch ganz von selbst von Hand zu Hand? Die Münze!

Über Jahrhunderte nutzten die Römer ihre Münzen nicht nur als Zahlungsmittel. Auf Vorder- und Rückseite prägten sie Bilder, Texte und Zeichen, um politische Botschaften und Meinungen unters Volk zu bringen. Zur Zeit der Republik zeigten die Münzen vor allem römische Gottheiten, Sagen oder römische Tugenden, die das Selbstverständnis der Römer gegenüber anderen Stämmen und Völkern ausdrückten.

Später brauchten die Kaiser die Zustimmung der Bevölkerung im ganzen Reich, um ihre Herrschaft zu rechtfertigen und zu sichern. Deshalb ließ nun jeder Princeps Geldstücke prägen mit seinem Porträt, seinem Namen, seinen (Ehren-)Titeln und weiteren Symbolen und Bildnissen, je nach beabsichtigter „Werbe-Botschaft".

Für uns heute sind römische Münzen ergiebige Quellen, die uns Aufschluss geben über Zeitumstände, politische Ereignisse und Entwicklungen oder über Absichten und Haltungen der Auftraggeber. Es ist also sehr lohnenswert, sie zu untersuchen und ihnen ihre Geheimnisse zu entlocken. Dabei kannst du folgendermaßen vorgehen:

Schritt 1: Was sehe ich? Was bedeutet das?

(beschreiben und entschlüsseln)

Welche Personen, Gegenstände, Symbole, Inschriften (Legenden) usw. sind zu erkennen? Wofür stehen die Bilder, was besagt die Legende?

Schritt 2: Was weiß ich über die Hintergründe?

(in einen Zusammenhang einordnen)

Aus welcher Zeit stammt die Münze? Auf welche Personen oder Ereignisse bezieht sie sich? Welche politischen Verhältnisse herrschten damals?

Schritt 3: Was ist die Botschaft?

(eine Aussage formulieren)

Was soll dem Betrachter mitgeteilt werden? Welche Überzeugung soll ihm nahe gebracht werden?

Schritt 4: Was lerne ich daraus?

(ein Fazit ziehen)

Welche neuen Erkenntnisse habe ich gewonnen? Wo sehe ich Verbindungen zu bereits Gelerntem? Welche grundlegenden Fragen kann ich nun besser beantworten als zuvor?

Zu klein für große Erklärungen – Münzabkürzungen

Münzen haben keinen Platz für lange Texte. Zum Glück kannten viele Römer die Abkürzungen, die sie auf Münzen lesen konnten. Eine kleine Auswahl:

C oder CAES	Caesar; zuerst „Familienname", dann verwendet als „Kaiser" oder „künftiger Kaiser"
AVG	Augustus; Beiname der Kaiser seit der Verleihung an Octavian 27 v. Chr.
F	Filius; also Sohn eines Herrschers
DIC	Diktator
COS	Konsul
DIV(VS)	Divus; der Göttliche, auch als Genitiv: Divi
IVLIV(S)	Julius; aus der Familie der Julier, also Julius Caesars
IMP	Imperator; zunächst Ehrentitel eines siegreichen Feldherrn, ab Augustus gleichbedeutend mit „Kaiser"
SPQR	Senatus Populusque Romanus; Senat und Volk Roms

Die wichtigsten Bildmotive und Symbole

Viele Römer konnten nicht lesen. Aber auch sie verstanden die Botschaften der Münzen. Denn ihre Bildmotive konnte fast jeder deuten. Eine Auswahl:

Lorbeerkranz	Zeichen der römischen Könige, Siegeszeichen der Feldherren
Gottheit	Tugend/positive Eigenschaft, z.B.: Mars = Kriegsgott, Ceres = Göttin der Fruchtbarkeit, Concordia = Göttin der Eintracht
kleine geflügelte Gestalt	Victoria, Siegesgöttin
zwei gleiche Reiter	Castor und Pollux, Söhne Jupiters, stehen für Zusammenhalt und gegenseitige Treue
Zepter/Stab	Herrscherzeichen
Stern/Sonne	Göttlichkeit
Frau mit geflügeltem Helm	Roma, römische Stadtgöttin, etwa wie Athene, Stadtgöttin der Athener
Stab mit „Schnecke" am Ende	Zeichen des obersten Priesters
Getreide/Ähre	Getreideversorgung, Zeichen von Reichtum und Wohlstand

M 1 Silbermünze (Denar)
Geprägt in Rom, 211 - 170 v. Chr.

Castor und Pollux waren in der griechischen und römischen Mythologie zwei unzertrennliche Zwillinge. Castor war sterblich, Pollux dagegen unsterblich. Als Castor im Kampf getötet wurde, bat Pollux den Zeus, ihm die Unsterblichkeit zu nehmen, damit er wieder mit seinem Bruder zusammen sein kann.

So könntest du diese Münze beschreiben und auswerten:

Schritt 1:
Vorderseite: Porträt einer Frau mit Flügelhelm
Rückseite: zwei Reiter mit Lanzen und wehenden Mänteln
Legende: Vorderseite keine, Rückseite ROMA
Die abgebildete Frau ist Roma, die Stadtgöttin der Römer. Die Reiter sind die Zwillinge Castor und Pollux.

Schritt 2:
Zeit: geprägt zwischen 211 und 170 v. Chr.
Ereignis: zweiter Punischer Krieg (endet 202 v. Chr. mit Sieg Roms über Karthago und Einrichtung der Provinz Spanien)
Politische Verhältnisse: Römische Republik

Schritt 3:
„Wir Römer sind stolz auf unsere Stadt. Wir sind das mächtigste Volk weit und breit. Kein Feind kann uns etwas anhaben, denn wir halten zusammen und sind einander treu."

Schritt 4:
Erkenntnisse: Selbstbewusstsein und Tugenden der Römer als überlegenes Volk; Abgrenzung gegenüber anderen Völkern im Mittelmeerraum (vielleicht gegenüber den Karthagern). Die Münze diente entweder als „Mutmacher" (während des Krieges) oder als Zeichen des Triumphes (nach Kriegsende).
Verbindungen: S. 114 f. – Rom wird durch die Punischen Kriege zur Großmacht

---

Jetzt bist du dran: eine Münze auswerten

M 2 Silbermünze (Denar)
Geprägt in Rom, 19 - 18 v. Chr.

Im Juli 44 v. Chr. war dieser Komet sieben Tage am Himmel Roms zu sehen, auch tagsüber! Dies hielten viele Römer für ein Zeichen, dass Julius Caesar in den Götterhimmel aufgestiegen war. Augustus ließ kurz danach seinem Adoptivvater Caesar einen Tempel bauen. Das Standbild Caesars darin trug den Kometen auf der Stirn.

DIVVS IVLIV(S) = Divus Iulius („vergöttlichter Julius")

CAESAR AVGVSTVS = Caesar Augustus

Arbeite aus M2 heraus, was du über den Münzherrn Octavianus Augustus erfährst.

Nützliche Sätze bei der Auswertung von Münzen:

Schritt 1: *Die Vorderseite / Rückseite der Münze zeigt ….*
Folgende Legenden kann ich lesen: ….
Das Symbol … bedeutet ….
Bei der abgebildeten Person handelt es sich um ….
Schritt 2: *Die Münze stammt aus der Zeit ….*
Wichtige Personen waren damals ….
Die Situation / das Problem zu dieser Zeit war ….
Schritt 3: *„Ich bin ….", „Wir wollen ….", „Ich kann …."*
(Lass den / die Urheber der Münze zu Wort kommen)
Schritt 4: *Die Münze hat mir verraten, dass ….*
Dies kenne ich schon aus der Beschäftigung mit ….
Dies lässt sich vergleichen mit ….
Durch die Beschäftigung mit der Münze ….
Zu diesem Thema würde ich gern noch wissen ….

Die Römer bei uns und anderswo

M1 Römerbrücke in Trier
Die römischen Brückenpfeiler aus dem 1. Jh. halten bis heute und sind damit die ältesten nördlich der Alpen.

Die römische Lebensart verbreitet sich

Mit ihren Soldaten brachten die Römer auch die römische Lebensweise in die eroberten Gebiete. Die Einheimischen begannen, römische Essgewohnheiten und Anbaumethoden zu übernehmen, römische Bürger zu heiraten und römische Götter zu verehren. Die lateinische Sprache vermischte sich mit den einheimischen Dialekten. Daraus gingen die heutigen „romanischen" Sprachen Italienisch, Französisch, Spanisch, Portugiesisch und Rumänisch hervor. Diese Ausbreitung römischer Lebensart nennen wir heute **Romanisierung**. Wie ging sie vor sich?

Die besiegten Völker stellten auch Hilfstruppen für die römische Armee. Nach 25 Dienstjahren erhielten die ehemaligen Soldaten (Veteranen) das römische Bürgerrecht und ein Stück Ackerland in den eroberten Gebieten. Viele ließen sich dauerhaft in den Provinzen nieder und führten römische Gewohnheiten, landwirtschaftliche Anbaumethoden, Handwerkstechniken, Tiere und Pflanzen ein.

Von Anfang an beteiligten die Römer einflussreiche einheimische Familien an ihrer Herrschaft. Diese übernahmen die fremde Lebensweise, um sich an die neuen Herren anzugleichen.

Im Jahre 212 verlieh Rom das römische Bürgerrecht an alle freien Bewohner des ganzen Reiches. Alle Provinzbewohner konnten nun öffentliche Ämter bekleiden. Einige von ihnen wurden sogar Mitglieder des Senats in Rom. Das verstärkte die Romanisierung.

M2 Stadtplan von Trier im 4. Jh.

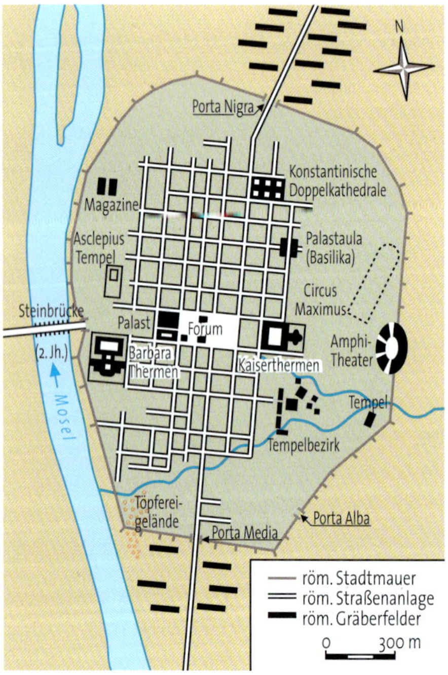

Neue Städte entstehen

An den Küsten des Mittelmeeres fanden die Römer befestigte Städte vor. In Mitteleuropa waren solche Ansiedlungen selten. Die Römer gründeten neue Siedlungen, die zu Städten heranwuchsen. Das nennt man **Urbanisierung** (lat. urbs: Stadt). Große Bedeutung erlangten die Städte als Mittelpunkte von Verwaltung, Handel und Kultur. Nach römischem Vorbild entstanden dort Marktplätze, Tempel für römische Götter, Theater, Arenen für Gladiatorenspiele und eine gute Wasserversorgung.

Die Städte Mainz, Koblenz, Andernach, Speyer, Trier und Worms sind ebenso aus römischen Gründungen oder befestigten Militärlagern entstanden wie Augsburg, Xanten, Neuss, Köln oder Bonn. Mehr als 1 500 Städte sollen im 5. Jh. existiert haben. Viele hatten mehr als 10 000 Einwohner.

Die Römer in Germanien

Ein kleiner Teil Germaniens war in das Römische Reich eingegliedert worden. Die Römer erschlossen das Gebiet durch Straßen und organisierten es in Provinzen. In den neuen Provinzen wollten die Römer genauso gut leben wie in ihrer Heimat am Mittelmeer. Deshalb holten sie Handwerker und Architekten aus ihrer Heimat, bauten beheizbare Häuser aus Stein, Wasserleitungen, gepflasterte Straßen und Brücken. Olivenöl und andere Waren, die es nördlich der Alpen nicht gab, brachten Händler aus dem Süden.

Romanisierung Urbanisierung

M3 Die Romanisierung in Britannien

Der römische Senator und Historiker Tacitus (56-117 n. Chr.) verfasst eine Lebensbeschreibung seines Schwiegervaters Julius Agricola. Dieser ist Provinzstatthalter in Britannien gewesen. Über dessen dortige Tätigkeiten berichtet Tacitus:

Damit sich [...] die zerstreut wohnenden, groben und daher leicht zum Krieg bereiten Menschen durch Genüsse an Ruhe und Frieden gewöhnen, ermahnte er sie persönlich und unterstützte sie aus Staatsmitteln, damit sie Tempel, Marktplätze und Häuser bauten, wobei er die Willigen lobte und die Faulen tadelte. So trat der Wetteifer um Ehren an Stelle des Zwanges. Er ließ sogar die Söhne der Fürsten in Wissenschaften unterrichten, wobei er den Geist der Briten dem Fleiß der Gallier vorzog. So kam es, dass die, die noch vor Kurzem die römische Sprache verschmähten, nun nach dem Erwerb der Redekunst verlangten. Von nun an wurde auch unsere Kleidung beliebt und die Toga gebräuchlich. Allmählich ließ man sich von den Lastern verlocken, den Säulenhallen, den Bädern und der Feinheit der Gastmähler. Und dies hieß bei den einfachen Leuten „Bildung", obwohl es doch ein Teil der Knechtschaft war.

Tacitus, Das Leben des Iulius Agricola 21, übers. von Rudolf Till, Berlin [4]1984, S. 39

M4 Ohne Worte
Karikatur aus der englischen Zeitschrift „Punch", 1912

M5 Lob für die Römer

Der griechische Schriftsteller Aelius Aristides äußert sich in einer Rede vor römischem Publikum so:

Was Homer sagte, „aber die Erde ist allen Menschen gemeinsam", wurde von euch tatsächlich wahrgemacht. Ihr habt den ganzen Erdkreis vermessen, Flüsse überspannt mit Brücken verschiedener Art, Berge durchstochen, um Fahrwege anzulegen, in menschenleeren Gegenden Poststationen eingerichtet und überall eine kultivierte und geordnete Lebensweise eingeführt.

Aelius Aristides, Εἰς Ῥώμην 101. Die Romrede des Aelius Aristides, hrsg. und übers. von Richard Klein, Darmstadt 1983, S. 157

1. *Beschreibe den Grundriss des Stadtplans (M2).*
2. *Erkläre mithilfe des Verfassertextes und der Abbildung M2, was unter Romanisierung zu verstehen ist.*
3. *Beschreibe das Verhalten der Römer gegenüber den einheimischen Bewohnern in M3.*
4. *Arbeite aus den Quellen M3 und M5 heraus, wie die römische Herrschaft in den Provinzen beurteilt wird. Erstelle anschließend einen kleinen Vortrag zu der Frage, wie die Romanisierung deiner Meinung nach zu bewerten ist.*
5. *Erörtert die Vor- und Nachteile der römischen Herrschaft in den eroberten Gebieten.*
6. *Beschreibe M4 und stelle dar, welche Haltung der Römer gegenüber den Provinzialen veranschaulicht wird. Beurteile, inwieweit du die Aussage der Karikatur angemessen findest.*

Gründung der Stadt Trier
Aus kleineren Siedlungen und Militäranlagen werden Städte (u. a. Mainz, Trier, Koblenz, Speyer, Andernach)
Köln und Mainz werden Hauptstädte der neuen Provinzen Nieder- und Obergermanien (bis Ende 3. Jh.)
Alle freien Provinzbewohner erhalten das römische Bürgerrecht

50 v. Chr. | Christi Geburt | 50 n. Chr. | 100 n. Chr. | 150 n. Chr. | 200 n. Chr.

An den Grenzen des Imperiums

M1 Der Limes im Süden
Rekonstruktionszeichnung
Die Türme standen jeweils in Sichtweite. So konnten – etwa bei Überfällen – Nachrichten schnell übermittelt werden.

M2 Das Hermannsdenkmal bei Detmold
Die Figur ist 26 m hoch. Das Denkmal wurde 1875 eingeweiht. Es stellt den Cherusker Arminius dar und erinnert an den germanischen Sieg über die Römer in der Varusschlacht 9 n. Chr. Vermutlich fand der Kampf aber gar nicht bei Detmold, sondern nahe Kalkriese (bei Osnabrück) statt. Auch der Name Hermann ist falsch. Diesen Namen gaben die Deutschen Arminius erst im 15. Jh. Der Anführer der Cherusker trug einen römischen Namen, weil er ein Verbündeter der Römer mit römischem Bürgerrecht gewesen war.

Römer und „Barbaren"

Nach römischer Vorstellung stand dem Römischen Reich außerhalb seiner Grenzen eine Welt aus unzivilisierten, rohen und gewaltbereiten Menschen gegenüber. Vor allem die Stämme und Völker im Norden Europas, die Kelten und Germanen, waren für die Römer „Barbaren" („Stammler"). Das Wort hatten sie von den Griechen übernommen. Barbaren verkörperten für die Römer das völlige Gegenteil der griechisch-römischen Zivilisation, die ihrer Meinung nach allen anderen Kulturen überlegen war.

Kelten und Germanen kannten noch keine Schrift. Was wir über sie wissen, stammt deshalb allein von archäologischen Funden und Beschreibungen durch Griechen und Römer. Sicher ist, dass weder Kelten noch Germanen einheitliche Völker, sondern Angehörige verschiedener Stämme waren. Die Stämme, die im heutigen Frankreich, Belgien, der Westschweiz und den größten Teilen des linksrheinischen Deutschland lebten, fasste Caesar als Gallier zusammen. Als er Mitte des 1. Jh. v. Chr. das Gebiet eroberte, wurde der Rhein zur Grenzlinie zwischen den linksrheinischen keltischen Galliern und den rechtsrheinischen germanischen Stämmen erklärt. Die Sammelbezeichnung Germanen übernahmen die Römer wohl von den Galliern.

Ein langer Schutzwall

Rund sechzig Jahre nach Caesars Sieg über die Gallier versuchte Kaiser Augustus, die germanischen Völker bis zur Elbe zu unterwerfen. Im Jahr 9 n. Chr. scheiterten die römischen Legionen des Feldherrn Varus gegen germanische Stämme unter dem Cheruskerfürsten Arminius.

Auf diese verheerende **Varusschlacht** folgten noch ein paar römische Feldzüge, doch insgesamt gaben es die Römer auf, weitere Gebiete in Germanien zu erobern. Stattdessen begannen sie, die Grenze nach Germanien zu sichern. Seit dem Ende des 1. Jh. errichteten sie Grenzbefestigungen aus Wällen, Mauern und Wachtürmen, hinter denen sich militärische Befestigungsanlagen (Kastelle) befanden. Der **Limes** (lat. limes: Grenze) war rund 550 km lang. Bis ins 3. Jh. trennte er das gut verwaltete und wirtschaftlich erschlossene Römische Reich von dem weniger erschlossenen Siedlungsraum kleinerer Völker.

Nicht nur Feinde

Militärisch war der Limes kein uneinnehmbares Bollwerk, eher eine bewachte Grenzlinie. Über ihn hinweg gab es einen lebhaften Handel. Die Germanen lieferten den Römern Rohstoffe wie Holz und Blei, aus dem Imperium kamen im Gegenzug Waffen, Schmuck, Geschirr und Wein. Die Grenzposten kontrollierten also vor allem den Waren- und Personenverkehr.

Über die Grenze hinweg knüpften die Römer auch diplomatische Kontakte, um Unruhen und Aufstände zu verhindern. Zahlreiche germanische Anführer begaben sich mit ihren Leuten in römische Dienste. Sie wurden dafür bezahlt und konnten so am wirtschaftlichen Reichtum der Römer teilhaben.

M 3 Verlauf des Limes um 200 n. Chr.

M 5 Beweis für den Ort der Varusschlacht?

Diese in Kalkriese gefundene Münze mit dem Porträt von Augustus wurde zwischen den Jahren 8 und 3 v. Chr. geprägt. Der Stempel auf dem Kaiserkopf wurde auf Befehl von Varus angebracht. Keine der Münzen aus Kalkriese ist nach 9 n. Chr. geprägt worden.

M 4 Wachturm des obergermanischen Limes
Rekonstruktionszeichnung

Im Inneren der Türme befanden sich Unterkünfte für die Soldaten, Vorratsspeicher, Magazine für Waffen und Werkstätten.

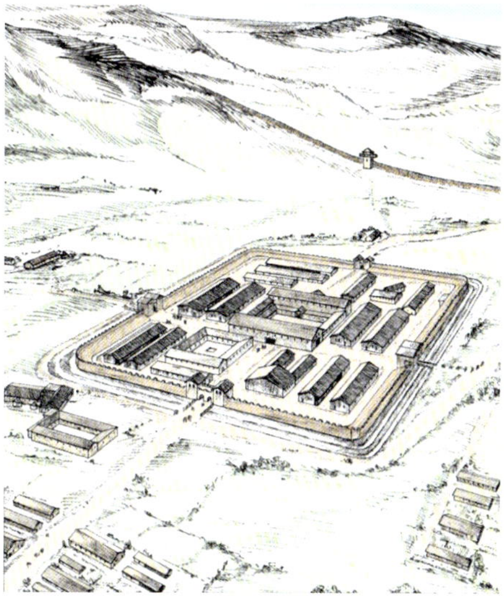

M 6 Kastell Saalburg im 2. Jh. n. Chr.
Rekonstruktionszeichnung

Kastelle waren mit Befestigungen aus Stein oder Holz, mit Gräben und Toren geschützt. Im Inneren befanden sich Unterkünfte für die Soldaten, Vorratsspeicher, Magazine zum Aufbewahren der Waffen und Werkstätten.

1. *Erläutere, wie das Bild der Römer über die „barbarischen" Fremden außerhalb der römischen Grenzen entstehen konnte. Gibt es heute Vergleichbares?*
2. *Diskutiert, ob das Hermannsdenkmal (M2) bei Detmold abgebaut werden sollte.*
3. *Stelle fest, in welchen Bundesländern heute Spuren vom Limes zu finden sein müssten (M3).*
4. *Begründe, warum der Limes nicht geeignet war, wie eine Burg gegen ein großes Heer verteidigt zu werden.*
5. *Erkläre, warum die Münzfunde (M5) darauf hinweisen, dass Kalkriese der Ort der Varusschlacht sein könnte.*

Internettipps:
Mehr über den Limes verrät dir Mediencode 30041-16

Zur gleichen Zeit, am anderen Ende der Welt

M 1 „Erster erhabener Gottkaiser"
Tuschezeichnung, um 1850
Qin Shihuangdi (reg. 221 - 210 v. Chr.) vereinte die Königsherrschaften Chinas erstmals in einem großen Kaiserreich. Auf diesem Bild aus viel späterer Zeit trägt er als Herrschaftszeichen den „Mian Guan": Die viereckige Platte symbolisiert die Erde, der runde Teil den Himmel. Die Schnüre vor ihm bedeuten die Zukunft, die Schnüre hinten die Vergangenheit.

Ein Kaiserreich im Osten

221 v. Chr.: Rom beherrscht ganz Italien und beginnt, das Mittelmeer zu kontrollieren. In China besiegt der König von Qin sechs benachbarte Königreiche. Jetzt nennt er sich „Erster erhabener Gottkaiser". Untersuchen wir dieses andere Imperium, das Chinesische Reich.

Herrschaft

An der Spitze des Reiches steht der Kaiser als Alleinherrscher. Seine Macht leitet er von einem Auftrag des Himmels ab: Ein gerechter Herrscher wird von den Göttern beschützt, einen schlechten Herrscher straft der Himmel und gibt die Macht an einen anderen weiter. Bei der Regierung helfen ihm Beamte. Sie sind angesehen, weil sie die schwierige Schrift lesen und schreiben können. Sie schreiben auf Papier (in China erfunden 180 v. Chr.).

Wirtschaft

Die meisten Chinesen sind Bauern. Sie schaffen Nahrung, zahlen Steuern und ziehen in den Krieg. Die wenigsten besitzen eigenes Land, sondern bewirtschaften Boden der Großgrundbesitzer. Andere Gewerbe sind die Erzeugung von Eisen und Salz. Dies darf nur in kaiserlichen Betrieben geschehen. Münzen gibt es seit dem 4. Jh. v. Chr. Kaiser Qin Shihuangdi schafft um 220 v. Chr. einheitliche Werte, Maße und Gewichte für ganz China.

Gesellschaft

Der Kaiser macht männliche Verwandte zu Königen von Provinzen des Reiches. Die Beamten des kaiserlichen Hofes in Chang'an sind nach Einkommen in Klassen unterteilt. Eine ähnliche Hierarchie gibt es auch in den Provinzen. In der Han-Dynastie ermöglicht eine scharfe Beamtenprüfung jedem Chinesen einen Aufstieg in hohe Ämter. Weniger angesehen als Beamte sind die Bauern, darunter kommen die Handwerker, unter ihnen die Händler. Chinesische Frauen betreuen den Haushalt, erziehen die Kinder und müssen ihren Ehemännern gehorchen. Sklaven ohne alle Rechte machen nur ein Prozent der Bevölkerung aus.

Kultur

Chinesen verehren ihre verstorbenen Ahnen. Sie glauben, dass sie als Geister Einfluss auf die Lebenden haben. Sehr wichtig ist die Verehrung der kaiserlichen Vorfahren. Naturerscheinungen sind für die Chinesen Gottheiten. Gelehrte wissen durch genaue Beobachtung sehr viel über Astronomie und Heilkunde. Ganz wichtig für die chinesische Kultur ist der Philosoph Konfuzius (551 - 479 v. Chr.). Er lehrt, dass die Beachtung der alten Sitten durch jeden Einzelnen die Harmonie der Gesellschaft erhält.

Vernetzung

Beide Imperien, China im Osten und Rom im Westen, wissen von der Existenz des anderen Staates. Selten kommen sogar Gesandtschaften der Kaiser an die Grenzen des jeweils anderen Reiches.
Viel wichtiger ist der Austausch von Gütern, der über die „Seidenstraße"[1] mit vielen Zwischenstationen sehr langsam verläuft. Zwischen den Reichen werden überwiegend Luxusartikel ausgetauscht: Chinesen importieren römisches Glas, da sie nicht die Perfektion römischer Glashütten erreichen, sowie Teppiche und Kleider mit eingewebten Goldfäden. Römer importieren Seidenstoffe, da sie nur über die minderwertige Seide der griechischen Inseln verfügen. So verbreiten sich Gerüchte und grobes Wissen über die andere Kultur. Eine gegenseitige Beeinflussung findet jedoch kaum statt.

[1] Die Seidenstraße war keine ausgebaute Straße zwischen China und dem östlichen Mittelmeer. Es handelt sich vielmehr um ein Netz aus vielen, unterschiedlich guten Karawanenwegen in einem sehr großen Raum.

Internettipp:
Über das Kaiserreich China informiert Mediencode 30041-17

M2 Fundamente

Der Gelehrte Dong Zhongshu schreibt um 150 v. Chr. über die Verantwortung des Herrschers:

Wer über das Volk herrscht, ist das Fundament des Staates. Für das Volk ist nichts wichtiger als die Verehrung dieses Fundaments. Wo das Fundament verehrt wird, da leitet der Herrscher das Volk wie ein guter Geist. Wird das Fundament nicht verehrt, fehlen ihm die Mittel, das Volk zu vereinigen. Auch Strafen können dann nichts ausrichten. Dies heißt „den Staat wegwerfen". Gibt es größeres Unglück als das?

Was meine ich mit „Fundament"? Himmel, Erde und Menschheit sind die Fundamente aller lebenden Dinge: Der Himmel bringt sie mit kindlicher und brüderlicher Liebe hervor. Die Erde nährt sie mit Speisen und Kleidung. Die Menschheit vollendet sie mit Riten und Musik. Diese drei unterstützen einander, auf keine kann verzichtet werden: Ohne Liebe fehlt den Menschen der Grund des Lebens. Ohne Speise und Kleidung fehlt ihnen der Lebensunterhalt. Ohne Riten und Musik fehlen ihnen die Mittel, um vollständige Menschen zu werden. Fehlen alle, sind die Menschen wie Tiere: Jeder folgt seinen Bedürfnissen, jede Familie hat andere Gewohnheiten. Väter können ihren Söhnen nichts befehlen, Herrscher ihren Ministern nichts anordnen. [...] Wer ein erleuchteter Meister und würdiger Herrscher ist, beachtet sorgfältig die drei Fundamente: Er bringt andächtig das Opfer dar, dient sorgsam seinen Vorfahren, drückt kindliche und brüderliche Liebe aus, ermutigt zu kindlicher Verehrung und dient so dem Fundament des Himmels.

Er nimmt den Pflug, um den Boden zu bestellen, füttert die Seidenraupen mit Maulbeerblättern, rodet die Wildnis, sät Getreide, bebaut neues Land um genug Nahrung und Kleidung zu liefern und dient so dem Fundament der Erde.

Er gründet Schulen, um Respekt vor den Eltern, brüderliche Liebe, Verehrung und Bescheidenheit zu lehren, erleuchtet das Volk mit Bildung, bewegt die Herzen mit Riten und Musik und dient so dem Fundament der Menschlichkeit.

Wenn diese drei Fundamente verehrt werden, werden die Leute wie Söhne und Töchter sein, die es nicht wagen, sich Herrschaft anzumaßen. Der Herrscher wird Vätern und Müttern ähneln, keine Gefälligkeiten brauchen und keine harten Strafen, um es zum Handeln zu bewegen.

William Th. de Bary und Irene Bloom, Sources of Chinese Tradition, Bd. 1, New York ²1999, S. 299 f. (frei übersetzt von Markus Sanke)

M3 Drei Reiche

Herrschaften in Asien und Europa, um Christi Geburt

Das Römische Reich und das Kaiserreich China liegen an den gegenüberliegenden Enden des eurasischen Kontinents. Das Partherreich bestand von etwa 100 v. Chr. bis 200 n. Chr.

1. *Ein Römer aus der Zeit des Kaisers Augustus kommt nach China. Du bist Beamter am Kaiserhof. Erkläre dem Gast, was er über dein Land wissen sollte.*
2. *Dong Zhongshu war Anhänger des Konfuzius. Arbeite aus M2 heraus, wie ein chinesischer Kaiser und ein Untertan sich verhalten sollen.*
3. *Arbeite aus M3 Unterschiede und Gemeinsamkeiten des römischen und chinesischen Reiches sowie Kontaktmöglichkeiten heraus.*
4. *Begründe, ob du lieber in Rom oder China gelebt hättest.*

China: 7 streitende Königreiche · Vereinigung unter Kaiser Qin Shihuangdi · Qin- Han-Dynastie · Kaiserreich China · Zerfall des Reiches · 3 Königreiche

Rom: Römische Republik · Augustus · Römische Kaiserzeit

300 v. Chr. · 200 v. Chr. · 100 v. Chr. · Chr. Geb. · 100 n. Chr. · 200 n. Chr. · 300 n. Chr.

Römische Götter und neue Religionen

Die Römer kennen viele Götter

Die Römer glaubten an viele Götter (Polytheismus). Durch Opfer, Götterfeste und Gebete (Götterkult) hofften sie, die Götter wohlgesinnt zu stimmen und damit Gefahren abwehren und Fehler wiedergutmachen zu können. Den Willen der Götter glaubte man aus dem Lauf der Sterne oder dem Flug der Vögel herauslesen zu können. Naturkatastrophen galten als göttliche Strafen.

Der mächtigste Gott der Römer war Jupiter. Neben ihm thronte seine Frau Juno. Neptun war der Gott des Meeres, Mars der Gott des Krieges und Venus die Göttin der Liebe.

Eine besondere Nähe zu den Göttern besaß für die Römer der Kaiser. Augustus ließ seinen ermordeten Adoptivvater Caesar zum Gott erklären. Diese Vergöttlichung eines verstorbenen Vorgängers ahmten nachfolgende Kaiser nach. In der Kaiserzeit wurden die Herrscher oft schon zu Lebzeiten als „Divus" (dt. „Vergöttlichter") verehrt.

Ein Reich mit vielen Religionen

Die Römer waren in religiösen Dingen tolerant. In den Provinzen wurde zwar der offizielle römische Götter- und Kaiserkult gepflegt. Viele eroberte Völker behielten aber trotzdem den Glauben an ihre alten Götter bei. Zum Teil vermischten sich die Religionen mit griechisch-römischen Elementen. Durch den Kontakt mit anderen Kulturen veränderten sich auch die römischen Glaubensvorstellungen. Schon während der Republik übernahmen die Römer die griechischen Götter und vereinten sie mit ihren. Seit der Kaiserzeit verehrten sie auch die ägyptische Göttin Isis. Aus dem Orient kam der Kult des Mithras, eines Gottes des Lichts und der Wahrheit.

M 1 Jupitersäule in Mainz
Kopie (9,25 m) der etwa 12 m hohen Originalsäule aus dem 1. Jh.
Die Mainzer weihten die kostspielige Säule Jupiter für das Heil des Kaisers Nero (54 - 68 n. Chr.). Das Original wurde zerstört, nur wenige Teile sind erhalten. Außer Jupiter sind 27 weitere Götter dargestellt, unter anderem Herkules auf dem Sockel.

M 2 Das Geheimnis der Christen
Grabinschrift aus einer Katakombe, einer unterirdischen Begräbnisstätte der frühen Christen
Der Fisch war das Zeichen für die christliche Glaubensgemeinschaft. Das griechische Wort für Fisch heißt ICHTHYS. Dahinter verbirgt sich die Formel: **I**esous **Ch**ristos **Th**eou (Gottes) **Y**ios (Sohn) **S**oter (Retter).

Diese und andere, nur Eingeweihten zugänglichen Götter- und Mysterienkulte (Mysterien: geheime religiöse Feiern) verbreiteten sich im Römischen Reich.

Das Christentum entsteht

Gleichzeitig gewann auch eine andere Religion immer mehr an Bedeutung: das Christentum. Es ging von dem Juden **Jesus** aus Palästina aus. Seine Anhänger nannten ihn „Christus" (dt. „Gesalbter"), da sie in ihm den von Gott gesandten Erlöser sahen.

Jesus wurde um das Jahr 4 vor Beginn unserer Zeitrechnung geboren. Um das Jahr 30 verurteilten ihn die Römer zum Tod am Kreuz.

Nach seinem Tod verkündeten seine Anhänger die Botschaft von der Liebe des einen Gottes, der seinen Sohn Jesus Christus geopfert habe, um die Menschen von ihren Sünden zu erlösen und ihnen nach dem Tod ein ewiges Leben im Paradies zu gewähren. Die ersten Christengemeinden entstanden in Städten. Unter ihren Mitgliedern waren viele Frauen, Angehörige der Unterschichten und Sklaven.

M 3 Vorzeichen

Der römische Schriftsteller Sueton (ca. 70 - 140 n. Chr.) berichtet in seiner Biografie des Kaisers Galba über göttliche Vorzeichen. Galba ist im Juni 68 zum Kaiser ausgerufen, aber schon im Januar 69 von meuternden Soldaten ermordet worden.

Zahlreiche bedeutungsvolle Vorzeichen hatten Galba schon von Beginn seiner Herrschaft an seinen Untergang angezeigt. Während seines ganzen Marsches nach Rom wurden in jeder Stadt rechts und links des Weges Opfertiere geschlachtet, aber einmal hatte ein Stier seine Fesseln zerrissen und sich auf den Wagen des Kaisers gestürzt. Bei seinem Einzug in Rom und in den Kaiserpalast empfing ihn ein Erdbeben und ein Geräusch, ähnlich dem Brüllen eines Stieres. Aber es folgten noch deutlichere Zeichen. Man beobachtete auch, dass beim Opfer am ersten Januar der Kranz von Galbas Haupt fiel.

Sueton, Galba 18, nach: Sueton, Leben der Caesaren, übersetzt von André Lambert, Reinbek 1960, S. 264f.

M 4 Vergöttlichung des Kaisers Antoninus Pius und seiner Gattin Faustina

Relief von der Basis der Antoninus-Pius-Säule in Rom, 161 n. Chr.

M 5 Kaiser und Götter

Römische Münze, geprägt 73 n. Chr.

Die Vorderseite zeigt Kaiser Vespasian (69 - 79) und die Rückseite eine Gottheit.

1. *Arbeite aus dem Verfassertext den Umgang der Römer mit Religion heraus.*
2. *Beschreibe, wie nach Sueton die Götter den Menschen Nachrichten schicken (M3).*
3. *Stelle fest, welche Gottheit auf der Münze zu sehen ist (M5).*
4. *Die Römer haben den unterworfenen Völkern erlaubt, ihre eigenen Götter weiter zu verehren. Beurteilt, ob das klug war.*

ca. 30 n. Chr.: Kreuzigung Jesu; seine Anhänger verkünden die christliche Lehre, erste Christengemeinden entstehen

ca. 4 v. Chr.: Geburt Jesu

Jesus von Nazareth

20 v. Chr. | 10 v. Chr. | Chr. Geb. | 10 | 20 | 30 | 40 | 50 | 60 | 70 | 80

Von der verfolgten Sekte zur Staatsreligion

M 1 „Erscheinung des Kreuzes"
Wandgemälde von 1524, entworfen von Raffael (1483 - 1520), gemalt von seinen Schülern, Papstpalast in Rom, Sala di Costantino
Kaiser Konstantin sieht eine Kreuzeserscheinung am Himmel.

Christen werden verfolgt

Die Christen glaubten nur an einen Gott (**Monotheismus**). Sie lehnten die römischen Götter und den Kaiserkult ab, hielten sich von Festen fern und feierten ihre Gottesdienste in Privathäusern. Dies machte sie zu Außenseitern, in den Augen mancher Römer sogar zu Staatsfeinden. Daher kam es immer wieder zu **Christenverfolgungen**.

Im 3. Jh. wurden die Grenzprovinzen des Römischen Reiches von umherziehenden Völkern verwüstet. Die Menschen litten unter Teuerungen und Not. Man suchte Schuldige und fand sie in der christlichen Minderheit. Ihre Gottesdienste wurden unter Androhung der Todesstrafe verboten, kirchliche Bauten und Kultgeräte zerstört und christliche Schriften verbrannt. Viele Christen gaben nach, zahlreiche waren jedoch bereit, für den Glauben ihr Leben zu opfern, und starben als Märtyrer.

Das Christentum setzt sich durch

Nach der letzten Verfolgung der Christen unter Kaiser Diokletian beendete sein Nachfolger Galerius im Jahr 311 die Verfolgungen. In einem „Toleranzedikt" sichert er allen Religionen die Freiheit der Glaubensentscheidung zu.

Zwei Jahre später, in der **Mailänder Vereinbarung** von 313, bestätigte Kaiser Konstantin I. diese Regelung. Er räumte den Christen sogar Vorrechte ein: Kirchlicher Grundbesitz wurde steuerfrei und der Sonntag allgemeiner Feiertag. Konstantin steht in der Geschichtsschreibung für eine neue Zeit, die als **konstantinische Wende** bezeichnet wird. Der Überlieferung nach war dies Konstantins Dank für den Sieg gegen seinen Rivalen Maxentius im Jahre 312. Ihm sei vor der entscheidenden Schlacht ein Christuszeichen und die Inschrift „IN HOC SIGNO VINCES" („In diesem Zeichen wirst du siegen!") erschienen. Daraufhin habe er das Zeichen der Christen angenommen und gewonnen. Die Nachfolger Konstantins haben die Heiden, also alle, die nicht an den christlichen Gott glaubten, immer mehr benachteiligt. Kaiser Theodosius (379 - 395) schließlich verbot 391 alle heidnischen Kulte. Das Christentum wurde Staatsreligion; die Christianisierung der Römer begann.

Glaube und Kirche überdauern

Der Siegeszug der Christen hing auch mit dem raschen Aufbau einer straffen Organisation zusammen. Bereits Ende des 1. Jh. leitete ein Vorsteher die Gemeinden und den Gottesdienst. Im 2. Jh. erhielt er die Bezeichnung „Bischof" (griech. episcopos: Aufseher). Er überwachte die Glaubenslehre und galt als alleiniger Vermittler zwischen Gott und den Menschen. Das Römische Reich brach im 5. Jh. zusammen, nicht aber die christliche Kirche. Die Eroberer wurden selbst Christen, der Bischof in Rom zum religiösen Oberhaupt im Westen. Seit dem 5. Jh. nennt er sich Papst. Bis heute ist Rom damit die Hauptstadt der katholischen Kirche.

M2 Religionsfreiheit

Der Bischof Eusebios (gest. 339) hat das Mailänder Edikt (Gesetz) Konstantins I. und seines Mitkaisers Licinius aus dem Jahre 313 überliefert; darin heißt es:

Nach langer Überlegung haben wir entschieden, dass jeder Mensch die Freiheit haben soll, Christ zu sein und zu leben wie ein Christ. Darüber hinaus soll jeder Mensch die Freiheit haben, die Religion anzunehmen, die er für richtig hält […]

Nach: Hans-Georg Beck (Hrsg.), Leben in Byzanz. Ein Lesebuch, München 1991, S. 216 (vereinfacht)

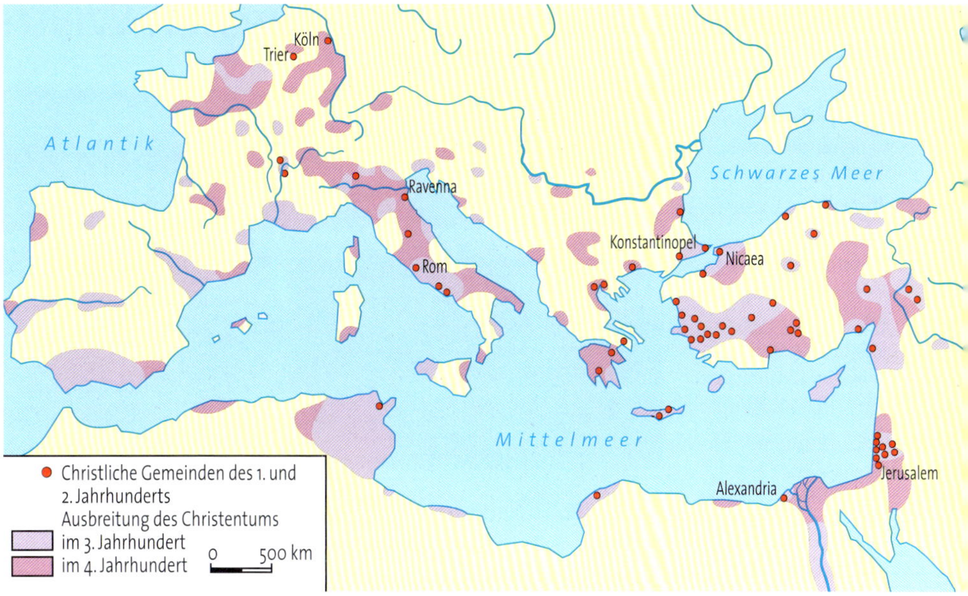

M4 Ausbreitung des Christentums bis ins 4. Jh.

M3 Kaiser, von Gott erleuchtet

Kaiser Theodosius I., Ausschnitt aus einer Silberplatte zum 10-jährigen Regierungsjubiläum aus Almendralejo, Spanien

Theodosius machte das Christentum durch sein Verbot der öffentlichen Ausübung der heidnischen Kulte zur Staatsreligion. Die Scheibe hinter seinem Kopf war ein altes Symbol für die göttliche Sonne. Theodosius aber zeigte damit seine Nähe zum Christengott. Später nannte man die Darstellung der Sonnenscheibe dann Heiligenschein. Der Name Theodosius bedeutet übrigens „von Gott gegeben".

M5 Das christliche Bekenntnis wird Gesetz

Theodosius (379-392 Kaiser im Osten, 388-395 im Gesamtreich) regelt im Jahr 380 mit dem weströmischen Kaiser das christliche Bekenntnis:

Alle unter Unserer milden Herrschaft stehenden Völker sollen nach Unserem Willen demjenigen Glauben angehören, den der heilige Apostel Petrus […] den Römern mitgeteilt hat […]. Wir glauben nämlich nach der Vorschrift der Apostel […] an die Göttlichkeit des Vaters, des Sohnes und des Heiligen Geistes […]. Diejenigen, die diesem Gesetze folgen, sollen den Namen katholische[1] Christen führen, die übrigen aber, die Wir als töricht und wahnwitzig erklären, sollen als Abtrünnige vom Glauben mit Ehrlosigkeit bestraft und mit dem Zorne Gottes und dann nach Unserer Entscheidung […] mit einer Strafe belegt werden.

Nach: Gottfried Härtel und Frank-Michael Kaufmann (Hrsg.), Codex Justinianus, Leipzig 1991, S. 29 (vereinfacht)

[1] katholisch (griech. katholikos): allgemein, für alle

1. *Nenne Gründe für den Aufstieg des Christentums zur Staatsreligion.*
2. *Stell dir vor, der Auftrag an Raffael, das Bild M1 zu malen, ist verlorengegangen. Darin werden das Motiv und der Ort des Bildes begründet. Verfasse diesen Auftrag.*
3. *Untersuche die Karte M4.*
4. *„Niemand darf wegen seines Glaubens benachteiligt werden", so steht es in unserem Grundgesetz. Vergleiche M2 und M5 und beurteile, welche Anordnung dem heute geltenden Grundsatz am nächsten ist.*

Das Christentum breitet sich im Römischen Reich aus
Erste große Christenverfolgung
Letzte Christenverfolgung unter Kaiser Diokletian
Toleranzedikt des Galerius
Konstantin I. gewährt Christen Religionsfreiheit
Das Christentum wird alleinige Staatsreligion
Christi Geburt – 100 – 200 – 300 – 400

Das Ende des römischen Weltreiches

M 1 Völkerscharen
Szenenbild aus der ZDF-Dokumentation „Sturm über Europa", Teil 4: Die Erben des Imperiums
Der letzte Teil der TV-Doku zeichnet die Züge der Franken, Angelsachsen und Goten ab dem 5. Jh. und die allmähliche Entstehung Europas bis zum Frankenreich im 8. Jh. nach.

M 2 Zeugnis der Völkerwanderung
Spangenhelm aus Krefeld-Gellep, Eisen, vergoldete Bronze, um 500
Der Helm lag in einem sehr reich ausgestatteten Männergrab in der Nähe eines verlassenen römischen Lagers. Er ist aber kein römischer Helmtyp, sondern wurde im germanischen Gebiet hergestellt.

Die „Völkerwanderung"

„Die Barbaren kommen!" Dieser Schreckensruf ertönte seit dem Ende des 2. Jh. immer häufiger am Limes. Ständig zogen immer mehr Menschen, die Germanen genannt wurden, aus ihren mittel- und osteuropäischen Herkunftsgebieten auf die Grenzen des Römischen Reiches zu. Eine wachsende Bevölkerung, vielleicht auch Klimaverschlechterungen, Abenteuerlust, vor allem aber der Wunsch nach besseren Lebensverhältnissen führten zu einer **„Völkerwanderung"**. In der Regel wanderten immer nur Teile einer Völkerschaft in die ungewisse Zukunft. Dabei vertrieben die Gruppen, die als erste auswanderten, oft andere Menschen aus ihren Wohngebieten. Daraus entstand allmählich eine Art Lawine entwurzelter Völkergruppen, die in das Römische Reich eindrangen oder dort lediglich bessere Siedlungsplätze suchten. Seit dem 4. Jh. rückte auch das Reitervolk der Hunnen gewaltsam aus Asien nach Europa vor. Dieser Ansturm löste eine neue Welle von Wanderungen aus. Im Jahr 410 schließlich griff ein Heer der sogenannten Westgoten die Stadt Rom an und raubte sie aus.

Probleme im Inneren des Reiches

Den Römern fehlte das Geld für eine Verstärkung der Armee. Steuererhöhungen brachten nichts mehr ein. Um die überhöhten Steuern nicht zahlen zu müssen, versteckten sich die Menschen oder zogen in eine andere Stadt. Doch der Kaiser musste ständig Krieg führen und in den Provinzen folgten die Statthalter ihren eigenen Interessen und schadeten damit dem Reich.

Ende des Römischen Reiches

Häufige Herrscherwechsel in Rom schwächten das Reich im Inneren. Allein im Laufe des 3. Jh. gab es über 40 Kaiser. Um das Reich überhaupt regierbar zu halten, teilten im Jahr 395 die beiden Söhne des Kaisers Theodosius das Römische Reich unter sich auf. Seitdem gab es das Weströmische und das Oströmische Reich. Die Hauptstadt des Oströmischen Reiches war Konstantinopel (die „Stadt des Konstantin"). Im Oströmischen Reich gab es kaum noch Menschen, die Latein sprachen. Sprache und Kultur waren griechisch. Um den griechischen Charakter zu betonen, nennt man das Oströmische Reich auch **Byzantinisches Reich**.
Am Ende waren alle Anstrengungen vergebens: An zu vielen Grenzabschnitten gab es zu lange zu viele Angriffe. Die Kaiser gestatteten einzelnen Stämmen wie den Westgoten, innerhalb der Reichsgrenzen zu siedeln. Sie brauchten keine Steuern zu zahlen und durften sich selbst verwalten. Schließlich setzte der germanische Heerführer Odoaker 476 den letzten Kaiser im inzwischen mehrfach von Germanen geplünderten Rom ab. In der Westhälfte Europas endete damit die Geschichte des Römischen Reiches. Das Oströmische Reich bestand hingegen noch beinahe weitere 1 000 Jahre, bis es den Türken 1453 gelang, Konstantinopel und das Byzantinische Reich zu erobern. Sie nannten die Stadt Istanbul.

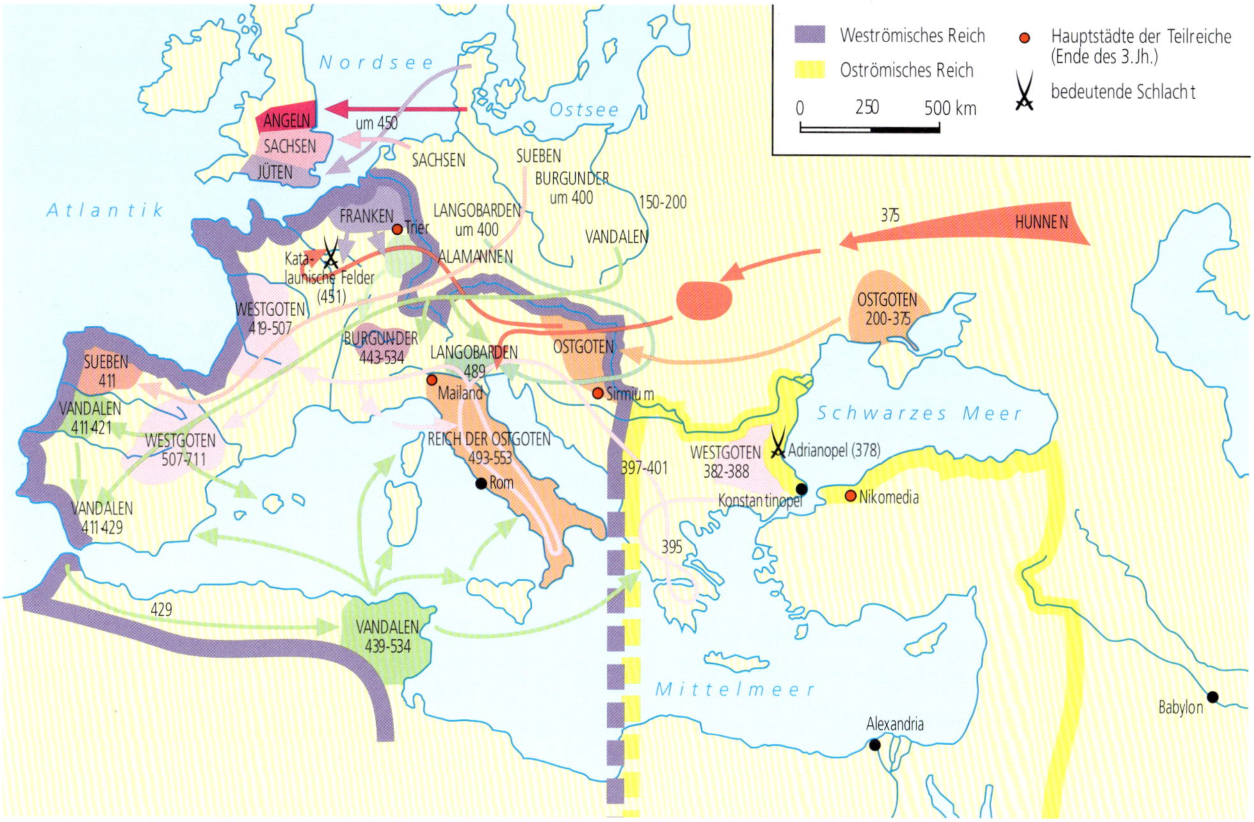

M3 Kriegszüge und Machtübernahmen

Die farbigen Flächen zeigen, wo sich ein Volk für eine längere Zeit niedergelassen hat. Wie man besonders an den Westgoten sehen kann, unternahmen sie manchmal mehrere Versuche zu einer Reichsgründung. Ihr erstes Bleiberecht auf römischem Boden hatten sich die Westgoten in der Schlacht bei Adrianopel 378 erkämpft. Auf den Katalaunischen Feldern gelang es einem Bündnis der Westgoten, Franken, Römer, Gallier und Burgunder, 451 die Hunnen zu besiegen.

M4 Die Steuereinnehmer

Der christliche Schriftsteller Salvian von Marseille (400-480) beschreibt in seinem Buch „Die Weltregierung Gottes" die Tätigkeit der Statthalter und führenden Bürger in den Provinzen:

Sehr viele Menschen werden beraubt von denen, die zwar nur wenige sind, aber das Recht zur Steuereintreibung missbrauchen, um in die eigene Tasche zu wirtschaften. Sie tun so, als ob der Staat ihnen gehören würde. Und unter diesen Leuten sind nicht nur die höchsten Beamten, sondern auch ganz einfache Staatsdiener, es sind Provinzstatthalter und kleine Bedienstete. Gibt es überhaupt einen Ort im Reich, wo nicht von den dortigen Machthabern die Witwen und Waisen auf die schamloseste Weise ausgeplündert werden? Niemand ist sicher vor diesen Räubern außer denen, die selbst zu den Räubern gehören.

Salvian, Über die Regierung Gottes, S. 17 f.
(übersetzt von Björn Onken)

1. *Nenne Gründe für den Niedergang des Römischen Reiches.*
2. *Erläutere das Problem, das von Salvian beschrieben wird (M4).*
3. *Versuche, die Gründe für das Ende des Römischen Reiches als Teufelskreis darzustellen.*
   Hinweis: Bei einem Teufelskreis ergibt sich aus einem Problem ein noch größeres usw.
4. *Diskutiert, ob für die hier dargestellten Ereignisse der Begriff „Untergang" oder „Veränderung" passender ist.*

Internettipp:
Eine interaktive Karte zu den germanischen Wanderungsbewegungen findest du unter Mediencode 30041-18

Seit 166 n.Chr.: erste germ. Einfälle an den Grenzen des Römischen Reiches
Die „Völkerwanderungszeit" beginnt
Westgoten plündern Rom
Das römische Imperium wird in ein Ost- und Weströmisches Reich geteilt
Ende des Weströmischen Reiches

250 | 300 | 350 | 400 | 450

Das weiß ich – das kann ich!

Wie in den vorausgehenden Kapiteln findet ihr hier Karteikarten zu verschiedenen Themen:

Rom wurde am Tiber gegründet. Dort wuchsen Dörfer zu einer Stadt zusammen. Durch Expansion eroberten die Römer große fruchtbare Landschaften dazu. Die wachsende Bevölkerung des Imperium Romanum lebte von der Landwirtschaft. Kleine Bauern zogen als Soldaten in den Krieg und verloren oft ihre Höfe. Sie verlangten vergeblich nach der Zuteilung von günstigem Ackerland in einer Landreform. Der Handel der Römer ging weit über die Grenzen des Imperiums (z. B. den Limes) hinaus.

Nach der Königsherrschaft entstand die Republik. Das oberste Gremium war der Senat. Anfangs durften nur Patrizier ein Amt übernehmen, die Plebejer erkämpften sich aber immer mehr Rechte. Als Rom sich ausdehnte, wurden die Statthalter der Provinzen mächtige Männer. Im Bürgerkrieg hatten Feldherren wie Caesar oft große Macht. Augustus schaffte es, eine Monarchie zu errichten. Er begründete das Prinzipat, das römische Kaisertum.

Die Römer glaubten an viele Götter (Polytheismus). Die monotheistischen Religionen wie das Christentum stießen auf Ablehnung. Christenverfolgungen waren die Folge. Erst die Mailänder Vereinbarung erlaubte die Ausübung jeder Religion. Kaiser Konstantin vollzog die konstantinische Wende: das Christentum wurde Staatsreligion im Reich.

Die Gesellschaft zerfiel in Patrizier und Plebejer. Weit unten standen die Proletarier, die ihre Arbeitskraft in den Städten anboten. Im Patriarchat hatte der Pater familias Macht über die Familienmitglieder. Römische Frauen waren nicht so sehr an das Haus gebunden wie griechische und manche übten auch Berufe aus. Für die Unterhaltung der Stadtbewohner sorgten Zirkusspiele und Schaukämpfe von Gladiatoren z. B. im Circus Maximus oder im Kolosseum.

Durch die Expansion des Imperiums breitete sich die römische Kultur, Sprache, Recht und Lebensweise aus (Romanisierung). Roms Versuch, die Herrschaft bis zur Elbe auszudehnen, scheiterte in der Varusschlacht. Danach bauten Römer zur Grenzsicherung den Limes zum unbesetzten Germanien, der aber für Menschen und Waren durchlässig war. Seit dem 4. Jh. überschritten immer öfter nichtrömische Gruppen Roms Grenzen („Völkerwanderung"). Zuletzt übernahmen germanische Herrscher den Westen des Reiches. Im griechischen Osten lebte das Imperium Romanum im Byzantinischen Reich fort.

1. *Finde Belege für die Aussagen auf den Karteikarten.*
2. *Finde für jede Karteikarte eine passende Überschrift und überlege, welche Informationen du auf die Rückseite schreiben würdest.*
3. *Überlege, welche Leistungen von Römern für uns heute von Bedeutung sind.*

Einen Reiseführer erstellen

Von China nach Rom

Das Römische Reich war auch viele hunderte Kilometer von seinen Grenzen entfernt bekannt. Sogar die Chinesen wussten, dass es im Westen ein großes Reich gibt. Im 2. Jh. n. Chr. haben einige Römer gemeinsam den chinesischen Kaiserhof besucht.

Stellt euch vor, chinesische Beamte möchten einen Gegenbesuch machen. Um gut auf die Reise vorbereitet zu sein, wollen sie sich in einem Reiseführer über das Römische Reich informieren. Diesen Reiseführer sollt ihr nun erstellen:

So erstellt ihr den Reiseführer:

1. Bildet Gruppen mit 6-10 Personen.
2. Überlegt euch gemeinsam, welche Kapitel euer Reiseführer haben soll. Stellt sie auf einer Liste zusammen. Ihr müsst natürlich weder auf Chinesisch noch auf Lateinisch schreiben. Die Beamten sind gelehrte Männer, die Deutsch verstehen (auch wenn es diese Sprache damals noch gar nicht gab).
   Tipp:
   Ein guter Reiseführer beschreibt nicht nur berühmte Orte. Er gibt auch Hinweise zum Alltagsleben, damit man gut mit den Einheimischen zurechtkommt.
3. Verteilt in eurer Gruppe, wer welche Kapitel gestalten soll.
4. Sammelt Bilder, die ihr für eure Seiten verwenden wollt. Dazu könnt ihr Kopien von den Schulbuchseiten hernehmen oder euch eigene Bilder suchen.
5. Überlegt, wohin ihr die Bilder setzen wollt und wohin die Texte.
6. In den Texten erklärt ihr die Bilder und gebt außerdem Informationen, die für das jeweilige Thema wichtig sind.
7. Wenn ihr fertig seid, legt die Einzelseiten zusammen und locht sie. Bindet sie mit einem starken Faden zusammen. (Euer Lehrer / eure Lehrerin hilft euch sicher dabei.) Fertig ist der Reiseführer!

Gestaltet eine Präsentation in eurer Klasse, die euren Reiseführer vorstellt. Vergleicht anschließend euren Reiseführer mit dem der anderen Gruppen und diskutiert Unterschiede und Gemeinsamkeiten.

Das Mittelalter

M 1 **Hamburger Hafen mit Kran**
Miniatur aus dem Hamburger Stadtrecht, um 1500
Boote und kleine Schiffe bringen Fracht zu den draußen vor Anker liegenden Seeschiffen. Rechts stehen Reeder, Seeleute und Kaufleute. Im Haus tagt wahrscheinlich ein Gericht, vor dem ein Streit verhandelt wird.

M 2 **Sah so Karl der Große aus?**
Die kleine Bronzestatuette aus dem 9. Jh. ist nur 24 cm hoch. Forscher nehmen an, dass die Figur, ein König mit langem Schnurrbart, an Karl den Großen erinnern soll. Lebensechte Bilder von Personen gab es erst am Ende des Mittelalters.

Das Mittelalter – eine finstere Zeit?

Computerspiele und Mittelaltermärkte greifen immer wieder auf heutige Vorstellungen des Lebens im Mittelalter zurück. In diesem Halbjahr kannst du erfahren, inwieweit dieses Bild geschichtlich stimmig ist.

Dies geschieht in zwei Kapiteln:

- Leben im Mittelalter
- Juden, Christen und Muslime

M 3 Papst Urban II. ruft 1095 zum Kreuzzug auf
Holzschnitt von 1482
Auf dem Spruchband in der Mitte steht „Gott will es!".

M 4 Lustiges Mittelalter
Mittelalterliches Leben ist auch ein beliebter Stoff für Klamauk und Comedy. Die Film-Komödie „1 ½ Ritter" mit Til Schweiger als „Ritter Lanze" brachte 2008 das Kinopublikum zum Lachen.

1
Leben im Mittelalter

M Monatsbild Januar
Flämische Buchmalerei,
um 1530

Hochmut kommt vor dem Fall

„Und damit Gott befohlen, blinder Ritter!", rief der alte Meier Helmbrecht ungehalten. „Verlasst auf der Stelle meinen Hof, sonst lasse ich Euch von meinem Großknecht hinausprügeln!" „Seid doch barmherzig mit mir!", flehte da der zerlumpte Blinde an der Hoftüre. „Ich bin doch Euer Sohn …" „Ich habe keinen Sohn mehr", entgegnete der alte Mann bitter. „Mein Sohn wollte kein Bauer sein wie ich und meine Vorväter. Er wollte sich nicht die Hände bei ehrlicher Arbeit schmutzig machen. Sein Erbteil hat er verschleudert, um sich wie ein adliger Herr herauszuputzen. Und als alles verprasst war, hat er die armen Bauern in den Dörfern der Umgebung in Angst und Schrecken versetzt und ausgeplündert wie ein gemeiner Ritter. Ich will mit ihm nichts mehr zu tun haben." Der alte Helmbrecht spuckte aus und wollte schon die Tür hinter sich schließen. Doch als er den Sohn mit bittender und kleinlauter Stimme weitersprechen hörte, zögerte er. „Aber Vater, habe ich nicht schwer für meinen Leichtsinn gebüßt? Die Gerichte haben ihr Urteil gesprochen. Mir wurden die Augen ausgestochen, eine Hand und ein Fuß zur Strafe abgeschlagen. Nun irre ich an der Hand eines Kindes umher, heimatlos, verachtet und hungrig." Dem alten Helmbrecht krampfte sich das Herz zusammen, als er seinen Sohn so flehen hörte. War das sein hochmütiger Junge?

Es fiel ihm wieder ein, dass er vor wenigen Tagen schweißgebadet aufgewacht war. Er hatte geträumt, er sehe seinen Sohn an einem Baum hängen, die Füße zwei Meter über dem Boden, und über seinem Kopf einen Raben und eine Krähe. – Aber er konnte nicht anders: „Das hätte sich mein Herr Sohn früher überlegen sollen. Er hat es ja besser gewusst, als ich ihn gewarnt und auf Knien gebeten habe, doch das zu bleiben, wozu er geboren wurde, und sich nicht gegen seinen gottgewollten Stand aufzulehnen. Mein Helmbrecht war nicht nur leichtsinnig, er hat gegen Gott und die Welt gesündigt und dafür die gerechte Strafe erhalten: Hochmut kommt vor dem Fall. – Und jetzt verschwindet, sonst …"

Dieter Brückner

1. *Überlege dir eine Verteidigungsrede, die der Sohn an seinen Vater richtet.*
2. *Beurteile, inwieweit du das Verhalten des Vaters angemessen findest.*

Leben im Mittelalter

Die Menschen vor etwa 1 000 Jahren hätten nie von sich behauptet, im „Mittelalter" zu leben: Diese Bezeichnung entstand im 16. Jh., als die damaligen Menschen die Antike als großes Vorbild sahen. Sie fassten die Zeit zwischen der Antike und ihrer Gegenwart als „in der Mitte" auf und meinten, hier seien die Errungenschaften und Fortschritte der Antike verloren gegangen. Daraus kommt die Vorstellung eines dunklen Zeitalters, aber trifft das wirklich zu?

M 1 Marksburg in Braubach
Der Kern der Burganlage geht auf das 12. Jh. zurück. Die Burg gilt als einzige, nie zerstörte mittelalterliche Höhenburg am Mittelrhein. Der größte Teil der heute scheinbar vollständig erhaltenen Burgen des Mittelalters zeigt nicht mehr den ursprünglichen Zustand. Oft wurden sie zu Schlössern umgebaut, meist aber in Kriegen zerstört und im 19. Jh. nach den damaligen Vorstellungen des Mittelalters wieder aufgebaut.

Am Ende des Kapitels solltest du beispielsweise auf folgende Fragen antworten können:
- Inwieweit ist das Mittelalter eine „finstere Zeit"?
- Inwiefern sorgten Veränderungen in der Landwirtschaft für eine wirtschaftliche Weiterentwicklung?
- Wie unterscheidet sich das Leben in der Stadt und auf dem Land?
- Wer regiert wen und warum? Welche Rolle spielt die Kirche hierbei?
- Wie beeinflusst uns das mittelalterliche Leben eigentlich heute noch?

Antike

500 v. Chr. | 250 v. Chr. | Chr. Geburt | 250 n. Chr. | 500 n. Chr.

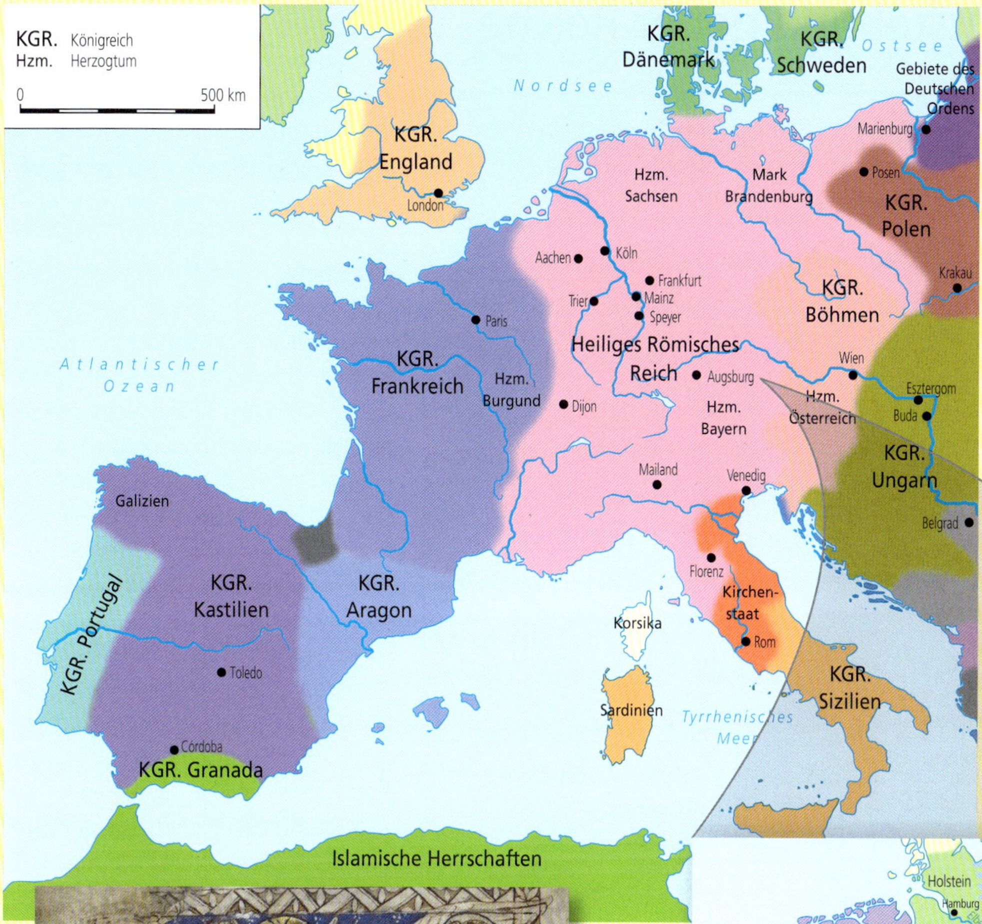

M 2 Europa um 1250

M 4 Das Reich zur Zeit der Ottonen im 10. Jh.
(siehe auch S. 167)

M 3 Das christliche Weltbild: Mittelalterliche Weltkarte
Londoner Psalterkarte, um 1265
Im Zentrum der Weltkarte befindet sich Jerusalem.

rühmittelalter | Hochmittelalter | Spätmittelalter

750 n. Chr. | 1000 n. Chr. | 1250 n. Chr. | 1500 n. Chr. | 1750 n. Chr.

ränkische Reiche | Heiliges Römisches Reich

Entstehung neuer Reiche

M 1 Die Eroberungen Chlodwigs

Das Reich der Franken

Die Franken siedelten zunächst in den heutigen Niederlanden. Von dort sickerten sie im 4. Jh. in das Römische Reich ein. Sie lernten die Lebensweise der Römer kennen. Manche vornehmen Franken lebten wie Römer. Einige ihrer Heerführer wurden sogar römische Generäle und Konsuln. Die Franken waren in mehrere kleine Königreiche zersplittert. Neben den fränkischen Kleinkönigen gab es noch andere bedeutende Herrschaften: die Reiche der Westgoten, der Burgunder und der Alamannen.

Der Frankenkönig Chlodwig (König 482-511) aus dem Geschlecht der **Merowinger**, war wie sein Vater Childerich römischer Kommandant und bei Römern und Franken höchst angesehen. Chlodwig gelang es, die anderen fränkischen Könige zu besiegen und sein Reich in mehreren Eroberungszügen bis nach Südfrankreich und über den Rhein auszudehnen. Die Franken waren eine Großmacht geworden, die anderen germanischen Reiche verloren an Bedeutung.

Fremde Völker – neue Reiche

Im 4. und 5. Jh waren Völkerschaften von den Küstengebieten an der Ostsee und aus Osteuropa nach Mittel- und Westeuropa gewandert. Unter dem Druck dieses Ansturms und aus innerer Schwäche war das Weströmische Reich zusammengebrochen. Diese germanischen Völkerschaften ließen sich oft auf einst römischem Boden dauerhaft nieder und gründeten kleine Reiche wie z.B. die Franken, Burgunder oder Ost- bzw. Westgoten. Sie kannten keine Schrift und brachten ihre eigenen Sprachen und Lebensweisen mit. Manche ihrer Häuptlinge nannten sich **Könige**. In der Westhälfte Europas vermischten sich nun im 5. und 6. Jh. römische und germanische Lebensformen. Eine neue Zeit begann, die Historiker als **Mittelalter** bezeichnen.

M 2 Goldmünze Chlodwigs
Die Münze ahmt römische Vorbilder nach: Anstelle des Kaisers ist der Frankenkönig dargestellt.

Ein christliches Königtum

Chlodwig errang seine Macht nicht nur durch Mord und Kriege. 493 heiratete er Chrodechilde, die Nichte des burgundischen Königs. Durch die Ehe des Frankenkönigs mit der Burgunderin wurden ihre beiden Reiche friedlich verbunden. Nach der Überlieferung hat Chlodwig von seiner Gemahlin, die Christin war, den christlichen Glauben kennengelernt und sich taufen lassen. Schon sein Vater Childerich hatte neben heidnischen Gottheiten auch die christlichen Heiligen verehrt. Zusammen mit Chlodwig sollen dreitausend Franken den neuen Glauben angenommen haben. Das **Frankenreich** wurde ein christliches Königtum auf ehemals römischem Boden.

König Mittelalter Merowinger Frankenreich

M3 König Chlodwig empfängt die Taufe

Der Bischof und Geschichtsschreiber Gregor von Tours berichtet um 575 in seiner „Frankengeschichte", wie es zur Taufe Chlodwigs gekommen sein soll:

Die Königin aber ließ nicht ab, in ihn zu dringen, dass er den wahren Gott erkenne und ablasse von den Götzen[1]. Aber auf keine Weise konnte er zum Glauben bekehrt werden, bis er endlich einst mit den Alamannen in Krieg geriet. Als die beiden Heere zusammenstießen, kam es zu einem gewaltigen Blutbad, und Chlodwigs Heer war nahe daran, völlig vernichtet zu werden. Als er das sah, erhob er seine Augen zum Himmel und sprach: „Jesus Christ, Chrodechilde verkündet, du seiest der Sohn des lebendigen Gottes. Hilfe, sagt man, sollst du den Bedrängten geben, Sieg denen, die auf dich hoffen – ich flehe dich demütig an um deinen mächtigen Beistand: Gewährst du mir jetzt den Sieg über diese meine Feinde, so will ich an dich glauben und mich taufen lassen auf deinen Namen. Denn ich habe meine Götter angerufen, aber sie sind weit davon entfernt, mir zu helfen." Und da er solches gesprochen hatte, wandten die Alamannen sich um und begannen zu fliehen. Der König verlangte getauft zu werden. Er ging zum Taufbade hin, sich rein zu waschen von dem alten Aussatz [des Unglaubens].

Nach: Gregor von Tours, Historiarum libri decem 2, 30-31, hg. von Rudolf Buchner (Ausgewählte Quellen zur deutschen Geschichte des Mittelalters 1), Darmstadt 1959, S. 117 - 119

M4 Der Frankenkönig Childerich

Die Rekonstruktionszeichnung zeigt Kleidung und Ausrüstung des Königs nach seinem Grabschmuck, der 1653 in Tournai gefunden wurde. Die Ausrüstung ist römisch, der Siegelring trägt die Inschrift: CHILDIRICI REGIS („König Childerich") und weist ihn als Verbündeten der Römer aus. Typisch ist die lange Haartracht: Bei den germanischen Völkern trugen nur die Vornehmen die Haare lang. Dies galt als Ausdruck von Macht und Lebenskraft, insbesondere bei Königen.

1. *Beschreibe die Ausdehnung des Frankenreiches unter Chlodwig (M1). Vergleiche mit einer modernen Europa-Karte: Welche heutigen Länder liegen auf dem Gebiet von Chlodwigs Reich?*
2. *Nenne die Gründe, die Chlodwig zu seiner Taufe veranlasst haben sollen (M3).*
3. *Beschreibe, was Gregor von Tours mit seiner „Taufgeschichte" ausdrücken wollte (M3).*
4. *Begründe, warum das Reich Chlodwigs als „fränkisch-römisches Reich" bezeichnet werden kann (M2 und M4).*
5. *Manche sprechen von „Völkerwanderungen", wenn Menschen aus anderen Ländern zu uns kommen. Beurteile, ob dieser Ausdruck zutreffend ist.*

[1] Götze: abfälliger Ausdruck für heidnische Götter

Karl der Große

M 1 Sah so Karl der Große aus?
Die kleine Bronzestatuette aus dem 9. Jh. ist nur 24 cm hoch. Forscher nehmen an, dass die Figur, ein König mit langem Schnurrbart, an Karl den Großen erinnern soll. Lebensechte Bilder von Personen gab es erst am Ende des Mittelalters.

Die Karolinger lösen die Merowinger ab

Ungefähr drei Jahrhunderte lang kamen die fränkischen Könige aus der Familie der Merowinger. Nach dem Tod eines Königs wurde das Reich gleichmäßig an seine Söhne verteilt. Daher gab es oft drei oder vier Frankenkönige nebeneinander.

Die Teilungen belasteten das Reich schwer. Denn jeder der Könige versuchte, seine Herrschaft zu vergrößern, indem er Gebiete seiner Brüder eroberte. Die ständigen Bruderkriege und Reichsteilungen, aber auch Angriffe der Araber von Spanien her schwächten das Königtum der Merowinger mehr und mehr. Sie waren am Ende nur noch dem Namen nach Könige; die tatsächliche Macht im Reich hatten andere fränkische Fürsten, vor allem die **Karolinger**. 751 wurde Pippin aus der Familie der Karolinger selbst König. Der **Papst** stimmte zu, denn er meinte: Wer die Macht hat, sollte auch König sein. Mehr als hundert Jahre lang blieben die Karolinger Könige des Frankenreiches.

Als Gegenleistung für die päpstliche Unterstützung verteidigte Pippin den Papst erfolgreich gegen Angriffe der Langobarden, die in Italien ein Königreich errichtet hatten. Diese mussten daraufhin Gebiete abtreten, die Pippin dem „heiligen Petrus" schenkte. Aus dieser Schenkung entstand der spätere Kirchenstaat, der Vatikan.

Eroberer mit Kreuz und Schwert

Als Pippin 768 starb, wurde das Reich unter seinen beiden Söhnen aufgeteilt. Der jüngere Sohn, Karlmann, starb schon 771, sodass sein Bruder Karl König des ganzen Frankenreiches wurde.

Es verging kaum ein Jahr ohne Krieg. Karl eroberte das Reich der Langobarden in Italien und machte sich selbst zum „König der Langobarden". Er unterwarf die Bayern, kämpfte gegen die Awaren an der Donau und gegen die Araber in Spanien. Den längsten und blutigsten Krieg führte Karl gegen die Sachsen. Sie waren Heiden und wollten sich keinem christlichen König unterwerfen, der ihnen ihre Götter und Heiligtümer nahm. Die Franken gingen mit brutaler Härte vor: Sie richteten viele der sächsischen Häuptlinge hin; einige tausend Familien wurden aus ihrer Heimat vertrieben und im Inneren des Reiches angesiedelt. Wer noch heidnische Götter verehrte, wurde mit dem Tod bestraft.

Kaiser der Römer und „Vater Europas"?

Schon Karls Vater Pippin war vom Papst gesalbt worden und war „Schutzherr" Roms und des Papstes. Als Papst Leo III. von römischen Adligen überfallen und vertrieben wurde, bat er daher Karl um Hilfe. Dieser zog mit einem Heer nach Rom und sorgte persönlich für die Sicherheit des Papstes. Zum Dank krönte er Karl am Weihnachtstag 800 in der Peterskirche zum römischen Kaiser. Seit dem Ende des Römischen Reiches gab es erstmals wieder einen Kaiser in Rom. Das Reich Karls umfasste große Teile Europas. Schon manche Zeitgenossen nannten ihn deshalb **„Karl den Großen"** und „Vater Europas".

Karolinger Papst Karl der Große

M2 Tod oder Taufe

Nicht alle sind damit einverstanden, wie die Franken gegen die Sachsen vorgehen. Alkuin, ein Gelehrter und Berater Karls des Großen, kritisiert den König deswegen schwer. In einem Brief an einen befreundeten Erzbischof schreibt er 796:

Unser Herr Jesus Christus hat seinen Jüngern aufgetragen: „Geht hin, lehret alle Völker und tauft sie im Namen des Vaters und des Sohnes und des Heiligen Geistes. Und lehrt sie, alles zu halten, was ich euch anvertraut habe." Mit diesen ganz wenigen Worten erklärte er die Reihenfolge: Zuallererst verlangte er, den katholischen Glauben zu lehren, und erst wenn der Glaube angenommen ist, folgt die Taufe. Was nützt die Taufe ohne Glauben? Es ist unmöglich, ohne Glauben Gott zu gefallen. Aber man muss wissen: Glaube entsteht aus freiem Willen, nicht unter Zwang. Wie kann man einen Menschen zwingen zu glauben, was er nicht glaubt?

Nach: Epistolae Karolini aevi II, hg. von Ernst Dümmler (Monumenta Germaniae historica, Epistolae, Bd. IV), Berlin 1895, S. 164

M4 Der Heilige Petrus setzt Papst und Kaiser ein
Nachzeichnung eines heute verlorenen Mosaiks im Lateranpalast des Papstes in Rom
Das Originalbild ist kurz vor der Kaiserkrönung Karls des Großen entstanden. Der Heilige Petrus überreicht Papst Leo III. ein Pallium (das Abzeichen des Papstes, das auch Petrus selbst trägt); König Karl über gibt er eine Fahne.

M3 Kann ein Frankenkönig römischer Kaiser werden?

Ein unbekannter Geschichtsschreiber der Zeit Karls des Großen berichtet, wie es dazu gekommen ist, dass Karl Kaiser wurde:

Damals war bei den Griechen [d. h. bei den Byzantinern] der Kaisertitel nicht vergeben, denn sie hatten eine Frau als Kaiser [Kaiserin Eirene von Byzanz]. Deshalb waren Papst Leo und alle heiligen Väter, die zum Konzil[1] versammelt waren, sowie das übrige christliche Volk der Meinung, dass sie den Frankenkönig Karl Kaiser nennen sollten. Dieser herrschte nämlich schon über Rom, wo seit jeher die Kaiser zu residieren pflegten, und auch über die anderen Kaiserstädte in Italien, Gallien und Germanien. Weil der allmächtige Gott alle diese Orte in seine Macht gegeben hatte, schien es ihnen richtig, dass er den Kaisertitel erhalte.

Lorscher Annalen zu 801, in: Monumenta Germaniae historica, Scriptores I, hg. von Georg Heinrich Pertz, Hannover 1826, S. 38 (übersetzt und vereinfacht von Arnold Bühler)

1. *Schreibe einen Brief, wie ihn Alkuin an Karl den Großen verfasst haben könnte. Erkläre dem König, warum es falsch ist, die Sachsen zur Taufe zu zwingen (M2).*
2. *Gib wieder, warum die Franken und der Papst es richtig fanden, dass Karl Kaiser wurde (M3). Wer war mit Karls Kaisertum nicht einverstanden?*
3. *Vergleiche den Bericht und das Bild zur Kaiserkrönung Karls des Großen (M3 und M4). Wer machte König Karl zum Kaiser?*
4. *Welche Darstellung wird wohl Karl dem Großen besser gefallen haben (M3 oder M4)? Begründe deine Ansicht.*
5. *In jedem Jahr wird in Aachen der „Karlspreis" verliehen. Er ist für Politiker, die sich besonders für ein friedliches Europa einsetzen. Findest du es richtig, dass dieser wichtige Europa-Preis nach Karl dem Großen benannt ist? Begründe.*

[1] Konzil: feierliche Versammlung des Papstes und der Bischöfe, bei der wichtige Dinge der Kirche beraten werden

Der Karolinger Pippin wird König der Franken – Karl wird König – Karl wird Kaiser
750 – 800 – 850

Der reitende König

Der König auf Durchreise

Das Reich Karls des Großen erstreckte sich von der Nordsee bis nach Süditalien und vom Atlantik bis an die Elbe. Schon in friedlichen Zeiten, wenn einmal kein Krieg geführt wurde, war dieses riesige Reich kaum zu regieren. Eigentlich hätte der König überall gleichzeitig sein müssen. Denn nur dort, wo er persönlich anwesend war, wurden seine Befehle befolgt. Zwar war das Reich in Grafschaften eingeteilt; in jeder Grafschaft herrschte ein Graf im Auftrag des Königs. Aber die Grafen waren selbst mächtige Herren. Der König musste sie kontrollieren, damit sie ihre Gebiete auch nach seinem Willen und nicht nur zu ihrem eigenen Nutzen regierten. Deshalb reiste Karl der Große fast ohne Pause durch sein Reich, in jedem Jahr mehrere tausend Kilometer. Das Reisen war beschwerlich, denn feste Straßen gab es nur wenige. Am angenehmsten war die Reise mit dem Schiff stromabwärts auf den großen Flüssen, dem Rhein oder dem Main. In Klöstern[1] wie Lorsch und Fulda, in Bischofsstädten wie Mainz und Köln oder in seinen eigenen Pfalzen wie Frankfurt und Aachen machte der König Station. Pfalzen waren besonders ausgebaute Königshöfe mit festen Gebäuden, einer prächtigen Königshalle und einer Kirche. An manchen Orten blieb der König nur zur Durchreise, an anderen mehrere Tage oder Wochen, um Weihnachten oder Ostern zu feiern oder um zu jagen. Man kann sagen: Der König regierte vom Sattel seines Pferdes aus (**Reisekönigtum**).

Was macht ein König?

Die wichtigste Aufgabe des Königs war es, Frieden und Recht im Reich zu wahren. Aber der König regierte nicht allein. Auf Hof- und **Reichstagen** traf er sich mit den Fürsten zur Beratung. Hier wurden wichtige Entscheidungen des Reiches getroffen, Streitfälle entschieden, Recht gesprochen, Urkunden geschrieben, Boten aus fernen Teilen des Reiches und Gesandte aus fremden Ländern empfangen. Weil der König ständig unterwegs sein musste, gab es keine Hauptstadt im Reich. Karl der Große hatte „Lieblingspfalzen", wo er sich besonders häufig und oft mehrere Monate aufhielt. Die wichtigste war Aachen; hier verbrachte er die letzten Jahre seines Lebens.

Der König reiste stets mit vielen Begleitern, mehreren hundert bis tausend Mann und doppelt so vielen Pferden. Das vornehme Gefolge aus Bischöfen, Äbten und weltlichen Fürsten machte die Würde des Königs weithin sichtbar. Das Personal war aber auch nötig, um den König bei seinen vielen Aufgaben zu beraten und die Reichsgeschäfte zu erledigen. Der reisende Königshof musste an jedem Ort mit Nahrung und Waren versorgt werden: Menschen und Tiere brauchten Verpflegung, die Pferde mussten beschlagen werden, Wagen waren zu reparieren, die Schreiber benötigten Pergament[2], Tinte und Federn. Für die Klöster und Pfalzen bedeutete deshalb ein längerer Aufenthalt des Königs eine große Belastung. Mancher Abt war erleichtert, wenn der König sein Kloster einmal nicht aufsuchte.

[1] Vgl. dazu S. 176 f.

[2] Pergament: Weil Papier im Mittelalter in Europa noch nicht bekannt war, wurde Pergament benutzt. Das ist Tierhaut, die so bearbeitet wurde, dass sie mit einer Gänsefeder und Tinte beschrieben werden konnte.

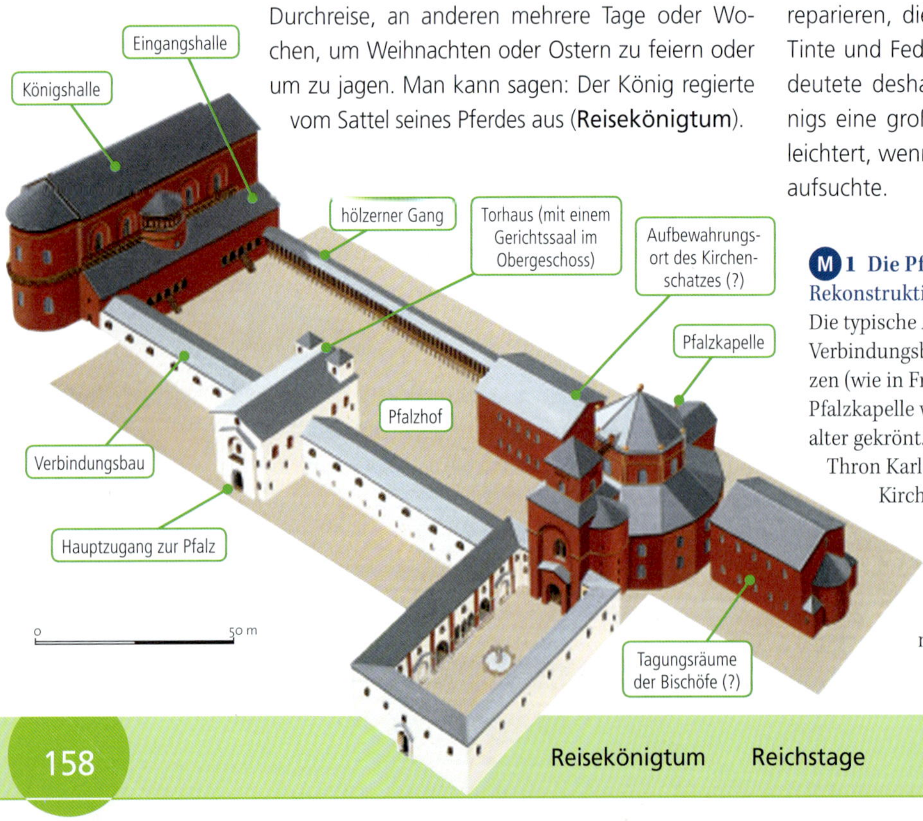

M 1 Die Pfalz in Aachen

Rekonstruktionszeichnung

Die typische Anlage mit Königshalle, Kirche und einem Verbindungsbau dazwischen gab es auch in anderen Pfalzen (wie in Frankfurt und Ingelheim). In der Aachener Pfalzkapelle wurden fast alle deutschen Könige im Mittelalter gekrönt. Nach der Krönung nahmen sie auf dem Thron Karls des Großen Platz, der in der achteckigen Kirche auf einer Empore steht. Die Pfalzkapelle ist noch heute erhalten. Zur Pfalz gehörten auch noch andere Gebäude (Wirtschaftsgebäude, Ställe usw.); weil sie aber aus Holz gebaut waren, ist von ihnen nichts mehr erhalten.

Reisekönigtum Reichstage

M2 Wo war Karl der Große?

Die Urkunden Karls des Großen nennen für das Jahr 775 folgende Aufenthaltsorte:

5. bis 22. Januar: Quierzy
25. Februar: Saint Denis
14. März bis 4. April (Ostern): Quierzy
3. bis 10. Mai: Diedenhofen
24. Mai bis 26. Juni: Quierzy
28. Juli bis 3. August: Düren
nach dem 3. August in Sachsen (Stationen: Hohensyburg – Eresburg – Brunsburg – Minden/Lübbecke)
25. Oktober bis November: Düren
Ende November: Diedenhofen
Anfang Dezember bis Weihnachten: Schlettstadt

Zusammengestellt nach Engelbert Mühlbacher (Hrsg.), Die Urkunden der Karolinger 1 (MGH Diplomata Karolinorum I), Berlin 1906, S. 128 - 155

M3 Der König will versorgt sein

Karl der Große gibt genaue Vorschriften, wie seine Königshöfe zu bewirtschaften sind:

Auf jedem unserer Höfe sollen die Verwalter einen möglichst großen Bestand an Kühen, Schweinen, Schafen, Ziegen und Böcken halten. Es ist mit aller Umsicht dafür zu sorgen, was von Hand zubereitet wird, nämlich Speck, Rauchfleisch, Wurst, Pökelfleisch, Wein, Essig, Maulbeerwein, Fischbrühe, Senf, Käse, Butter, Malz, Bier, Honig, Wachs, Mehl; dies alles ist in bester Qualität bereitzustellen. Wir wollen, dass von fetten Hammeln und Schweinen Talg[1] gemacht wird. Außerdem sollen auf jedem Hof mindestens zwei Mastochsen gehalten werden, die entweder dort geschlachtet oder an uns abgeführt werden. […] Jeder Hof soll in seinem Lagerraum vorrätig haben: Bettdecken, Matratzen, Federkissen, Bettlinnen[2], Tischtücher, Bankpolster, Gefäße aus Kupfer, Blei, Eisen und Holz, Feuerböcke[3], Ketten, Kesselhaken[4], Hobeleisen, Spitzhacken, Bohrer, Schnitzmesser und alles sonstige Gerät. Auch das eiserne Kriegsgerät muss hier aufbewahrt werden, damit es in gutem Zustand ist.

Nach: Wolfgang Lautemann (Hrsg.), Geschichte in Quellen 2, München 1970, S. 95 - 101 (zum Teil neu übersetzt und gekürzt)

M4 Das Reich Karls des Großen mit den wichtigsten Aufenthaltsorten des Königs

1. *Stelle eine Liste der wichtigsten Aufenthaltsorte Karls des Großen zusammen (M4).*
2. *Kopiere die Karte M4 und trage den Reiseweg Karls als Luftlinie ein (M2). Berechne die Strecke, die der König mindestens zurücklegte.*
3. *Wie lange war der König von Diedenhofen nach Quierzy und von dort nach Düren unterwegs? Berechne die durchschnittliche Tagesstrecke (M2 und M4).*
4. *Erstelle ein Lagerverzeichnis für einen Königshof Karls des Großen. Sortiere die Bestände nach Nahrungsmitteln, Gegenständen in Küche und Haushalt, Werkzeugen (M3).*
5. *Begründe, warum Karl der Große solche Vorschriften gegeben hat (M3).*
6. *Heute wird ein Land von einer Hauptstadt aus regiert. Begründe, warum das für Karl den Großen nicht möglich gewesen ist.*

[1] Talg wird aus Tierfett gewonnen und als Beleuchtungsmittel für Fackeln benutzt.
[2] Bettlinnen: Betttücher aus Leinenstoff
[3] Feuerbock: eisernes Gestell, auf dem Töpfe aus Ton über das Herdfeuer gestellt wurden
[4] Kesselhaken: eiserner Haken, an dem Kessel über dem Herdfeuer hingen

Haithabu – die Stadt unter dem Rasen

Auf dieser Seite lernst du eine wichtige Arbeitsweise der Archäologen kennen: das Spurenlesen im Boden. Durch Ausgrabungen, bei denen sie alle Merkmale im Untergrund sorgfältig erfassen und alle Fundstücke bergen, können Archäologen feststellen, was an einem Ort in der Vergangenheit geschehen ist.
Seit über 100 Jahren werden am „Haddebyer Noor" bei Schleswig Ausgrabungen durchgeführt. Unter dem Rasen fanden Archäologen eine frühe Stadt, die schon im Mittelalter verlassen wurde. Sie konnten sehr viel über diese Stadt herausfinden:

Archäologen schließen
aus Hausresten **auf** die Größe und Bauweise der Häuser
aus Knochenfunden **auf** die Tiere, die hier gegessen wurden
aus Pflanzenresten **auf** Landwirtschaft und Umwelt
aus Werkzeugen und halbfertigen Produkten **auf** Handwerke
aus Schiff(steil)en **auf** die Herkunft von Menschen und Waren
aus Gegenständen aus anderen Gegenden **auf** Handelskontakte
aus Gräbern **auf** die Glaubensvorstellungen der Bewohner
aus Textilien und Schmuck **auf** Bekleidung und Wohlstand

Die Siedlung konnte als die Stadt Haithabu identifiziert werden, in Schriftquellen Hedeby oder Heidebu genannt. Sie war ein wichtiger Handelsplatz zwischen dem fränkischen Reich im Süden, dem Königreich Dänemark im Norden und dem Land der Slawen im Osten. Viel mehr als ihren Namen erfahren wir aus schriftlichen Quellen nicht. Die Archäologen aber konnten das Leben der Menschen in Haithabu erhellen.

Mit archäologischen Ergebnissen kannst du so umgehen:

1. Beschreibe, was die Archäologen gefunden haben
Wichtige Merkmale sind zum Beispiel: Material, Lage, Größe, Verteilung, Häufigkeit. – Ziehe auch die Bildunterschriften heran!

2. Überlege, was das über den Fundort aussagt
Hier solltest du dich fragen: „Was bedeutet es für die Geschichte des Fundorts, wenn es dort damals ... gab?" – Die Liste oben gibt dir Hinweise. Vielleicht fallen dir auch mehrere Möglichkeiten ein.

3. Formuliere Aussagen über die Vergangenheit
Berücksichtige archäologische Aussagen zu verschiedenen Lebensbereichen, etwa Wirtschaft, Umwelt, Herrschaft, Religion ...

M 1a Ehemalige Siedlung Haithabu heute
Luftbild von Süden

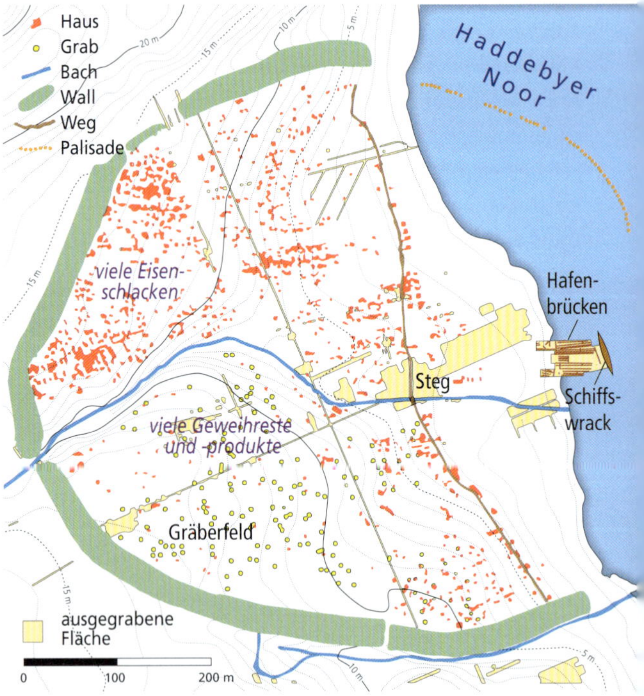

M 1b Grabungs- und Beobachtungsergebnisse in Haithabu
Übersichtsplan von 2015 mit Eintragung wichtiger Befunde

Du machst mit einem Besucher einen Spaziergang über die Fläche der ehemaligen Siedlung Haithabu (M1a). Dein Gast sagt: „Die können mir viel erzählen – dass auf dieser Wiese eine solche Stadt gewesen sein soll, glaube ich nicht!" – Arbeite aus dem Plan M1b heraus, wie einzelne Teile der Rekonstruktion durch Ausgrabungsergebnisse belegt sind.
Kannst du den Zweifler überzeugen?

Als archäologischer Spurendeuter könntest du so antworten:
Noch heute sieht man im Gelände den halbkreisförmigen Wall, der die Stadt umgab. So wissen wir, dass Haithabu etwa 620 x 570 m groß war. Nur ein kleiner Teil im Inneren wurde ausgegraben. An vielen Stellen wurden Häuser gefunden. Die Stadt hatte einen Friedhof im Südwesten, wie die Häufung von Gräbern zeigt. Die Wasserversorgung war durch einen Bach gesichert. Ein Weg durchquerte die Siedlung parallel zum Ufer. Er lief auf einem Steg über den Bach. Nur eine kleine Zone im Wasser wurde ausgegraben. Die dort gefundenen Hafenbrücken (Stege) waren so dicht, dass sie sicher auch nördlich und südlich davon angenommen werden können. Zur See hin war der Hafen mit einer Palisade aus Holzpfosten gesichert, die unter Wasser gefunden wurden. Sie ließ vermutlich nur einen engen Durchlass offen. Ein Wrack zeigt, dass hier wohl reger Handelsverkehr stattfand.

(6) **Arabische Silbermünze.** Sie wurde 923/24 in Bagdad geprägt. Bis um 950 sind arabische Münzen in Haithabu sehr häufig.

(7) **Schwert**, Eisen, silber- und goldverziert. Lag in einem sehr reich mit Beigaben ausgestatteten Grab, vermutlich eines Angehörigen einer Königsfamilie.

(8) **Fränkische Silbermünze.** Diese Münzen wurden zur Zeit Karls des Großen zwischen 768 und 792 geprägt. Die Münze gehört zu den ältesten Funden aus der Siedlung Haithabu.

(1) **Schmucknadel**, Bronze vergoldet. Nadeln mit solchen Tierköpfen trugen vor allem Wikingerfrauen aus Schweden.

(2) **Transport- und Vorratsgefäß**, H. 45cm. Hergestellt um 850 bei Köln. Das Gefäß kam möglicherweise nicht leer, sondern als Behälter mit Wein in die Siedlung Haithabu.

(3) **Waage, Waagschale und Gewichte**, Messing. Bei Münzen galt nicht der angegebene Wert, sondern das Silbergewicht. Jeder Kaufmann brauchte daher einen Satz Gewichte und eine feine Münzwaage.

(4) **Einfacher Kochtopf**, H. 15,3cm. Solche Töpfe wurden um 1000 vor allem im Gebiet der Niederlande hergestellt.

(5) **Gussform für einen Kreuzanhänger**, ca. 12 x 8cm. Das Material ist Speckstein, ein sehr weicher, schnitzbarer Stein aus Norwegen.

M 2 Was Archäologen in Haithabu fanden (Auswahl)

Jetzt bist du dran: Spuren lesen üben

Du hast deinen Besucher von der Stadt Haithabu überzeugen können. Nun will er mehr wissen:

1. *„Kannst du mir anhand der Funde sagen, was die Menschen in Haithabu so gemacht haben?"*
2. *„Manche sagen, Haithabu war ein ‚internationaler Platz'. Kann man das beweisen?"*

Nützliche Formulierungen zur Auswertung archäologischer Spuren:
Der Fund stammt aus der Zeit ... / aus dem ... Jahrhundert. / Das Objekt ... wurde in ... hergestellt. / Es kam vermutlich nach ..., weil man damit ... . / Der Fund von ... zeigt an, dass man am Fundort ... gemacht hat. / Für die Deutung des Fundes ... gibt es verschiedene Möglichkeiten: ..., ... / Wenn es hier ... gab, dann muss es auch ... gegeben haben.

Lehnswesen und Grundherrschaft

Land bringt Macht

Die Grundlage jeder Herrschaft im Mittelalter war Grundbesitz. Der größte Grundbesitzer war der König. Land besaß auch der **Adel**. Aus ihm stammten Könige und Herzöge (die höchsten Fürsten), Grafen, Bischöfe und Äbte. Aber auch freie Bauern besaßen Grund und Boden.

Wer viel Land und mehrere Höfe besaß, ließ diese von Dienstmannen (Ministerialen) verwalten. Mit Unterstützung von sogenannten „Meiern" (von lat. maior: Vorsteher) zogen die Ministerialen die grundherrlichen Abgaben ein, beaufsichtigten die Dienste und sorgten für Schutz und Ordnung der Höfe.

Wer über Land und Leute verfügt

Nur wer Land besaß, war wirklich frei. Aber immer wieder reichten die Einkünfte vieler Bauern nicht mehr aus, um ihre Familien zu ernähren und für den König in den Krieg zu ziehen. Viele gaben deshalb ihre Freiheit auf; sie unterstellten sich und ihre Nachkommen als **Hörige** dem Schutz eines Grundherrn. Der Hof gehörte nun dem Grundherrn; ihm musste der unfreie Bauer Dienste und Abgaben leisten (Frondienste), aber keinen Kriegsdienst mehr für den König.

M1 Wie funktionierte die Grundherrschaft?
Die adlige Grundherrschaft bestand meist aus einem Haupthof, mehreren Nebenhöfen sowie den Höfen der Hörigen. Mächtige Grundherren wie Kaiser, Könige, Fürsten und die Kirche besaßen mehrere tausend Höfe.

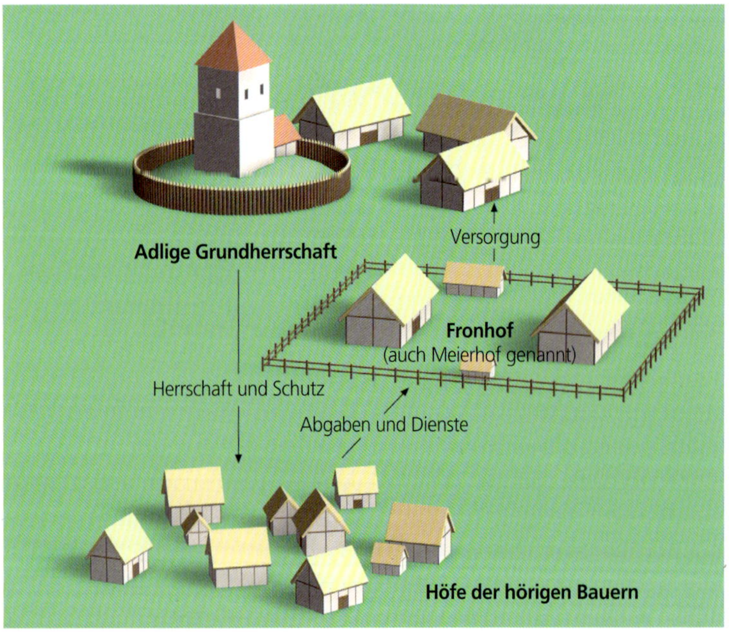

Bauern, die das Land des Herrn als dessen Diener bearbeiteten, galten als **Leibeigene**. Ohne Zustimmung des Grundherrn durften sie das Land nicht verlassen. Der Grundherr war auch Richter über sie und durfte sie bestrafen. Wenn der Grundherr das Land vererbte, verkaufte oder verlor, gehörten auch die unfreien Bauern mit ihren Familien dem neuen Herrn. Die Macht der Grundherren über Land und Leute nennen wir **Grundherrschaft**.

Herrscher brauchen Helfer

Mittelalterliche Herrschaft war nicht nur von Grundbesitz, sondern vor allem von persönlichen Beziehungen abhängig. Könige und Fürsten besaßen zwar das meiste Land. Um ihre Macht auch durchsetzen zu können, brauchten sie aber treue Gefolgsleute. Dauerhafte Unterstützung sicherten sie sich, indem sie ihren Helfern Land „liehen". So entstand das **Lehnswesen**: Unfreie Dienstmannen oder Adlige erhielten für ihre Dienste Land mit den darauf lebenden Menschen und Tieren. Der „verliehene" Grundbesitz hieß Lehen, die Empfänger **Vasallen**. Beide Seiten versprachen sich gegenseitig Treue und Schutz. Kam der Vasall seinen Diensten nicht nach, durfte der Lehnsherr das Lehen einziehen. Verletzte der Herr seine Pflichten, brauchte der Vasall ihm keine Gefolgschaft mehr zu leisten. Ein Lehen durfte noch an weitere Lehnsnehmer (Untervasallen) weitergegeben werden. Das Lehnsverhältnis endete anfangs nach dem Tod des Lehnsherrn oder Vasallen. Später betrachteten die Lehnsnehmer das Lehen als ihren Besitz und vererbten es.

Durch die Erblichkeit der Lehen entstand damit bis zum 10. Jh. eine abgeschlossene Gruppe von ungefähr 200 Personen: Die Großen des Reiches wählten den König und hatten besonderen Einfluss. Der König musste auf ihren Rat und ihre Wünsche Rücksicht nehmen. Mit ihnen teilte er die Herrschaft.

Die Zeit, in der Lehnswesen und Grundherrschaft die Grundlagen der Macht bildeten, wird als Epoche des **Feudalismus** (lat. feudum: Lehen) bezeichnet. Sie dauerte in Europa bis ins 19. Jh. hinein.

Adel | Leibeigener/Höriger | Grundherrschaft | Lehnswesen | Vasallen | Feudalismus

M 2 Der König belehnt Fürsten

Bild aus der Heidelberger Handschrift des Sachsenspiegels, um 1330

Zwei Fürsten bieten einem Vasallen die Belehnung an. Der Vasall legt seine Hände zwischen die seines Lehnsherrn. Dabei wird er etwa folgenden Schwur geleistet haben: „Deine Feinde sind meine Feinde, deine Freunde sind meine Freunde. Ich will dir immer treu und gegenwärtig sein, wenn du mich brauchst."

M 3 Befehl an die Vasallen

In einem Brief, der nach 804 geschrieben worden ist, fordert Karl der Große den Abt des Klosters von Altaich (Bayern) auf, seinen Vasallenpflichten nachzukommen:

Im Namen des Vaters und des Sohnes und des Heiligen Geistes […]. Wir teilen dir mit, dass wir in diesem Jahre den großen Reichstag nach Ostsachsen zusammengerufen haben […]. Deshalb befehlen wir dir, am 17. Juni mit allen deinen wohlbewaffneten und -ausgerüsteten Leuten an dem genannten Platze dich einzustellen, also sieben Tage vor der Messe des heiligen Johannes des Täufers. Du wirst also wohlvorbereitet mit deinen Leuten an dem genannten Platze erscheinen, um von hier aus […] eine militärische Expedition durchzuführen; das heißt mit Waffen und Gerät und aller anderen kriegerischen Ausrüstung, mit Proviant und Bekleidung. Jeder Berittene soll Schild, Lanze, Schwert und Hirschfänger haben, dazu Bogen, Köcher mit Pfeilen, und eure Packwagen sollen Vorräte aller Art mitführen, Spitzhacken und Äxte, Bohrer, Beile, Spaten, eiserne Grabscheite und alle anderen Werkzeuge, die man bei einem Feldzug braucht. Die Lebensmittel müssen vom Reichstag an gerechnet drei Monate reichen, Waffen und Bekleidung ein halbes Jahr […]. Die Geschenke, die du uns auf unserem Reichstag abzuliefern hast, übersende Mitte Mai dahin, wo wir uns dann aufhalten werden […]. Lasse dir dabei keinerlei Nachlässigkeit zuschulden kommen, wenn dir an unserer Gnade gelegen ist.

Nach: Wolfgang Lautemann (Bearb.), Mittelalter. Reich und Kirche. Geschichte in Quellen, München [2]1978, S. 76 f.

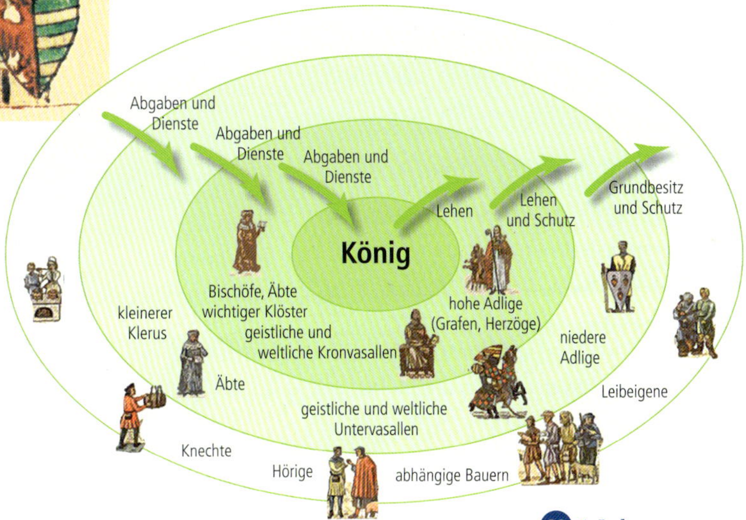

M 4 Lehnswesen

Die schematische Darstellung stellt die Verhältnisse vereinfacht dar. Lehen wurden nicht nur von König zu Kronvasall und von Kronvasall zu Untervasall vergeben, sondern auch auf derselben Ebene von Kronvasall zu Kronvasall oder in seltenen Fällen von Untervasallen zu Kronvasallen. Grundsätzlich waren Lehnsbeziehungen nur unter Freien (Adligen) möglich. Kein Abhängiger konnte daher Lehen vergeben.

1. *Beschreibe mithilfe des Verfassertextes und M1, wie eine Grundherrschaft funktionierte.*
2. *Beschreibe M2. Begründe, wer Lehnsherr und wer Vasall ist.*
3. *Stellt die Szene in M2 in der Klasse nach. Diskutiert eure Eindrücke aus der Sicht von Lehnsherren und Vasallen, die Geste und Haltung bei euch hinterlassen.*
4. *Versetze dich in die Rolle des Abtes und schreibe einen Antwortbrief (M3). Woher nahm er die Geräte, die Ausrüstung und den Proviant?*
5. *Erläutere die Darstellung des Lehnswesens in M4.*
6. *Spielt ein Rollenspiel: Ein freier Bauer überlegt, ob er sich mit seiner Familie einem Grundherrn unterstellen soll. Diskutiert in der Familie die Gründe, die dafür und die dagegen sprechen. Begründet schließlich, wie er sich entscheiden soll.*

Wer hat die besseren Argumente?

Im Fach Geschichte geht es darum, die Vergangenheit zu erkunden. Dazu sind Quellen nötig, die für sich genommen aber erst einmal „stumm" sind. Erst wenn man weiß, welche Fragen man an die Quellen stellen kann, ist man in der Lage, sie zum Sprechen zu bringen.

Doch selbst dann liegen die Dinge oftmals nicht ganz einfach: Wenn zum Beispiel ein König hingerichtet wird, könnte es sein, dass eine Quelle aussagt, dass er damit seine gerechte Strafe erhält, weil er ein schrecklicher Tyrann war. In einer anderen Quelle könnte zu lesen sein, dass der König unschuldig war und von seinen Gegnern unrechtmäßig ermordet wurde.

Um in solchen Fällen zu einem begründeten Urteil zu kommen, benutzen Historiker die Methode des historischen Argumentierens.

Wenn du eine historische Argumentation verfassen sollst, kannst du in fünf Schritten vorgehen:

1. Schreibe eine Behauptung zur Frage auf.
2. Gib den wichtigsten Grund („Argument") an, warum du so denkst. Verwende dazu eine Idee aus einer Text- oder einer Bildquelle. Erkläre, warum diese Idee deine Behauptung stützt.
3. Finde ein weiteres Argument für deine Behauptung. Gehe dabei so vor wie in Schritt 2.
4. Schreibe ein Argument auf, das gegen deine Behauptung spricht. Verwende auch hier Text- oder Bildquellen wie in den Schritten 2 und 3.
5. Fasse kurz zusammen, was du in den Schritten 2 bis 4 herausgefunden hast, und erkläre, warum deine Behauptung (Schritt 1) stimmt.

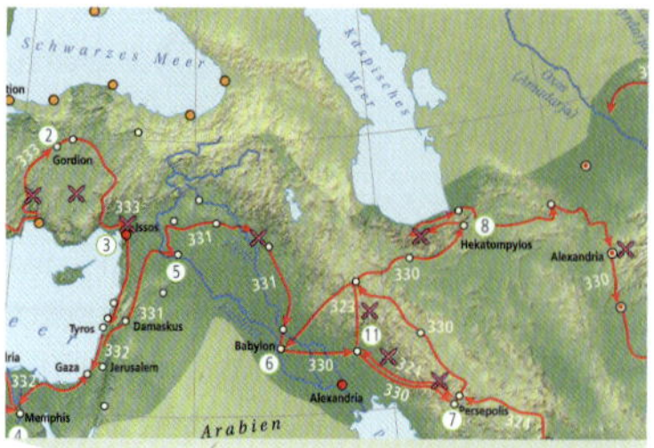

M1 Alexanderzug

M2 Alexandermosaik

Siehe für M1 und M2 noch einmal nach auf S. 104 f.

M3 Den alten Heroen und Halbgöttern gleich

Der griechische Geschichtsschreiber Diodor berichtet über Alexander:

In kurzer Zeit hat dieser König große Taten vollbracht. Dank seiner eigenen Klugheit und Tapferkeit übertraf er an Größe der Leistungen alle Könige, von denen die Erinnerung weiß. In nur zwölf Jahren hatte er nämlich nicht wenig von Europa und (nach damaligem Wissen) fast ganz Asien unterworfen und damit zu Recht weit reichenden Ruhm erworben, der ihn den alten Heroen und Halbgöttern gleichstellte.

Nach: Hans-Joachim Gehrke, Alexander der Große, München 1996, S. 9

M4 Geistig gesund?

Der römische Schriftsteller und Philosoph Seneca schreibt:

Den unglücklichen Alexander trieb seine Zerstörungswut sogar ins Unerhörte. Oder hältst du jemanden für geistig gesund, der mit der Unterwerfung Griechenlands beginnt, wo er doch seine Erziehung erhalten hat? [...] Nicht zufrieden mit der Katastrophe so vieler Staaten, die sein Vater Philipp besiegt oder gekauft hatte, wirft er die einen hier, die anderen dort nieder und trägt seine Waffen durch die ganze Welt. Und nirgends macht seine Grausamkeit erschöpft halt, nach Art wilder Tiere, die mehr reißen als ihr Hunger verlangt.

Nach: Hans-Joachim Gehrke, Alexander der Große, a. a. O., S. 100 f.

Historische Argumentation:

Überprüfe, ob Alexander zu Recht als bedeutender Herrscher bezeichnet wird.

M 5 Eine mögliche Argumentation

Alexander war ein bedeutender Herrscher, der beinahe Unglaubliches geleistet hat. Die Karte zeigt, in wie kurzer Zeit Alexander große Gebiete erobert hat (M1). Auch der Geschichtsschreiber Diodor bestätigt dies (M3). Kaum ein anderer Herrscher hat so etwas zuvor oder danach geschafft. Zudem verfügte Alexander über die Eigenschaften, die einen bedeutenden Herrscher ausmachen: Er wurde als klug und tapfer bezeichnet (M3) und auf Bildern als entschlossen und furchtlos dargestellt (M2). Das römische Mosaik unterstreicht den Eindruck von Alexander als einem fast unbesiegbaren Eroberer. Jedoch gibt es bei Alexander auch Eigenschaften, die eher bedenklich sind: So wurde ihm vorgeworfen, er sei rücksichtslos und brutal gewesen (M4). Seneca vergleicht sein Verhalten mit demjenigen wilder Tiere. Doch sind es gerade diese Eigenschaften, denen er auch seinen Erfolg verdankte.
Wenn militärischer Erfolg ein Zeichen für einen bedeutenden Herrscher ist, zählt Alexander wohl zu den bedeutendsten Herrschern aller Zeiten. Dabei muss man aber stets bedenken, dass sein Erfolg auch auf Grausamkeit und Gewalt beruhte.

M 6 Papst Leo III. weiht Karl den Großen zum Kaiser
Buchmalerei aus der Sächsischen Weltchronik, um 1270

M 7 Aus den Fränkischen Reichsannalen, zum Jahr 782

Und als der genannte König [Karl] zurückkehrte, traf er einen anderen Teil seines Heeres, das befehlsgemäß an der Weser das Ufer besetzt hielt. Die Sachsen begannen mit diesen den Kampf, doch die Franken behielten mit Gottes Hilfe den Sieg. Als das König Karl hörte, fiel er mit seinem Heer über Sachsen her, brachte ihnen große Verluste bei und gewann reiche Beute. Die unterlegenen Sachsen mussten ihm Geiseln stellen. Dann, nachdem er die Geiseln erhalten, die Beute an sich genommen und drei Mal ein Blutbad unter den Sachsen angerichtet hatte, kehrte er zurück ins Frankenreich.

Nach: MGH SS rer. Germ. 6, S. 32 (leicht gekürzt und vereinfacht)

M 8 Aus den Lorscher Annalen, zum Jahr 802

Und der Kaiser [Karl] ließ während dieser Versammlung die Herzöge, Grafen und die Rechtskundigen zusammenkommen. Er sorgte dafür, dass die Gesetze übersetzt überall in seinem Reich vorgelesen wurden. Und er ließ das verbessern, was notwendig war, und das verbesserte Gesetz dann aufschreiben. Die Richter sollten dann nur noch nach dem geschriebenen Recht urteilen und auch keine Geschenke mehr annehmen, damit alle Menschen, Arme und Reiche, vor dem Gesetz gerecht behandelt werden.

Nach: Matthias Becher, Karl der Große, München [6]2004, S. 93

M 9 Die Bedeutung Karls des Großen

Der Historiker Matthias Becher schreibt:

Als Karl der Große starb, war er fast 66 Jahre alt; nahezu 46 Jahre lang war er König der Franken gewesen und hatte in diesem langen Zeitraum eine Epoche geprägt. Den damals lebenden Menschen muss ein Leben ohne Karl unvorstellbar gewesen sein. Die großen Erfolge steigerten sein Ansehen ins Unermessliche. Die Gelehrten an seiner Hofschule lobten den Herrscher über alle Maßen. In ihren Gedichten wird betont, dass Karls Bildung, Weitsicht und Klugheit alles überstrahlte. Ein anderer Dichter nannte Karl „Vater Europas".

Nach: Matthias Becher, Karl der Große, a. a. O. S. 118

Jetzt bist du dran: historisch argumentieren

Kläre, ob es richtig ist, den fränkischen Kaiser Karl als „Karl den Großen" zu bezeichnen.

Vom König zum Kaiser

M1 Krönungsbild Heinrichs II.
Buchmalerei, um 1002
Kaiser Heinrich II., Urenkel des ersten Ottonenherrschers Heinrich I., wurde 1002 in Mainz zum König und 1014 in Rom zum Kaiser gekrönt.

M2 Die Teilreiche des ehemaligen Frankenreiches nach 880

Das Frankenreich zerfällt

Im Januar 814 starb Karl der Große. Schon in seinen letzten Lebensjahren war das Reich bedroht. Von allen Seiten bedrängten es Feinde: im Norden die Normannen (Wikinger), im Osten slawische Völker und im Süden Araber und Venezianer. Zudem waren die vielen Völker des Riesenreiches nicht leicht zusammenzuhalten. Der König hatte kaum noch einen Überblick, von wem er welche Einkünfte und Dienste einfordern konnte. So kam es, dass viele Vasallen ihre Lehen nur zu ihrem eigenen Vorteil und nicht im Sinne des Königs nutzten. Das Frankenreich war zu groß und zu unübersichtlich geworden. Selbst ein mächtiger Herrscher wie Karl der Große konnte es auf Dauer nicht regieren. Nach seinem Tod zerfiel es in kleinere Teilreiche. Daraus entstanden später Frankreich, Italien und das Deutsche Reich.
Aus dem Ostteil des fränkischen Reiches entstand im 10. Jh. das ostfränkische Reich, das später Deutsches Reich genannt wurde. Dort musste sich der König die Macht vor allem mit den mächtigsten Kronvasallen, den Herzögen von Sachsen, Franken, Schwaben und Bayern teilen.

Ein neues Reich entsteht

919 wählten die Fürsten den Herzog von Sachsen, Heinrich I., zum König. Damit war ein neues Reich entstanden. Über hundert Jahre regierten Heinrichs Nachkommen, die Ottonen, als Könige (919-1024). Nach Heinrichs Tod 936 folgte ihm sein Sohn Otto I. Dieser ließ sich in Aachen zum König krönen. Als Otto – wie einst Karl der Große – dem Papst militärisch gegen seine Gegner half, erhielt er dafür 962 den Kaisertitel durch den Papst in Rom. Seither hatte der ostfränkische oder deutsche König Anspruch auf die Kaiserkrone des **Heiligen Römischen Reiches**.

Reich ohne Namen

Otto hatte sich „König der Franken" genannt wie Karl der Große, meist aber nur „König". Auch keiner seiner Nachfolger nannte sich „König der Deutschen". Einen solchen Titel hätte im Mittelalter niemand verstanden. Zwar wurden seit dem 12. Jh. die Franken, Schwaben, Bayern und Sachsen mit dem Sammelnamen „Deutsche" bezeichnet, weil sie verwandte Sprachen hatten. Aber einen „deutschen König" oder ein „deutsches Reich" kannte man damals nicht. Das deutsche Volk ist im Mittelalter aus verschiedenen Völkern und Herrschaften erst allmählich zusammengewachsen.

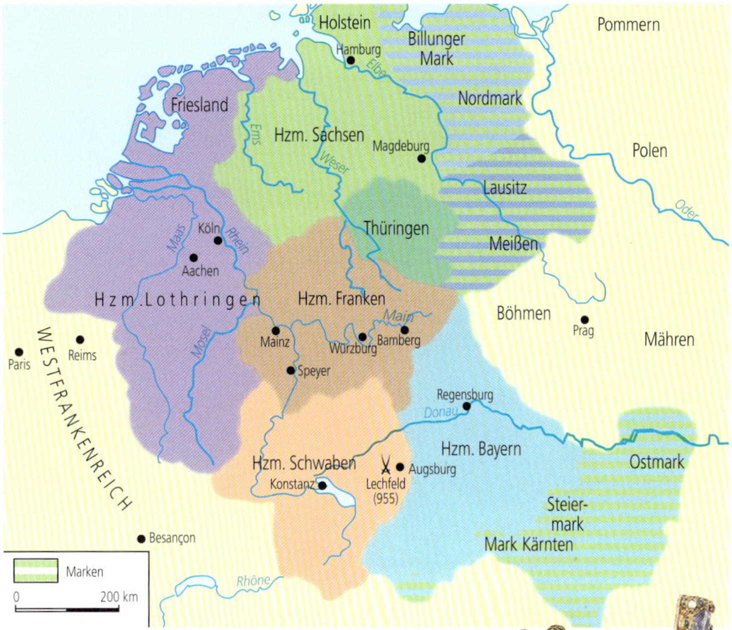

M 3 Das Reich zur Zeit der Ottonen ab 919 n. Chr.
Die Herzöge von Franken, Sachsen, Bayern, Schwaben und Lothringen waren die mächtigsten Fürsten im Reich. Aus ihren Reihen wurde der König gewählt. Marken (oder Markgrafschaften) waren Grenzgebiete im Osten des Reiches. Die Markgrafen hatten die Aufgabe, in ihrem Gebiet die Reichsgrenze zu sichern.

M 4 Heil dem neuen König!

Der sächsische Geschichtsschreiber Widukind berichtet in seiner „Sachsengeschichte" über die Krönung Ottos I. 936 in Aachen. Der Erzbischof von Mainz empfing den neuen König in der Pfalzkapelle und sprach zu den versammelten Fürsten:

„Sehet, ich bringe euch den von Gott erwählten und von dem mächtigen Herrn Heinrich bestimmten, nun aber von allen Fürsten zum König gemachten Otto. Wenn euch diese Wahl gefällt, so hebt die rechte Hand zum Himmel empor." Darauf hoben alle die Rechte in die Höhe und wünschten mit lautem Zuruf dem neuen Herrscher Heil. Dann schritt der Erzbischof mit dem König, der nach fränkischer Art in eng anliegender Tracht gekleidet war, hinter den Altar, auf dem die königlichen Herrschaftszeichen lagen. Er trat an den Altar, nahm das Schwert und sprach zum König: „Empfange dieses Schwert und vertreibe mit ihm alle Feinde Christi, die Heiden und schlechten Christen. Denn durch Gottes Willen ist alle Macht im ganzen Frankenreich dir übertragen, zum dauernden Frieden aller Christen." Sodann nahm er die Spangen und den Mantel und bekleidete ihn damit. Danach nahm er Zepter und Stab und sprach: „Diese Zeichen sollen dich ermahnen, mit väterlicher Strenge deine Untertanen zu leiten." Darauf wurde er mit dem heiligen Öl gesalbt und mit dem goldenen Diadem gekrönt und zum Thron geleitet.

Nach: Albert Bauer und Reinhold Rau (Hrsg.), Quellen zur Geschichte der sächsischen Kaiserzeit, Darmstadt ²1977, S. 85-89

M 5 „Gekrönt mit dem goldenen Diadem" – die Reichskrone
Die Reichskrone wurde im 10. Jh., vielleicht schon zur Kaiserkrönung Ottos I. angefertigt. Sie besteht aus acht bogenförmigen Platten mit Perlen und Edelsteinen und einem Kreuz auf der Stirnplatte. Das Kreuz und die Inschrift PER ME REGES REGNANT („Durch mich herrschen die Könige") deuten auf Christus hin: In seinem Auftrag herrscht der König. Die Krone und die anderen Reichsinsignien (Reichsschwert, Reichskreuz und Reichsapfel) befinden sich heute in der Wiener Hofburg. Sie waren bis zum Ende des Reiches 1806 in Gebrauch.

1. *Erkläre, warum das Frankenreich zerfiel.*
2. *Nenne die Länder, die später aus den fränkischen Teilreichen entstanden.*
3. *Auch ohne die Übersetzung der Inschriften gibt das Bild (M1) Auskunft über das Verständnis des Königtums. Erkläre diese Aussage.*
4. *Vergleiche das Reich der Ottonen (M3) mit dem Reich Karls des Großen (S. 159, M4). Was fällt dir auf?*
5. *Otto I. sah sich selbst als Nachfolger Karls des Großen. Zeige, wo dies in Widukinds Bericht (M4) zu erkennen ist.*
6. *Beurteile die Aussage: „Das Reich der Ottonischen Könige war schon ein deutsches Reich."*

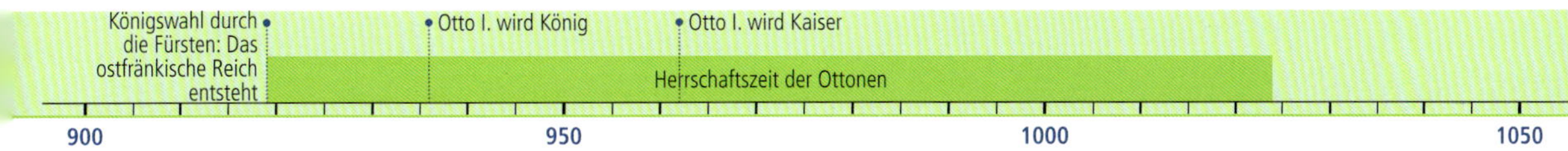

Verhältnis von König und Papst

M 1 **Diener des Papstes?**
Freskogemälde in der Kirche SS. Quattro Coronati in Rom, 13. Jh.
Schon der römische Kaiser Konstantin soll das Pferd des Papstes am Zügel geführt und ihm dadurch eine besondere Ehre erwiesen haben. Im Mittelalter war für die Kirche Kaiser Konstantin das Vorbild dafür, dass der Kaiser dem Papst dienen sollte.

Internettipp:
Mehr Informationen zum „Gang nach Canossa" findest du unter Mediencode 30041-19

Der Papst fordert die Freiheit der Kirche

Herzöge und Grafen waren nicht die einzigen Helfer des Königs. Auch Bischöfe und Äbte übten im Auftrag des Königs Herrschaft aus. Aber im 11. Jh. störten sich immer mehr Menschen daran, dass die Kirche so viele weltliche Aufgaben hatte. Konnten Bischöfe, die wie Fürsten lebten und herrschten, noch richtig für das Seelenheil der Menschen da sein?

Besonders Papst Gregor VII. setzte sich leidenschaftlich für eine neue Kirche ein. Die Bischöfe sollten keinen Dienst mehr für den König leisten. Der König hingegen sollte keine Bischöfe mehr einsetzen und ihnen keine Lehen geben. Papst Gregor und seine Anhänger wollten eine Kirche, die frei war vom Einfluss weltlicher Herren und nur noch Gott diente.

Wer darf Bischöfe einsetzen – Papst oder König?

König Heinrich IV. konnte auf die Dienste der Bischöfe und Äbte nicht verzichten. Aber auch die meisten Bischöfe wollten sich vom Papst keine Vorschriften machen lassen. Für sie war der Bischof von Rom ein Kollege und kein Vorgesetzter. Außerdem wollten sie nicht auf ihre fürstlichen Rechte verzichten, die ihnen der König gab. Der König und die meisten deutschen Bischöfe forderten im Januar 1076 Papst Gregor auf, er solle sein Amt niederlegen.

Das konnte Papst Gregor nicht hinnehmen. Er verhängte über Heinrich den Kirchenbann: Damit schloss er ihn aus der Gemeinschaft der Gläubigen aus, sprach ihm die Herrschaft über das Reich ab und verbot allen Christen, ihm zu dienen.

Ein Machtkampf war ausgebrochen:

- Für den König bedeutete das Verbot der Investitur (Amtseinsetzung von Geistlichen), dass er die Kontrolle über die Kirche in seinem Land verlor und er deshalb weniger Macht hatte.
- König und Papst stritten darum, ob der König sich in kirchliche Angelegenheiten einmischen durfte und wer über dem anderen stand.
- Die Fürsten sahen eine günstige Gelegenheit, den König unter Druck zu setzen und ihre Macht zu stärken: Sie verweigerten ihm die Gefolgschaft und wählten mehrfach Gegenkönige.

Was folgte, ging als „Gang nach Canossa" in die Geschichtsbücher ein: Heinrich zog im Winter 1077 über die Alpen nach Canossa in Italien und bat Papst Gregor barfuß und im Büßergewand, den Bann aufzuheben. Der Papst musste den Kaiser wieder in der Kirche aufnehmen.

Einigung mit langfristigen Folgen

Aber erst 1122, mehrere Jahrzehnte nach dem Tod von Heinrich und Gregor, fanden ihre Nachfolger eine Lösung für den „**Investiturstreit**". Sie beendeten den Machtkampf mit einem in Worms beschlossenen Vertrag zwischen Kirche und Reich (Konkordat): Der König verzichtete darauf, die Bischofswahlen zu beeinflussen. Die Bischöfe blieben aber Vasallen des Königs und waren ihm zu Treue und Gefolgschaft verpflichtet. Mit dem Investiturstreit und dem **Wormser Konkordat** begann die Entwicklung, geistliche und weltliche Herrschaft in Europa zu trennen.

M2 Trennung der Gewalten

Heinrich IV. und Gregor VII. haben in ihrer Zeit den Streit nicht mehr beendet. Erst 1122 schließen ihre Nachfolger, Kaiser Heinrich V. und Papst Calixt II., Frieden miteinander. In zwei Urkunden sichern sie sich gegenseitig ihre Rechte zu („Wormser Konkordat"). Damit haben sie etwas Wichtiges erreicht: Zum ersten Mal werden die geistliche und die weltliche Gewalt klar unterschieden.

Aus der Urkunde des Kaisers für den Papst:

Ich, Heinrich, von Gottes Gnaden erhabener Kaiser der Römer, überlasse Gott, Gottes heiligen Aposteln Petrus und Paulus und der heiligen katholischen Kirche – aus Liebe zu Gott, zur heiligen römischen Kirche und zum Herrn Papst Calixt sowie zum Heil meiner Seele – jede Investitur mit Ring und Stab[1], und ich gestehe zu, dass in allen Kirchen, die in meinem Königreich oder Kaiserreich liegen, Wahlen und freie Weihen stattfinden, die dem Recht der Kirche entsprechen.

Aus der Urkunde des Papstes für den Kaiser:

Ich, Bischof Calixt, Knecht der Knechte Gottes, gestehe dir, meinem geliebten Sohn Heinrich, von Gottes Gnaden erhabener Kaiser der Römer, zu, dass die Wahlen der Bischöfe und Äbte des deutschen Reiches in deiner Gegenwart stattfinden. Wenn aber unter den Parteien Streit entsteht, sollst du mit dem Rat und Urteil des zuständigen Erzbischofs und der anderen Bischöfe dem einsichtigeren Teil deine Zustimmung und Hilfe gewähren. Der Gewählte aber soll von dir mit dem Zepter die weltlichen Rechte erhalten.

Nach: Lorenz Weinrich (Hrsg.), Quellen zur deutschen Verfassungs-, Wirtschafts- und Sozialgeschichte bis 1250, Darmstadt 1977, S. 183-185 (gekürzt)

Papst und Kaiser unterstützen sich gegenseitig.

Der Kaiser trägt Schwert und Zepter (die weltliche Gewalt). Der heilige Petrus übergibt dem Papst den Schlüssel (die geistliche Gewalt).

Der Kaiser gibt Lehen an geistliche Fürsten (einen Bischof und eine Äbtissin) mit dem Zepter und an weltliche Fürsten mit den Fahnen.

M3 Papst und Kaiser – eine harmonische Partnerschaft?
Heidelberger Bilderhandschrift, ca. 1330
Der „Sachsenspiegel", ein Rechtsbuch aus dem 13. Jh., zeigt, wie Kaiser und Papst zusammenwirken sollten.

1. *Erkläre, warum es für beide, König und Papst, wichtig war, selbst die Bischöfe einzusetzen.*
2. *Beschreibe die Rechte des Kaisers und des Papstes im Vertrag von 1122 (M2).*
3. *Entscheide, wer dabei den größeren Einfluss hat, der Kaiser oder der Papst.*
4. *Vergleiche die Bilder des „Sachsenspiegels" (M3) mit den Bestimmungen des Wormser Konkordats (M2).*
5. *Zeichne selbst ein Bild von Kaiser und Papst, wie es Papst Gregor VII. gefallen hätte.*
6. *Die Trennung von Kirche und Staat ist in unserer heutigen Gesellschaft ein wichtiger Grundsatz. Überlege, wie der Streit zwischen Kaiser und Papst im Mittelalter dazu beigetragen hat.*

[1] Ring und Stab: die Amtszeichen des Bischofs. Sie werden ihm bei der Investitur überreicht.

Die Ständegesellschaft: eine göttliche Ordnung?

M 1 Die drei Stände
Malerei aus einer französischen Handschrift, 14. Jh.

Drei Stände

Nach mittelalterlichem Denken waren für das Zusammenleben der Menschen drei Dinge wichtig: dass es jemanden gab, der für das Seelenheil der Menschen betete, jemanden, der sie schützte, und jemanden, der sie mit seiner Arbeit ernährte. Deshalb teilte man die Menschen in drei Gruppen: in Geistliche (Priester, Mönche und Bischöfe), Adlige (Kaiser bzw. Könige und Fürsten) und Bauern, Handwerker und Kaufleute. Man stellte sich vor, dass Gott jeden Menschen durch seine Geburt in eine dieser Gruppen stellte, und nannte diese Gruppen Stände. Damit galt die **Ständeordnung** als grundsätzlich unveränderlich. Eltern vererbten ihren Stand an ihre Kinder.

Sind alle Menschen gleich?

Für uns ist es selbstverständlich, dass die Menschen grundsätzlich gleich sind, obwohl sie sich nach ihrem Vermögen, nach ihren Berufen und Fähigkeiten unterscheiden.
Im Mittelalter war das anders. Da galt es als ganz natürlich, dass die Menschen ungleich waren. Beten und Kämpfen erschien wichtiger und daher vornehmer als die mühsame und oft schmutzige Handarbeit.
Daher hatten Geistliche und Adlige Vorrechte vor dem Dritten Stand der einfachen Leute: Adlige durften Burgen bauen, Waffen tragen oder zur Jagd gehen. Geistliche waren von den meisten Steuern befreit. Adlige und Geistliche mussten sich nur vor Richtern aus ihrem eigenen Stand verantworten. Die Vornehmsten unter ihnen hatten das Recht, den König zu wählen und zu beraten.
Erster und Zweiter Stand bildeten eine kleine Minderheit. Sie grenzten sich von der Masse des Dritten Standes sorgfältig ab. Heiraten zwischen Angehörigen des Adels und des einfachen Volkes waren so gut wie undenkbar, oft sogar verboten.

Die Herkunft bestimmt das Leben

Adlige lebten meist mit ihrem Gefolge auf dem Herrenhof ihrer Grundherrschaft oder auf einer Burg[1]. Viele Geistliche lebten in einem Kloster. Lebensraum der Angehörigen des Dritten Standes waren die Stadt, das Dorf und der Bauernhof.
In diesem Lebensraum gingen die Menschen festen Tätigkeiten nach: Die Adligen übten sich im Kampf, verwalteten ihre Güter oder gingen zur Jagd, die Geistlichen widmeten sich dem Studium heiliger Schriften und dem Gottesdienst. Die einfachen Leute arbeiteten als Bauern, Handwerker oder Kaufleute, deren Knechte oder Gehilfen.
Diese klare Aufteilung der Gesellschaft nach der Ständeordnung war eine religiöse Idealvorstellung. Die Realität sah oft anders aus.

Ungleiche Bedingungen

Viel einschneidender waren die Unterschiede in der Lebenserwartung. Die Kost der einfachen Leute war eintönig und oft nicht ausreichend: Sie bestand überwiegend aus Hülsenfrüchten, Getreidebrei, Brot und Eiern, etwas Gemüse und Obst aus dem Garten oder Pilzen und Beeren aus dem Wald. Fleisch oder Fisch lagen selten auf dem Teller.
Schlechte Ernährung und harte Arbeit von Tagesanbruch bis Sonnenuntergang führten dazu, dass einfache Leute eine geringere Lebenserwartung hatten als Adlige und Geistliche. Sie wurden selten älter als dreißig Jahre. Vor allem die Kindersterblichkeit war hoch. Mehr als die Hälfte der Kinder wurde keine 14 Jahre alt.

[1] Vgl. dazu S. 174 f.

M2 „Gottes Haus ist dreigeteilt ..."

Bischof Adalbert von Laon schreibt um 1030 dem französischen König:

So gliedert sich also das Haus des Herrn, obschon einheitlich dem Glauben nach, in drei Teile: Die einen beten, die anderen kämpfen, die dritten arbeiten. Diese drei existieren zugleich und sind untrennbar verbunden. Vom Dienst des einen hängt die Tätigkeit der beiden anderen ab, so unterstützen sie sich alle wechselseitig. So ist also dieser Verband einheitlich und gleichzeitig dreigeteilt.

Nach: Siegfried Epperlein, Bäuerliches Leben im Mittelalter, Köln 2003, S. 245 (leicht verändert)

M3 Eine göttliche Ordnung

Die einflussreiche Kirchenlehrerin Hildegard von Bingen erklärt Mitte des 12. Jh.:

Gott achtet bei jedem Menschen darauf, dass sich der niedere Stand nicht über den höheren erhebe, wie es einst Satan und der erste Mensch getan, die über ihren Stand hinausfliegen wollten. Und, wer steckt all sein Viehzeug zusammen in einen Stall: Rinder, Esel, Schafe, Böcke? Da käme alles übel durcheinander! So ist auch darauf zu achten, dass nicht alles Volk in eine Herde zusammengeworfen werde. Es würde sonst eine böse Sittenverwilderung einreißen, da man sich im gegenseitigen Hasse zerfleischen würde, wenn der höhere Stand zum niedrigen herabgewürdigt und dieser zum höheren aufsteigen würde. Gott teilt sein Volk auf Erden in verschiedene Stände, wie die Engel im Himmel [...]. Und Gott liebt sie alle.

Nach: Thomas Martin Buck, Mittelalter und Moderne, Schwalbach/Ts. 2008, S. 241

M4 Christus teilt den drei Ständen ihre Aufgaben zu
Holzschnitt, Heidelberg 1488
Das Bild zeigt den auf einem Regenbogen, dem Symbol der Verbindung zwischen Himmel und Erde, thronenden Weltenrichter Christus. Links von ihm der Papst mit einem weiteren Geistlichen, rechts der Kaiser und ein Fürst und in der unteren Mitte zwei Bauern. Die Beschriftungen lauten übertragen: „Du bete demütig!" „Du schütze!" „Und du arbeite!"

1. *Erkläre, woran sich die Stände in M1 und M4 jeweils erkennen lassen.*
2. *Vergleiche, worin sich die Ständeordnung von unserer heutigen Gesellschaft unterscheidet.*
3. *Arbeite aus M2 und M3 heraus, wie die Autoren jeweils die Lehre von den drei Ständen begründen.*
4. *Diskutiert in der Klasse, was für und was gegen die Ständegesellschaft spricht.*

Internettipps:
Informationen zu dem Leben der Bauern im Mittelalter findest du unter 30041-20

Die kirchliche Vorstellung der „Dreiständelehre" (Klerus, Adel, Bauern) setzt sich durch

950 1000 1050 1100

Leben und Arbeiten auf dem Land

M 1 Bäuerliche Arbeiten
Monatsbild März, flämische Buchmalerei, 1473
Am unteren Bildrand ein Räderpflug, der von zwei Pferden mit Kummetgeschirr gezogen wird; darüber eine Egge, die den aufgepflügten Ackerboden eben macht. Am oberen Bildrand sind Bienenkörbe und Bienen zu sehen.

Hartes Leben

In Mitteleuropa lebten im frühen Mittelalter nur wenige Menschen. Es gab riesige Wälder, Moor und Heide. In dieser Wildnis lagen einzelne, meist weit verstreute Bauernhöfe, aber nur wenige Städte. Die Häuser wurden aus Lehm, Holz und Zweigen gebaut. Aus Stein baute man fast nur Kirchen, Klöster und Burgen.

Neun von zehn Menschen lebten von der Landwirtschaft. Die Qualität des Bodens, der Wechsel der Jahreszeiten, das Klima und das Wetter bestimmten das Leben. Die Arbeit war hart.

Trotz aller Mühe war die Ernte nicht ergiebig: Vorräte gab es keine. Jede Missernte in zu trockenen oder zu nassen Sommern bedeutete Hunger. Dürre, Getreidefäule und Viehseuchen bedrohten nicht nur die einfachen Bauern. Ein schlechtes Erntejahr spürten alle, die Bauern und ihre Herren.

Mehr Land für mehr Menschen

Ab dem 10. Jh. bemühten sich viele adlige Grundherren, neues Ackerland zu gewinnen. Sie ließen Wälder roden, Sümpfe trocken legen und Marschen, d. h. fruchtbares Schwemmland, an der Küste eindeichen. Um genügend Menschen für diesen Landesausbau zu gewinnen, versprachen die Adligen den abhängigen Hörigen geringere Abgaben oder weniger Frondienste. Außerdem genehmigten sie mehr Ehen. Dadurch wurden mehr Familien gegründet; die Bevölkerung nahm seit dem 11. Jh. stark zu.

Ein wärmer werdendes Klima trug dazu bei, dass die Ernteerträge stiegen und die wachsende Bevölkerung ernährt werden konnte.

Neue Geräte und Anbaumethoden

Auch neue Geräte halfen den Bauern, mehr zu ernten. Den Holzpflug ersetzten sie durch einen haltbareren aus Eisen mit einem „Streichbrett", das den Boden umwälzte und nicht nur aufriss. So konnte die Saat besser wachsen.

Ab dem 12. Jh. kamen Eggen, Sensen und Dreschflegel zum Einsatz. Dank des Kummets, einem gepolsterten Kragen, konnten anstelle von Kühen und Ochsen Pferde vor Pflug und Wagen gespannt werden. Das Kummet verteilte die Last auf Schultern und Brust der Tiere besser, sodass diese viermal so viel Gewicht ziehen konnten. Hufeisen schützten die Pferde zusätzlich vor Verletzungen. Außerdem wurden immer mehr Wind- und Wassermühlen gebaut.

Zugleich hatten die Bauern gelernt, den Boden besser zu bearbeiten. Der Feldanbau wurde auf die **Dreifelderwirtschaft** umgestellt: In einem Jahr bauten die Bauern auf einem Feld Wintergetreide (Roggen, Weizen), im zweiten Sommergetreide (Hafer) an. Anschließend lag das Feld ein Jahr zur Erholung brach. Es gab jetzt also zwei Ernten im Jahr und dadurch deutlich höhere Erträge. Eine Missernte konnte durch die zweite Ernte leichter ausgeglichen werden.

Wandel mit Folgen

Der Alltag der Landbevölkerung blieb mühsam und arbeitsreich. Dennoch wandelte sich ihr Leben:

- Bei gutem Wetter konnten sie mehr erwirtschaften, als sie verbrauchten und an den Grundherrn abliefern mussten. Die Überschüsse verkauften sie auf Märkten in den wachsenden Städten.
- Mit den Einnahmen gewöhnte sich die ländliche Bevölkerung an Münzgeld. Von den Erträgen kauften sie bei Handwerkern Geräte, Kleidung und Haushaltswaren.
- In größeren Dörfern ließen sich Handwerker nieder. Damit begann auch auf dem Land die Arbeitsteilung Einzug zu halten.

Dreifelderwirtschaft

M 2 Alle unter einem Dach
Schnitt durch ein Bauernhaus, wie es um 1300 ausgesehen haben könnte (Rekonstruktionszeichnung)
Die Familie sitzt auf dem gestampften Lehmboden um die Feuerstelle und isst Getreidebrei.
Die Wände der Bauernhäuser bestanden aus Holz und lehmverputztem Flechtwerk.

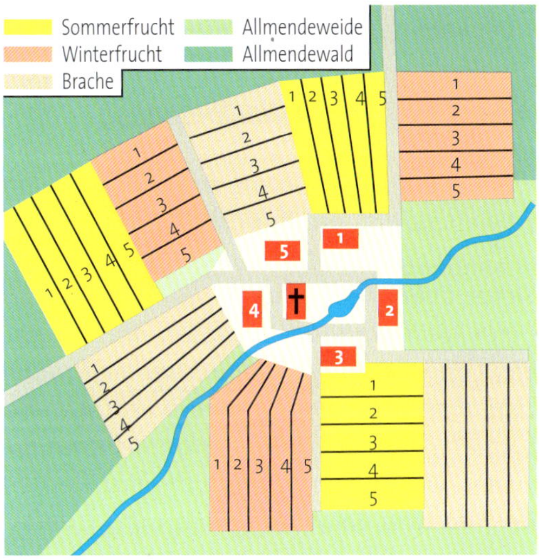

M 3 Die Dreifelderwirtschaft
Das Feld war in Gewanne (Feldstücke) für Sommergetreide, Wintergetreide und Brache eingeteilt. Darin besaß jeder Bauer einen oder mehrere Flurstreifen; sie grenzten unmittelbar aneinander und konnten nur in Zusammenarbeit mit dem Nachbarn bebaut werden. Daraus ergab sich der Flurzwang: Alle Bauern eines Gewannes mussten die gleiche Frucht anbauen.
Die Allmende (mittelhochdeutsch: das Allgemeine) war das gemeinsame Eigentum an Wald, Weide, Ackerland und Teichen.

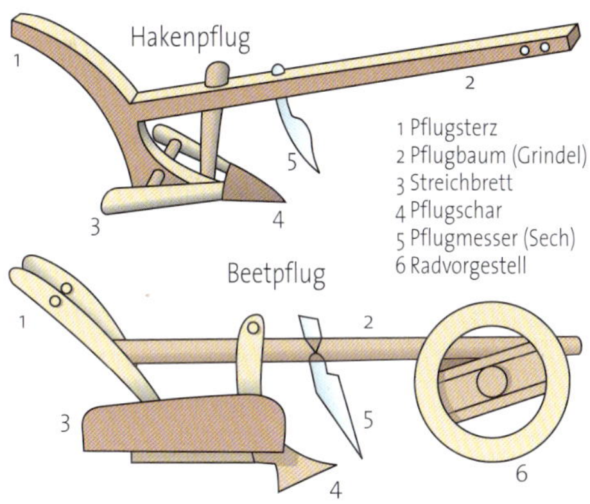

M 4 Fortschritte in der Pflugtechnik
Die entscheidende Neuerung am Beetpflug (Räderpflug) ist die geschwungene Pflugschar aus Eisen. Sie wendet die aufgerissene Scholle um. Dadurch wird der Boden besser durchlüftet und das Unkraut zerstört.

1. *Überlege, inwiefern sich der Tagesablauf eines Bauern mit den Jahreszeiten änderte.*
2. *Erläutere, welche Bedeutung die Veränderungen in der Landwirtschaft für die Menschen hatte.*
3. *Das Mädchen in der Mitte des Bildes M2 nennen wir Agnes. Sie kümmert sich gerne um ihre kleine Schwester. Spiele mit deinem Sitznachbarn ein Rollenspiel: Einer versetzt sich in die Rolle von Agnes, der andere in die Rolle eines Besuchers aus unserer Zeit. Beschreibt euch jeweils euer Haus und das Leben mit eurer Familie (Baumaterialien und Bauweise des Hauses, die täglichen Arbeiten und Abläufe, wo die Familie schläft, isst und sich wäscht etc.).*
4. *Begründe anhand von M2, warum Archäologen heute so wenige Überreste von mittelalterlichen Bauernhäusern finden.*
5. *Stelle mithilfe von M3 die Vorteile der Dreifelderwirtschaft dar. Beziehe hierfür auch den Verfassertext mit ein.*
6. *Erkläre, warum es bei einer Dreifelderwirtschaft wichtig war, dass alle Bauern bestimmte Regeln einhielten (M3).*
7. *Stelle die verschiedenen technischen Neuerungen in Bezug auf die Landwirtschaft zusammen und beurteile, welche du davon für besonders wichtig hältst (M1, M3, M4, Verfassertext).*

Leben auf der Burg

M 1 Typische Burg des Mittelalters
Rekonstruktionszeichnung der Burg Wildenberg im Odenwald um 1250
① Burgtor
② verdickte Frontmauer
③ großer Bergfried
④ Wohnbau
⑤ kleiner Bergfried
⑥ Palas

Verteidigung gegen Fremde

Im frühen Mittelalter lebten die Adligen häufig in einfachen Türmen aus Holz oder Stein. Als im 9. und 10. Jh. Angehörige verschiedener anderer Völker plündernd durchs Land zogen, wurden Stützpunkte zur Verteidigung gebaut. Die **Burgen** entstanden häufig auf Hügeln oder Bergen, manchmal auch auf Inseln oder in Seen, wo sie nur schwer angegriffen werden konnten.

Zunächst durften nur der König oder seine Amtsträger solche Wehranlagen errichten. Später bauten sich fast alle Adligen eigene Burgen. So entstanden zwischen dem 12. und dem 15. Jh. allein im Reich etwa 19 000 Burgen.

Burgen und Ritter

Auf den Burgen lebten Ministeriale, die für ihre Herren – Könige und Fürsten – deren Güter, Burgen und Städte verwalteten.

Die Ministerialen leisteten ihren Herren einen Treueid wie fürstliche Vasallen. Mit der Zeit nannten sich die Ministerialen nach den Burgen, die sie verwalteten und auf denen sie lebten, z. B. die Herren von Rantzau (benannt nach dem Schloss Rantzau in der Nähe von Plön), und verhielten sich wie Fürsten. Ein neuer Adel entstand: die **Ritter**.

Neue Aufgaben

Die Burgen sollten das Land verteidigen und ihren Bewohnern Schutz bieten. Von ihnen aus wurde für Ruhe und Ordnung auf dem Lande gesorgt. Innerhalb der Mauern herrschte der Burgfrieden, Streit war verboten. Weitere Aufgaben kamen hinzu: Bei einem Angriff mussten sich auch die Bewohner der Umgebung innerhalb der Burgmauern aufhalten können. Auf der Burg wurde auch gehandelt, es entstanden Märkte. Die Bauern aus der Umgebung entrichteten dort ihre Abgaben. Auch wurden auf den Burgen Prozesse abgehalten, sodass es dort häufig auch Gefängnisse gab, Kerker genannt.

Sicher, aber ungemütlich

Durch ihre dicken Mauern aus Stein, die umliegenden tiefen Gräben und ihre schwer zugängliche Lage in einem See oder auf einem Berg war eine Burg ein sehr sicherer Ort. Wenige Menschen genügten, um sie gegen Angreifer zu verteidigen.

Der Wachturm, Bergfried genannt, war nur von innen zu erreichen, meist über eine Leiter. Hier wurden Ausschau nach Feinden gehalten und Wertgegenstände aufbewahrt, manchmal diente der Turm auch als Gefängnis.

Die Burgen waren meist dunkel und feucht. Im Winter zog die Kälte durch Ritzen und Fensteröffnungen; verglaste Fenster waren selten. Kachelöfen gab es erst seit der Mitte des 13. Jh., aber auch diese konnten größere Räume kaum erwärmen.

Im Zentrum der Burg lag das Wohnhaus, der Palas. Oben wohnte in der Regel der Burgherr mit seiner Familie, unten die Besatzung. Hier befanden sich Küche und Kemenaten (nach lat. caminus: Feuerstelle, Kamin), die wenigen heizbaren Räume und gelegentlich ein Festsaal. Für Gottesdienste gab es eine Kapelle. Im Burghof befand sich ein Brunnen. Die Wohnungen der Bediensteten, die Scheunen und Stallungen waren rund um den Burghof verteilt.

Internettipps:
Informationen zu Burgen findest du unter Mediencode 30041-21

Burg Ritter

M2 Alltag eines Burgherrn

Was der fränkische Reichsritter Ulrich von Hutten 1518 einem Freund in Nürnberg über sein Leben auf der Burg Steckelberg bei Fulda schreibt, dürfte – sieht man von Schwefel und Schießpulver ab – 300 Jahre früher nicht anders gewesen sein:

Man lebt auf dem Feld, im Wald und in den bekannten Burgen auf dem Berg. Die uns ernähren, sind bettelarme Bauern, denen wir unsere Äcker, Weinberge, Wiesen und Wälder verpachten. Der einkommende Ertrag ist, gemessen an der aufgewandten Mühe, geringfügig [...]. [...]

Sodann müssen wir uns in den Dienst eines Fürsten stellen, von dem wir Schutz erhoffen. Wenn ich das nicht tue, glaubt jeder, er könne sich alles gegen mich erlauben. Aber auch wenn ich es tue, ist diese Hoffnung täglich mit Gefahr und Furcht verbunden. Gehe ich nämlich von zu Hause fort, so muss ich fürchten, auf Leute zu stoßen, mit denen der Fürst [...] Krieg führt und die mich seinetwegen anfallen und wegschleppen. Wenn es dann mein Unglück will, geht leicht mein halbes Vermögen als Lösegeld darauf [...]. Deswegen halten wir uns Pferde und Waffen und umgeben uns mit zahlreichem Gefolge, alles unter großen und spürbaren Kosten. [...]

Die Burg selbst, ob sie auf dem Berg oder in der Ebene liegt, ist nicht als angenehmer Aufenthalt, sondern als Festung gebaut. Sie ist von Mauern und Gräben umgeben, innen ist sie eng und durch Stallungen für Vieh und Pferde zusammengedrängt. Daneben liegen dunkle Kammern, vollgepfropft mit Geschützen, Pech, Schwefel und sonstigem Zubehör für Waffen und Kriegsgerät. Überall stinkt es nach Schießpulver; und dann die Hunde und ihr Dreck, auch das – ich muss es schon sagen – ein lieblicher Duft!

Reiter kommen und gehen, darunter Räuber, Diebe und Wegelagerer. [...]

Man hört das Blöken der Schafe, das Brüllen der Rinder, das Bellen der Hunde, das Rufen der auf dem Feld Arbeitenden, das Knarren und Rattern der Fuhrwerke und Karren; ja sogar das Heulen der Wölfe hört man in unserem Haus, weil es nahe am Wald liegt.

Nach: Arno Borst, Lebensformen im Mittelalter, Frankfurt am Main 1979, S. 173 f.

M3 Burg Nienthal bei Lütjenburg im Kreis Plön
Die Anlage ist eine Rekonstruktion eines adligen Wohnsitzes des Mittelalters ab dem 13. Jh. in Holstein. Die Befestigungen wurden vorzugsweise in der Nähe von fließenden Gewässern gebaut. Das Zentrum bestand aus einem Turmhügel.

1. *Auf einer Burg waren die Lebens- und Arbeitsbereiche vereinigt. Finde auf der Zeichnung M1 die Bereiche für Wohnen, Wirtschaft und Verteidigung.*
2. *Sammelt in der Klasse – am besten, bevor ihr den Verfassertext lest – euer Wissen über Burgen des Mittelalters. Notiert Fragen, die sich euch dabei stellen.*
3. *Überprüft mithilfe des Verfassertextes euer Vorwissen und beantwortet eure offenen Fragen. Zieht auch M2 hinzu.*
4. *Stelle zusammen, worüber sich Ulrich von Hutten beklagt (M2). Vergleiche seinen Bericht mit deinen bisherigen Vorstellungen vom Leben auf einer mittelalterlichen Burg.*
5. *Überlege, woher unsere heutigen Vorstellungen stammen.*
6. *Verfasse aus den Materialien M1-M3 und dem Verfassertext eine Gegenrede zu Ulrich von Huttens Brief, die das Leben auf einer Burg lobt.*
7. *Begründe, warum die Burg Nienthal gut zu verteidigen gewesen ist (M3).*

Im Kloster

M 1 Eine Klosteranlage ist durchdacht und geplant
Modell nach dem Klosterplan von Sankt Gallen, 9. Jh.
(1) Ställe
(2) Gesinde
(3) Gästehaus
(4) Brauerei und Bäckerei
(5) Schule
(6) Haus des Abtes
(7) Haus für Aderlässe
(8) Arzt
(9) Hospital
(10) Gebäude für Novizen (angehende Mönche, die ausgebildet und geprüft werden)
(11) Friedhof
(12) Wärter
(13) Speicher für Getreide und Früchte
(14) Werkstätten
(15) Speisesaal, Kleiderkammer
(16) Küche
(17) Mühle
(18) Stampfe
(19) Raum zum Trocknen (von Lebensmitteln)

Internettipp:
Weitere Informationen über die Welt der Klöster findest du unter Mediencode 30041-22

Gemeinsam für Gott leben

Schon im frühen Mittelalter gab es fromme Männer und Frauen, die ihr Leben ganz Gott widmen wollten. Sie gingen „aus der Welt" und lebten im **Kloster** als Mönche oder Nonnen ohne Besitz und unverheiratet unter der Leitung eines Abtes oder einer Äbtissin. Der Abt (abbas heißt „Vater") war der Vorsteher des Klosters und der Lehrmeister der Mönche; ihm mussten sie gehorchen, wie es die Regel vorschrieb. Anfangs hatte jedes Kloster eine eigene Ordnung. Seit dem 9. Jh. übernahmen die Klöster in ganz Europa die Regel des heiligen Benedikt. Somit waren alle Mönche „Benediktiner" und alle Nonnen „Benediktinerinnen". Im Laufe der Zeit entstanden auch andere Zusammenschlüsse mit teilweise anderen Regeln. Diese nennt man **Orden**.

Gebet – Arbeit – Studium

„Bete und arbeite" (ora et labora) war ein Leitsatz der Benediktiner. Der Tagesablauf im Kloster war in feste Zeiten für Gebet und Arbeit eingeteilt. Von Sonnenaufgang bis Mitternacht versammelten sich die Mönche siebenmal zum Gebet. Dazwischen arbeiteten sie auf den Feldern, in den Weinbergen, den Ställen und Werkstätten des Klosters für ihren Lebensunterhalt. Denn sie wollten unabhängig von der Welt sein. Auch die geistige Arbeit war Dienst für Gott, insbesondere das Studium der Bibel und der anderen heiligen Schriften. Zu einem Kloster gehörten deshalb auch eine Bibliothek, eine Schreibstube (Skriptorium) und eine Schule. In den Männerklöstern wurden die Jungen, in den Frauenklöstern die Mädchen auf das Klosterleben vorbereitet. Sie lernten aber nicht nur Gebete und Psalmen (Lieder im Alten Testament), sondern auch die lateinische Sprache, Reden auf Latein, Mathematik, Astronomie und Musik (Notenlehre). In den Skriptorien fertigten Schreiber und Buchmaler prächtige Handschriften: Bibeln und Messbücher sowie die Bücher der antiken Gelehrten wurden von den Mönchen abgeschrieben und studiert. Die meisten Texte der Griechen und Römer sind uns heute nur erhalten, weil die Mönche sie bewahrt haben.

Reich für die Armen

Die wichtigste Aufgabe der Mönche und Nonnen blieb das Gebet, die Zwiesprache mit Gott und den Heiligen. Sie beteten für alle Christen, vor allem für diejenigen, die ihrem Kloster besonders nahe standen. Deshalb schenkten reiche Herren den Klöstern viel Land. Sie beauftragten so die Mönche, für ihr Seelenheil in besonderer Weise zu beten und an ihrer Stelle gute Werke zu tun: Die Mönche versorgten die Armen und Kranken der Umgebung mit Nahrung und Pflege. Manche Klöster gaben den Armen so viel, dass sie selbst kaum überleben konnten. Andere Klöster wurden so reich, dass die Mönche wie fürstliche Herren lebten.

Kloster Orden

M2 Nahrung für Körper und Seele

Cluny im Osten Frankreichs ist im 11. Jh. das reichste Kloster in Europa. Es versorgt aber auch die meisten Bedürftigen mit Nahrung. Zusätzlich zu den täglichen Armenspeisungen gibt es besondere Almosen an kirchlichen Festtagen.

Daher beschloss der ehrwürdige Hugo, Abt dieses heiligen Klosters Cluny, mit dem gemeinsamen Rat der Brüder, dass am heiligen Pfingsttag reiche Speisung den Armen gereicht wird an Brot, Wein und Fleisch, und zwar in solcher Menge, dass so viele Arme gespeist werden, wie es zum Zeitpunkt dieses Festes Brüder gibt. Ebenso wurde beschlossen, dass in jedem Jahr am Montag nach Pfingsten für alle, die auf dem Friedhof dieses Ortes ruhen, zwölf Arme gespeist werden. In allen Klöstern, die Cluny unterstellt sind, soll dasselbe getan werden für die Toten jedes Klosters. Wenn die Brüder so viele Arme nicht verköstigen können, dann wenigstens so viele, wie dort leben.

Joachim Wollasch (Hrsg.), Cluny im 10. und 11. Jahrhundert, Göttingen 1967, S. 61 f. (übersetzt und vereinfacht von A. Bühler)

M3 Ins Kloster abgeschoben?

Der Adlige Hermann von Reichenau (1013 - 1054) ist von Kindheit an gelähmt. Weil er mit seiner Behinderung für ein weltliches Leben ungeeignet ist, geben ihn seine Eltern schon als Kind in das Kloster auf der Insel Reichenau im Bodensee. Dort wird er einer der berühmtesten Gelehrten seiner Zeit. Einer seiner vielen Schüler schreibt:

Seine Glieder waren auf so grausame Weise versteift, dass er sich ohne Hilfe nicht bewegen, nicht einmal auf die andere Seite drehen konnte. Wenn ihn ein Diener in einen Tragsessel setzte, konnte er darin gekrümmt eben sitzen und irgendetwas tun. In diesem Sessel war er, obwohl er an Mund, Zunge und Lippen gelähmt war und nur gebrochen und schwer verständlich reden konnte, für seine Schüler ein eifriger Lehrer. Er redete munter und heiter mit ihnen, war äußerst schlagfertig und immer bereit, Fragen zu beantworten.

Nach: Arno Borst, Mönche am Bodensee, Berlin 1998, S. 109 (vereinfacht)

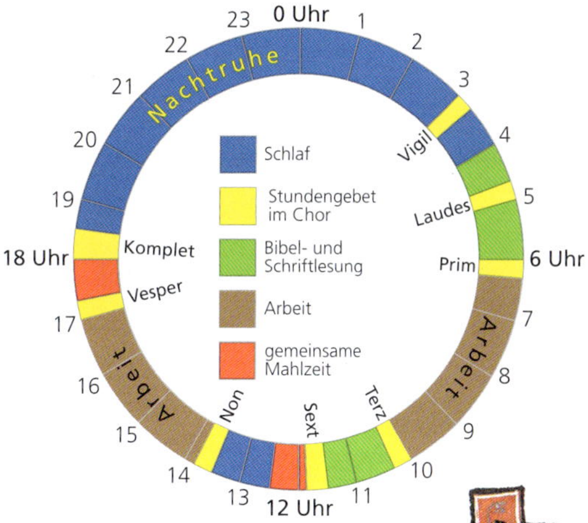

M4 Tagesablauf in einem Kloster

Jeder Tagesabschnitt war in einem Kloster streng geregelt. Im Sommer waren die Tagstunden, im Winter die Nachtstunden länger.

M5 Schreiber bei der Arbeit

Initiale (Anfangsbuchstabe) aus einer Bibel, die vermutlich um 1255 in Hamburg entstanden ist

Ein Mönch markiert die Seitenaufteilung mit Lineal und Messer. Das Messer diente auch zum Radieren. Für eine prachtvolle Bibel in Pergament wurden die Häute von etwa 200 Schafen benötigt. Die wenigen Bücher, die es gab, kosteten so viel wie ein kleines Landgut.

1. *Beschreibe den Aufbau einer Klosteranlage (M1). Erkläre, welchen Zwecken die Gebäude dienten: Gottesdienst, Landwirtschaft, Handwerk, Bildung und Fürsorge. Erstelle dazu eine Tabelle.*
2. *Erkläre, warum die Klöster für die Menschen im Mittelalter wichtig waren (M2 und M3).*
3. *Erkläre, wer bei uns heute die Aufgaben der Klöster wahrnimmt.*
4. *Beschreibe die Abbildung M5 und überlege, warum die Bücher, die in den klösterlichen Schreibwerkstätten entstanden, so teuer waren.*
5. *Stelle fest, wo es in der Nähe deines Schulortes ein Kloster gibt oder gab.*
6. *Informiere dich über das Klosterleben heute, beschreibe die Unterschiede und bewerte abschließend die Bedeutung von Klöstern für unser heutiges Leben.*

Neues hinter Stadtmauern

M 1 Das Lübecker Holstentor von Westen
Das „Holstentor" ist das mittlere Gebäude einer ursprünglich aus drei Teilen bestehenden mittelalterlichen Toranlage. Es wurde 1477 vollendet und kontrollierte die Straße nach Holstein. Die Inschrift CONCORDIA DOMI FORIS PAX (innen Eintracht, außen Frieden) über dem Torbogen wurde erst 1871 angebracht.

Alte und neue Städte

Nach dem Zerfall des Imperium Romanum waren auch hunderte alter römischer **Städte** verfallen und verlassen worden. Mit dem Bevölkerungswachstum seit dem 11. Jh. entstanden in den deutschen Gebieten neue Städte, zunächst in ehemaligen römischen Siedlungen, die Bischofssitz waren, wie Köln, Trier oder Regensburg, aber auch in Marktorten, Messeplätzen oder Kaufmannssiedlungen, die an alten römischen Heer- und Handelsstraßen, Flüssen und Küsten lagen, wie zum Beispiel Haithabu bei Schleswig. Die meisten neuen Städte gingen aber aus Pfalzen und Burgen, Kirchen und Klöstern hervor.
Zu Beginn des 12. Jh. gab es im Reich etwa 50, Ende des 15. Jh. über 3000 Städte. Die meisten hatten aber weniger als 2000 Einwohner.

Vom Markt zur Stadt

Könige, Fürsten, Grafen und Bischöfe förderten die Entwicklung von Städten in ihrem Herrschaftsgebiet. Als Stadtherren richteten sie Märkte ein, schützten die Kaufleute bei der An- und Abreise, ließen Maße und Gewichte überprüfen sowie Münzen prägen. Dafür erhoben sie Zölle, Marktgebühren und andere Abgaben.
Um die Städte zu stärken, gewährten sie den Kaufleuten Sonderrechte (Privilegien) und befreiten sie teilweise von Diensten und Abgaben. Sie erlaubten auch Menschen aus den umliegenden Dörfern und Grundherrschaften, sich in ihrer Stadt niederzulassen, wenn sie genug Geld hatten.
Wenn ein Unfreier ein Jahr lang in der Stadt gelebt hatte, ohne dass der Grundherr ihn zurückholte, dann war er ein freier Mann. Der Spruch „Stadtluft macht frei" entstand zwar erst im 19. Jh., drückt dieses besondere Stadtrecht aber anschaulich aus. Stadt und Land waren also unterschiedliche Rechtsbereiche. Wer im Schutz der Stadtmauern lebte, der nannte sich stolz **Bürger**.

Frei, aber nicht gleich

Die Einwohner einer mittelalterlichen Stadt waren zwar alle frei, aber nicht gleich. Nur wer ein eigenes Haus in der Stadt oder ein bestimmtes Vermögen besaß, war Bürger. Und nur wer Bürger war, konnte in der Stadt mitbestimmen. Dazu gehörten die vermögenden und angesehenen Kaufmanns- und Handwerkerfamilien, vor allem die reichen und selbstbewussten Patrizier. Das waren wenige Familien, die sich als älteste und vornehmste Familien der Stadt ansahen und eine Art städtischen Adel bildeten.
Wer nichts hatte, wie Lehrlinge, Gesellen, Tagelöhner, Gehilfen und Dienstboten – und das war in den meisten Städten weit mehr als die Hälfte ihrer Einwohner –, genoss zwar den Schutz der Stadt, war aber kein Bürger und hatte nichts zu sagen.
Noch schlechter ging es den Randgruppen, den „unehrlichen Leuten": Bettlern, Gauklern, Schaustellern, Hausierern, Dirnen, Henkern und Totengräbern. Sie konnten jederzeit aus der Stadt gewiesen werden.
Auch in der Stadt gab es also eine strenge Rangordnung. Es gab aber einen wichtigen Unterschied zur Ständegesellschaft außerhalb der Stadt: Wer wirtschaftlich erfolgreich war, konnte hier leichter aufsteigen.

Internettipps:
Mehr zum Leben in den mittelalterlichen Städten erfährst du unter Mediencode 30041-23

M2 Konrad gründet einen Markt

Herzog Konrad von Zähringen gewährt Kaufleuten 1120 ohne Absprache mit dem König folgende Rechte:

Aller Nachwelt und Mitwelt sei kundgemacht, dass ich, Konrad, an dem Platz, der mir als Eigengut gehört, nämlich Freiburg, einen Marktort gegründet habe, im Jahr des Herrn 1120. [...] Daher habe ich jedem Kaufmann für den Hausbau ein Grundstück zugeteilt und angeordnet, dass mir und meinen Nachkommen von jedem Grundstück ein Schilling gängiger Währung als Zins jährlich am Fest des heiligen Martin zu zahlen ist. [...]

Ich verspreche also allen, die meinen Marktort aufsuchen, im Bereich meiner Macht und Herrschaft Frieden und sichere Reise. Wenn einer von ihnen in diesem Raum ausgeplündert wird und mir den Räuber namhaft macht, werde ich das Entwendete zurückgeben lassen oder den Schaden selbst bezahlen. [...]

Alle, die Besitz am Marktort haben, sollen ohne Verbot Wiesen, Flüsse, Weiden und Wälder nutzen dürfen. – Allen Geschäftsleuten erlasse ich den Marktzoll. – Ich werde meinen Bürgern niemals ohne Wahl einen anderen Vertreter des Stadtherrn und einen anderen Priester vorsetzen, sondern wen immer sie dazu wählen, werden sie von mir bestätigt bekommen. [...]

[...] Jede Frau soll dem Mann in der Erbfolge gleichgestellt sein und umgekehrt. – Auch darf jeder, der an diesen Ort kommt, hier frei wohnen, wenn er nicht jemandes Knecht ist und den Namen seines Herrn zugibt. Dann kann der Herr den Knecht in der Stadt belassen oder nach Wunsch wegführen. Wenn aber der Knecht den Herrn verleugnet, soll der Herr mit sieben Nächstverwandten vor dem Herzog beschwören, dass es sein Knecht ist; dann kann er ihn haben. Wenn einer aber über Jahr und Tag ohne solche Hemmung geblieben ist, soll er sich fortan sicherer Freiheit erfreuen.

Nach: Arno Borst, Lebensformen im Mittelalter, Frankfurt am Main/Berlin 1973, S. 396 f. (vereinfacht)

M3 Menschen am Rand der Gesellschaft

Jahr	Stadt	Einwohner	Unterschicht
1380	Lübeck	ca. 22000	42 %
1428	Frankfurt	ca. 10000	70 %
1440	Straßburg	ca. 18000	29 %
1444	Basel	ca. 10000	27 %
1475	Augsburg	ca. 18000	66 %

Nach: Das europäische Geschichtsbuch. Von den Anfängen bis heute. Eine europäische Initiative von Frédéric Delouche, Stuttgart ^{4}2001, S. 171

M4 Stadtbewohner

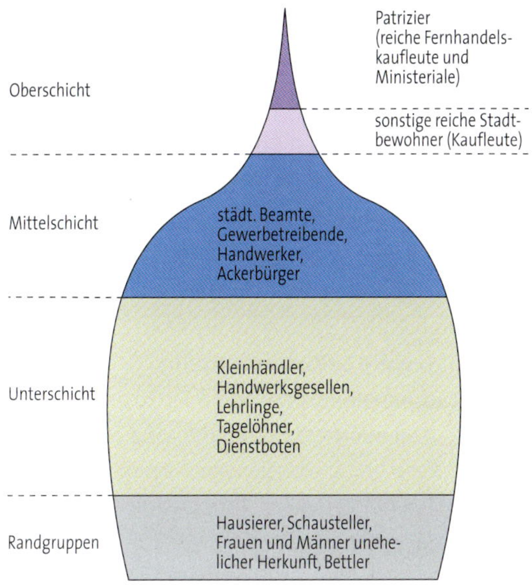

Das Schaubild informiert darüber, welche Anteile die jeweiligen Gruppen/Schichten an der Bevölkerung insgesamt hatten. Aber es ist nicht ganz genau. So fehlen in dieser Grafik Juden, Geistliche und Mitglieder der Orden. In einigen Städten war aber im 15. Jh. etwa jeder zehnte Bewohner Geistlicher.

1. *Städte standen bereits im Mittelalter für Fortschritt. Erkläre warum.*
2. *Stelle in einer Tabelle gegenüber, was die Lebensräume Stadt und Land unterschied.*
3. *Recherchiere im Internet, wann deine Schul- oder Heimatstadt gegründet wurde und welche Voraussetzungen sie hatte.*
4. *Schildere, welche Vorteile Konrad von Zähringen den Kaufleuten bot und was er sich davon versprach (M2).*
5. *Erkläre mit M2 den Ausspruch „Stadtluft macht frei" und den Begriff „Bürger". Berücksichtige auch M3 und M4.*
6. *Zeige am Beispiel M4 Möglichkeiten und Probleme schematischer Darstellungen auf. Lies dazu noch einmal den Verfassertext.*

Wer hat die Macht in der Stadt?

M1 Rathaus in Lübeck
Mit dem Bau wurde um 1230 begonnen. Rathäuser dienten vielen Zwecken. Zwischen den Pfeilern oder Säulen des Erdgeschosses wurden in Lübeck Waren verkauft. Hier saßen der Steuereinnehmer und die Marktaufsicht (mit Waage und den für den Ort verbindlichen Maßen und Gewichten). Im Obergeschoss tagte der Rat, dort befanden sich meist Säle für Empfänge und Festessen. In den Gewölbekellern lagerten Wein und Bier, andere Räume dienten zur Aufbewahrung von Waffen. Rathäuser waren auch Gerichtsstätten, in ihnen gab es Gefängnisse, und davor standen zur öffentlichen Schaustellung von Straftätern oft Schandpfähle bzw. Pranger.

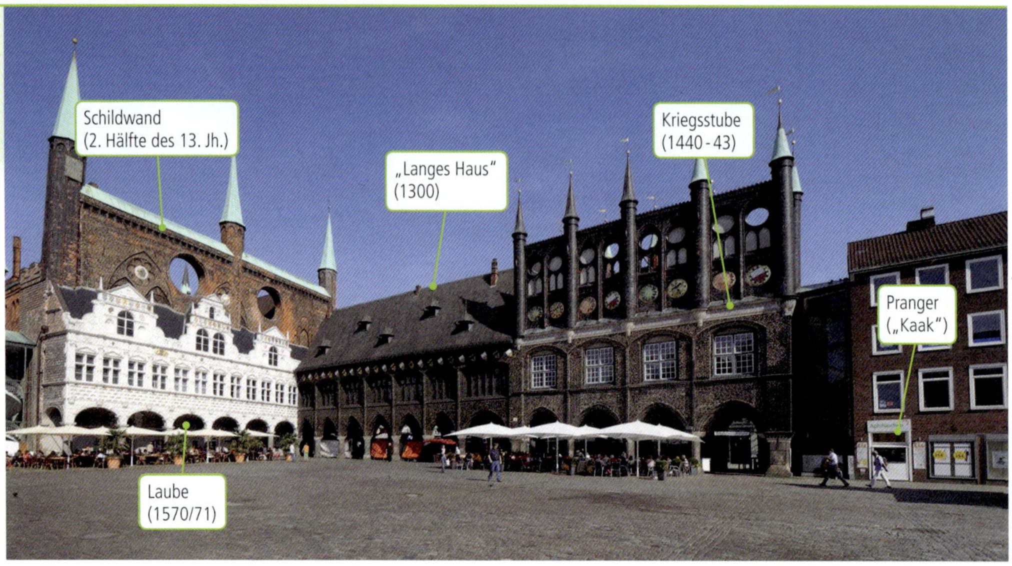

Kampf um die Selbstverwaltung

Die **Stadtherren**, also adlige oder kirchliche Herren, setzten zunächst Burggrafen und Stadtvögte für die Verwaltung ein. Sie waren für die Zölle, die Münzen, das Marktgeschehen und die Maße und Gewichte zuständig. Sie mussten auch dafür sorgen, dass ihre Stadt im Kriegsfall die geforderte Zahl von Soldaten stellte.

Ihre Arbeit führte zu Konflikten. Vor allem die angesehenen Kaufmannsfamilien, die Patrizier, forderten mehr Freiheiten und Rechte. Nach italienischem Vorbild setzten sie im Laufe des 12. und 13. Jh. die eigenen Gerichte und die Selbstverwaltung der Städte durch, allerdings nicht ohne Gegenleistungen. Oft kauften die in Gemeinschaften zusammengeschlossenen Patrizier den Fürsten die neuen Rechte ab. Manchmal erkämpften sie sich die Selbstverwaltung auch mit Gewalt. So wurden aus ehemaligen Königsstädten „Reichsstädte" und aus Bischofsstädten „Freie Städte". Nördlich der Elbe stieg im Mittelalter nur Lübeck 1226 zur Freien Reichsstadt auf.

Im 14. Jh. wollten immer mehr Orte Freie Reichsstadt werden. Sie unterstellten sich allein dem Rechtsschutz des Kaisers und zahlten dafür eine Reichssteuer. Damit waren sie in ihren Mauern weitgehend unabhängig vom bisherigen Stadtherrn.

Zunftkämpfe

Sobald die Patrizier ihre Städte selbst verwalten durften, gaben sie sich eine Ratsverfassung, die das Zusammenleben regelte. Zunächst waren nur die alteingesessenen Patrizier ratsfähig. Aus ihrer Mitte wählten sie **Ratsherren** und Bürgermeister. Gemeinsam kontrollierten sie den Handel, vereinbarten gegenseitige Zollfreiheiten mit anderen Städten, sorgten für Bau und Unterhalt der Stadtmauer, kümmerten sich um Schulen, Kirchen und Spitäler und sprachen Recht.

Gegen die alleinige Macht der Patrizier wehrten sich die in **Zünften**[1] zusammengeschlossenen Handwerker. Sie hatten erheblichen Anteil am Aufschwung der Städte und forderten deshalb eine Beteiligung an der Regierung. Ihre Forderungen konnten sie oft erst nach sogenannten Zunftkämpfen durchsetzen.

[1] Zu den Zünften lies auch S. 182.

M2 Unruhige Zünfte

In einer zeitgenössischen Aufzeichnung aus Lübeck steht:

Im Jahre 1374 war in der Stadt Braunschweig der Teufel los und hetzte das Volk gegen den Rat. Ein Teil der Ratsherren wurde totgeschlagen, ein Teil gefangengenommen und geköpft, ein Teil aus der Stadt vertrieben [...]. Das führerlose Volk lief in die Weinkeller, zerschlug die Fässer und ließ den Wein auf die Erde laufen. Sie führten den Bürgermeister Tile von dem Damme unter schmählicher Misshandlung vor die Stadt, liefen dann in sein Haus und nahmen, was sie fanden, sie legten Feuer an das Haus, dass es bis auf den Erdboden niederbrannte, dann schlugen sie Herrn Tile den Kopf ab. Zu all diesen lästerlichen Missetaten setzten sie aus allen Zünften einen neuen Rat ein, so wie es ihnen behagte. Das Allerschlimmste war, dass sie an die Zünfte aller Städte Briefe sandten, in denen sie ihr Recht dartun wollten und klagten, dass sie zu hart behandelt und besteuert worden wären, was sie nicht mehr hätten ertragen können.

Auf dem Lübecker Hansetag[1] von 1375 beschließen die Abordnungen der Städte:

Fürsten, Herren, Städten, Rittern und Knechten, Ländern und Leuten ist wohl offenbar und kund, dass die Braunschweiger übel an den ehrbaren Leuten in ihrem Rat gehandelt haben [...]. Da sie nun immer noch in ihrer Verstocktheit beharren, an ihrer Untat festhalten und nicht die Absicht haben, Sühne zu geben, so haben die Städte der deutschen Hanse mit Einwilligung der anderen Städte, die zu ihrem Rechte gehören, einträchtig beschlossen, dass sie die Braunschweiger aus der Hanse und den Rechten und Freiheiten des Kaufmanns stoßen wollen, also dass kein Kaufmann in England, Flandern, Dänemark, Norwegen, Nowgorod oder sonst irgendeiner Stadt, die im Recht des Kaufmanns steht, Gemeinschaft oder irgendwelchen Handel mit den Braunschweigern haben soll, weder zu Lande noch zu Wasser, weder im Zuführen noch im Fortbringen bei Verlust von Ehre und Gut. Auch soll man niemandem gestatten, ihnen Waren zu bringen oder fortzuführen, wenn man es hindern kann. Ferner sollen weder die Braunschweiger noch ihre Waren in irgendeiner Stadt, die im Rechte des Kaufmanns steht, Geleit oder Sicherheit haben. In welcher solcher Stadt die Verwandten der Toten oder wen dies sonst angeht, leben, da soll man die, die mit Rat und Tat bei dem Mord geholfen haben, nach der Höchststrafe richten.

All diese geschriebenen Bestimmungen sollen so lange gelten, bis die Braunschweiger für ihre Missetaten so viel Sühne getan haben, als redlich und möglich ist.

Nach: Wolfgang Lautemann (Bearb.), Mittelalter. Reich und Kirche, München [2]1978, S. 747f.

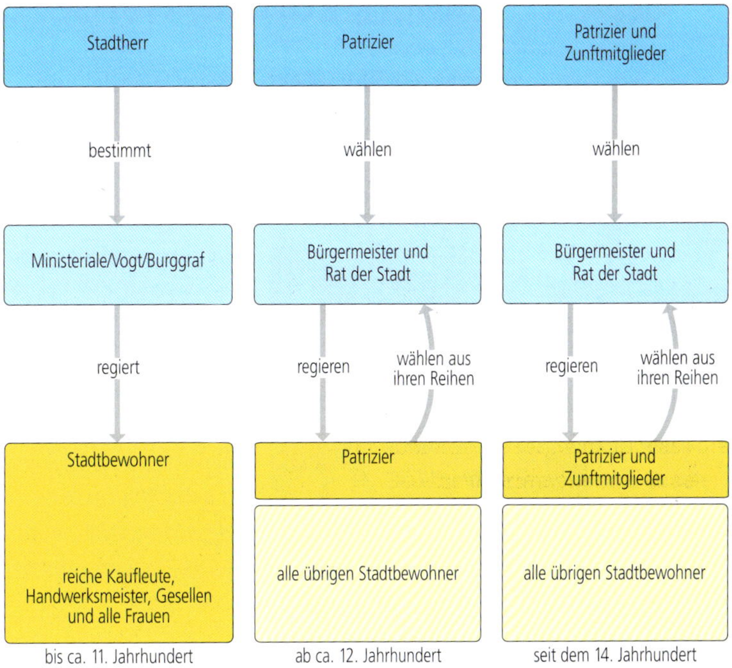

M3 Städtische Selbstverwaltung

Die Entwicklung verlief seit dem 14. Jh. uneinheitlich. Nicht in allen Städten regierten (wie in der Grafik angegeben) Patrizier und Zunftmitglieder gemeinsam. In einigen Städten wie Lübeck konnten sich die Zünfte nicht gegen die führende Rolle der Patrizier durchsetzen, dagegen übernahmen sie z. B. in Straßburg und Augsburg allein die Führung.

1. *Fasse zusammen, was 1374 in Braunschweig und 1375 in Lübeck geschah (M2).*
2. *Der Lübecker Geschichtsschreiber berichtet parteiisch (M2). Zeige am Text, auf wessen Seite er stand.*
3. *Beschreibe mithilfe von M2 den Einfluss der Hanse auf die Selbstverwaltung der Städte.*
4. *Erläutere mit eigenen Worten die Grafik M3.*
5. *Bewerte, inwieweit die Regierung in der mittelalterlichen Stadt demokratische Züge trug.*

[1] Zur Hanse siehe S. 182 f.

Gilden, Zünfte, Hanse: Gemeinsam sind wir stark!

M1 Hamburger Hafen mit Kran
Miniatur aus dem Hamburger Stadtrecht, ca. 1500
Boote und kleine Schiffe bringen Fracht zu den draußen vor Anker liegenden Seeschiffen. Rechts stehen Reeder, Seeleute und Kaufleute. Im Haus tagt wahrscheinlich ein Gericht, vor dem ein Streit verhandelt wird.

Markt, Handel und Gewerbe

Neben der Freiheit von Grundherrschaft hatte die Stadt zwei weitere Hauptkennzeichen, die sie vom Dorf unterschied: Ihre Einwohner lebten in der Regel nicht von der Landwirtschaft, sondern waren Handwerker und Händler.

In jeder Stadt gab es einen Markt. Auf ihm boten die Bauern aus der Umgebung regelmäßig Nahrungsmittel zum Kauf an. Händler brachten Güter und Rohstoffe aus anderen Regionen oder sogar fremden Ländern hierher.

Mit Handwerksprodukten und noch mehr durch den Handel mit Luxusgütern aus fremden Ländern konnten große Vermögen erwirtschaftet werden. Auf den Märkten wurde aber nicht nur gehandelt. Hier erfuhr man Neues und sah Sensationen.

Gilden und Zünfte

Die städtischen Kaufleute schlossen sich in **Gilden**, die Handwerker in Zünften zusammen. So konnten sie ihre wirtschaftlichen Interessen gegenüber fremden Städten, aber auch gegenüber dem Rat der eigenen Stadt besser vertreten.

M2 Durch Seehandel reich und mächtig
Siegel der Stadt Lübeck von 1255
Die Hansestadt Lübeck hatte ein Schiff als Siegelbild. Durch den Seehandel war die Stadt zur führenden Handelsmacht geworden.

Wie die Gilden achteten die Zünfte auf die Preise für die Waren und kontrollierten deren Qualität. Wer schlecht arbeitete, dem wurde „das Handwerk gelegt", d.h. er musste seinen Betrieb schließen. Nur wer eine vier- bis zwölfjährige Ausbildung hinter sich brachte, konnte Geselle werden und später vielleicht Meister. Und nur Zunftmitglieder durften Handwerksmeister sein. Dieser Zunftzwang begrenzte die Zahl der Betriebe und verhinderte ortsfremde Konkurrenz. Er nahm aber auch vielen Gesellen die Möglichkeit, sich selbstständig zu machen und so in die Bürgerschaft aufzusteigen.

Koggen und Kontore – die Hanse

Fernhändler benötigen sichere Handelswege. Da weder der Kaiser noch die Fürsten sichere Straßen und Meere garantieren konnten, halfen die Kaufleute sich selbst, beispielsweise gegen Seeräuber. Sie schlossen sich zu Handelsgesellschaften zusammen und versprachen sich gegenseitig Schutz und Hilfe.

Der bedeutendste Zusammenschluss von Fernkaufleuten war die **Hanse**. Aus dem Bund der Kaufleute wurde ein Bund ihrer Heimatstädte; ihm gehörten etwa 200 Städte an. Mit ihren typischen Schiffen, den Koggen, segelten Kaufleute bis nach Bergen, Stockholm, Riga und Nowgorod. Aus kleinen Kaufmannssiedlungen entwickelten sich nach und nach bedeutende Handels- und Hafenstädte. Vor allem im Nord- und Ostseeraum richtete die Hanse Kräne und Speicher sowie Niederlassungen, sogenannte Kontore, ein.

Die Vertreter der Hansestädte versammelten sich zum Hansetag. Hier entschieden sie über Zölle, Handelsfreiheiten und Durchfahrtsrechte. Sie legten fest, welche Städte in die Hanse aufgenommen oder aus dem Bund ausgeschlossen wurden. Die Macht der Hanse machte die Meere sicherer und schaltete Konkurrenten aus. Die Hanse führte sogar Kriege, um ihre Handelsinteressen durchzusetzen, wie 1370 gegen Dänemark.

Hamburg, Bremen, Lübeck und weitere Städte nennen sich noch heute stolz „Hansestadt". Sie erinnern damit an die Zeit, als sie in der Hanse eine bedeutende Rolle spielten.

Gilden Hanse

M3 Die Hanse beherrscht Nord- und Ostsee

Ware	Hauptherkunft	Einfuhr	Ausfuhr
Tuche	Flandern	120,8	39,7
Fisch	Schonen	64,7	6,1
Salz	Lüneburg	---	61,6
Butter	Schweden	19,2	6,8
Felle, Pelze	Russland, Schweden	13,3	3,7
Getreide	Preußen	13,0	0,8
Wachs	Russland, Preußen	7,2	5,8
Bier	Wendische Städte[1]	4,1	1,9
Kupfer	Schweden, Ungarn	2,2	2,4
Eisen	Schweden, Ungarn	2,4	2,2
Öl	Flandern	2,7	1,5
Flachs	Livland, Norddeutschl.	0,4	3,0
Wein	Rheinland	1,3	0,9
Leinen	Westfalen	0,2	1,1

M4 Lübecker Handelsverkehr 1368

Wichtige, über See ein- und ausgeführte Waren (in 1000 lübischer Mark)

Institut für Regionale Forschung und Information im Deutschen Grenzverein und Landesinstitut Schleswig-Holstein für Praxis und Theorie der Schule (Hrsg.), Quellen zur Geschichte Schleswig-Holsteins, Teil I, Kiel ²1987, S.70 (vereinfacht)

Internettipps:
Informationen zur Hanse im Mittelalter und zu Hansestädten heute bietet der Mediencode 30041-24

1. *Erkläre, warum sich Fernhandelsstädte zur Hanse zusammenschlossen.*
2. *Stelle in einer Tabelle zusammen, welche Handelswaren aus welchen Ländern kamen (M3 und M4). Unterscheide zwischen Luxuswaren und einfachen Gebrauchsgütern.*
3. *Begründe, warum die Kogge dem Fuhrwerk überlegen war.*
4. *Zeichne den Handelsweg von Lübeck nach Reval auf einer Kogge nach. Berechne, wie lange ein Lübecker Kaufmann nach Reval unterwegs war. Gehe von einer gesegelten Tagesstrecke von 100 bis 150 Kilometern aus.*
5. *Begründe mithilfe von M3 und M4, warum Lübeck das Zentrum der Hanse bildete.*

[1] Wendische Städte: die im ehemals slawischen (wendischen) Siedlungsgebiet neu gegründeten Städte wie Hamburg, Kiel, Lübeck, Lüneburg, Rostock, Stralsund und Wismar

Kaufmann, Kogge, Kapitän

Nord- und Ostsee waren die „Autobahnen" der Hanse. Per Schiff wurden Waren von England bis Russland ausgetauscht. Unzählige Menschen in diesem Raum profitierten von der Hanse: Bauern und Salzsieder, Heringsfänger und Pelzjäger, Honigsammler und Tuchweber. Ihre Produkte wurden im Hanseraum verteilt und erreichten eine riesige Kundschaft.
Im Zentrum dieses Austauschsystems stehen zwei Berufe, die nichts produzieren: der Kaufmann, der Waren billig einkaufen und anderswo teurer verkaufen will, und der Schiffskapitän, der seine Ladung dahin liefert, wo sie gebraucht wird.

Vorschläge für Arbeitsfragen:
Thema 1: *Riskante Geschäfte: die Arbeit der Hansekaufleute.*
Thema 2: *Auf hoher See: Koggen bringen kostbare Fracht.*
Aber vielleicht fallen euch ja noch andere Fragen ein?

Beschreiben

Thema 1: *Notiert die Fähigkeiten und Eigenschaften, die ein erfolgreicher Kaufmann haben muss.*
Thema 2: *Nennt die Eigenschaften, die den Schiffstyp „Kogge" für den Handel der Hanse geeignet machen.*

Untersuchen

Thema 1: *Findet möglichst viele Gefahren heraus, die einem Kaufmann drohten. Wie konnte er sein Risiko abmildern?*
Thema 2: *Untersucht die Lebens- und Arbeitsbedingungen eines Schiffskapitäns der Zeit um 1400 – an Land und zur See. Welche Gefahren drohten ihm?*

Einordnen

Thema 1: *Egoistische „Pfeffersäcke" oder fortschrittliche Mitglieder der Gesellschaft? Beurteilt die Tätigkeit der Hansekaufleute.*
Thema 2: *Vergleicht die Aufstiegs- und Gewinnmöglichkeiten eines Seeschiffers mit denen eines Kaufmanns.*

Präsentieren

Thema 1: *Der reiche Hildebrand Veckinchusen stirbt 1426 als bettelarmer Mann! Erzählt eine Geschichte aus der Perspektive Hildebrands, wie dies kommen konnte.*
Thema 2: *Entwickelt ein Streitgespräch: Ein Schiffskapitän und ein Kaufmann streiten sich darüber, wer den größeren Anteil am Gewinn einer Handelsfahrt verdient.*

M1 Ein Hansekaufmann um 1400 macht Karriere

Die Brüder Sivert und Hildebrand Veckinchusen geben uns durch ihre Briefe – 550 sind erhalten – tiefe Einblicke in die Freuden und Sorgen einer Kaufmannsfamilie.

Die Familie ist an vielen Orten vertreten: Ein Bruder ist Kaufmann in Reval, ein anderer in Riga. Sivert lässt sich in Lübeck nieder, Hildebrand in Brügge, dem westlichen Ort im Handelsimperium der Familie. 1402 mietet er dort ein Kontor: Büro, Warenkeller und Wohnstube in einem.
Die Geschäfte laufen blendend! Hildebrand und Sivert tauschen brieflich Preise aus und schätzen die Kreditwürdigkeit der Handelspartner ab. Damals suchen Freibeuter die Nordsee heim. Seenot und Piraterie: welche Risiken! Aber auch: was für Möglichkeiten für Geschäfte!
In Brügge kauft Hildebrand Tuche und sendet sie gen Osten. In umgekehrter Richtung schickt er Wachs, Butter, Speck, Bier und Pelze. Die Fahrten mit Pelzen bringen zwischen 2 und 16 Prozent Gewinn. Hildebrand muss ständig rechnen und kontrollieren. Er muss darauf achten, bei der Umrechnung von Währungen nicht betrogen zu werden. Er muss Maßeinheiten vieler Länder kennen. Er muss wissen, dass Fischhändler aus Schonen oft gute Heringe oben und unten in die Fässer füllen und dazwischen minderwertige Ware stecken. Dass Weinhändler aus Köln mit Wasser panschen, russische Verkäufer oft Eicheln in ihre Wachsfässer stecken, um die Ware zu strecken.
Hildebrand muss herausfinden, wo welche Waren gerade wie im Kurs stehen. Auf welchen Straßen lauern Räuber? Welcher Fürst plant einen Krieg? Ist dies gut, weil er Waren sucht? Oder schlecht, weil Handelswege unpassierbar werden? Wie erfolgreich waren die Jäger in Finnland? Wie viel Salz werden die Salinen von Bourgneuf dieses Jahr hergeben? Sind Rosenkränze aus Bernstein gerade Mode in Venedig? Mögen die Frauen von Lübeck wohl Korallenschmuck? Werden Weber, die höhere Löhne fordern, die flämische Tuchproduktion einschränken? – 1407 ist Hildebrand Veckinchusen ein wohlhabender Mann.

Frei nach: Cay Rademacher, Von Koggen und Kontoren. Geo Epoche 25 (2007), S. 109 - 117

M2 Im Jahr 1368 im Hafen Lübeck einlaufende Schiffe

aus	Anzahl	aus	Anzahl	aus	Anzahl
Wismar	184	Rostock	33	Kalmar	15
Schonen	182	Fehmarn	33	Stockholm	14
Danzig	115	Elbing	32	Söderköping	12
Oldesloe	75	Reval	21	Malmö	9
Stettin	68	Gotland	19	Riga	6
Stralsund	56	Pernau	15	12 Orte	1-8

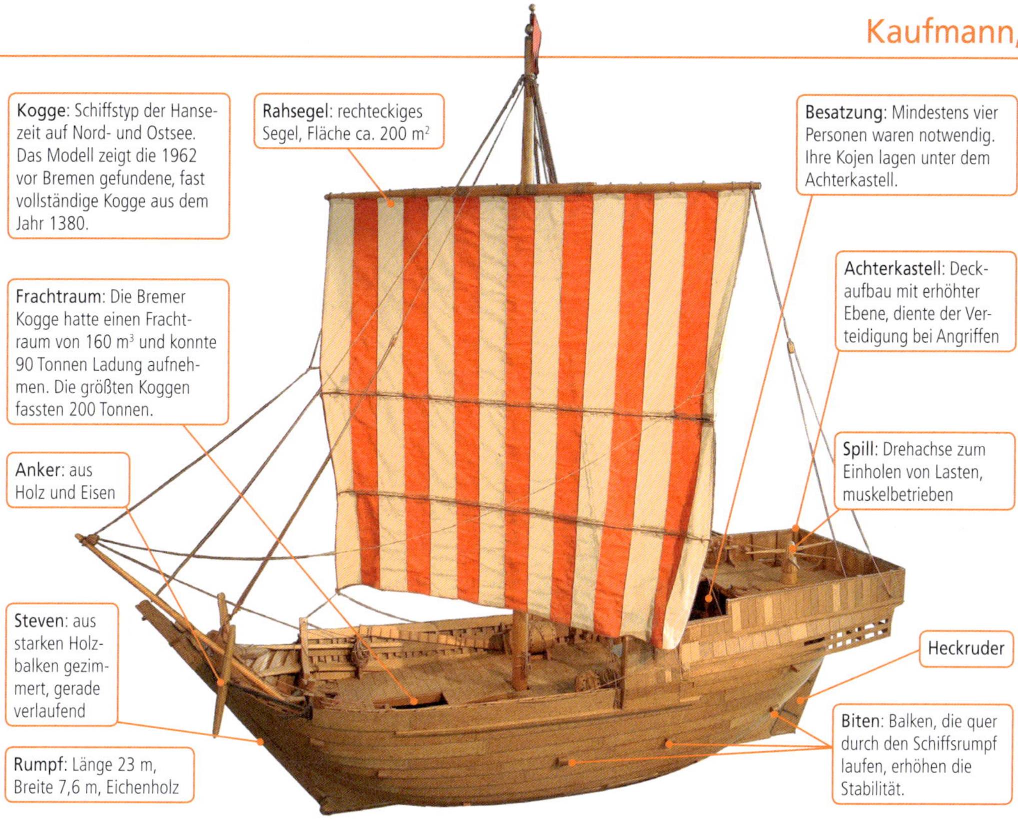

M 3 Die „Bremer Kogge“
Modell im Deutschen Schiffahrtsmuseum Bremerhaven, 2012

M 4 Der Universalcontainer des Mittelalters
Holzschnitt von Jost Amman, 1585 (Ausschnitt)
Fast alles, was mit Schiffen transportiert wurde, kam in Holzfässer, nicht nur Flüssigkeiten, sondern z. B. auch Tuchballen. Der Deckel des Fasses wurde mit der Hausmarke des Kaufmanns markiert, dem der Inhalt gehörte.

M 5 Kaufmann – Seemann – Reeder

In der frühen Hanse fahren die Kaufleute selbst zur See. Als der Handel „schriftlich“ wird, müssen Kaufleute vor allem Informationen sammeln.

Die seefahrenden Kaufleute, die an Bord bleiben mussten, um das Schiff zu steuern, konnten an der neuen Art der Geschäfte, die die Schriftlichkeit bot, nicht teilnehmen. Sie blieben zwar selbstständige Unternehmer, wurden aber gleichzeitig auch Dienstleister für die Kaufleute, deren Waren und Briefe sie transportierten. Diese Nichtteilnahme am sozialen Aufstieg führte zur Herausbildung des neuen Berufs des Seeschiffers. Seit dem späten 14. Jh. besaßen die Schiffer meist nur noch einen Anteil (Part) an dem Schiff, das sie fuhren. Die Schiffe waren in der Regel mit Waren mehrerer Kaufleute beladen, die ihrerseits ihre Waren auf mehrere Schiffe verteilten. Und ein Schiff gehörte in der Regel mehreren Kaufleuten und dem Schiffer als Reedern.

Nach: Rolf Hammel-Kiesow, Matthias Puhle und Siegfried Wittenburg, Die Hanse, Darmstadt 2009, S. 133 f. (vereinfacht)

Internettipp:
Mehr über das Deutsche Schiffahrtsmuseum erfährst du unter Mediencode 30041-25

Jahr	Einkauf	Verkauf
Heringe (1 Fass)		
1377	259	
1382	304	
1389		288
1389		308
Butter (1 Fass)		
1370		1028
1376	900	
Honig (1 Fass)		
1370		672
1371	672	
1374		1337
1375	960	
Feigen (ca. 50 kg)		
1369		360
1369		468
1372		384
1372	649	
1390	528	
Öl (Pipe = ½ Fass)		
1371		4944
1374	4290	
1374		4416
1376	3360	
1376		4032
1377	3120	
1380	3900	
1381		5208

M 6 Gewinnspanne
Geschäfte eines Hamburger Kaufmanns
Der Tuchhändler Vicko von Geldersen († 1391) vertrieb viele weitere Waren. Sein Kontorbuch verzeichnet u. a. diese Geschäfte. Alle Preise sind in Lübecker Pfennige umgerechnet.

Männer und Frauen: klare Rollen?

M 1 Standesgemäße Heirat eines vornehmen Mädchens mit einem älteren reichen Mann
Monatsbild „April“ aus dem Breviarium Grimani, um 1500

Hausgemeinschaft und Ehe

Adlige und Bauern hatten eine Gemeinsamkeit: Sie lebten in einer Hausgemeinschaft. Dazu gehörten neben dem Ehepaar und den noch unverheirateten Kindern auch das Gesinde und zum Teil auch unverheiratete Verwandte. Die Familie gewährte ihren Mitgliedern Hilfe und Schutz.

Die Vorstellungen von der Ehe bestimmte die Kirche. Sie erklärte die Ehe für unauflöslich und forderte, dass die „Frau dem Manne untertan“ sein solle. Die Ehe hatte im Mittelalter vor allem einen Zweck: Aus ihr sollten Nachkommen hervorgehen, an die der Besitz vererbt werden konnte und die im Alter für ihre Eltern sorgten. Heiraten durfte nur, wer ein sicheres Einkommen hatte. Adlige konnten sehr jung verheiratet werden, oft zwischen 12 und 14 Jahren. Gehilfen im Handwerk benötigten die Zustimmung ihres Meisters und das Gesinde auf dem Land die seines Herrn. Deshalb heirateten sie oft erst mit Ende 20 oder Anfang 30, zum Teil aber auch gar nicht.

Liebe stellte in der Regel nicht die Grundlage für eine Ehe dar. Normalerweise vereinbarten die Eltern die Ehen ihrer Kinder, und ihnen ging es vor allem darum, was die künftigen Eheleute in die Ehe mitbrachten, aus welcher Familie sie stammten und von welchem Stand sie waren. Auch beim Adel dürften Liebesheiraten selten gewesen sein. Adlige Familien schlossen mit einer Ehe nämlich häufig zugleich ein Friedens- und Bündnisversprechen.

M 2 Tätigkeiten von Frauen
Illustrationen aus dem Hausbuch der italienischen Familie Cerruti, 14. Jh.

Männer und Frauen

Die Frau stand im Mittelalter unter der Herrschaft ihres Mannes. Aber Frauen waren nicht rechtlos und nicht ohne Macht. So gab es Herrscherinnen oder Fürstinnen, die gleichberechtigt mit ihrem Mann oder stellvertretend für ihren minderjährigen Sohn regierten. Deshalb war es so wichtig, „standesgemäß“ zu heiraten. Denn die Königin oder die Herzogin erteilte die Befehle, nicht die Frau.

Land, Haus und Hof wurden nur an Söhne vererbt. Daher mussten die Töchter entweder ohne Lohn im Familienbetrieb mithelfen oder als Mägde auf umliegenden Gehöften arbeiten. In den Häusern der Händler, Handwerker und Bauern besorgten die Frauen den Haushalt, erzogen die Kinder und arbeiteten im Betrieb mit. In den Städten erhielten Frauen mit der Zeit mehr Rechte und Freiheiten. So gab es in Köln z.B. eigene Zünfte von Handwerkerinnen. Im späten Mittelalter bildeten sich mit den sogenannten Beginen (weibliche Mitglieder einer christlichen Gemeinschaft, die keine Ordensgelübde ablegten und nicht in Klausur lebten) religiöse Gemeinschaften von Frauen, die fromm und ehelos lebten.

„Geschichtslose“ Frauen?

Nur wenige Frauen haben im Mittelalter selbst Texte geschrieben. Ein großer Teil der Quellen, die über Frauen berichten, wurden von Männern verfasst, meist Geistlichen oder Medizinern. Wenn sie über Frauen schrieben, verrät das viel über ihre Ansichten, aber wenig über das Leben der Frauen. Von deren Alltag „erzählen“ fast nur archäologische Quellen. Daher spricht man von einer Art „Geschichtslosigkeit“ der einfachen Frauen im Mittelalter.

M 3 Sind Männer klüger als Frauen?

Die französische Schriftstellerin und Philosophin Christine de Pizan schreibt als Erste für Frauen über Frauen. In ihrem „Buch von der Stadt der Frauen" (1405) berichtet sie von einer erfundenen Stadt, die nur von Frauen erbaut wird. Darin geht es auch um das Verhältnis von Männern und Frauen:

Noch einmal sage ich dir mit allem Nachdruck: Wenn es üblich wäre, die kleinen Mädchen eine Schule besuchen und sie im Anschluss daran, genau wie die Söhne, die Wissenschaften erlernen zu lassen, dann würden sie genauso gut lernen und die letzten Feinheiten aller Künste und Wissenschaften ebenso mühelos begreifen wie jene. Zudem gibt es ja solche Frauen. [...]

Und so schließt man vom bloßen Augenschein, von der Beobachtung darauf, Frauen wüssten generell weniger als Männer und verfügten über eine geringere Intelligenz. In verschiedenen [...] Gegenden wirst du ebenfalls Wesen antreffen, die in ihrer Einfalt Tieren gleichen. Und dennoch kann es nicht den geringsten Zweifel geben: Die Natur hat sie mit ebenso vielen körperlichen und geistigen Gaben ausgestattet, wie die weisesten und erfahrensten Männer, die in den Städten und Kommunen leben. Dies alles ist jedoch mit mangelnder Bildung zu erklären, auch wenn ich dir gesagt habe, unter den Männern und den Frauen seien manche eben klüger als andere.

Christine de Pizan, Das Buch von der Stadt der Frauen, München 1990, S. 94 f.

M 4 Ehegemeinschaft

Burkard Zink steigt vom armen Kaufmannsgehilfen zum reichen Kaufmann auf. Mitte des 15. Jh. verfasst er eine Chronik der Stadt Augsburg, in die er auch seine Lebensgeschichte einfügt. Darin berichtet er über seine Hochzeit und die ersten Ehejahre:

Sie war eine ehrbare arme Frau und brachte mir (als Mitgift) nicht mehr als ein kleines Bettlein und ein Kühchen und sonst bescheidenen ärmlichen Hausrat zu wie Pfannen etc. [...] Freilich hatte ich sicherlich auch nicht viel: Ich besaß zwar ein gutes Gewand, aber nicht viel angesparte Pfennige. [...]

Nachdem wir Hochzeit miteinander gehalten hatten, da wusste ich freilich nicht, was ich tun sollte, denn ich hatte nichts. [...] Da beriet ich mich mit meiner Hausfrau. Die war mir auch hold, tröstete mich und sprach: „Mein Burkard, halte Dich gerade und verzage nicht, lass uns einander helfen, so wollen wir wohl auskommen. Ich will an dem Rad spinnen und kann jede Woche wohl 4 Pfund Wolle ausspinnen, das bringt 32 Pfennige." Und da die Frau so voller Trost war, da fasste ich Mut und dachte: Nun – ich kann doch ein wenig schreiben. [...] Es war ein Kleriker an der Kirche „Unserer lieben Frau" [...]. Der war mir wohlgesonnen [...].

Meine Frau und ich saßen zusammen, ich schrieb und sie spann [...]. Doch wir sind oft beieinander gesessen die ganze Nacht. Es ging uns ganz gut, und wir verdienten, was wir brauchten.

Nach: Gerhard Fouquet und Ulrich Mayer (Hrsg.), Lebenswelten 2. Quellen zur Geschichte der Menschen in ihrer Zeit. Alteuropa 800 bis 1800, Stuttgart 2001, S. 93 f. (übertragen von Gerhard Fouquet)

M 5 Nonnen beten
Buchmalerei aus Frankreich, spätes 13. Jh. (Ausschnitt)
Trotz der zum Teil strengen Klosterregeln bot das Leben als Nonne den Frauen Freiheiten, die sie sonst kaum hatten: Sie konnten sich Bildung aneignen und mussten keinen Mann heiraten, den sie nicht liebten.

M 6 „Das boshafte Weib"
Holzschnitt von Erhard Schoen, um 1540

1. *Schreibe einen Dialog zwischen einer mittelalterlichen Adligen und einer Bäuerin, die sich über ihr Leben unterhalten.*
2. *Arbeite aus M3, M4 und M6 die Ansichten zum Verhältnis von Männern und Frauen heraus.*
3. *Gestalte ein Poster, auf dem du Tätigkeiten und Stellung von Männern und Frauen im Mittelalter darstellst.*
4. ● *Stelle Informationen zum Verhältnis von Frauen und Männern in Deutschland heute zusammen. Vergleiche das mittelalterliche Rollenbild von Mann und Frau mit heute.*

Internettipp:
Informationen zum Leben der Frauen im Mittelalter findest du unter Mediencode 30041-26

Die „Grote Mandränke" von 1362

M1 „Die erschreckliche Wasser-Fluth"
Stich aus einem Buch von 1683

Bei der „Groten Mandränke" vom 16. Januar 1362 soll die Flut, so berichtet der Chronist Anton Heimreich 300 Jahre später, 21 Deichbrüche verursacht haben. Damals drang das Wasser bis zum Geestrand vor, zerstörte Teile der nordfriesischen Marsch und ließ das sagenhafte Rungholt zusammen mit sieben anderen Orten und 34 Kirchen untergehen. 7600 Menschen seien, so vermutet Heimreich, dabei ertrunken. Andere Geschichtswerke berichten von weit mehr Opfern.

Sturmfluten begleiten die Geschichte Schleswig-Holsteins

Wenn zwischen Herbst und Frühjahr heftige Winde stundenlang mit großer Geschwindigkeit aus Nordwest gegen die Küsten wehen, steigt der Wasserstand und die Wellen werden immer höher. So kommt es zu Sturmfluten, die Menschen und Land bedrohen. In Schleswig-Holstein ist die erste Sturmflut für das Jahr 1164 überliefert. Sie setzte das Land der Wesermündung unter Wasser und ließ den Jadebusen entstehen, eine große Bucht bei Wilhelmshaven. Für 1219 und 1287 sind weitere Sturmfluten mit hohen Opferzahlen bekannt.

M2 Das Gebiet um „Nortstrandt"
Aus einer Karte von Willem Janszoon Blaeu von 1662
Sie wurde nach einer Vorlage von Johannes Mejer aus Husum gestaltet, die 1652 in der Danckwerth'schen Chronik abgedruckt worden war.

Wo liegt Rungholt?

Nach Schätzungen einiger Historiker hatte allein Rungholt damals mehr als 1000 Einwohner. Die Siedlung lag auf der Insel Alt-Nordstrand im nordfriesischen Wattenmeer. Schiffe aus nah und fern sollen Rungholt angesteuert haben.

Von der Insel Alt-Nordstrand sind heute noch die Inseln Nordstrand und Pellworm sowie einige Halligen übrig. Spuren unweit der Hallig Südfall zeugen von einer vormals bedeutenden Besiedlung. Hier kann man bei Ebbe alte Brunneneinfassungen, Reste von Schleusen und Hafenanlagen, Ziegelsteine und zerbrochene Keramik finden. In Dokumenten aus der Zeit vor der großen Sturmflut von 1362, die sich im Archiv der Freien und Hansestadt Hamburg erhalten haben, wird der Name Rungholt erwähnt. Auf Karten des 17. Jh., die möglicherweise auf Informationen aus älteren Dokumenten zurückgehen, sind die Insel Alt-Nordstrand und heute zerstörte Orte wie Rungholt eingezeichnet. Aber hier gehen Fantasie und Wirklichkeit oft ineinander über.

1164	Julianenflut	1717	Weihnachtsflut
1362	Grote Mandränke	1825	Februarflut
1509	Cosmasflut	1953	Hollandflut
1532	Allerheiligenflut	1962	Februarflut
1570	Allerheiligenflut	1976	Januarflut
1634	2. Grote Mandränke	1981	Novemberflut

M3 Sturmfluten in Schleswig-Holstein
Nach: Die Sturmflutenwelt (www.blanker-hans.de)

M4 Untergang und Gegenwart

Der Nordstrander Pastor Matthias Boetius berichtet rund 250 Jahre nach der Sturmflut von 1362:

Augenblicklich sei „Rungholt in die Erde gesunken, Abergläubige glaubten, diese versunkene Stadt werde vor dem Weltuntergange auf ihrem alten Platz neu erstehen. Mit unbeschädigten Gebäuden stehe jene Stadt tief in der Erde und manchmal, wenn auch nicht immer, tauche der Kirchturm aus dem Wasser auf und man könne ihn vom Ufer aus bei klarer Luft deutlich sehen. Vorüberfahrende hören wohl Glockenklang und Ähnliches."

Nach: Hans-Herbert Henningsen, Rungholt. Der Weg in die Katastrophe, Bd. 1, Husum 1998, S. 87

M6 Das Gebiet zwischen Pellworm und Nordstrand heute
Ausschnitt aus einer 2007 gedruckten Länderkarte mit dem Maßstab 1 : 500 000

M5 „Heut bin ich über Rungholt gefahren …"

Detlev Liliencron arbeitet 1882 als Verwaltungsbeamter auf Pellworm. Dort lernt er die Sagen von Rungholt kennen und verfasst das neunstrophige Gedicht „Trutz, Blanke Hans"[1]; die erste, die sechste, die achte und die letzte Strophe lauten:

Heut bin ich über Rungholt gefahren / Die Stadt ging unter vor fünfhundert Jahren, / Noch schlagen die Wellen da wild und empört, / Wie damals, als sie die Marschen zerstört. / Die Maschine des Dampfers schütterte, stöhnte, / Aus den Wassern rief es unheimlich und höhnte:

Trutz, Blanke Hans.

[…]

Auf allen Märkten, auf allen Gassen / Lärmende Leute, betrunkene Massen. / Sie ziehn am Abend hinaus auf den Deich: / Wir trutzen dir, Blanker Hans, Nordseeteich! / Und wie sie drohend die Fäuste ballen, / Zieht leis aus dem Schlamm der Krake die Krallen.

Trutz, Blanke Hans.

[…]

Und überall Friede, im Meer, in den Landen. / Plötzlich wie Ruf eines Raubtiers in Banden: / Das Scheusal wälzte sich, atmete tief. / Und schloss die Augen wieder und schlief. / Und rauschende, schwarze, langmähnige Wogen / Kommen wie rasende Rosse geflogen.

Trutz, Blanke Hans.

Ein einziger Schrei – die Stadt ist versunken. / Und Hunderttausende sind ertrunken. / Wo gestern noch Lärm und lustiger Tisch, / Schwamm andern Tags der stumme Fisch. / Heut bin ich über Rungholt gefahren. / Die Stadt ging unter vor fünfhundert Jahren.

Trutz, Blanke Hans.

Nach: Hans-Herbert Henningsen, Rungholt. Der Weg in die Katastrophe, Bd. 1, a.a.O., S. 11

1. *Bildet Arbeitsgruppen, die sich über je eine der in M3 genannten Sturmfluten informieren. Präsentiert die Ergebnisse in der Klasse.*
2. *Vergleiche die beiden Karten M2 und M6. Beschreibe die Unterschiede.*
3. *Informiere dich über Siedlungsspuren der untergegangenen Orte und lokalisiere sie auf der heutigen Karte.*
4. *Erörtert, was M4 über den untergegangenen Ort Rungholt aussagt.*
5. *Arbeite die Informationen über Rungholt aus den Versen heraus (M5).*
6. *Bewerte, inwieweit Sturmfluten heute noch das Denken der Menschen in Schleswig-Holstein beeinflussen.*

Exkursionstipp:
Nordseemuseum Husum, Nissenhaus

Internettipps:
Mehr über die Geschichte von Rungholt erfährst du unter 30041-27

[1] Trutz verweist auf Trotz, Widerstand; mit „Blanke Hans" ist die Nordsee gemeint.

Krisen

M 1 Massenbestattung
Buchmalerei aus Tournai im heutigen Belgien, um 1352/53
Während anfangs die Pesttoten noch in Särgen bestattet wurden, verscharrte man sie später in Massengräbern.

Eine Katastrophe nach der anderen

Die Menschen litten im späten Mittelalter nicht nur unter Kriegen. Auch Erdbeben, Heuschreckenplagen, Missernten und Hungersnöte machten ihnen das Leben schwer.

Eine der größten Katastrophen der europäischen Geschichte war die **Pest**. Sie wurde aus Asien eingeschleppt und wütete besonders grausam zwischen 1347 und 1351. Seit dem 17. Jh. wird sie auch „Schwarzer Tod" genannt. Die Krankheitserreger der Pest wurden entweder wie Schnupfen und Grippe durch eine Tröpfcheninfektion oder durch den Biss des Rattenflohs verbreitet.

Wo die Seuche auftrat, waren alle gesellschaftlichen Schichten betroffen. Besonders hoch waren die Verluste der ärmeren Bevölkerung, die in den Städten und Dörfern unter unsauberen Wohnverhältnissen lebte. Nach Schätzungen starb rund ein Drittel der europäischen Bevölkerung an der Pest. Die Zahl der Toten in den einzelnen Ländern und Städten war unterschiedlich. In Florenz sank die Einwohnerzahl von über 100 000 auf etwa 50 000; in Lübeck starb etwa ein Viertel der Einwohner; Prag und Nürnberg blieben dagegen von der Pestwelle verschont.

M 2 Bevölkerung in Europa
Schätzungen
Nach: Josiah C. Russel, Artikel „Bevölkerung", in: Lexikon des Mittelalters, Bd. 2, München/Zürich 1983, Sp. 14

in Millionen	**1340**	**1440**
Iberische Halbinsel	9	7
Frankreich	19	12
Italien	9,3	7,5
Britische Inseln	5	3
Deutsches Reich und Skandinavien	11,6	7,5
Insgesamt	53,9	37,0

Gewalt

Da die Menschen die Ursache für die Katastrophen nicht kannten, verstanden viele sie als Strafe Gottes. Zahlreiche Gläubige schlossen sich daher zusammen und zogen singend und sich selbst schlagend (geißelnd) durch die Städte. Die Geißler wollten sich damit von den Sünden befreien und Gott gnädig stimmen.

An vielen Orten beschuldigten Christen die Juden, die Pest durch Vergiftung von Brunnen und Quellen verursacht zu haben. Von 1348 an wurden Juden deswegen überall im Heiligen Römischen Reich verfolgt, vertrieben oder ermordet. Nicht wenige sahen darin auch eine Chance, ihre Schulden bei jüdischen Gläubigern loszuwerden.

Weitreichende Veränderungen

Naturkatastrophen, Kriege, Pest und Hungerkrisen ließen nicht nur die Bevölkerung insgesamt schrumpfen. Immer mehr Menschen verließen ihre Dörfer und zogen hinter schützende Stadtmauern. In den Städten waren sie willkommen, denn nach der Pest war man dort auf den Zuzug von Arbeitskräften angewiesen.

Eine Krise in der Landwirtschaft beschleunigte diese Wanderungsbewegung (Migration). Immer mehr Grundherren und Bauern gaben ihre Höfe auf, weil ihr Einkommen nicht mehr zum Überleben ausreichte.

Ganze Dörfer und Landstriche verfielen. Bis zum Ende des 15. Jh. lag der Anteil der Wüstungen, so die Bezeichnung für die aufgegebenen Siedlungen und landwirtschaftlich nicht mehr genutzten Flächen, in den deutschen Ländern bei durchschnittlich 25 Prozent, in einigen Regionen sogar bei 50 Prozent der vormaligen Siedlungen.

M 3 Katastrophenmeldungen

Kaiser Karl IV. erzählt aus dem Jahre 1338:

Bei Sonnenaufgang weckte uns ein Ritter aus dem Schlaf mit den Worten: „Herr, steht auf, der Jüngste Tag bricht an, denn alle Welt ist voll Heuschrecken.“ Wir erhoben uns und stiegen zu Pferd und ritten eilends, um ihr Ende zu sehen, bis nach Pulkau sieben Meilen weit.[1] Erst dort war das Ende ihres Zuges. Seine Breite konnten wir nicht überschauen. Ihr Surren glich einem lärmenden Geräusch. [...] Sie schwirrten so dichtgedrängt wie Schneeflocken. Heftiger Gestank strömte von ihnen aus. Sie verteilten sich: Die einen zogen nach Bayern, andere nach Franken, andere in die Lombardei, andere hierhin und dorthin über die ganze Erde.[2]

Am 25. Januar 1348 bebt die Erde. Das Zentrum des Erdbebens ist Villach in Kärnten, der Durchmesser des erschütterten Gebietes beträgt über 600 Kilometer. Etwa 10 000 Menschen sterben. Ein Augenzeuge berichtet:

Die Stadt Villach, die Burgmauer, das Kloster, die Kirchen und alle Mauern und Türme bis auf elf Zinnen fielen zu Boden. [...] Mitten in der Stadt zerspaltete sich das Erdreich und es lief Wasser heraus, ganz wie Schwefel, und floss wieder in die Löcher im Erdreich.

Erster Text: Kaiser Karl IV. Selbstbiographie, übers. und eingel. von Ottokar Menzel, Berlin 1943, S. 62f.; zweiter Text: Arno Borst, Das Erdbeben von 1348, in: Historische Zeitschrift, Bd. 233 (1981), S. 534f.

M 5 Totentanz

„Der Tod und die Bürgerin“, Buchillustration, Heidelberg, wahrscheinlich 1488

Besonders nach der Pest stellten Künstler häufig den Totentanz dar. Sie forderten damit zu einem neuen christlichen Leben auf, da der Tod sehr nah sei. Die Darstellung des Totentanzes fand sich nicht nur in Büchern, sondern auch an Mauern von Klöstern und Kirchen.

M 4 Über die Folgen

Der Schriftsteller Giovanni Boccaccio erlebt 1348 die Pest in Florenz. Über die Folgen schreibt er 1350 im „Decamerone“, einer Sammlung von 100 Novellen:

Die [Folgen der Pest] verursachten bei den Überlebenden unterschiedliche Ängste und Einbildungen. Und fast alle hatten nur ein grausames Ziel vor Augen: die Kranken und ihre Sachen zu meiden und zu fliehen. Dadurch glaubte jedermann sich Rettung verschaffen zu können. Manche dachten durch eine maßvolle Lebensweise und dadurch, dass sie sich vor jeglichem Überfluss hüteten, ihre Widerstandskraft gegen diese Seuche stärken zu können. [...] Andere vertraten die gegenteilige Auffassung und versicherten, die sicherste Medizin bei einem solchen Übel sei reichlich zu trinken, zu genießen, singend und scherzend umherzuziehen, jeglicher Begierde, wo es nur möglich sei, zu genügen und über das, was kommen werde, zu lachen und zu spotten.

Nach: Klaus Bergdolt (Hrsg.), Die Pest 1348 in Italien, Heidelberg 1989, S. 42f.

1. *Erläutere die Aussageabsicht von M1.*
2. *Arbeite heraus, welches Gebiet am stärksten von dem Bevölkerungsrückgang betroffen war (M2).*
3. *Beschreibe die Stimmung, die aufgrund der Katastrophen in weiten Teilen Europas geherrscht hat (M1 - M4).*
4. *Erläutere das Verhalten der Menschen. Finde eine treffende Bezeichnung dafür (M4 - M5).*
5. *Beschreibe, wie die Menschen auf die Pest reagierten (M4).*
6. *Finde aktuelle Beispiele für ähnliche Krisen.*
7. *Vergleiche damalige und heutige Reaktionen auf Katastrophen.*

[1] etwa 28 km

[2] Andere Quellen bestätigen die Heuschreckeneinfälle. Sie führten zu großen Schäden in der Landwirtschaft.

Die Pest im Mittelalter – der „Schwarze Tod"

Thomas ist in seiner Jugend ins Kloster gegangen und hat dort beim Arzt einiges gelernt – aber nicht genug, denn als ein infizierter Kaufmann die Mönche besucht, bringt er auch die Pest mit. Wenige Wochen später sind alle Einwohner des Klosters bis auf Thomas tot. Dieser versucht, vor der Seuche wegzuziehen, und wird auf diesem Weg von drei Jungen begleitet: Gotthard, Marquard („Stinker") und Sebastian. Gleichzeitig versucht ein jüdischer Junge, ein altes medizinisches Buch, das Hilfe gegen die Pest anbietet, zu einem Arzt zu bringen. Beide ziehen gleichzeitig durch das Land. In der folgenden Textstelle kennen sie sich aber noch nicht. Thomas kommt mit seinen Gefährten in ein Dorf – und alle sind hungrig, weil sie lange nichts mehr gegessen haben.

Thomas schlug ein schnelleres Tempo an und überholte die anderen Jungen. Niemand war zu sehen. Ein paar kleine Weingärten mit sauber aufgebundenen Rebstöcken, silbrig schimmernde Kornfelder, frisch gemähte Wiesen, auf denen noch das Heu lag und seinen Duft verströmte, alles lag verlassen in der Abendsonne. […]

Energisch ging er auf den nächstgelegenen Hof zu, öffnete das Tor der Umfriedung und durchquerte den Garten. Die anderen folgten ihm.

Vor der Haustür machte er Halt und pochte vernehmlich dagegen. Nichts war zu hören als das Grunzen von Schweinen und das Stampfen der Kuh.

Dann brüllte sie wieder, so voller Pein, dass es Thomas durch Mark und Bein ging. „Es ist niemand da", sagte er.

„Umso besser", meinte Gotthard, „lass uns reingehn!"

Als Thomas noch zögerte, zog er kurz entschlossen an der eisernen Klinke. Knarrend öffnete sich einer der beiden Türflügel. Vorsichtig schlüpften die vier ins Haus – und fuhren erschrocken zurück, als ein paar flatternde, gackernde Hühner vor ihnen davonstoben.

Thomas fasste sich als Erster wieder. Er blinzelte, denn nach dem grellen Sonnenlicht war er im Halbdunkel des Hauses fast blind.

Allmählich nahmen die schattenhaften Umrisse Gestalt an und er sah, dass sie in einer breiten Diele standen. Links, durch eine halbhohe Bretterwand abgeteilt, lag der Stall, auf der rechten Seite befand sich eine Mauer mit einem Türbogen, der in den Wohnraum führte. Auf dem Boden verstreut lagen Kleider, Werkzeuge standen herum. Sebastian fluchte, als er einen Schritt vorwärts machte und gegen eine Schaufel stieß, die krachend auf die Dielenbretter fiel.

Thomas bedeutete den anderen mit einer Geste zu warten, beugte sich vor und spähte durch die Türöffnung in den Raum.

Noch bevor er etwas erkennen konnte, überfiel ihn namenlose Furcht und lähmte ihn. Die Ausdünstung des Viehs, den beißenden Geruch tierischer Exkremente hatte er bisher in der Nase gehabt. Jetzt war da noch etwas anderes: ein ekelhafter, fauliger Gestank, der wie eine tödliche Drohung in der Luft hing.

Das Kloster … Mönche, die mit dem Tod kämpften … Messer, die durch vereiterte Geschwüre glitten … Flammen, in denen Kleider zu schwarzem Rauch verbrannten.

Die Lähmung wich und er prallte entsetzt zurück. Er musste seinen ganzen Willen aufbieten, um nicht davonzulaufen.

Die Hände in die Seiten gestemmt, damit die anderen sein Zittern nicht bemerkten, baute er sich vor der Türöffnung auf. „Wir gehen nicht hinein", sagte er. Seine Stimme klang heiser vor unterdrückter Angst.

Die anderen spürten seine Schwäche. „Wirklich nicht?", fragte der Stinker drohend und machte zwei Schritte auf ihn zu. Fast erleichtert atmete Thomas den Gestank nach Pisse und altem Schweiß ein, den der andere verströmte.

„Nein!", sagte er fest.

„Wie willst du uns daran hindern?", fragte Sebastian lauernd, legte die Hand wie zufällig an den Dolch und schob sich an ihn heran. „Wir sind zu dritt, Mönch. Vielleicht bist du stärker als ich oder der oder der da. Aber wir haben Hunger. Hunger macht gefährlich. Geh zur Seite!"

Thomas verlor die Beherrschung. „Da drin ist der schwarze Tod!", schrie er.

„Der schwarze Tod?", wiederholte Marquard ungläubig. „Wer ist das? Ein böser Geist? Du schlägst einfach drei Kreuze, und – hui! – ist er weg, dein schwarzer Tod!"

„Oder wir lassen ihn an dir riechen, Stinker", ergänzte Gotthard kichernd. „Dann fällt der schwarze Tod tot um!"
„Halt's Maul!", knurrte der Stinker. „Ich kann's nicht mehr hören!"
„Aber wenn's doch wahr ist!"
Thomas hörte dem Geplänkel fassungslos zu. Sie begriffen nicht, die dummen Jungen. Was war die Aussicht, sich den Bauch vollzuschlagen, gegen die Gefahr, in der sie schwebten!
„Es ist die Pest!" Seine Stimme überschlug sich, so laut schrie er. „Da drin liegen Tote! Wenn ihr hineingeht und ihnen zu nahe kommt, seid ihr auch tot!"
Sebastian lachte verächtlich auf. „Du bist ein Hosenscheißer. Tot ist tot. Ein Toter kann niemand mehr was tun. Ich geh jetzt rein."
Ehe Thomas sich dagegen wappnen konnte, hatte er ihn beiseite gestoßen und stürmte in den Raum. Gotthard und Marquard liefen hinterher. Thomas wollte ihnen nach, sie mit Gewalt ins Freie zerren, aber seine Glieder gehorchten ihm nicht. Er lehnte an der Mauer und sah, was sein Verstand sich zu begreifen weigerte.
An einer Längsseite des Raums standen ein Tisch und zwei Bänke, ihnen gegenüber zwei Truhen. An der Schmalseite waren die Herdstelle, eiserne Haken mit Töpfen daran und ein Regal mit Geschirr und allerlei Gerätschaften.
Vor dem Herd stand ein niedriges, hölzernes Gestell mit Strohsäcken darauf. Auf ihnen lagen reglos drei Menschen. Ein Mann und eine Frau, Thomas konnte im Dämmerlicht ihre Gesichter nicht erkennen, aber er wusste auch so, dass ihre Augen und Münder weit aufgerissen waren, weil sie noch im Sterben verzweifelt nach Licht und Luft verlangt hatten. Quer über den Schenkeln der Frau lag ein Kind, ein Mädchen, acht oder neun Jahre alt, mit dem Gesicht nach unten. Eine Hand der Mutter ruhte auf seinem Kopf, als ob sie es damit vor der Seuche hätte bewahren können. Thomas schien, als seien die Seelen dieser Toten eins mit seiner, als fühlte er selbst, was sie durchlitten hatten.
Die Jungen hatten inzwischen lärmend die beiden Truhen geöffnet und wühlten darin herum. „Neue Kleider für jeden!", rief Sebastian. „Hemden, Kleider, Mäntel, alles da!"
Der Stinker hielt sich ein besticktes Frauenkleid vor den Leib. „Wie seh ich aus?", fragte er grinsend.
„Wie eine verdammte ..." Sebastian unterbrach sich und entriss Gotthard einen Beutel, den der mit einem Triumphschrei aus einer der Truhen gefischt hatte. „Lass sehen!"
Er leerte den Inhalt auf den Tisch. „Wir teilen es durch drei. Der da", er deutete auf Thomas, "will nichts. Er könnte ja sterben, wenn er es anfasst."
Zum ersten Mal blieb sein Blick länger auf den Toten haften. „Neue Stiefel", sagte er. „Vielleicht passen sie mir. Sucht ihr inzwischen was zu essen. Da hinten ist eine Falltür. Da haben sie bestimmt ihre Vorräte." Während die beiden anderen die schwere Tür hochwuchteten, beugte er sich zu dem toten Mann und zerrte an seinen Stiefeln. Thomas löste sich aus seiner Erstarrung.

Harald Parigger: Im Schatten des schwarzen Todes, dtv Verlagsgesellschaft

Wie geht es weiter?
Wenn du wissen möchtest, ob Thomas und seine Gefährten sich ebenfalls mit der Pest anstecken, und vor allem wenn dich interessiert, ob das helfende Buch den Arzt rechtzeitig erreichen wird, kannst du das im Roman nachlesen.

Überlege, inwieweit du das Handeln der drei Jungen nachvollziehen kannst, die nicht wie Thomas von der Pest wissen. Fallen dir Beispiele für gefährliches Handeln aus Unwissenheit aus deiner Gegenwart ein?

Faszination Mittelalter

M 1 Mittelaltermarkt in Hohenwestedt

Zurück in die Vergangenheit

Die Welt des Mittelalters ist für uns moderne Menschen immer wieder spannend und geheimnisvoll. Jedes Jahr finden in Deutschland an vielen Orten Mittelaltermärkte und Mittelalterfeste statt. Dort kann man aufregende Schaukämpfe, buntes Markttreiben und oft eine eigene Sprache erleben. Es gibt eine große Anzahl von Vereinen, in denen Männer und Frauen mittelalterliche Kleidung, Werkzeuge und Waffen herstellen und damit mittelalterliches Leben selbst ausprobieren. So können wir heute nicht nur Ritter und Kämpfer erleben, sondern auch Handwerker, Musiker, Bauern, Pilger, Wahrsager und auch Fantasiegestalten wie Zauberer und Hexen.

Das Leben im Mittelalter war gefährlich, schmutzig und von tiefem Glauben und Vorstellungen beherrscht, die uns heute fremd sind. Krankheit und Tod waren allgegenwärtig, glänzender Reichtum und bittere Armut, Leid und Freude lagen dicht beieinander. Gerade diese Gegensätze machen die mittelalterliche Welt für uns Heutige so faszinierend. Niemand von uns würde wirklich wie im Mittelalter leben wollen. Dennoch reizt es manche, eine Zeit lang mittelalterliches Leben möglichst „echt" nachzuspielen. Sie scheinen im Mittelalter etwas zu finden, was sie in unserer Zeit vermissen: eine einfache, „natürliche" Lebensweise oder ein Leben nach klaren Regeln für jeden Einzelnen.

Leben wie im Mittelalter?

Wer ein Mittelalterfest oder einen Mittelaltermarkt besucht, wird vom Geruch gegrillten Fleisches empfangen, vom Klirren der Schwerter oder von Flöten- und Trommelspiel. Viele Menschen sind mittelalterlich gekleidet – „gewandet" sagen sie selbst. Denn für sie ist es keine Verkleidung oder Kostümierung (wie z.B. an Fasching); sie wollen wirklich in die Figur eines mittelalterlichen Menschen schlüpfen und so leben und fühlen wie er. Sie benutzen Begriffe aus der damaligen Zeit oder sprechen eine Sprache, die man für mittelalterlich halten soll: Zum Beispiel gibt es „Met" und kein „Bier"; es wird mit „Talern" bezahlt und nicht in Euro, und man wird mit „Ihr" statt mit „Sie" angeredet.

Das Mittelalter in unserer Gegenwart

Der Blick auf das Mittelalter ist oft romantisch verklärt. Die Darstellungen, die man auf Mittelaltermärkten und Mittelalterfesten oder Rollenspielen sehen kann, sind meist nicht realistisch, sondern zeigen ein Mittelalter wie im Märchen. Auch in Schleswig-Holstein gibt es viele solche Feste, die gern besucht werden. In Vereinen kann man sich darüber hinaus informieren oder selbst in die mittelalterliche Welt eintauchen. Um sich einen möglichst realistischen Eindruck von dieser Zeit zu verschaffen, müssen viele Informationen gesammelt und studiert werden.

Neben schriftlichen Quellen gibt es auch noch viele stumme Zeugen aus dieser Zeit: Burgen, Kirchen, Tore, Mauern, Straßen- und Ortsnamen, die Straßenverläufe in vielen alten Städten. In Museen werden besonders wertvolle, aber auch ganz alltägliche Gegenstände aus dem Mittelalter gezeigt. Wenn man sich mit ihnen beschäftigt, kann man sich recht gut vorstellen, wie die Menschen damals gelebt und gedacht haben.

M2 Mittelaltermärkte

In diesen Orten in Schleswig-Holstein finden und fanden Mittelaltermärkte statt:

Barmstedt
Busdorf-Haddeby
Eekholt
Eggebek
Fehmarn
Hohenlockstedt
Hohenwestedt
Kropp
Lübeck
Lütjenburg
Oldenburg
Schleswig
Sylt-Morsum
Waabs
Warder

M3 Arbeiten wie im Mittelalter

Um mittelalterliches Leben nachzuempfinden, muss man nicht gleich in einen Mittelalterverein eintreten. Ihr könnt auch in eurem eigenen „Mittelalterprojekt" Tätigkeiten wie im Mittelalter ausprobieren.
Das könnten Inhalte eures Projektes sein (vielleicht fallen euch noch weitere ein):

- Schreiben wie die Mönche
- mittelalterliches Tanzen
- Filzen
- Wappen gestalten
- Hausbau
- Kerzenwerkstatt
- Rollenspiele
- mittelalterliche Spiele
- Baumschmuck gestalten
- mittelalterliches Kochen
- mittelalterliches Handwerk

M4 Mittelalter made in Hollywood

Filmplakat

Seit es Kino gibt, sind über 30 Filme über den sagenhaften Helden Robin Hood entstanden.

M5 Lustiges Mittelalter

Mittelalterliches Leben ist auch ein beliebter Stoff für Klamauk und Comedy. Die Film-Komödie „1 ½ Ritter" mit Til Schweiger als „Ritter Lanze" brachte 2008 das Kinopublikum zum Lachen.

1. *Erkläre mit eigenen Worten, warum Mittelaltermärkte und Mittelalterspiele so beliebt sind.*
2. *Stelle fest, ob es neben den in M2 genannten Orten weitere gibt, an denen solche Feste stattfinden.*
3. *Untersuche für deinen Wohnort, welche Gebäude oder Straßennamen auf das Mittelalter hindeuten.*
4. *Stelle zusammen, welche Mittelalterfilme in den letzten Jahren im Kino oder im Fernsehen liefen. Wovon handeln diese Filme? Vergleiche, ob die Filmgeschichten auch in deinem Schulbuch vorkommen.*
6. *Informiere dich über die Geschichte Robin Hoods. Überlege, warum diese Figur bis heute so beliebt ist.*

Das weiß ich – das kann ich!

Wie in den vorausgehenden Kapiteln findet ihr hier Karteikarten zu verschiedenen Themen:

Die Gesellschaft des Mittelalters war in drei Stände gegliedert. Diese Ständeordnung galt als gottgewollt und unveränderlich. Der Adel hatte mehr Rechte als die Bauern. Den Bürgern in der Stadt standen hingegen mehr Mitspracherechte zu. Mann und Frau hatten klar festgelegte Rollen, sowohl in der Familie wie auch in der Gesellschaft.
Die Menschen lebten in festen persönlichen Beziehungen zueinander: zwischen Grundherr und hörigen Bauern, zwischen dem Ritter und seinem Herrn, zwischen dem Abt und seinen Mönchen. Manche Bindungen bestanden von Geburt an (Grundherr-Hörige), andere wurden durch einen Treueid geschlossen (Lehnsherr-Vasall, Mönchsgelübde). Meist galten diese Bindungen das ganze Leben.

Glaube und Religion spielten im Mittelalter eine große Rolle. Alle Könige Europas waren christliche Herrscher. Sie beanspruchten, im Namen Gottes zu herrschen. Der Kaiser wurde sogar vom Papst in Rom gekrönt.
Kaiser und Papst stritten im 11./12. Jh. darum, wer Bischöfe ins Amt einsetzen durfte (Investiturstreit). Im Grunde ging es darum, wer die höhere Macht hatte. Der Streit endete mit dem Wormser Konkordat, das die Trennung von geistlicher und weltlicher Macht einläutete.

Nach dem Untergang des Römischen Reiches entstanden in Europa Königreiche. Eines war das Frankenreich, das zunächst von den Merowingern regiert wurde. Seine größte Ausdehnung erreichte es aber unter dem Karolinger Karl dem Großen. Aus dem Ostteil des fränkischen Reiches entstand im 10. Jh. das ostfränkische Reich, das später Deutsches Reich genannt wurde. Seit Otto I. waren die Könige Anwärter auf das Kaisertum im Heiligen Römischen Reich.
Macht war im Mittelalter an Grundbesitz geknüpft. Dazu gehörten auch die darauf lebenden Menschen und Tiere (Grundherrschaft). Den meisten Grundbesitz besaß der König. Er beriet sich auf Hof- und Reichstagen mit seinen Untergebenen. Obwohl der König ständig umherzog (Reisekönigtum), konnte er seinen Besitz nicht allein regieren. Deshalb verlieh er Land und Rechte als Lehen an fürstliche Vasallen (Lehnswesen), die diese bald als ihr Eigentum ansahen. Die Zeit, in der Lehnswesen und Grundherrschaft die Basis der Macht darstellten, wird als Epoche des Feudalismus bezeichnet.
In den Städten galten andere Herrschaftsverhältnisse. Hier bestimmten Stadt- und Ratsherren die Regierung.

Seit dem hohen Mittelalter wurden überall in Europa Wälder gerodet, Sümpfe trocken gelegt und neue Dörfer und Städte gegründet. Der Landesausbau sowie eine Verbesserung von Geräten und Anbaumethoden (Dreifelderwirtschaft) sorgten dafür, dass zunehmend mehr Nahrung für die wachsende Bevölkerung angebaut werden konnte.
Städte waren Marktplätze. Hier handelten die Bauern des Umlandes, die in Zünften zusammengeschlossenen Handwerker und die in Gilden verbundenen Kaufleute. Mit der Hanse entstand im 13. Jh. ein mächtiger Handels- und Wirtschaftsverbund von Kaufleuten.

1. *Finde Belege für die Aussagen auf den Karteikarten.*
2. *Finde für jede Karteikarte eine passende Überschrift und überlege, welche Informationen du auf die Rückseite schreiben würdest.*

Das mittelalterliche Spiel „Kubb"

Das Spiel „Kubb" ist auch als „Wikingerschach" bekannt. Auch wenn es wohl bereits im alten Ägypten gespielt wurde, ist es in größerem Maßstab und in seiner heutigen Form erst durch die Wikinger verbreitet worden, und damit zu mittelalterlicher Zeit. Ihr könnt nun also ein mittelalterliches Spiel ausprobieren!

Das benötigt ihr:
- fünf Basis-Hölzer pro Team
- sechs Wurf-Hölzer pro Team
- einen „König", ein besonders großes Holzstück
- vier Grenz-Hölzer

So funktioniert das Spiel:
1. Sucht euch geeignete Hölzer. Dann steckt ihr mithilfe der vier Grenz-Hölzer ein Spielfeld mit der Größe 5x8 Meter ab, in dessen Mitte der „König" platziert wird. Auf den Grundlinien stehen die Basis-Hölzer der beiden Mannschaften.
2. Dann könnt ihr loslegen: Lost aus, welche Seite beginnen darf. Diese muss hinter den eigenen Basis-Hölzern stehen und mit den Wurf-Hölzern die gegnerischen Basis-Hölzer umwerfen. Erst wenn diese alle umgefallen sind, darf der König umgeworfen werden – dann ist das Spiel gewonnen. Wenn man es nicht schafft, mit den sechs Wurf-Hölzern alle Basis-Hölzer und den König umzuwerfen, ist die Gegenseite an der Reihe.
3. Das andere Team muss zunächst die von den Gegnern umgeworfenen Basis-Hölzer in die gegnerische Hälfte werfen, dort werden sie aufgestellt und zählen nun als gegnerische Basis-Hölzer. Bevor der König umgeworfen werden darf, müssen also nun noch mehr Basis-Hölzer mit den Wurf-Hölzern getroffen werden.
4. Letzte Regel: Geworfen wird immer hinter dem ersten Basis-Holz in der eigenen Hälfte, man kann mit ein bisschen Glück (und schlecht werfenden Gegnern) in der zweiten Runde manchmal schon von knapp hinter der Mittellinie aus werfen.
5. Es gewinnt die Mannschaft, die zuerst alle Basis-Hölzer und dann den König umgeworfen hat. Überlegt euch beim Spielen doch auch einmal, was dieses Spiel mit dem Mittelalter und dessen Ständeordnung zu tun haben könnte!

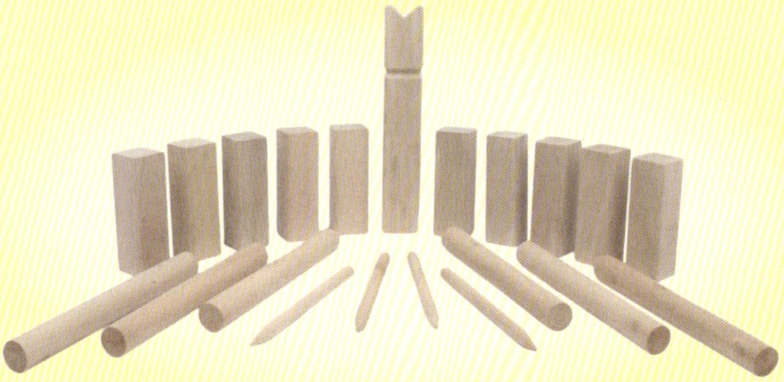

M1 Spielfiguren
Das Spiel besteht aus Wurf-Hölzern, umzuwerfenden Basis-Hölzern („Kubbs"), einem größeren Holzstück („König") und das Spielfeld markierenden Grenz-Hölzern.

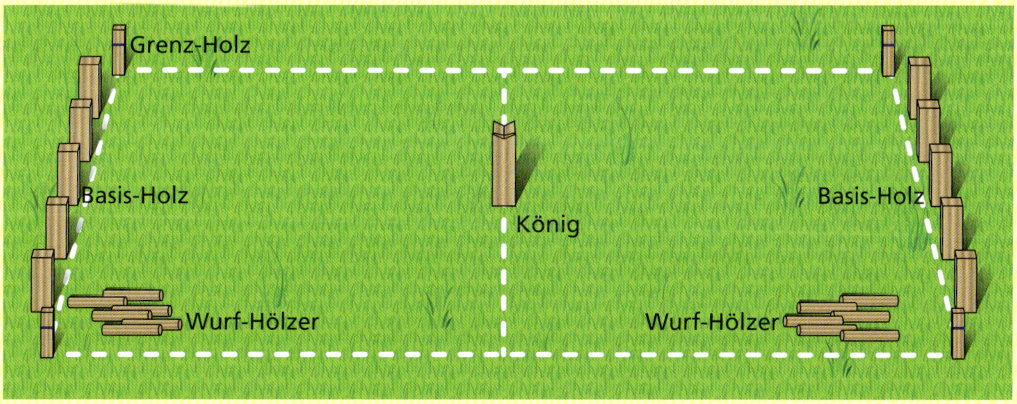

M2 Spielfeld
In der Mitte steht der „König", an den Grundlinien befinden sich die Basis-Hölzer.

2 Juden, Christen und Muslime

Ⓜ **Harun al-Raschids Gesandte bei Karl dem Großen**
Holzstich, 1856, nach Zeichnung von Moritz von Schwind

Karl der Große, Isaak und Harun al-Raschid

Wie ein Lauffeuer verbreitete sich am 20. Juli 802 in der Pfalz Aachen die Nachricht, dass eine Gesandtschaft aus weiter Ferne eintreffen werde. Das Besondere an dieser Reisegruppe war, dass sie ein unbekanntes Tier, einen Elefanten, mitbringen würde. Um die Mittagszeit war es endlich soweit, und die Bewohner sahen den kleinen Zug, der sich der Siedlung näherte. Handwerker verließen schnell die Werkstätten und Baustellen, ebenso die Mägde die Höfe und Palastküche, auch die gerade eingetroffenen Adligen eilten auf die Felder im Osten der Siedlung. So groß war das Tier, dass viele es für ein Ungeheuer hielten mit seinen riesigen weißen Stoßzähnen, dem schaukelnden langen Rüssel und seinem massigen Körper. Voran aber ritt der jüdische und weitgereiste Kaufmann Isaak, gefolgt von einem Elefantenführer, der den Elefanten Abul Abbas nannte und diesem zur Beruhigung immer etwas ins Ohr flüsterte.

Kaiser Karl empfing die Begleitdelegation mit dem Elefanten vor den Toren seiner Kaiserpfalz. Der jüdische Kaufmann stieg vom Maulesel, schritt auf den Kaiser zu, verbeugte sich und begann in feierlichem Ton zu sprechen: „Hiermit bringe ich dir, Kaiser der Römer und König der Franken, die warmen Grüße vom fernen Kalifen von Bagdad. Als Zeichen der Verbundenheit und Freundschaft mit dir hat er mir diesen Elefanten eigenhändig mitgegeben. Der edle Kalif hat dieses Tier selbst benannt mit dem Namen seiner großherzigsten Vorfahren." Da klatschten alle Anwesenden und Karl ließ einen Priester das Vater Unser aufsagen. Kaiser Karl lud Isaak zu einem Festmahl ein, und Abul Abbas erhielt in den Stallungen der Pfalz eine wahrhaft fürstliche Unterkunft.

Wie kam es zu diesem ungewöhnlichen Geschenk? Karl der Große suchte friedlichen Kontakt zum Islam: Im Jahr 797 nach christlicher Zeitrechnung, 4557 nach jüdischer und 175 nach muslimischer Zeitrechnung brachen von Aachen aus drei ausgewählte Männer zu einer langen Reise auf: die beiden fränkischen Adligen Lantfried und Sigismund zusammen mit dem jüdischen Kaufmann und Übersetzer Isaak. Karl der Große schickte sie zu dem Kalifen Harun al-Raschid in Bagdad mit freundlichen Empfehlungen und reichen Geschenken, denn er wünschte, dass beide Länder – das christliche Reich der Franken wie das muslimische Reich des Kalifen – einander wohl gesonnen waren. Isaak wurde wegen seiner Sprachkenntnisse und seiner freundschaftlichen Verbindungen sowohl zu Christen im Frankenreich als auch zu Muslimen im Orient ausgewählt. Da die beiden christlichen Edelleute während der Reise an unbekannten Krankheiten starben, schlug sich Isaak allein 5000 km lang durch Hitze, Wüsten und Hinterhalte von Räubern wieder bis Aachen durch, um das Geschenk des Kalifen zu überbringen.

Rolf Schulte

1. *Zeige die Ziele auf, die Karl der Große mit seiner Gesandtschaft an Harun al-Raschid verfolgte.*
2. *Stell dir vor, Kaiser Karl diskutiert mit seinem Ratgeber Einhard die Ziele der Reise und die Auswahl der Personen: Schildere, was die beiden zum Verhältnis von Christen, Muslimen und Juden sagen würden.*

Juden, Christen und Muslime

M 1 **Symbole der drei Weltreligionen**

Das Christentum ist eindeutig verwandt mit der jüdischen und der islamischen Religion. Zu den beiden Schwesterreligionen bestand im Mittelalter in manchen Zeiten ein gutes Miteinander, zu anderen Zeiten auch ein heftiges Gegeneinander mit unendlichem Leid.

M 2 **Christen im Kampf gegen Muslime im Mittelalter**
Gemälde von Carl von Steuben, 1834/37
Das Bild zeigt, wie man sich im 19. Jh. eine Schlacht vorstellte.

In diesem Kapitel geht es um dieses wechselhafte Verhältnis u. a. mit den Fragen:

- Welche Gemeinsamkeiten und Unterschiede gibt es zwischen den Religionen?
- Welche Höhen und Tiefen des Verhältnisses von Juden, Christen und Muslimen zueinander gab es und welche Gründe waren dafür maßgeblich?
- Inwieweit haben diese mittelalterlichen Ereignisse noch eine Bedeutung für unsere eigene Gegenwart?

500 v. Chr. | 250 v. Chr. | Chr. Geburt | 250 n. Chr. | 500 n. Chr.

Antike

M 3 Die Mittelmeerwelt um 750
Die Mittelmeerwelt war geteilt in ein christliches Reich der Franken und Langobarden, ein orthodox-christliches Byzantinisches Reich und Gebiete unter muslimischen Herrschergeschlechtern.

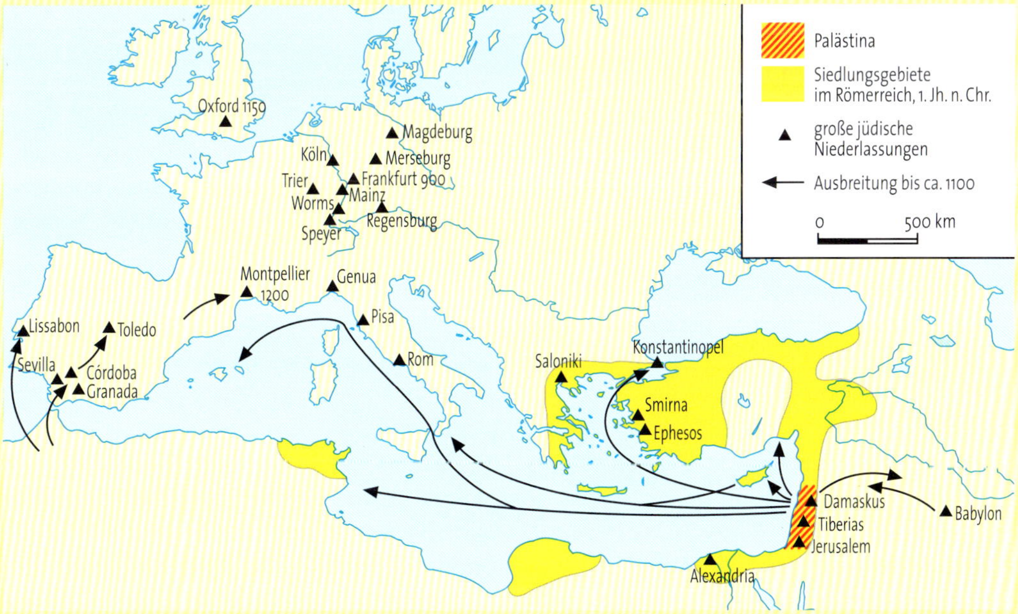

M 4 Jüdische Gemeinden und Siedlungsgebiete vom 1. bis zum 11. Jh.
Für das jüdische Volk begann das Leben in der Diaspora (griech. Verstreuung) mit der Zerstörung des Tempels in Jerusalem durch römische Truppen im Jahre 70 n. Chr. Erst mit der Gründung des Staates Israel im Jahre 1948 endete für viele Juden das Leben in der Diaspora. Der Anteil der Juden an der mitteleuropäischen Gesamtbevölkerung lag im 13. Jh. unter ein Prozent, nur in Spanien und Portugal lag er zwischen fünf und sechs Prozent.

Drei Religionen prägen das Mittelalter

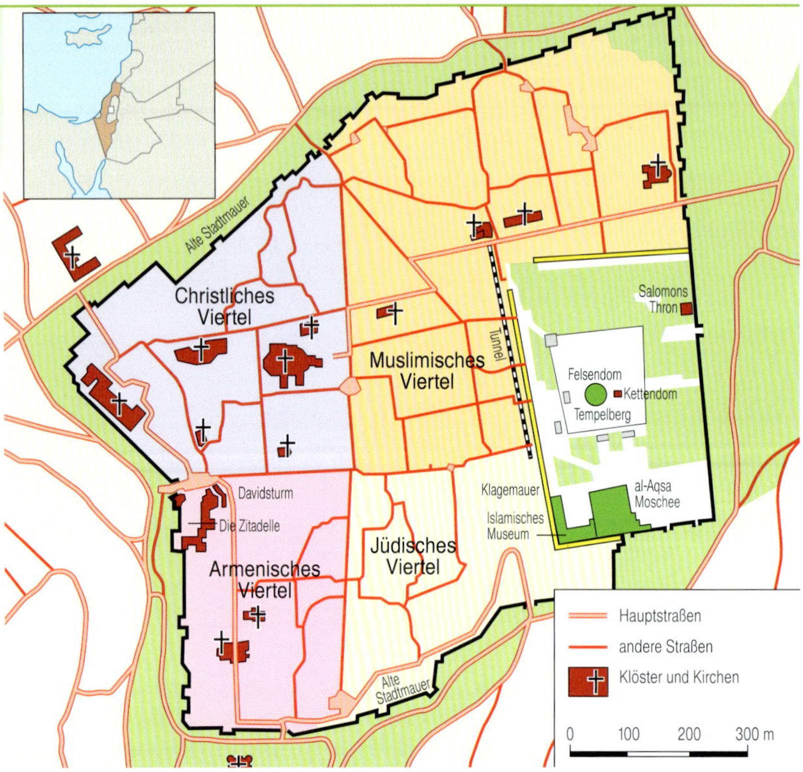

M 1 Altstadt von Jerusalem heute

Die Römer zerstörten den Tempel in Jerusalem, das Heiligste des Judentums, und vertrieben die jüdischen Bewohner schließlich 134 n. Chr. aus Jerusalem.
Fortan lebten die Juden in der Diaspora, also verstreut in fremden Ländern. Dennoch blieb für sie Jerusalem der Mittelpunkt ihres Glaubens und ihrer Hoffnungen.

Juden und Christen

Das Christentum war im Laufe des 4. Jh. im Römischen Reich zur Staatsreligion geworden. Die Juden waren die größte nichtchristliche Glaubensgemeinschaft. Auch wenn das Christentum aus dem Judentum entstanden war, achtete der byzantinische Kaiser, der bis ins 7. Jh. Palästina beherrschte, streng darauf, dass die Juden nicht nach Jerusalem zurückkehrten. Er schränkte ihre Freiheiten stärker ein als die Herrscher im Westen.

Die drei Religionen des Buches

So unterschiedlich die drei großen Weltreligionen **Islam**, **Judentum** und Christentum auf den ersten Blick erscheinen, haben sie doch etwas Wesentliches gemeinsam: Alle drei glauben an einen einzigen Gott (Monotheismus). Und alle drei Religionen besitzen eine Heilige Schrift, an der sich die Gläubigen orientieren: die Thora, die Heilige Schrift der Juden, die christliche Bibel und der Koran, die wörtliche Offenbarung Gottes im Islam. Sie werden deshalb auch „Religionen des Buches" genannt.

Die Juden und das Römische Reich

Nach langer Fremdherrschaft hatten die Juden um 160 v. Chr. wieder eine eigene Herrschaft mit der Hauptstadt Jerusalem errichten können. Dies feiern die Juden heute noch im Chanukka-Fest. Doch 63 v. Chr. geriet das Land unter römische Herrschaft und wurde zur Provinz Judäa, auch Palästina genannt. Gegen die römische Besatzungsmacht unternahmen die Juden mehrere große Aufstände.

Eine neue Religion: der Islam

In Arabien entstand im 7. Jh. eine dritte „Religion des Buches": der Islam. Sie geht zurück auf den Propheten **Mohammed**. Mohammed unterwarf nach und nach die meisten arabischen Stämme, die daraufhin zum Islam übertraten.
Die Araber hatten vorher an verschiedene Götter geglaubt. Von den Christen und Juden lernten sie den Glauben an einen einzigen Gott kennen. So gelten ihnen z. B. auch Moses und Jesus als Propheten. Jerusalem ist auch für den Islam eine heilige Stadt, da sich dort mit dem Felsendom und der al-Aqsa-Moschee wichtige muslimische Heiligtümer befinden.
Über die Frage der Nachfolge des Propheten Mohammed spalteten sich die Muslime in Schiiten (von arab. Schia: Partei) und Sunniten. Die Sunniten bilden heute die Mehrheit der Muslime. Für sie ist neben dem Koran die Sunna, eine im 8. Jh. aufgezeichnete Sammlung aller von Mohammed überlieferten Sprüche und Verhaltensweisen, Maßstab ihres Handelns.

Internettipps:
Viele Informationen zu den drei Religionen findest du unter Mediencode 30041-28

Islam Judentum Mohammed

M 2 Blick über Jerusalem

M 3 Christen und Muslime

Ein moderner Wissenschaftler schreibt über die beiden Religionen:

Der Islam steht dem Christentum sehr nahe und zugleich sehr fern. Trotz vieler Gemeinsamkeiten widersprechen sich die Lehren des Christentums und die Aussagen des Islam in zentralen Punkten. So weist der Islam den christlichen Glauben an die Dreifaltigkeit[1], an die Gottheit Jesu Christi und an die Erlösung durch Christus zurück. Das Christentum hingegen erkennt die verbindliche göttliche Sendung Mohammeds und die Autorität des Koran nicht an. Diese grundsätzlichen Unterschiede haben bis jetzt jedes religiöse Gespräch zwischen Christen und Muslimen zum Scheitern verurteilt.

Adel Theodor Khoury (Hrsg.), Lexikon religiöser Grundbegriffe. Judentum, Christentum, Islam, Wiesbaden 2007, S. XXXVI f. (Autor: Ludwig Hagemann)

M 4 Mohammed und Jesus auf dem Weg zu Jesaja

Persische Malerei, 15. Jh.

Für die Muslime gilt Mohammed (arab. „der Gepriesene", um 570 - 632) als Prophet Gottes (Allahs), der den Islam begründet hat. Die Muslime halten auch Jesus für einen Propheten, aber nicht für den Sohn Gottes. Mohammed ist ohne Gesicht abgebildet. Denn Muslime durften sich von ihm und Allah kein Bild machen.

1. *Fasse zusammen, warum die Juden an so vielen verschiedenen Orten als Minderheit gelebt haben.*
2. *Arbeite heraus, was die drei „Religionen des Buches" jeweils kennzeichnet.*
3. *Untersuche den Stadtplan und das Luftbild von Jerusalem (M1). Erkläre, warum Jerusalem für die drei Weltreligionen wichtig ist.*
4. *In M3 ist von Gemeinsamkeiten zwischen Christentum und Islam die Rede. Nenne sie.*
5. *Beurteile, was überwiegt: die Unterschiede oder die Ähnlichkeiten zwischen den drei Religionen?*

[1] Die drei Gestalten Gottes: Gottvater, Gottsohn (= Jesus Christus) und Heiliger Geist

Zerstörung des Tempels in Jerusalem
Vertreibung der Juden aus Jerusalem
Christentum wird Staatsreligion im Römischen Reich
Ausbreitung des Islam im Mittelmeerraum
Chr. Geb. 100 200 300 400 500 600 700

Essen, beten, reisen – wie die Religion den Alltag der Menschen beeinflusste

M 1 **Pilger auf dem Weg nach Jerusalem, ins Heilige Land**
Französische Buchmalerei, um 1412

Gott im Himmel – die Heiligen auf Erden

Ganz gleich, welcher Religion die Menschen angehörten – sie bestimmte im Mittelalter ihren Alltag. Alle Christen glaubten an Gott, an seinen Sohn Jesus und den heiligen Geist. Ihre Sorgen und Wünsche vertrauten sie Gott und den Heiligen an. Und nur wer sündenfrei lebte, konnte hoffen, nach dem Tod in den Himmel zu kommen.
Der Jahresablauf gliederte sich nach den großen Festen der Kirche. Zudem wurde an jedem Tag ein Heiliger verehrt. Der Sonntag galt als heiliger Tag der Ruhe. In den 40 Tagen von Aschermittwoch bis Ostern – der Fastenzeit – wurde in der Regel nur abends eine Mahlzeit gegessen und auf Fleisch, Milch, Alkohol und Eier verzichtet.
Im Laufe des Mittelalters nahm die Verehrung der Heiligen zu. Gläubige unternahmen Wallfahrten und pilgerten zu berühmten Reliquien, den sterblichen Überresten oder Gegenständen von Heiligen.

Synagoge und Thora

Mittelpunkt einer jeden jüdischen Gemeinde ist die Synagoge (Versammlungshaus). Jeder Raum kann zur Synagoge werden, wenn in ihm die Thora – eine handgeschriebene Rolle mit dem hebräischen Text der fünf Bücher Mose – aufbewahrt wird.

Die Grundlage des jüdischen Zusammenlebens in Familie und Gemeinde ist der Talmud. Dieses um 500 n. Chr. abgeschlossene Hauptwerk des Judentums legt die Thora aus und kommentiert sie. Es enthält auch Speisegesetze wie das Verbot, Schweinefleisch zu essen, und das Gebot der Beschneidung der Jungen am achten Lebenstag. Zur Synagoge durften es höchstens tausend Schritte sein. Daher lebten die Juden in der Regel in der Nähe der örtlichen Synagoge.
Am Schabbat – nach jüdischer Zeitrechnung der siebte Tag, der am Freitagabend beginnt – darf nicht gearbeitet werden. Gemeinsam begeht die Gemeinde die Feste des jüdischen Kalenders: zum Beispiel den Jom Kippur, den Versöhnungstag, oder das Pessach, das Fest der Erinnerung an den Auszug der Israeliten aus Ägypten.

Sich Gott unterwerfen – der Islam

Nach der Lehre des Islam ist Allah Schöpfer des Himmels und der Erde. Er ist Richter der Gläubigen und verlangt nach ihrem Tod Rechenschaft über ihre Taten. Die Frommen kommen in die Gärten des Paradieses, die Sünder in die Hölle.
Jeder Muslim beweist Allah seinen Gehorsam, indem er die Regeln des Zusammenlebens erfüllt, die der Koran vorgibt. Der Koran besteht aus den Offenbarungen, die der Prophet Mohammed empfangen und verkündet hat.
Die wichtigsten Regeln für einen Muslim sind die „Fünf Säulen des Koran": das öffentliche Glaubensbekenntnis, das tägliche rituelle Gebet, die soziale Spende, das Fasten während des Ramadan und die Wallfahrt nach Mekka.
Die Moschee ist Gebets- und Versammlungsort der Gläubigen. Ursprünglich rief der Muezzin (dt. Künder, Ausrufer) vom Minarett, dem Turm der Moschee, fünfmal am Tage zum Gebet.

Internettipps:
Unter Mediencode 30041-29 erfährst du mehr über die Religionen und ihre Bedeutung im Mittelalter

M2 Volksfrömmigkeit und Aberglaube

Der Mittelalterhistoriker Arnulf Krause zur christlichen Religion im Mittelalter:

Die Dorfkirche bildete den Mittelpunkt der Gemeinschaft – nicht nur, weil sie der Friedhof umgab, sondern auch, weil der Platz vor dem Gotteshaus als Versammlungsort diente. Insofern die Kirche schon über Glocken verfügte, markierten diese den festen Tagesablauf: Sie riefen zum Gottesdienst, zeigten die Stunden des Tages an und wurden in der Not zum Alarm geläutet.

Die Welt des Mittelalters füllte sich damals mit Kapellen und Wegkreuzen, mit Kirchen und Kathedralen […]. Die Schar der christlichen Heiligen wuchs; oftmals verehrte man sie an Quellen oder in Hainen, wo früher heidnische Gottheiten angebetet worden waren. […] Obwohl die Kirche die Wirkung von Wundern genauer fasste und sogar einschränkte, blieb das gemeine Volk dem Wunderglauben zutiefst verbunden […]. Dabei mischten sich christliche und abergläubische Vorstellungen […]. Dieser Aberglaube respektierte Gott, Dreifaltigkeit und Heilige und fürchtete sich vor Teufel und Dämonen. Aber zumeist glaubte man eben auch an kleinere Wesen und Geister, denen man Opfer darbrachte: Feen, Nixen, Wassermänner und dergleichen mehr.

Arnulf Krause, Europa im Mittelalter, Frankfurt am Main 2008, S. 192f.

M3 Die fünf Säulen des Islam

Der Koran schreibt jedem Muslim folgende fünf Pflichten vor:

- Das Glaubensbekenntnis: „Ich bezeuge, dass es keine Gottheit außer Gott gibt und dass Mohammed der Gesandte Gottes ist."
- Die Pflichtgebete: Die täglichen Gebetszeiten sind die Stunde vor Sonnenaufgang, der Mittag, Nachmittag, nach Sonnenuntergang und bei Einbruch der Nacht.
- Das Almosengeben: eine genau geregelte Steuer, deren Erträge zu verwenden sind für Arme, Bedürftige, die steuereinziehenden Beamten und anderes mehr.
- Das Fasten: Während des ganzen Ramadan (der 9. Monat des islamischen Kalenders) darf von Morgengrauen bis Sonnenuntergang nicht gegessen, getrunken, geraucht und kein Geschlechtsverkehr gepflegt werden. Ausnahmen für Reisende, Schwangere, Kranke sind möglich.
- Eine Pilgerfahrt nach Mekka.

M4 Muslimische Pilger vor der Kaaba in der Großen Moschee in Mekka
Türkische Miniatur, 16. Jh.
Für die Araber war die Kaaba (dt. Würfel) schon vor dem Islam eine heilige Stätte gewesen. Mohammed machte sie zum Hauptheiligtum der Muslime. Noch heute betet jeder Muslim in Richtung der Kaaba nach Mekka.

1. *Informiere dich über den Aufbau von Synagoge, Moschee und Kirche im Mittelalter. Vergleiche!*
2. *Notiere in einer Tabelle, welche Funktionen die Kirche und die Glocke für eine Dorf- oder Stadtgemeinschaft erfüllten. Schreibe in die zweite Spalte, wer oder was heute diese Aufgabe übernimmt.*
3. *Weise im Text M2 nach, dass nicht alle Christen dasselbe glaubten.*
4. *Beurteile, inwieweit die Grundregeln der drei Religionen ein friedliches Miteinander ermöglichen oder erschweren.*
5. *Recherchiere zu der Pilgerfahrt der Muslime nach Mekka (M4) und dem christlichen Jakobsweg gestern und heute. Vergleiche die Anzahl der Pilger, ihre Gründe, Kleidung, Regeln und Bräuche. Präsentiere deine Ergebnisse.*
6. *Erstellt ein Rollenspiel, in dem sich ein Christ, ein Jude und ein Muslim des Mittelalters über ihre Vorschriften und Lebensweisen austauschen.*

Gotteshäuser als Spiegel der Religiosität

Für Christen ist eine Kirche ein Haus Gottes. Sie dient dem Lob Gottes und erzählt mit ihren Bildern und Figuren vom christlichen Glauben. Eine prächtige Kirche ist aber auch ein stolzes Zeichen ihrer Erbauer, des Königs oder des Bischofs oder der Bürger der Stadt. Fast alle Gebäude waren im Mittelalter aus Holz errichtet, sogar in der Stadt. Die großen Kirchen aber waren aus Stein gebaut. Sie sind daher oftmals die einzigen Bauwerke, die uns aus dem Mittelalter erhalten sind.

1. Runde und spitze Bögen – Romanik und Gotik

Der Dom zu Speyer – eine romanische Kirche (M1, M3)

Bis ins 13. Jh. hatten die Kirchen wuchtige Mauern und kleine Fenster. Im Innern waren die mächtigen Säulen mit runden Bögen verbunden. Rundbögen zierten auch die Fenster und Portale (Eingangstüren). Weil diese Bauformen an die römische Architektur der Antike erinnern, nennt man sie „romanisch" und die Zeit, in der so gebaut wurde, Romanik (ca. 1000 - 1250).

Der Kölner Dom – eine gotische Kirche (M2, M4)

Ab dem 12. Jh. setzte sich zuerst in Frankreich, dann überall in Europa ein neuer Stil durch: die Gotik. Die Baumeister achteten jetzt darauf, dass mehr Licht in den Kirchenraum einfallen konnte. Sie wollten zeigen, dass Gott die Quelle des Lichtes ist, und in der hell erstrahlenden Kirche das Wirken Gottes sichtbar machen. Deshalb mussten die Wände leichter und „durchlässiger" werden. Statt dicker Säulen wurden schlanke Bündelpfeiler errichtet, die Mauern wurden mit vielen hohen Fenstern geöffnet. Spitze Bögen über den Fenstern und im Deckengewölbe lassen den ganzen Kirchenraum nach oben zum Himmel streben. Durch bunte Glasfenster flutete farbiges Licht herein. Oft war die Decke blau und mit goldenen Sternen ausgemalt. So fühlten sich die Menschen in der gotischen Kirche wie unter einem steinernen Himmelszelt.

2. Wir können Baugeschichte „lesen"

Wenn du die Baustile Romanik und Gotik unterscheiden kannst, hilft es dir, die Bauzeit mittelalterlicher Kirchen zu bestimmen. Besonders interessant ist es, wenn in einer alten Kirche beide Stile vorkommen. Wie kann das sein? Oftmals wurde eine romanische Kirche im späten Mittelalter als unmodern empfunden. Sie wurde dann mit moderneren, gotischen Formen umgebaut. Der Umbau begann im Osten, dem Hauptteil der Kirche, wo der Altar steht, und wurde meist nicht zu Ende geführt. Wir können heute noch die Baugeschichte an einer solchen Kirche ablesen: An einen neueren gotischen Bauteil im Osten schließt im Westen noch der ältere romanische Teil an.

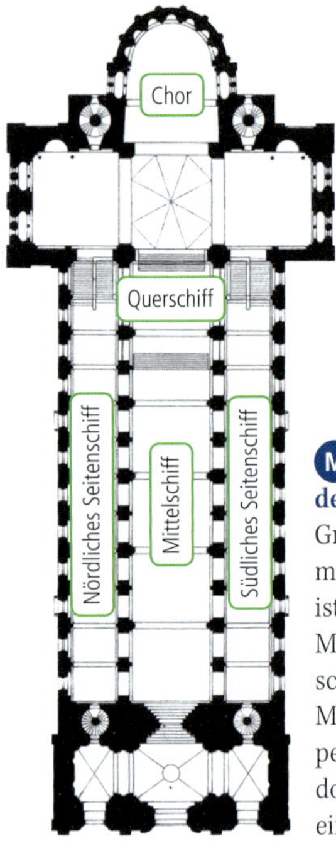

M1 Grundriss des Doms zu Speyer
Grundform einer romanischen Basilika ist das Kreuz aus Mittelschiff, Querschiff und Chor. Das Mittelschiff ist doppelt so breit und doppelt so hoch wie ein Seitenschiff.

M2 Mittelschiff einer gotischen Kirche, des Kölner Doms
Der Kölner Dom wurde 1248 begonnen und im Mittelalter nie fertig gestellt, sondern erst 1880. Der Bau einer gotischen Kirche zog sich oft über Jahrhunderte hin und musste manchmal aus Geldmangel unterbrochen oder ganz aufgegeben werden. Gotische Gewölbe können wie im Kölner Dom über 40 m hoch sein.

M 3 Der Dom zu Speyer, Blick von Nordwesten
Der Speyerer Dom, im 11. Jh. unter den Kaisern Heinrich III. und Heinrich IV. erbaut, ist mit 134 m Länge der größte romanische Kirchenbau in Deutschland. In der Krypta (Unterkirche) wurden mehrere mittelalterliche Könige und Königinnen beigesetzt.

M 4 Kölner Dom

M 5 Dom zu Ratzeburg

Jetzt bist du dran: eine Kirche betrachten

1. *Erstelle eine Tabelle und trage darin die Merkmale des romanischen und gotischen Baustils ein. Achte auf Mauern, Säulen, Fenster, Portale und Türme.*
2. *Betrachte (z. B. im Internet) die St. Christianskirche Garding, die St. Johannis-Kirche Meldorf und den Mariendom in Lübeck. Beschreibe ihre Stilmerkmale. Entscheide jeweils, ob es eine romanische oder eine gotische Kirche ist.*
3. *Beschreibe die Stilmerkmale des Doms zu Ratzeburg (M5). Überlege, wann die Kirche gebaut sein kann, und begründe deine Vermutungen.*
4. *Untersuche eine Kirche in deiner Umgebung. Stelle fest, ob es eine mittelalterliche oder eine jüngere Kirche ist. Auch neuzeitliche Kirchen ahmen manchmal mittelalterliche Bauformen nach. Man spricht dann vom „neuromanischen" oder „neugotischen" Stil.*
5. *Erläutere, wie der Bau der Kirchen religiöse Vorstellungen der Menschen widerspiegelt.*

Der Islam breitet sich aus

M 1 La Mezquita in Córdoba
Säulenhalle aus dem 10. Jh.
Mezquita bedeutet Moschee. Ursprünglich stand an dieser Stelle eine Kirche. Sie wurde den Christen vom arabischen Emir (arab.: Befehlshaber) abgekauft. Nach der christlichen Rückeroberung Córdobas 1234 wurde die Moschee wieder in eine Kathedrale umgewandelt.

Der Islam breitet sich nach Europa aus

Als Prophet predigte Mohammed seinen Glauben an „Allah" und wollte Juden und Christen von seinen Gottesvorstellungen überzeugen. In seiner Heimatstadt Mekka stieß er zunächst auf Ablehnung. Deshalb zog er 622 nach Yatrib, dem heutigen Medina. Mit dieser Auswanderung (arab.: Hedschra) beginnt die islamische Zeitrechnung.

Mohammed war nicht nur Prophet, sondern auch weltlicher Herrscher. Als er im Jahr 632 starb, herrschte er bereits über einen Großteil von Arabien. Die Einwohner seines Reiches waren Gläubige des Islam, **Muslime**, geworden.

Seine Nachfolger vergrößerten das Reich und nannten sich Kalifen, was so viel wie Stellvertreter Mohammeds bedeutet. Bis Mitte des 8. Jh. verbreiteten arabische Heere den Islam über ganz Syrien und Palästina bis nach Nordafrika, Sizilien und weitere Gebiete.

M 2 Zwei Musikanten
Spanische Buchmalerei, 13. Jh.

Christen, Juden und Muslime in Spanien

Im Jahre 711 setzte ein muslimisches Heer von Marokko in Nordafrika nach Spanien über. Die Mauren, wie die Araber von den Spaniern genannt wurden, vernichteten das Reich der Westgoten und eroberten in kurzer Zeit den größten Teil des Landes. Sie drangen sogar bis ins Frankenreich vor, wurden aber 732 von den Franken bei Poitiers zurückgeschlagen. Auch der Norden Spaniens blieb unter christlicher Herrschaft. Dort entstanden mehrere Königreiche. Von ihnen ging die sogenannte „Rückeroberung" (Reconquista) aus. Ab dem 11. Jh. konnten die christlichen Könige die muslimischen Herrscher immer mehr zurückdrängen.

Córdoba war die Hauptstadt der arabischen Herrschaft von al-Andalus. So nannten die Araber ihr spanisches Reich. Mit ihrem großen Wissen und ihrer Lebensweise wurden die Mauren zu Vorbildern für ganz Europa.

Zusammenleben unter verschiedenen Herrschern

Die arabischen Eroberer zwangen niemanden zum Islam. Vor allem gegenüber den Juden und Christen waren sie tolerant, weil sie deren Religionen als Vorläufer des Islam ansahen.

Juden und Christen durften ihren Glauben beibehalten, aber nicht öffentlich ausüben und neue Kirchen oder Synagogen bauen. Auch waren sie den Muslimen nicht gleichgestellt.

Durch die Reconquista wurden die Christen nach und nach Herren des Landes. Anfangs gewährten sie Juden und Muslimen ähnliche Freiheiten wie zuvor die muslimischen Herrscher. Erst ab dem späten 13. Jh. wurden die Christen in Spanien immer intoleranter gegenüber den anderen Religionen. Als sie 1492 ganz Spanien beherrschten, wurden Juden und Muslime vor die Wahl gestellt: Entweder sie ließen sich taufen oder sie mussten das Land verlassen. Viele Muslime gingen nach Nordafrika, Tausende von Juden fanden Aufnahme am östlichen Mittelmeer. Dort war ein neues muslimisches Reich entstanden: das Osmanische Reich der Türken.

M 3 Behandlung der Unterworfenen

In der Mitte des 7. Jh. schreibt der Kalif Umar an den Eroberer von Spanien Abu Ubayada, wie er mit den christlichen Einwohnern umzugehen habe:

Lass das Land, welches Gott dir als Beute gewährt hat, in den Händen seiner Bewohner. Sie müssen eine Kopfsteuer zahlen, die du unter den Muslimen verteilst. Die Bewohner sollen das Land bebauen, denn sie verstehen mehr davon und sind uns darin überlegen. Keiner, weder du noch die Muslime bei dir, darf sie als Beute betrachten [...], weil zwischen dir und ihnen Friede geschlossen wurde und du von ihnen, nach Maßgabe ihrer Möglichkeit, Kopfsteuer erhebst. Die Muslime werden von ihrer Arbeit leben, denn sie sind die Diener der Muslime, solange der Islam siegreich ist. Auferlege Ihnen also die Kopfsteuer, aber mache sie nicht zu Sklaven und verbiete sie zu unterdrücken, ihnen Schaden zuzufügen oder deren Besitz zu plündern.

Nach: Bernhard Lewis (Hrsg.), Der Islam von den Anfängen bis zur Eroberung von Konstantinopel, Bd. 2: Religion und Gesellschaft, München 1982, S. 279 (vereinfacht)

M 5 Ausbreitung der Kulturen im 7. und 8. Jh.

M 4 Arabisch oder Latein?

Der christliche Theologe und Dichter Álvaro von Córdoba schreibt um 850:

Meine Glaubensgenossen lesen gerne die Gedichte und die Geschichten der Araber. [...] Weh uns, alle jungen Christen, die sich durch ihre Begabung auszeichnen, kennen nur noch die arabische Sprache und Literatur! [...] Welch ein Schmerz! Die Christen haben sogar ihre eigene Sprache vergessen! Kaum einer unter tausend von uns versteht es noch, einen korrekten lateinischen Brief an einen Freund zu schreiben. Wenn es aber darum geht, arabisch zu schreiben, wirst du zahlreiche Personen finden, die sich mit größter Eleganz in jener Sprache ausdrücken und die Gedichte verfassen, welche vom künstlerischen Standpunkt aus besser sind als jene der Araber selbst.

Nach: Arnold Hottinger, Die Mauren. Arabische Kultur in Spanien, Zürich [3]1997, S. 63 f.

Internettipps:
Weitere Informationen über den Islam erhältst du unter Mediencode 30041-30

1. *Schildere die Entstehung und Ausbreitung des Islam mithilfe des Verfassertextes und der Karte M5.*
2. *Das Bild M2 deutet das Zusammenleben verschiedener Kulturen an. Erläutere!*
3. *Nenne mögliche Gründe, warum die Muslime nicht an einer Missionierung und Unterdrückung der Unterworfenen interessiert waren (Verfassertext, M3).*
4. *Erläutere, worüber sich Álvaro von Córdoba in M4 beschwert. Was sagt dies über das Verhältnis zwischen Muslimen und Christen aus?*
5. *Beurteile, inwieweit die Geschehnisse in Spanien vorbildlich für das Zusammenleben von Menschen verschiedener Religionen waren.*

Gott will es!?

M 1 Papst Urban II. ruft 1095 zum Kreuzzug auf
Holzschnitt von 1482
Auf dem Spruchband in der Mitte steht „Gott will es!".

Hilferuf aus Konstantinopel

Im 11. Jh. drangen die Heere der Seldschuken, einem türkischen Fürstengeschlecht, aus dem Inneren Asiens bis zum östlichen Mittelmeer vor. Sie eroberten Syrien und Palästina und nahmen Jerusalem ein. 1071 besiegten sie die Byzantiner, die Einwohner Konstantinopels[1]. Dadurch wurden die Pilgerwege nach Jerusalem unterbrochen, unbewaffnete Wallfahrer[2] überfallen und ausgeraubt. Im März 1095 bat der byzantinische Kaiser Papst Urban II. und die katholischen Fürsten um Hilfe.

Wallfahrt in Waffen

Am 27. November 1095 nutzte Papst Urban II. die gerade stattfindende große Kirchenversammlung mit Erzbischöfen, Bischöfen und Äbten in Clermont für eine ungewöhnliche Predigt. Urban II. rief zu einer bewaffneten Wallfahrt nach Jerusalem auf, später **Kreuzzug** genannt.

Der erste Kreuzzug beginnt

Tausende Ritter, aber auch unbewaffnete Bauern, Bettler, Frauen und Kinder machten sich auf nach Jerusalem. Religiöser Eifer, aber auch Abenteuerlust sowie der Wunsch nach einem besseren Leben, Ehre und Reichtum trieben die Menschen an.

Manche Gruppen überfielen unterwegs jüdische Gemeinden in Frankreich und am Rhein und ermordeten viele Juden. Denn sie machten keinen Unterschied zwischen Juden und Muslimen; alle waren für sie „Heiden".

Von anfangs etwa 90 000 Menschen erreichten nur etwa 20 000 im Juni 1099 Jerusalem. Diese belagerten, erstürmten und plünderten die Stadt und richteten ein Blutbad unter Muslimen, dort lebenden Juden und Christen an. Aus der Wallfahrt war ein Eroberungskrieg geworden.

Ende der Kreuzfahrerstaaten

Die meisten Kreuzfahrer kehrten nach diesem „Ersten Kreuzzug" nach Hause zurück. Einige Fürsten aber richteten in den eroberten Gebieten an der Mittelmeerküste christliche **„Kreuzfahrerstaaten"** ein: das Königreich Jerusalem, das Fürstentum Antiochia und die Grafschaften Edessa und Tripolis. Bis Ende des 12. Jh. ließen sich dort etwa 100 000 „Lateiner" nieder.

Nachdem es Sultan Saladin 1187 gelang, Jerusalem zurückzuerobern, riefen Päpste und europäische Könige und Kaiser zu weiteren Kreuzzügen auf. Diese verfolgten aber auch andere Ziele, etwa den Kampf gegen wirtschaftlich und politisch mächtige Gegner in Europa. Die Herrschaft der „Kreuzfahrer" in Palästina endete nach 200 Jahren 1291 mit dem Fall der letzten Festung Akkon.

Internettipp:
Weitere Informationen zu den Kreuzzügen findest du unter Mediencode 30041-31

[1] Konstantinopel: heute Istanbul
[2] Der Begriff Wallfahrt, abgeleitet von „wallen" für fahren, bezeichnet Menschen, die in eine bestimmte Richtung ziehen.

Kreuzzug „Kreuzfahrerstaaten"

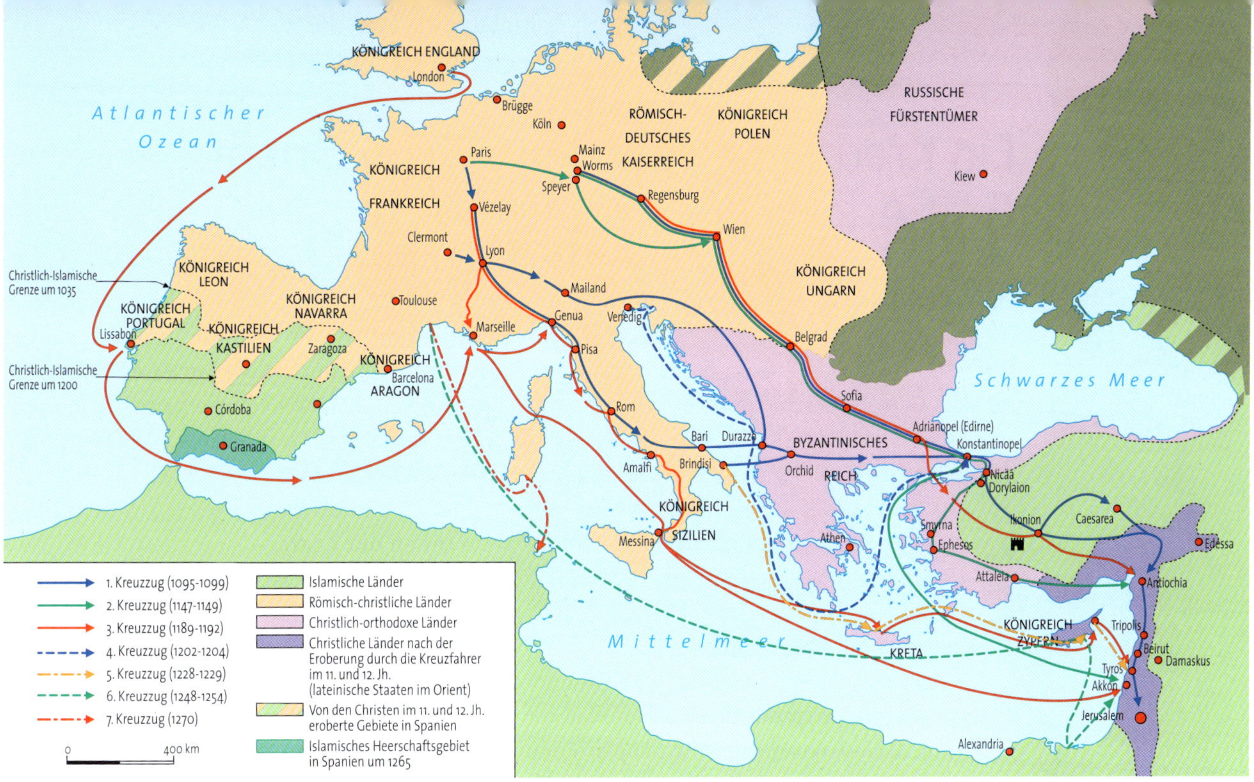

M2 Die Hauptwege der Kreuzfahrer

M3 „Gott will es!"

Der französische Geistliche Fulcher von Chartres nimmt 1095 an der Kirchenversammlung in Clermont und dem Ersten Kreuzzug teil. Die Rede Papst Urbans II. überliefert er in seiner Chronik über den Kreuzzug, die er um 1100 in Jerusalem verfasst:

Es ist nötig, dass ihr euren Mitbrüdern im Orient unverzüglich die schon so oft erbetene Hilfe bringt. Wie den meisten von Euch schon gesagt worden ist, sind nämlich die Türken eingefallen; diese Türken haben die Gebiete der Christen mehr und mehr besetzt, wobei sie viele töteten oder gefangen nahmen, Kirchen zerstörten und das Reich Gottes verwüsteten. Darum ermahne ich Euch flehentlich, nein nicht ich, sondern der Herr ermahnt Euch als Botschafter Christi, dass Ihr allen Menschen jeglichen Standes, Rittern wie Fußsoldaten, Reichen wie Armen ratet, bei der Vertreibung dieses nichtswürdigen Volkes aus unseren Gebieten rasch zu helfen. Christus befiehlt es selbst. Allen aber, die dorthin gehen, wird die sofortige Vergebung ihrer Sünden zuteil. […] Nun sollen diejenigen, die gerade noch Räuber waren, Soldaten Christi werden. Es sollen gegen Barbaren kämpfen, die einst gegen Brüder und Blutsverwandte stritten. […] Gott will es!

Nach: Gisbert Gemein und Joachim Cornelissen, Kreuzzüge und Kreuzzugsgedanke in Mittelalter und Gegenwart, München 1992, S. 4 (gekürzt und sprachlich leicht überarbeitet)

M4 Kreuzritter
Buchmalerei aus dem 13. Jh.

1. *Beschreibe das Bild M1. Wähle eine Person aus und verfasse aus ihrer Sicht einen Tagebucheintrag, in dem sie über mögliche Gründe für einen Aufbruch nach Jerusalem nachdenkt.*
2. *Stelle fest, durch welche heutigen Länder die Kreuzfahrer zogen. Überlege, welche Schwierigkeiten sie dabei zu bewältigen hatten (M2).*
3. *Liste auf, mit welchen Mitteln der Papst seine Zuhörer davon überzeugen möchte, nach Jerusalem zu ziehen (M3).*
4. *Bewerte das Vorgehen der Kreuzfahrer aus deiner heutigen Sicht. Begründe deine Meinung.*

Eroberung Jerusalems · 1. Kreuzzug · 2. Kreuzzug · 3. Kreuzzug · 4. Kreuzzug · 5. Kreuzzug · 6. Kreuzzug · 7. Kreuzzug · Ende der christlichen Kreuzfahrerstaaten
Reconquista in Spanien
1000 · 1100 · 1200 · 1300

Ein Kreuzritter aus Holstein im Orient: Graf Adolf III.

M 1 Denkmal aus dem 19. Jh. für Adolf III. in Hamburg
Ein zeitgenössisches Bild von dem Grafen aus Holstein existiert nicht.

Ein Kreuzritter aus Holstein

Die Aufrufe der Päpste und europäischen Herrscher zu Kreuzzügen erreichten auch Menschen auf dem Gebiet des heutigen Schleswig-Holstein. Der Graf von Holstein, Adolf III. von Schauenburg, folgte im 12. Jh. bereitwillig der Aufforderung seines Kaisers Friedrich Barbarossa zu einer weiteren bewaffneten Wallfahrt in den Orient.

Kreuzzug mit Katastrophe

Da jeder Teilnehmer verpflichtet war, Geldmittel für zwei Jahre mitzunehmen, verkaufte Graf Adolf zur Bezahlung des Unternehmens und seiner Ausrüstung ein größeres Landgut. Im Frühjahr des Jahres 1189 reihte sich der 29-jährige Graf dann mit seinen Knappen und Knechten in das Heer des Kaisers ein, das sich in Regensburg sammelte.

Die Wallfahrer mussten auf dem Landweg nach Jerusalem ziehen, denn es mangelte an Schiffen, um den Transport aller Krieger zu übernehmen. Die Strapazen der Landroute auf dem langen Weg in den Orient waren erheblich: Zuerst zogen die Kreuzritter durch Ungarn, dann durch das Byzantinische Reich. Sie mussten die langen trockenen Ebenen Kleinasiens durchqueren und die schwindelerregenden Taurusberge (heute: Türkei) überwinden. Immer häufiger griffen turkmenische Reiter den Kreuzzug an. Sie schossen ihre Pfeile im Galopp ab und töteten zahlreiche Pferde, aber auch Menschen.

Dann die Katastrophe: Der 67 Jahre alte Kaiser Friedrich Barbarossa ertrank nur wenige Kilometer von der Mittelmeerküste entfernt im Fluss Saleph (heute: Göksu). Das gesamte Heer stand unter Schock. Wenig später starben zahlreiche Kreuzritter an einer gefährlichen Darmerkrankung, der Ruhr, darunter zahlreiche Freunde Adolfs. Doch das Heer setzte seinen Weg in Richtung Jerusalem fort – und mit ihm auch Graf Adolf.

Als dieser aber erfuhr, dass ein anderer Adliger mit seinen Truppen in Holstein eingefallen war, beschloss er, nach Norddeutschland zurückzukehren. Adolf nahm auch die Knochen seiner gestorbenen Freunde mit, damit sie in der Heimat begraben werden konnten. 1196 ging er wieder auf Kreuzzug, diesmal mit Kaiser Heinrich VI., dem Sohn Friedrich Barbarossas.

Ein Leben mit Krieg

Wer war nun dieser zweifache Kreuzfahrer mit Namen Adolf III. von Schauenburg, Graf von Holstein? Da sein Großvater und Vater ebenfalls Adolf hießen, wird er Adolf III. genannt. Sein Nachname leitete sich vom Stammsitz seiner Familie, der „Schauenburg" oder „Schaumburg" an der Weser ab.

Adolf war noch ein Kind von vier Jahren, als er seinen Vater verlor, der auf einem Kriegszug umkam. Danach wuchs er mit einem waffenbegeisterten Stiefvater auf. Als junger Mann trat Adolf bereits als kriegerischer Kämpfer auf und machte selbstbewusst einem höher stehenden Herzog die Beute auf einem Kriegszug streitig. Adolf gründete 1188 eine Siedlung an der Elbe, die Hamburg genannt wurde. Er führte ständig Krieg gegen die Slawen und andere Adlige, auch um seine Herrschaft in Holstein zu behaupten und zu erweitern. Adolf bewirtete befreundete Fürsten immer wieder auf das Großzügigste. Schon Zeitgenossen fragten sich, wie er diese kostspieligen Gastmähler bezahlen konnte. Über eine besonders religiöse Einstellung Adolfs berichten die damaligen Quellen nichts.

1201 riskierte er während eines Kriegszuges bewusst den Verlust seiner Truppen: 700 Tote blieben auf einem Schlachtfeld zurück. Selbst sein König kritisierte ihn deshalb. Ein Zeitgenosse berichtete, dass fortan viele Felder in Holstein wegen der Menschenverluste nicht mehr bestellt werden konnten. Im gleichen Jahr wurde Adolf in einer weiteren Schlacht vom dänischen König gefangen genommen. Um freizukommen, verzichtete er auf die Grafschaft Holstein. Er starb 1225 auf seinem Stammsitz.

M 2 „Graf Adolf wurde hochgelobt"

Arnold von Lübeck, Abt des Johannisklosters in Lübeck, schreibt im 12. und 13. Jh. Ereignisse seiner Zeit auf. Er schildert auch den Kreuzzug des Kaisers Heinrich VI. sowie das Leben Adolfs III.:

Arnold beginnt mit einem eigenen Aufruf: So trachtet, ihr Erdenbewohner und Söhne der Menschen [...], legt an die Rüstung Gottes, das Zeichen des siegreichen Kreuzes, zu bekämpfen seine Feinde. [...]

Dieses Wort, so hoffe ich, vernahm der fromme Kaiser Heinrich. [...] Denn so wie sein Vater den ersten Kreuzzug angeordnet hatte, so richtete er voll Eifers den zweiten an. [...] Von seinem Eifer ergriffen, nahmen viele Große und Ritter das Zeichen des Leidens des Herrn zur Sühne ihrer Sünden an, nämlich (*es folgen Namen von Adligen und unter ihnen auch*) [...] Adolf von Schauenburg [...]. So nahmen in der Stadt Lübeck ungefähr 400 der tüchtigsten Männer das Kreuz. [...]

Als nun die Zeit herankam [...], unternahm das heilige Volk, d. h. der Christen, das königliche Geschlecht und die fürstliche Priesterschaft, die Kreuzfahrt und den Kriegszug gegen die Truppe des Satans voll frommen Eifers. [...] Als sie nun nach Italien [...] gelangten, fanden sie bei den Bewohnern der Gegend scheinbar Zustimmung und Freundlichkeit. Heimlich hörten diese aber nicht auf, ihnen zu schaden. Manche beschimpften sie auch offen, indem sie sagten: „Die Fahrt, die ihr unternehmt, erregt Hass und Misstrauen; äußerlich zeigt ihr euch als Pilger und Diener des Glaubens, im Inneren aber seid ihr reißende Wölfe. Denn ihr kämpft nicht für den himmlischen, sondern für den Herrscher auf der Erde." [...]

Nachdem sie Sidon[1] zerstört hatten, zogen sie zu dem sidonischen Sarepta. Dort verfuhren sie auf ähnliche Weise, worauf sie sich Beirut[2] zuwandten. Die Bewohner verließen die Stadt, besetzten aber die sehr ansehnliche Burg. [...] Graf Adolf aber hatte [...] heimlich einen Hinterhalt gelegt, in der Absicht, den Ausgang des Kampfes abzuwarten. Er sah nun den Befehlshaber der Burg selbst auf einem mutigen Pferd [...] von fern kommen und prahlerisch vielen mit dem Tod drohen. Da ergriff er die Chance, erhob sich aus dem Versteck, als der feindliche Kämpfer herankam, rannte heftig von der Seite gegen ihn an und streckte Pferd und Reiter zu Boden. [...] Graf Adolf, dem der Herr geholfen und der sich selbst der Gefahr ausgesetzt hatte, wurde hochgelobt.

Zusammenfassung anschließender Seiten: *Die Kreuzritter zogen weiter zu einer wichtigen Burg namens Toron. Da die Festung unzugänglich lag, gruben die Kreuzfahrer, die sich im Bergbau auskannten, Gänge in den Berg. So wollten sie die Burg zum Einsturz bringen und die muslimische Besatzung zur Aufgabe zwingen. Adolf spielt in dieser Belagerung eine wichtige Rolle, indem er einer Delegation der Burgbesatzung die unterirdischen Gänge zeigte. Die Burgtruppe gab danach auf und stellte den Kreuzfahrern als Pfand Geiseln.*

Nach: Die Chronik Arnolds von Lübeck, herausgegeben von Johann C. M. Laurent, Berlin 1853, S. 205-207, 211-212, 216-219, leicht adaptiert

M 3 Kreuzzug
Buchillustration, 14. Jh.
Das Heer der Kreuzritter wird von Jesus Christus angeführt.

1. *Arbeitet die Persönlichkeitszüge Adolfs III. aus dem Verfassertext und M2 heraus.*
2. *Beurteilt die Aussage „Die Kreuzzüge waren Religionskriege" unter Bezug auf eure Erkenntnisse aus den vorausgehenden Seiten und zu Adolf III.*
3. *Beschreibt das Denkmal für Adolf III. aus dem 19. Jh. (M1) und vergleicht eure Vorstellung von Adolf mit der des Bildhauers in Hamburg.*

[1] Sidon: Stadt im Orient an der Ostküste des Mittelmeeres
[2] Beirut: heutige Hauptstadt des Staates Libanon

Abendland trifft Morgenland

M 1 Araber am Bett des kranken christlichen Königs Wilhelm II. von Sizilien
Buchmalerei, zwischen 1194 und 1197 (Ausschnitt)
Links ein Arzt mit einem Uringlas, rechts ein Astrologe mit einem Astrolabium („Stern-Nehmer").

Kreuzzüge und Handel

Schon vor dem 11. Jh. waren Händler aus Venedig, Genua und anderen italienischen Seestädten in den Orient gefahren, um Gewürze wie Nelken, Muskat, Safran und Zimt, Färbemittel wie Indigo und Ultramarin sowie Weihrauch, Elfenbein, Baumwolle zu kaufen und Rohstoffe wie Felle, Holz, Getreide, Pferde und Waffen zu verkaufen.
Während der Kreuzzüge und nach Gründung der Kreuzfahrerstaaten ging der Handel zwischen Christen und Muslimen weiter, selbst dann, als die Päpste ihn im 12. Jh. einzuschränken versuchten. Sie hatten die Christen aufgefordert, den Muslimen keine kriegswichtigen Waren zu verkaufen.
Die italienischen Kaufleute verdienten am Transport der Pilger und Kreuzfahrer ins Heilige Land. Sie konnten den Arabern Anfang des 13. Jh. die Herrschaft in Teilen des Mittelmeeres streitig machen.

Neues aus dem Orient

Mit den Kreuzzügen nahm die Zahl der Christen zu, die die Lebensweise der Muslime kennenlernten. In den von ihnen seit Jahrhunderten bewohnten Gebieten in Spanien, Sizilien und Unteritalien sowie in den Kreuzfahrerstaaten lernte man voneinander, übernahm Nahrungsmittel und Rezepte. In Europa wurden orientalische Zuckerwaren beliebt. Auch in der Metall-, Textil-, Keramik- und Lederverarbeitung, der Papierherstellung sowie bei der Errichtung von Krankenhäusern (Hospitälern) machte sich arabischer Einfluss bemerkbar. Im Gegenzug übernahmen Muslime Anregungen zum Bau von Festungen, zur Belagerungstechnik und Ausrüstung der Reiter.

Von Arabern lernen

Die Araber hatten bereits im 9./10. Jh. – oft mit jüdischer Unterstützung – begonnen, altgriechische, persische und indische Texte in die eigene Sprache zu übertragen und zu kommentieren. Sie sicherten damit der Nachwelt viele antike Werke, die sonst verloren gegangen wären.
Seit dem Ende des 10. Jh. zogen christliche Gelehrte ins muslimische Spanien, um naturwissenschaftliche, mathematische, medizinische und philosophische Studien zu betreiben und arabische Werke ins Lateinische zu übersetzen. Sie übernahmen von den Arabern das Rechnen mit Buchstaben (Algebra), erfuhren mehr über die Sterne und Planeten, lernten viel über den Kreislauf des Blutes im menschlichen Körper und über die Heilwirkung vieler Pflanzen. Auch das heutige Zahlensystem übernahmen die Europäer von den Arabern, die es selbst einst von den Indern erlernt hatten.

Erste Koran- und Bibelübersetzungen

Der Koran wurde erstmals 1134 ins Lateinische übersetzt. Dies geschah allerdings einzig aus dem Wunsch heraus, seine Aussagen zu widerlegen. Eine vollständige Bibelübersetzung für muslimische Gelehrte gab es noch nicht. Lediglich Teile des Alten und Neuen Testaments waren zwischen dem 6. und 9. Jh. von Arabern aus dem Griechischen übertragen worden. Darüber hinaus wurde im 10. Jh. das gesamte Alte Testament für die Arabisch sprechenden Juden übersetzt.

M 2 Heilmethoden

Über die Behandlung zweier Patienten durch einen orientalischen und einen abendländischen („fränkischen“) Arzt berichtet im 12. Jh. ein Araber:

Sie führten mir einen Ritter vor, der einen Abszess[1] am Bein hatte, und eine Frau, die an Auszehrung[2] litt. Dem Ritter machte ich ein erweichendes Pflaster, und der Abszess öffnete und besserte sich; der Frau verschrieb ich eine Diät […].

Da kam ein fränkischer Arzt daher und sagte: „Der weiß doch überhaupt nicht, wie sie zu behandeln sind!“, wandte sich an den Ritter und fragte ihn: „Was willst du lieber: mit einem Bein leben oder mit beiden Beinen tot sein?“ Der antwortete: „Lieber mit einem Bein leben!“ Da sagte er: „Holt mir einen kräftigen Ritter und ein scharfes Beil!“ Ritter und Beil kamen, ich stand dabei. Er legte das Bein auf einen Holzblock und sagte zu dem Ritter: „Gib dem Bein einen tüchtigen Hieb, der es abtrennt.“ Er schlug, unter meinen Augen, einmal zu, und da das Bein nicht abgetrennt war, ein zweites Mal: Das Mark des Beines spritzte weg, und der Ritter starb sofort. Hierauf untersuchte er die Frau und sagte: „Die da hat einen Dämon im Kopf, der sich in sie verliebt hat. Schert ihr die Haare.“ Sie schoren sie, und sie aß wieder von ihren gewohnten Speisen, Knoblauch und Senf, wodurch die Auszehrung sich verschlimmerte. „Der Teufel steckt in ihrem Kopf“, urteilte er, nahm ein Rasiermesser und schnitt ihr kreuzförmig über den Kopf, entfernte die Haut in der Mitte, bis der Schädelknochen freilag, und rieb ihn mit Salz ein: Die Frau starb augenblicklich.

Da fragte ich: „Habt ihr mich noch nötig?“ Sie verneinten, und ich ging weg, nachdem ich von ihrer Heilkunde gelernt hatte, was ich vorher nicht wusste.

Nach: Francesco Gabrieli, Die Kreuzzüge aus arabischer Sicht, München ²1976, S. 118 f. (vereinfacht)

M 3 Christ und Muslim spielen Schach
Buchmalerei aus Spanien, 13. Jh.
Das Schachspiel stammt wohl aus Indien. Es war im arabischen und abendländischen Kulturraum verbreitet und galt als königliches bzw. ritterliches Strategiespiel. Nach den ersten Kreuzzügen fanden sich in den Kreuzfahrerstaaten Muslime und Christen aller Stände zusammen, um Schach zu spielen.

M 4 Arabisches im deutschen Wortschatz

Viele Wörter in unserer Sprache stammen aus dem Arabischen oder – durch die Araber vermittelt – aus dem Persischen und Indischen; solche Worte sind z. B.:

Algebra, Alkali, Alkohol, Aprikose, Azur, Baldachin, Benzin, Chemie, Damast, Diwan, Droge, Drogerie, Gamasche, Gaze, Ingwer, Jacke, Kaffee, Kandis, Karaffe, Kattun, Kümmel, Lack, Laute, Limonade, Magazin, Marzipan, Matratze, Muskat, Musselin, Orange, Rose, Safran, Sandale, Satin, Schal, Sirup, Sofa, Spinat, Tabak, Taft, Zenit, Ziffer, Zimt, Zucker

Nabil Osman, Kleines Lexikon deutscher Wörter arabischer Herkunft, München ⁸2010

1. *Vergleiche das Vorgehen der Ärzte (M2). Welche Krankheitsursachen werden genannt?*
2. *Diskutiert, ob der Bericht (M2) glaubwürdig ist.*
3. *Ordne die Lehnwörter nach Sachgebieten (M4). Schlage diejenigen nach, die du nicht kennst. Überlege, warum gerade diese Lehnwörter in die deutsche Sprache übernommen wurden.*
4. *Die Historiker überlieferten in erster Linie die Konflikte und Kriege zwischen den Muslimen und Christen. Auf das Zusammenleben gingen sie selten ein. Nimm Stellung.*

[1] Abszess: gefährliche Eiterbeule
[2] Auszehrung: Abmagerung infolge einer Krankheit wie Tuberkulose oder Krebs

Liebe unter schwierigen Bedingungen

Savina, eine junge Christin, lebt unter der Erde in einer Höhlenstadt auf dem Gebiet der heutigen Türkei. Arif, ein junger arabischer Muslim, sucht nach dieser Stadt, um den Wohnort der Christen dem Vater zu verraten. Dieser verfolgt die Christen erbarmungslos. In einer Nacht begegnen sich Savina und Arif …

So still war es in der Höhle, dass die Geräuschlosigkeit Savina auf die Ohren drückte. […] Sie fühlte nach ihren Schuhen, hob sie auf und drückte sie sich an den Bauch. Sie verließ das Bettlager. […] Es war verboten, die unterirdische Stadt zu verlassen. Draußen suchten Araber nach Savinas Volk, um es auszurauben. Seit achtzig Jahren kamen sie, ihr Großvater war noch ein kleines Kind gewesen, als es begonnen hatte. Seitdem zogen sie in immer neuen Wellen heran und verwüsteten das Land. Die Christen hatten sich deshalb mit den Felsen verbrüdert. In Friedenszeiten lebten sie draußen in der Sonne, aber wenn ein Angriff kam wie in diesem Sommer, nisteten sie sich im Berg ein, sie wurden Würmer, die ihre Gänge in den Stein fraßen. Alles in Korama bestand aus Stein, selbst die Sitzbänke in der Kirche.

Bevor sie den Raum der Wächter erreichte, bog Savina nach rechts ab. Sie eilte eine kleine Treppe hinauf. Schwacher Lichtschein fiel aus einer der Wohnungen auf den Flur, offenbar kochte jemand mitten in der Nacht, es roch nach angebrannter Weizengrütze. Lautlos schlich sie an dem beleuchteten Wohnungseingang vorbei, bis sie den Schacht erreichte. Die Tritte, die dort in den Felsen gehauen waren, ließen sich im schummrigen Licht kaum erkennen. Aber es war nicht das erste Mal, dass Savina auf diesem Weg nach oben kletterte. Geübt fanden ihre Finger und Zehen die richtigen Ritzen, und sie zog sich hinauf ins nächste Stockwerk der unterirdischen Stadt. […]

Dort war es. Endlich konnte Savina die Schuhe anziehen. Wo der Gang an seiner engsten Stelle beinahe ihre Schultern berührte, stellte sie den Fuß auf einen Vorsprung in der Wand und fasste nach einem höhergelegenen Halt. Sie zog sich in den Lüftungsschacht hinauf. Steinbröckchen knirschten unter ihrer Schuhsohle. […] Schließlich öffnete sich über ihr der Sternenhimmel. Sie stieg an einem Strauch vorbei nach draußen.

Die Mondsichel leuchtete hell und geheimnisvoll, umgeben von Tausenden Sternen. Savina tanzte den Berg hinab. Wie gern hätte sie ein Kleid aus nachtblauer Seide getragen! Sie war verbündet mit den silbernen Sternen und dem Mond, fühlte den Nachtwind auf der Haut und wilden Thymian an den Fußknöcheln. Die Höhlenstadt erstickte und beengte sie. Nur hier draußen fand sie all das, was sie an die Höhlenwände malte: Gärten, Vögel, den Himmel. Sie trat an einen Baum heran und berührte seine Rinde. Sie war hart und rissig, und doch lebte der Baum. Was mochte er schon alles gesehen haben! Vielleicht war er ein junger Schössling gewesen, als ihr Volk noch ohne Furcht überirdisch lebte. […]

Arif saß ab. Er flüsterte: „Geh nicht zu weit", und warf Layla die Zügel auf den Rücken. Sie trottete zum Rand der Steppe und begann zu grasen. Nach einem letzten prüfenden Blick trat er zwischen die Felskegel am Fuß der Berge. Sie ragten haushoch empor wie die siebenstöckigen Lehmziegelgebäude im Jemen. Die Steinkegel hatten die Klagemäuler weit aufgerissen, Höhlen, in denen die Nacht pechschwarz war. Raubtiergestalten. Versteinerte Dschinngeister. Götzen. Sie sahen aus, als würden sie schreien, heisere böse Rufe ausstoßen, um ihn zu verraten. Immer tiefer schlich sich Arif in das Labyrinth aus Felsen. […]

Womöglich zielten die Troglodyten [Christen] gerade mit Wurfspeeren auf ihn, bereit, sie zu schleudern, sobald er sich näherte. Er zog den Kopf ein, schlich gebückt bis zur Mauer. Lautlos sprang er hinüber und kroch im Schatten der Steindämonen in Richtung Berghang, dahin, wo er Layla zurückgelassen hatte. Am letzten Steinkegel hielt er inne und spähte aus.

Da war Layla. Aber sie war nicht allein. Ein Mädchen stand bei der Stute. Auf ihrem schwarzen Haar glänzte das Mondlicht, und sie streichelte der Stute den vernarbten Hals. „Du Armes", sagte sie leise, „wer hat dich so misshandelt? Ich wäre an deiner Stelle auch abgehauen." Sie sprach Griechisch. Wie sie die Worte formte, unterschied sich

sehr von der Aussprache, die ihn der Scheich in den Unterrichtsstunden gelehrt hatte – ihr Griechisch war nicht durch den harten arabischen Zungenschlag eingefärbt. Weich sprach sie die Wörter aus, als sei da ein schlafendes Kind, das sie nicht wecken wollte. Ihre schmalen Schultern waren von blasser Haut. Sie musste eine Troglodytin sein, es hieß, dass Troglodyten das Sonnenlicht mieden. Wie hatte sie es geschafft, sich der Stute zu nähern? Layla hätte scheuen müssen, sie hätte nach dem Mädchen beißen müssen! Stattdessen stand sie ruhig da und ließ sich berühren. [...]
Das Mondmädchen bückte sich, rupfte etwas Gras ab und bot es der Stute an. Layla hielt schnuppernd die Nüstern darüber. Schließlich nahm sie die Halme mit den weichen, behaarten Lippen auf und fraß sie.
„Lässt du mich aufsteigen? Ich hab noch nie auf einem Pferd gesessen." Das Mädchen trat neben den Sattel und steckte ihren Fuß in den ledernen Steigbügel. Ein Zucken ging durch Laylas Körper. Die Stute sprang beiseite. Das Mädchen hing im Steigbügel fest und wurde mitgerissen. Kopfunter schleifte es über den Boden.
Arif schnellte hoch. Er rannte hinterher, kürzte ab, indem er sich durch ein Gebüsch schlug, und sprang Layla mit ausgebreiteten Armen in den Weg. „Ruhig!", befahl er. „Steh!" Layla versuchte, ihm auszuweichen, aber er fasste nach dem Zaumzeug und hielt die Stute fest.
Das Mädchen hing schreckensstarr im Steigbügel und sah ihn an. Endlich begann sie zu zappeln und befreite sich. Sie stand auf. In sicherer Entfernung klopfte sie sich das Gras vom Kleid. Ihr zartes Kinn und die gerade Nase wirkten anmutig, nur die Brauen, die beinahe über der Nase zusammenwuchsen, wölbten sich drohend.
Natürlich. Er hatte Arabisch gesprochen. Das hatte sie erschreckt. Er sagte in griechischer Sprache: „Mein Name ist Arif ibn Haroun ibn Abu Bishr ibn Asad."
Sie verzog spöttisch den Mund. „Genug Namen für eine ganze Familie."
„Wer bist du?", fragte er. Als er sah, dass sie ihren Kopf massierte, fügte er hinzu: „Hast du dir weh getan?"
„Geht schon." Sie ließ den Kopf los. „Ich bin Savina. Du bist Araber, nicht wahr?"
„Ich komme aus dem Jazirat al-Arab."
„Das bedeutet?"
„So heißt unsere große Halbinsel im Süden. Insel der Araber."
Ihr Gesicht verdüsterte sich.
„Wenn es da so groß ist, warum bleibt ihr dann nicht dort? Warum kommt ihr hierher und wollt uns unser Land wegnehmen?"
Weil ihr zum Kaiserreich Byzanz gehört, und Byzanz sich nicht unterwerfen will, wollte er sagen. Er brachte es nicht über die Lippen, während er in das bezaubernde Gesicht des Mädchens sah.
Sie sagte: „Lass dich hier nicht mehr blicken! Die Wächter machen mit Arabern kurzen Prozess." Sie drehte sich um und lief den Berg hinauf. Auf halber Höhe wandte sie sich noch einmal um. „Worauf wartest du? Verschwinde, ehe ich die Wächter rufe!"
Er blickte ihr weiter nach. Erst als sie nicht mehr zu sehen war, saß er auf und schnalzte mit der Zunge. Zögerlich ritt die Stute an, als fiele es ihr schwer, das Mondmädchen zu verlassen.

Titus Müller:
Der Kuss des Feindes,
Fischer KJB

Wie geht es weiter?
Wird Arif Savina wiedersehen? Wird er ihr Versteck verraten? Oder werden beide einen Weg finden, gemeinsam zu leben? Werden Araber und Christen miteinander auskommen können? Alles das erfährst du, wenn du den Roman weiterliest.

Überlege, inwieweit sich in dieser Begegnung gegenseitiges Misstrauen zeigt – und wie dieses überwunden werden könnte. Kennst du heutzutage ähnliche Verhaltensweisen?

Aufbruch nach Osten

M 1 Die Marienburg am Ufer der Nogat (heute Malbork/Polen)
Die Ordensburg war von 1309 bis 1457 Sitz des Deutschen Ordens. Sie ist eine der größten Burgen Europas und nach der Schutzheiligen des Ordens benannt.

Jenseits der Elbe

Die Bevölkerung West- und Mitteleuropas war ständig gewachsen und das Ackerland zu knapp, um sie zu ernähren. Seit dem 11. Jh. waren immer mehr Menschen bereit, in entfernte Gegenden zu ziehen, um sich dort eine neue Existenz aufzubauen. Siedler zogen aus Flandern, Friesland, dem Rheinland und Westfalen in das Gebiet östlich von Elbe und Oder. Sie folgten den Aufrufen weltlicher und geistlicher Fürsten. Diese Ostsiedlung wurde begleitet von Feldzügen. Im Wendenkreuzzug von 1147 unterwarfen sächsische Fürsten gemeinsam mit polnischen und dänischen Adligen slawische Stämme an der Ostseeküste. Sie nahmen ihnen das Land und zwangen sie, Christen zu werden.

Wer ist zuständig?

Für die Lösung der Probleme bei der Ansiedlung der Einwanderer waren Lokatoren (Siedlungsunternehmer) zuständig. Im Auftrag der weltlichen und geistlichen Herren vermaßen sie das Land und vergaben es an die Siedler. Sie berieten sie bei der Einrichtung von Bauernhöfen und der Anlage von Dörfern. Die Lokatoren bekamen dafür von den Herren größere Grundstücke überlassen sowie das Amt des Dorfrichters und Bürgermeisters (Schulzen) übertragen.
Es entstanden viele Dörfer und zahlreiche Städte wie Lübeck, Kiel, Schwerin, Rostock, Wismar, Stettin (heute Szczecin) und Breslau (heute Wroclaw).

Der Deutsche Orden

Während der Kreuzzüge wurde im Heiligen Land im 12. Jh. der Deutsche Orden gegründet. Er entwickelte sich von einem Orden zur Pflege von Kranken und Pilgern zu einem geistlichen Ritterorden, der dem Papst direkt unterstellt war. Er verpflichtete sich zum Schutz von Christen und zum Kampf gegen Ungläubige. An seiner Spitze stand ein auf Lebenszeit gewählter „Hochmeister".
Durch Schenkungen erhielt der Deutsche Orden viele Besitzungen in ganz Europa.
1225/26 bat der polnische Herzog Konrad von Masowien den Orden um Hilfe gegen die heidnischen Pruzzen[1]. Dafür bot er ihm das Kulmer Land, eine Landschaft im Norden Polens, an. Hochmeister Hermann von Salza sah dies als Gelegenheit zum Aufbau einer eigenen Landesherrschaft an. Von Papst und Kaiser ließ er sich seine Gebiets- und Herrschaftsansprüche bestätigen.
Zwischen 1231 und 1280 führten die Ordensritter einen Eroberungskrieg gegen die Pruzzen. Der Eroberung folgten die Besiedlung, der Ausbau einer Verwaltung und die allmähliche Verschmelzung von Siedlern und einheimischen Pruzzen. Im Herrschaftsgebiet des Ordens wurden über 1400 Dörfer angelegt und 90 Städte gegründet. Zentrum der Ordensherrschaft wurde 1309 die Marienburg, eine der größten Burgen Europas.

Aufstieg und Zerfall eines Staates

Die Herrschaft des Ordens erreichte um die Mitte des 14. Jh. ihren Höhepunkt. Auseinandersetzungen mit den polnisch-litauischen Herrschern schwächten allerdings seine Macht. Nach der Niederlage in der Schlacht bei Tannenberg 1410 beschleunigte sich der Niedergang. Hundert Jahre später ging der Ordensstaat im Herzogtum Preußen auf.

[1] Die Pruzzen waren ein baltischer Volksstamm, auf den der Name des Landes Preußen zurückgeht.

M2 Die Samogiten klagen

1399 wenden sich die Samogiten mit einem Aufruf an ihre Nachbarn:

Unterdrückt und durch Qualen erschöpft bitten wir Euch, ihr geistlichen und weltlichen Fürsten, uns anzuhören. Der Deutsche Orden will nicht unsere Seelen für Gott, sondern unsere Felder für sich selbst gewinnen. Er hat uns dazu gebracht, dass wir entweder Bettler oder Räuber werden müssen, um unser Leben zu erhalten, und wie wagten sie es nach alledem, sich unsere Brüder zu nennen und uns zu taufen? Wer andere waschen will, sollte selber sauber sein. Alle Früchte unseres Landes haben uns die Ritter genommen. Sie gestatteten uns weder zu jagen noch zu fischen, noch mit den Nachbarn Handel zu treiben. Jedes Jahr führten sie unsere Kinder als Geiseln weg, unsere Ältesten haben sie nach Preußen verschleppt, andere samt ihren Familien durch Feuer ausgerottet [...]! Habt Erbarmen mit uns! Von ganzem Herzen wollen wir Christen werden, aber wir wollen mit Wasser, nicht mit Blut getauft werden.

Nach: Valentin Gitermann, Geschichte Russlands, Bd. 1, Frankfurt am Main 1987, S. 396

M3 Gegen die Ungläubigen

Papst Urban IV. ruft 1262 zugunsten des Deutschen Ordens zu einem Kreuzzug auf. Er begründet ihn wie folgt:

Vor einiger Zeit haben sich unsere geliebten Söhne des Deutschen Ordens mit Klagen an uns gewandt, weil in Livland, Kurland und Preußen bei ihrem Streben, den Glauben zum Ruhme Gottes herrlich auszubreiten, ungefähr 50 Ordensbrüder, die dort eingesetzt waren, wie wir gehört haben, von den Händen der Ungläubigen grausam umgebracht worden sind. Der Hilfeschrei hat sich verdoppelt, und reichlich fließen die Tränen aus dem Grunde, weil wieder in den genannten Ländern einige Ordensbrüder von denselben Ungläubigen aufs Schrecklichste erschlagen worden sind, während die Masse der neu Getauften schmählich in ihren früheren Irrglauben zurückfiel. [...] Die Heiden aber sollen sich nicht rühmen können, straflos Christi Namen bekämpft zu haben.

Nach: Wolfgang Lautemann (Bearb.), Mittelalter. Reich und Kirche, München [2]1978, S. 668 f. (vereinfacht)

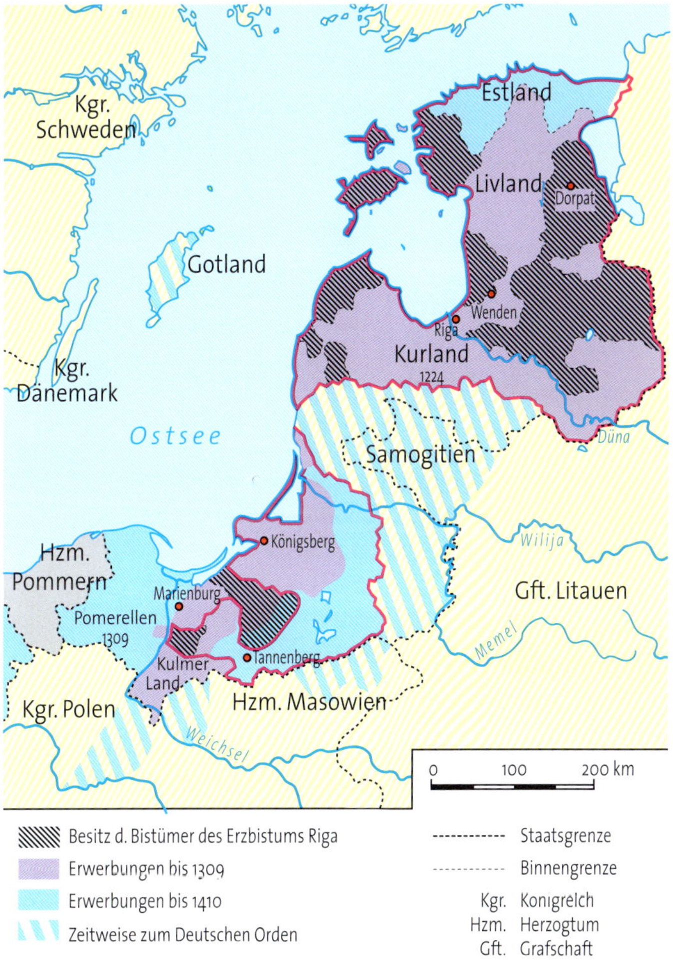

M4 Staat des Deutschen Ordens

1. *Stelle fest, in welchen heutigen europäischen Staaten die Gebiete des Deutschen Ordens liegen (M4).*
2. *Fasse die Vorwürfe der Samogiten zusammen (M2) und bewerte sie. Berücksichtige dabei auch M3.*
3. *Vergleiche M3 mit dem Kreuzzugsaufruf von 1095 (M3, S. 211). Arbeite die Unterschiede heraus.*
4. *Die Ostsiedlung war eine „Begegnung zwischen den Kulturen". Diskutiert diese Aussage.*

Juden in der Stadt

M 1 Das Judenviertel in Köln bis 1349
Die jüdischen Häuser sind orange eingefärbt. Das jüdische Tanzhaus diente als Gebäude für Festveranstaltungen. Die Mikwe ist ein rituelles Bad.

M 2 Süßkind von Trimberg
Manessische Handschrift, 13./14. Jh.
Der jüdische Sänger Süßkind von Trimberg trägt selbstverfasste Lieder vor christlichen geistlichen Fürsten vor.

Unter dem Schutz von Kirche und Kaiser

Schon in der Römerzeit gab es jüdische Gemeinden in Köln, Mainz und Trier. Später kamen aus dem Mittelmeergebiet jüdische Händler in das Frankenreich; neue Gemeinden entstanden am Rhein (z. B. in Worms und Speyer) und entlang der Donau. Jüdische Kaufleute trieben Handel bis nach Südeuropa und in den Orient.

Der Fernhandel war wichtig für die Versorgung der Höfe und Städte. Deshalb stellten die Bischöfe und der Kaiser die jüdischen Händler unter ihren Schutz. Dafür mussten sie hohe Abgaben bezahlen. Aber das Judentum war die einzige „erlaubte Religion" neben dem Christentum. Denn die Kirche achtete die jüdische Religion als Vorläuferin des Christentums.

Zunehmende Abgrenzung

Die Päpste verurteilten Gewalt gegenüber Juden als unchristlich, doch sie verlangten seit der Mitte des 12. Jh. eine stärkere Abgrenzung zwischen Christen und Juden. Die Kirche beschloss 1215, dass Nichtchristen äußerlich leichter erkennbar sein müssten. In Deutschland wurde der „gelbe Fleck" an der Kleidung als Kennzeichen der Juden erst viel später eingeführt, im Alltag aber wohl an den wenigsten Orten wirklich durchgesetzt. Auch die Juden konnten sich nicht einfach an die christliche Umwelt anpassen. Denn ihr Glaube schrieb ihnen ein bestimmtes Verhalten vor, das sie von den Christen unterschied. Es ging um die Speisevorschriften, die Einhaltung des Sabbat und den Umgang mit Christen.

Juden und Christen lebten zunächst auf engem Raum zusammen. Der Wohnbereich der jüdischen Gemeinde war kein abgeschlossener Bezirk und befand sich in den Bischofsstädten meistens in der Nähe des Domes. Bis ins 14. Jh. gibt es Zeugnisse, dass Juden und Christen einander Häuser vermieteten oder verkauften.

Handel und Geldwirtschaft

Für Juden, Christen und Muslime ist Wucher verboten. Damit war ursprünglich jeglicher Zins gemeint. Man glaubte, dass Einkünfte ohne Arbeit genauso wie die Bereicherung an der Not anderer Sünde seien. Für ihre Handelsgeschäfte benötigten die Kaufleute aber große Geldsummen. Diese erforderten einen meist kurzfristigen Kredit. Christliche und jüdische Kaufleute aber fanden Mittel und Wege, wie sie das Zinsverbot umgehen konnten. Es entstanden die ersten Banken. Bei ihnen bekamen die Händler Kredite, wechselten Geld und konnten bargeldlos bezahlen.

Es ist somit ein altes Vorurteil, dass der Geldverleih nur in „jüdischer Hand" gewesen sei. Doch seit dem 13. Jh. wurden die Juden aus vielen Berufen ausgeschlossen; denn die christlichen Handwerker und Kaufleute schlossen sich zu Zünften und Gilden zusammen, in denen Juden nicht Mitglieder werden durften. Den Juden blieben einige angesehene und einträgliche Berufe wie der des Arztes, des Geldverleihers oder des Händlers in einigen Branchen. Die meisten von ihnen gingen jedoch dem Kleinhandel, dem sogenannten Kramhandel, nach.

M 3 Das Judenprivileg von Speyer

Bischof Rüdiger von Speyer gesteht den Juden im Jahr 1084 die folgenden Rechte zu:

Als ich den Weiler Speyer zu einer Stadt gemacht habe, habe ich geglaubt, die Ehre unseres Ortes um ein Vielfaches zu vergrößern, wenn ich hier auch Juden ansammelte. Ich siedelte also die Versammelten außerhalb der Gemeinschaft und des Wohnbezirks der übrigen Bürger an. Jenen Ort also habe ich ihnen unter der Bedingung übergeben, dass sie jährlich dreieinhalb Pfund Speyerer Geldes zahlen. In der gesamten Stadt habe ich ihnen das Recht zugestanden, Gold und Silber frei zu tauschen und alles zu kaufen und zu verkaufen, was sie wünschen. Auch dies habe ich hinzugefügt, dass ein fremder Jude, der bei ihnen zu Gast ist, dort keinen Zoll[1] zahlen muss. Schließlich [habe ich verfügt], dass wie der Stadtrichter unter den Bürgern so auch ihr Synagogenvorsteher über alle Klagen, die sie untereinander erheben oder die gegen sie erhoben werden, entscheiden soll. Ammen[2] und gemietete Knechte können sie von den Unsrigen haben.

Nach: J. H. Schoeps und H. Wallenborn (Hrsg.), Juden in Europa. Ihre Geschichte in Quellen, Bd. 1, Darmstadt 2001, S. 120 f.

M 5 Ecclesia (l.) und Synagoga (r.)
Statuen am Südportal des Straßburger Münsters, ca. 1220/30 (Nachbildungen, die Originale befinden sich im Museum)
In vielen Kirchen wurden Christentum und Judentum als weibliche Figuren dargestellt: Ecclesia (lat.: Kirche) und Synagoga (die Synagoge = das Judentum). Die Synagoga hat die Augen verbunden; dadurch werden die Juden als „Blinde" im Glauben dargestellt.

M 4 Jüdische Mitbürger

Eine Frankfurter Urkunde von 1379 legt die Pflichten eines jüdischen Bürgers fest:

Der Frankfurter Rat nimmt Mose von Fritzlar, seine Frau und seine Kinder auf vier ganze Jahre gegen 24 Gulden jährlich – zu Martini (11. 11.) fällig – unter den üblichen Bedingungen als Bürger auf. Erwerben ihre Kinder eigenes Gut und wollen sie damit leihen, so haben sie mit dem Rate darüber zu verhandeln. Wer Ansprüche an sie hat, soll sie vor dem städtischen Gerichte erheben. Mose etc. soll dieselben Rechte und Freiheiten genießen, die vormals die Juden hier gehabt haben. An Zins darf er nicht mehr als 2 junge Heller wöchentlich[3] nehmen. Den Juden wird gestattet, wenn sie es wünschen, ungehindert die Stadt zu verlassen.

Nach: Isidor Kracauer, Urkundenbuch zur Geschichte der Juden in Frankfurt am Main, Frankfurt am Main 1914, Nr. 281

Internettipp:
Weitere Informationen zur mittelalterlichen Darstellung von Christentum und Judentum an und in Kirchen erhältst du unter Mediencode 30041-32

1. *Überlege, warum die öffentlichen jüdischen Gebäude eng beieinander liegen (M1). Suche das jüdische Viertel auf einem heutigen Stadtplan von Köln. Wo liegt der Dom?*
2. *Erkläre, warum der Bischof von Speyer Juden in seiner Stadt aufgenommen hat (M3).*
3. *Begründe, warum es für Juden attraktiv war, trotz der Zahlungen das Bürgerrecht zu erwerben (M4).*
4. *Erkläre die Bedeutung der Einzelheiten bei der Synagoga (M5): Warum ist sie blind? Welche Haltung nimmt sie ein? Warum hält sie einen gebrochenen Stab? Überlege, wie eine solche Darstellung auf Juden wirken könnte.*
5. *Recherchiere im Internet, in welchen Kirchen heute sonst noch Darstellungen von Ecclesia und Synagoga zu finden sind.*
6. *Beurteile, inwieweit du es gerecht findest, dass Juden in der Stadt in einer Sonderrolle leben mussten.*

[1] Zoll: Abgabe, die ein Händler für Waren zahlen musste, wenn er an einen anderen Ort kam
[2] Amme: Frau, die für eine andere Frau deren neugeborenes Kind stillt
[3] Gemeint ist: für einen geliehenen Gulden = 288 junge Heller. Der Zinssatz pro Jahr beträgt dann ungefähr 36 Prozent.

Pogrome, Vertreibungen, Neuanfänge

M1 Vertreibung von Juden
Illustrationen aus einem Gebetbuch, 1427
Im späten Mittelalter wurden immer mehr Juden aus den Städten vertrieben und siedelten sich auf dem Land an.

Ausweisung aus England und Frankreich

Die Juden wurden nicht nur zunehmend ausgegrenzt. Im 13. Jh. entstanden Wahnvorstellungen, dass die Juden mit geheimen Machenschaften den Christen schaden wollten. Der Talmud wurde als Teufelswerk gebrandmarkt. Solche Beschuldigungen und die darauf folgenden Hinrichtungen von Juden wurden vom Kaiser und auch vom Papst verurteilt. Doch der Kaiser war zu schwach, und manche Prediger schürten selbst die feindseligen Vorurteile gegenüber den jüdischen Nachbarn. Außerdem wollten viele sich am Besitz der jüdischen Mitbürger mit allen Mitteln bereichern und christliche Händler und Geldverleiher ihre jüdischen Konkurrenten ausschalten.

In England verarmten die Juden durch immer höhere Abgaben an den König. Schließlich wurden sie 1290 aus England ausgewiesen. Ähnlich war es in Frankreich: 1234 erließ der französische König den Christen ein Drittel der Schulden, die sie bei Juden hatten, 1242 wurden alle Talmud-Schriften öffentlich verbrannt. 1309 beschlagnahmte der König das Vermögen, das den Juden geblieben war, und wies die Juden aus Frankreich aus. Nur in Südfrankreich blieben jüdische Gemeinden bestehen. Dies zeigt, dass die Kirche nicht überall judenfeindlich war.

Pogrome und Ghettos

In Deutschland verpfändete der Kaiser die Judensteuer an Fürsten und Städte. Als der „Schwarze Tod" (die Pest) im 14. Jh. Europa heimsuchte, hatten die Menschen keine Erklärung für diese Seuche. So beschuldigten viele die Juden, sie hätten die Brunnen vergiftet. 1348/49 gab es in zahlreichen Städten Überfälle auf jüdische Gemeinden (**Pogrome**), denen Tausende von Juden zum Opfer fielen. Wer am Leben blieb, wurde vertrieben und floh aufs Land. In keiner Stadt blieb eine jüdische Gemeinde bestehen. Dennoch gab es später wieder Ansiedlungen von Juden, in Frankfurt bereits 1360. Auf Beschluss des Rates der Stadt Frankfurt mussten die Juden jedoch 1462 von ihrem alten Viertel am Dom in eine neue „Judengasse" ziehen. Diese lag am Stadtrand hinter Mauern und wurde abends und an christlichen Feiertagen verschlossen. Dafür entstand später die allgemeine Bezeichnung „Ghetto", nach dem Namen des Judenviertels in Venedig. Auf dem Land lebten weiterhin viele Juden ohne Ghettomauern neben den Christen.

Freiheit in Polen

Der polnische König Boleslaw der Fromme gewährte jüdischen Einwanderern schon 1264 großzügige Freiheiten. Sie konnten Handwerksberufe ausüben und hatten auch sonst wirtschaftliche Vorteile. Sie bekamen besonderen Schutz und durften sich in eigenen Gemeinden und ganzen Dörfern selbst verwalten. Später durften sie auch Häuser und Grundbesitz in den Städten erwerben. Der polnische König warb damit gezielt tüchtige Leute an, die in seinem Land die Wirtschaft voranbrachten. Als die jüdische Bevölkerung im 14. und 15. Jh. aus dem Westen mehr und mehr vertrieben wurde, wanderte sie in großer Zahl nach Polen ein.

Internettipp:
Weitere Informationen zum Leben der Juden im Mittelalter findest du unter Mediencode 30041-33

M2 Bericht über die Verfolgung der Juden in Thüringen, 1349

Eine Erfurter Chronik berichtet zum Jahr 1349:

Im selben Jahr, zwischen Mariae Lichtmess und Fastnacht[1], wurden die Juden in allen Städten, Burgen und Dörfern Thüringens erschlagen […], weil sie Quellen und Brunnen verseucht hatten. Dies galt damals für erwiesen, weil viele Säcke voll Gift in den Brunnen gefunden worden sein sollten. Im selben Jahr wurden die Juden in Erfurt gegen den Willen des Rates von der Bürgergemeinde erschlagen, hundert oder mehr. Die anderen aber, mehr als 3 000[2], haben sich in ihren Häusern selbst verbrannt, als sie sahen, dass sie den Christen nicht entkommen konnten. Nach drei Tagen wurden sie auf Lastkarren zu ihrem Friedhof vor dem Moritztor gebracht und dort begraben. Mögen sie in der Hölle ruhen! Man sagt auch, sie hätten in Erfurt die Brunnen und die Gera vergiftet und auch die Heringe, sodass niemand in der Fastenzeit davon essen wollte; und keiner der reicheren Bürger ließ mit Wasser kochen. Ob sie recht haben, weiß ich nicht. Ich glaube eher, der Grund war das unendlich viele Geld, das Adlige und Ritter, Bürger und Bauern den Juden schuldeten.

Nach: Quellen zur Wirtschafts- und Sozialgeschichte mittel- und oberdeutscher Städte im Spätmittelalter, hrsg. v. Gisela Möncke (Ausgewählte Quellen zur deutschen Geschichte des Mittelalters 37), Darmstadt 1982, S. 199

M3 Brief des Rates der Stadt Lübeck an den Herzog Otto von Braunschweig-Lüneburg vom Juli 1350

In der Hansestadt Lübeck wie auf dem gesamten Gebiet des heutigen Schleswig-Holstein gibt es im Mittelalter keine ansässigen Juden.

Wegen der verfluchten Handlungen der hinterhältigen Juden ist – wie es scheint – eine nicht abwendbare Gefahr und Zerstörung für die ganze Christenheit aufgetreten. Daher bitten wir mit jeder Sorgfalt, derer wir fähig sind, von Herzen Euch in Eurer Machtposition beim Adel, […] dass die in Euren Gebieten lebenden Juden […] durch Euer Urteil ausgelöscht werden. Denn es ist zu fürchten, dass die Bedrängnis der Sterblichkeit[3], die das Volk und die Christenheit durch die Machenschaften der Juden von allen Seiten peinigt, nicht vorübergeht, solange die Juden selbst unter dem Schutz einiger Fürsten und Herrscher in der Gesellschaft unversehrt leben können und deren Förderung […] erhalten. Christus möge euch schützen.

Verein für Mecklenburgische Geschichte und Alterthumskunde (Hrsg.): Mecklenburgisches Urkundenbuch 10/1877, 7098 (Die Quelle ist im Original in lateinischer Sprache verfasst und wurde zur besseren Lesbarkeit leicht adaptiert.)

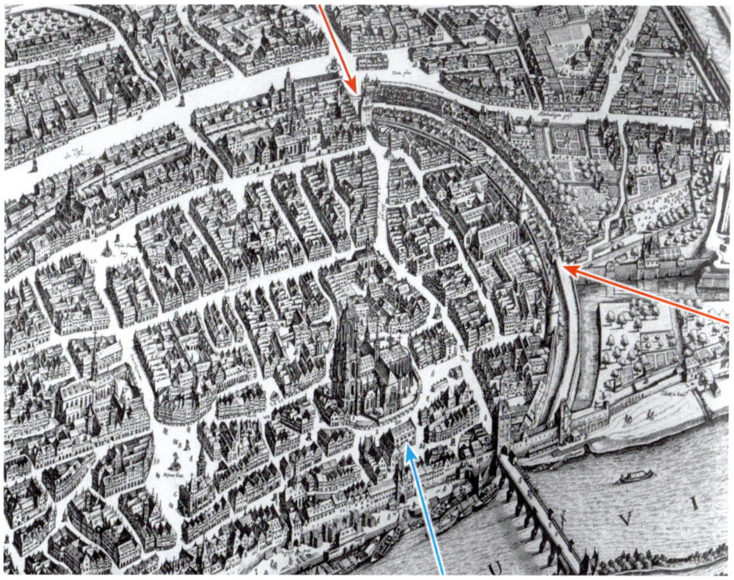

M4 Die Judengasse in Frankfurt
Stadtplan von Matthäus Merian, 1628
Der blaue Pfeil zeigt die Lage des älteren jüdischen Viertels im Zentrum der Altstadt, die roten Pfeile markieren die beiden Enden der Judengasse, die 1462 an die alte Stadtmauer angebaut wurde. 1496 gab es 20 Häuser, 1533 40 Häuser in der Judengasse mit 135 Einwohnern (gezählt wurden nur die Erwachsenen).

Exkursionstipp:
Jüdisches Museum Rendsburg, Synagoge Lübeck

1. *Nenne die Gründe, die der Bericht für die Judenverfolgungen anführt (M2). Unterscheide: a) Von welchen Begründungen hat der Chronist gehört? b) Was meint er selbst?*
2. *Es gab auch Aufrufe zur Judenverfolgung, obwohl Juden an dem betreffenden Ort nicht ansässig waren. Erläutere diese Aussage anhand von M3 aus Lübeck.*
3. *Erkläre, warum sich im Mittelalter das Verhältnis zwischen Juden und Christen verschlechterte.*
4. *Vergleiche die Lage des alten Judenviertels in Frankfurt und der neuen Judengasse (M4).*
5. *Es gibt auch heute in jeder Großstadt Viertel, die als „Ghettos" bezeichnet werden. Was bezeichnet dieser Begriff? Vergleiche sie mit den jüdischen Ghettos im Mittelalter.*

[1] 2.-24. Februar 1349
[2] Die Zahl ist zu hoch. Eine andere Quelle nennt glaubwürdiger insgesamt 976 jüdische Opfer.
[3] Mit „Bedrängnis der Sterblichkeit" ist die Pest gemeint.

4./5. Jh.: Jüdische Gemeinden sind im römischen Köln, Mainz und Trier nachweisbar
bedeutende jüdische Gemeinden in Mainz, Worms und Speyer
Stärkere Abgrenzung zwischen Christen und Juden
Judenverfolgungen in Mitteleuropa
Ausbruch der Pest in Europa
300 400 500 600 700 800 900 1000 1100 1200 1300 1400

Auch im letzten Kapitel findet ihr hier Karteikarten zu verschiedenen Themen:

Christentum, Islam und Judentum sind monotheistische Religionen. Sie werden auch Buchreligionen genannt. Der Islam geht auf den Propheten Mohammed zurück. Die Stadt Jerusalem war und ist eine wichtige Stadt für diese Religionen. Alle drei Religionen haben Regeln für ihre Gläubigen für den Alltag aufgestellt. Sie betreffen z. B. den Tages- und Jahresablauf, die Ernährung und den Glauben an ein Leben nach dem Tod.

Juden lebten schon auf dem Gebiet des heutigen Deutschland, bevor es hier Christen gab. Juden und Christen lebten im Mittelalter lange friedlich zusammen. Später wurde Juden eine Sonderrolle zugewiesen, die es ihnen nicht erlaubte, wie andere Einwohner zu leben oder zu arbeiten. Ab dem 11. Jh. gab es auch häufig Pogrome. Viele jüdische Familien wurden vertrieben oder sahen sich gezwungen nach Osteuropa auszuwandern.

Kreuzzüge wurden religiös gerechtfertigt. Andere Gründe, auf die bewaffnete Wallfahrt zu ziehen, spielten aber ebenfalls eine wichtige Rolle. Die Errichtung christlicher Staaten („Kreuzfahrerstaaten") im Orient scheiterte endgültig im 13. Jh. Durch den Austausch zwischen Arabern und Europäern im Zeitalter der Kreuzzüge wurden zahlreiche Bezeichnungen für bisher unbekannte Materialien und Gegenstände des Alltags in europäische Sprachen übernommen. Viele dieser Lehnwörter finden sich auch im deutschen Wortschatz.

In Spanien konnten im Mittelalter im sogenannten arabischen „al-Andalus" Muslime, Christen und Juden lange friedlich zusammenleben, auch wenn sie nicht vollkommen gleichberechtigt waren. Die christlichen Herrscher, die mit ihren Truppen das Gebiet der Muslime erobert hatten, gaben diesen Toleranzgedanken auf. Viele Muslime mussten den christlichen Glauben annehmen oder das Land verlassen.

Während der Kreuzzüge wurde im 12. Jh. der Deutsche Orden gegründet. Er entwickelte sich von einem Orden zur Pflege von Kranken und Pilgern zu einem geistlichen Ritterorden, der dem Papst direkt unterstellt war. Durch Schenkungen und Eroberungskriege konnte der Orden seine Besitzungen besonders in Osteuropa ausbauen. Im 15. Jh. verlor er seine Macht.

1. *Finde im vorausgehenden Kapitel des Buches Belege für die Aussagen auf den Karteikarten.*
2. *Finde für jede Karteikarte eine passende Überschrift und überlege, welche Informationen du auf die Rückseite schreiben würdest.*

„Ich bin Muslim. Was wollen Sie wissen?"

Michel Abdollahi ist ein deutscher Journalist und Künstler iranischer Abstammung. Abdollahi wurde in Teheran geboren, lebt seit 1986 in Hamburg und ist deutscher Staatsbürger geworden. Er engagiert sich sehr für die Integration von ausländischen Mitbürgerinnen und Mitbürgern und war langjährig in der Hamburger Senatskanzlei (d. h. der Regierung von Hamburg) tätig. 2016 erhielt er den Deutschen Fernsehpreis. Seine Aktion für das Kulturjournal im NDR-Fernsehen „Ich bin Muslim. Was wollen Sie wissen?" fand internationale Beachtung.

Ⓜ **Michel Abdollahi im Januar 2016 im Zentrum von Hamburg**
NDR / Kulturjournal

Stellt euch vor, ihr trefft Michel Abdollahi in eurem Schulort, vielleicht auf einem zentralen Platz oder Marktplatz. Er hält das Plakat „Ich bin Muslim. Was wollen Sie wissen?" hoch.
Jetzt könnt ihr an ihn Fragen stellen, die euch bewegen. Anstelle von Abdollahi antwortet aber nicht der Künstler selbst, sondern eure (Tisch-)Nachbarin/euer (Tisch-)Nachbar. Nachdem ihr das Schulbuchkapitel im Unterricht besprochen habt, könnt ihr gut antworten. Bestimmt!

- Zuerst fragt ihr eure Nachbarin/euren Nachbarn in der Rolle von Christine oder von Christian (d. h. eines Christen) und eure Nachbarin/euer Nachbar antwortet in der Rolle von Abdollahi (d. h. eines Muslims).
- Im zweiten Gang fragt ihr eure Nachbarin/euren Nachbarn in der Rolle von Rebecca oder von Elias (d. h. eines Juden) und eure Nachbarin/euer Nachbar antwortet in der Rolle von Abdollahi (d.h. eines Muslims).
- Nachdem ihr euch gegenseitig befragt habt, klärt gemeinsam, was im Gespräch zutreffend, unsicher oder unklar war. Euer Schulbuch kann euch jetzt helfen, natürlich auch eure Lehrkraft.

Arbeitsanweisung in der Aufgabe	Was ist genau zu tun?	Was dir zusätzlich helfen kann
analysieren	Du wertest Materialien (Texte, Bilder, Karten usw.) „mit Methode" aus.	In der „Methodenbox" der Methodenseiten in diesem Buch findest du hilfreiche Arbeitsschritte.
begründen	Du untermauerst eine Aussage mit Gründen.	Formulierungen, die du verwenden kannst: *Dafür spricht … – Ein Grund dafür ist …*
beschreiben	Du gibst die wichtigsten Merkmale in ganzen Sätzen und eigenen Worten wieder.	Formulierungen, die du verwenden kannst: *Hier ist abgebildet … – Hier sehe ich … – Hier wird gesagt, dass …*
beurteilen	Du nimmst Stellung zu einer Aussage von anderen oder einem Sachverhalt. Dabei geht es darum herauszufinden, ob diese Aussage überzeugend – also logisch und in sich stimmig – ist. Gib dabei die Gründe für dein Urteil an.	Formulierungen, die du verwenden kannst: *Ich halte die Aussage für überzeugend, weil … – Weniger / nicht überzeugend ist, dass …*
bewerten	Auch hier geht es darum, Stellung zu beziehen. Allerdings kannst und sollst du hier stärker das einbeziehen, was dir persönlich oder unserer Zeit heute wichtig ist.	Formulierungen, die du verwenden kannst: *Ich halte das für richtig (bzw. falsch), weil … – Damit habe ich Schwierigkeiten, weil … – Die Menschen heute sehen das anders, da …*
charakterisieren	Du beschreibst etwas, indem du das, was besonders auffällig ist, hervorhebst.	Formulierungen, die du verwenden kannst: *Auffällig ist … – Der Autor benutzt für … die Worte …*
darstellen	Du zeigst Zusammenhänge auf. In der Regel schreibst du dazu einen eigenen, gegliederten Text.	Hier wird eine meist recht ausführliche Schreibarbeit von dir verlangt. Als Vorarbeiten können daher eine *Stichwortsammlung* und eine *Gliederung* hilfreich sein.
diskutieren	Du stellst Vor- und Nachteile eines Problems oder einer Frage einander gegenüber und überlegst, welcher Seite du (eher) zustimmst.	Hier musst du (mindestens) zwei Perspektiven zunächst beschreiben und dann gegeneinander stellen. Formulierungen, die du verwenden kannst: *Einerseits …; andererseits … – Auf der einen Seite …; aber …*
erklären	Du gibst aufgrund deines Wissens eine Antwort.	Hier sollst du die Gründe für etwas oder die Zusammenhänge von etwas aufzeigen. So kannst du eine Antwort auf die Frage geben, *warum etwas so ist oder war*. Formulierungen, die du verwenden kannst: *weil …; deshalb …; daher …; dadurch …*
erläutern	Du erklärst, warum etwas so ist, und nennst dabei Beispiele oder Belege.	Die hier besonders wichtigen Beispiele und Belege sollen deine Erklärung veranschaulichen, also verständlich machen, warum etwas so ist. Formulierungen, die du verwenden kannst: *Dies zeigt sich daran, dass … – Dies wird belegt durch …*

Arbeitsanweisung in der Aufgabe	Was ist genau zu tun?	Was dir zusätzlich helfen kann
erörtern	Dir wird ein Problem vorgegeben. Wie auf einer zweischaligen Waage kannst du das Problem abwägen. Lege die Gründe dafür in die eine Schale, die Gründe dagegen in die andere. Am Ende kommst du zu einem Ergebnis deiner Abwägung. Dabei hilft wieder der Blick auf die Waage: In welcher Waagschale finden sich die gewichtigeren Gründe?	Formulierungen, die du verwenden kannst: *Dafür spricht … – Dagegen spricht … – Insgesamt komme ich zu der Einschätzung, dass …*
herausarbeiten	Du „filterst" aus einem Material unter bestimmten Gesichtspunkten die wichtigsten Informationen heraus.	Achte auf die in der Aufgabenstellung genannten Gesichtspunkte und vermeide eine reine Inhaltswiedergabe. Gib bei Texten die Zeilen an, auf die du dich bei deiner Herausarbeitung beziehst.
nennen	Du zählst knapp die gefragten Informationen oder Begriffe auf.	Da hier oft mehrere Punkte gefragt sind, ist es sinnvoll, deiner Antwort eine Struktur zu geben: *1. …; 2. …; 3. … usw.*
überprüfen	Du untersuchst, ob eine Aussage stimmig ist, und formulierst ein Ergebnis deiner Überlegungen.	Auch hier hilft das Bild der Waage (s. o.: „erörtern")
vergleichen	Du stellst zwei Aussagen oder Materialen gegenüber und suchst anhand bestimmter Vergleichspunkte nach Gemeinsamkeiten und Unterschieden. Am Schluss formulierst du ein Ergebnis.	Hier kann eine dreispaltige Tabelle hilfreich sein: Spalte 1: Merkmal, das du vergleichen möchtest – Spalte 2: Material 1 – Spalte 3: Material 2. Achte darauf, dass auch die Nennung von Unterschieden zu einem Vergleich gehört.
zuordnen	Du stellst etwas in einen Zusammenhang, der dir durch die weitere Aufgabenstellung vorgegeben wird.	Achte darauf, auch zu erklären, *warum* das eine zum anderen passt. Als Vorarbeit kann es wichtig sein, zunächst zu beschreiben, was zugeordnet werden soll.
zusammenfassen	Du stellst in eigenen Worten und auf den Punkt gebracht die wichtigsten Informationen zusammen, die du einem vorgegebenen Material entnommen hast.	Folgende Fragen helfen dir: *Was ist das Wichtigste? – Welche Erkenntnis habe ich gewonnen? – Wie lässt sich das kurz und bündig als „Konzentrat" formulieren?*

Wir begegnen der Vergangenheit

S. 13, A *Was ist Geschichte? Sammelt in kleinen Gruppen zunächst Stichwörter. Verfasst daraus einen kleinen Text, der das Wort Geschichte mit seinen unterschiedlichen Bedeutungen erklärt.*

- Bei dieser Aufgabe gibt es kein „richtig" oder „falsch". Seid also unbedingt kreativ und schreibt alles auf, was euch einfällt. Wenn euch hinterher etwas nicht so wichtig erscheint, könnt ihr es im Text immer noch weglassen.

S. 23, A1 *Informiere dich über die Region, in der du lebst. Stelle zusammen, was sie kennzeichnet, z. B.: Welche besonderen Bräuche werden dort seit Langem gepflegt? Gibt es eine besondere Umgangssprache?*

- Frage insbesondere auch deine Eltern und Großeltern, ob sie solche Bräuche noch kennen, falls du damit noch nicht in Berührung gekommen bist.

Menschen der Ur- und Frühgeschichte

S. 33, A2 *Beschreibe die Unterschiede zwischen Vormensch, modernem Mensch und Schimpanse (M2).*

- Achte insbesondere auf die Menge an Platz für das Gehirn im Schädel.

S. 35, A3 *Begründe, warum der Forscher in seinem Text die Wörter „vielleicht" und „vermutlich" benutzt (M5).*

- Überlege dir, was die im Arbeitsauftrag genannten Wörter „vielleicht" und „vermutlich" bewirken. Schau dir dazu folgende Sätze an: „Ich bekomme eine 1 in Geschichte." „Vielleicht bekomme ich eine 1 in Geschichte." „Vermutlich bekomme ich eine 1 in Geschichte." Was verändert sich in den Sätzen? Was hat das dann mit dem Forscher aus dem Arbeitsauftrag zu tun?

S. 37, A5 *Beurteile, inwieweit diese Veränderungen einen tiefen Einschnitt im Leben der Menschheit darstellten.*

- Um diesen Arbeitsauftrag gut beantworten zu können, solltest du zunächst eine Liste anfertigen: Welche Veränderungen gab es? Was hat sich durch sie verändert? Anschließend kannst du dir dann für jede Veränderung überlegen, wie wichtig du diese findest. Wenn du das gemacht hast, ist es viel leichter, noch einmal insgesamt auf deine Aufzeichnungen zu schauen: Gab es sehr viele und sehr relevante Veränderungen? Oder war das insgesamt doch eher wenig und das meiste blieb, wie es war?

S. 45, A1 *Ötzi wird als „Mensch zwischen den Zeiten" bezeichnet. Erläutere diese Aussage (M4, M5).*

- Beachte seine Ausrüstung. Ordne seine Ausrüstungsgegenstände den dir bekannten Zeiten zu, etwa „Jungsteinzeit". Gehören alle in die gleiche Zeit?

S. 45, A3 *Einige Wissenschaftler schließen, dass Ötzi für einen längeren Aufenthalt im Hochgebirge ausgestattet war. Überprüfe diese Vermutung mit M4.*

- Achte in M4 besonders auf Gegenstände, die man im Gebirge braucht: Gibt es Schutz gegen Kälte und Wetter? Gibt es Proviant? Gibt es Gegenstände, die auf eine mögliche Übernachtung hindeuten?

Die Hochkultur Ägypten

S. 57, A4 *Erläutere, warum die Ägypter den Nil als Gott verehrten (M4). Ziehe den Verfassertext zu Hilfe.*
- Überlege, wie die Ägypter ohne den Nil hätten leben können: Was wäre trotzdem möglich gewesen? Was unmöglich? War ein Leben in Ägypten ohne den Nil denkbar?

S. 59, A5 *Stelle fest, wodurch Hatschepsut als Herrscherin gekennzeichnet ist (M4).*
- Schau dir die Abbildung genau an. Welche Merkmale sind auffällig? Und welche Bedeutung haben diese? Hilfreich kann es auch sein, wenn du dir überlegst, welche Merkmale gar nicht zu einer Frau passen.

S. 61, A1 *Gib den Aufbau der ägyptischen Gesellschaft in eigenen Worten wieder.*
- Nutze die Informationen im Darstellungstext auf S. 60. Beschreibe in sinnvoller Reihenfolge die Schichten im Schaubild M4.

S. 63, A4 *Sucht heutige Bildzeichen, zeichnet sie auf und besprecht in der Gruppe deren Vor- und Nachteile.*
- Untersucht möglichst unterschiedliche Zeichen: Es gibt neben „normaler" Schrift beispielsweise auch Symbole. Wie sind die Toiletten an eurer Schule gekennzeichnet? Wie wisst ihr, in welchen Bus oder welche Bahn ihr einsteigen müsst? Fallen euch Beispiele ein, in denen z. B. Farben genutzt werden?

S. 71, A5 *Begründe, welche Theorie dich mehr überzeugt (M3).*
- Überlege dir für diese Aufgabe zunächst, was für und was gegen jede der angesprochenen Theorien spricht. Dafür solltest du für jede Idee mindestens je ein Argument finden, das dafür und dagegen zu verwenden ist. Anschließend gewichtest du diese: Was findest du entscheidend, was eher nebensächlich? Danach kannst du leicht abwägen, welche Theorie du am überzeugendsten findest, und begründest das, indem du entweder für eine oder gegen eine andere Theorie argumentierst: „Dafür spricht ....", „Ich kann mir (nicht) vorstellen, dass ...."

Das antike Griechenland

S. 81, A2 *Erkläre, warum sich in Griechenland viele Stadtstaaten (Poleis) bildeten.*
- Sieh dir die Karte auf S. 79 an. Suche nach Merkmalen, die eine Zersplitterung in kleine Stadtstaaten begünstigte.

S. 81, A6 *Beurteile, inwieweit man trotz der vielen Unterschiede von einer „Welt der Griechen" sprechen kann.*
- Zähle die Gemeinsamkeiten im Leben vieler Griechen auf.

S. 91, A5 *Beurteile die Bedeutung der Seeherrschaft für Athen aus damaliger Sicht und bewerte aus heutiger Sicht, inwieweit du das Vorgehen Athens für richtig hältst.*
- Überlege, welche Folgen die Seeherrschaft Athens einerseits für Athen selbst und andererseits für die verbündeten Städte hatte.

S. 101, A5 *Vergleiche die Regierungssysteme in Sparta und Athen (M5 und S. 94 f.).*
- Beispiele: In Sparta gab es zwei Könige. Ihre Aufgabe war .... Die höchste Einrichtung in Athen war .... Ihre Aufgabe war .... Der Unterschied besteht also darin, ...

S. 103, A3 *Von Sokrates stammt die Aussage: „Ich weiß, dass ich nicht weiß." Erkläre, was er damit gemeint haben könnte.*
- Berücksichtige die „Frage-Technik" des Sokrates (M2).

Das antike Rom

S. 115, A5 *Beurteile, wessen Urteil deiner Meinung nach am ehesten zutrifft. Berücksichtige auch die Herkunft der beiden Autoren.*

- Untersuche jede der Quellen, ob ihr Autor Rom nur positiv, nur negativ oder positiv und negativ beurteilt. Welche Einschätzung scheint dir plausibler? Wie passt das zur Herkunft der Autoren?

S. 117, A3 *Prüfe mithilfe des Verfassertextes, M2 und M3, ob die Verteilung des Getreides eine sinnvolle Maßnahme gegen die Notstände war.*

- Bevor du diese Frage beantwortest, überlege dir, welche kurzfristigen Folgen diese Getreideverteilung haben könnte. Dann gehe darauf ein, welche Wirkungen eine solche Maßnahme langfristig haben würde.

S. 121, A5 *Stelle mit M4 dar, wie viel Macht der Princeps und wie viel Macht der Senat hat.*

- Bevor du diese Aufgabe lösen möchtest: Versuche dir erst zu erklären, welcher Unterschied zwischen den Verben „kontrollieren bzw. verfügen" und „beraten" besteht. Nach dieser Klärung ist es leichter, die Grafik zu verstehen.

S. 135, A6 *Beschreibe M4 und stelle dar, welche Haltung der Römer gegenüber den Provinzialen veranschaulicht wird. Beurteile, inwieweit du die Aussage der Karikatur angemessen findest.*

- So kannst du das Bild befragen: Welche Figuren im Bild sind Römer? Woran erkennt man das? Welche Funktion hat die Figur mit Lorbeerkranz und Toga? An der Wand hängen Bilder. Ihr Text lautet auf Deutsch: Brite Römer – Ein Gegensatz – Schifffahrt – Gebrauch von Ziegelsteinen. Sieh dir auch die anderen Bilder an. Wer ist das „Publikum" im Vordergrund und wie ist es gekennzeichnet?
  Wenn du die Karikatur mit den beiden antiken Quellen vergleichen willst, frage dich: Wie bewerten die drei Autoren jeweils die Romanisierung?

S. 137, A5 *Erkläre, warum die Münzfunde (M5) darauf hinweisen, dass Kalkriese der Ort der Varusschlacht sein könnte.*

- Schau dir noch einmal S.136 an und finde heraus, wann die Schlacht bei Kalkriese stattgefunden hat.

Leben im Mittelalter

S. 163, A4 *Versetze dich in die Rolle des Abtes und schreibe einen Antwortbrief (M3). Woher nahm er die Geräte, die Ausrüstung und den Proviant?*

- Überlege dir gut, ob du als Abt deinem Kaiser widersprechen willst! Du bist sein Vasall, daher bist du ihm zu Gefolgschaft und Treue verpflichtet. Vielleicht kannst du sehr vorsichtig darauf hinweisen, dass bestimmte Leistungen sehr hoch sind, und Gründe nennen, dass du nicht ganz so viel leisten kannst. Denke auch an deine Stellung: Du bist der Vorsteher eines Klosters. – Um zu beantworten, woher der Abt die geforderten Abgaben nehmen soll, betrachte noch einmal M4 und suche den Abt darin.

S. 171, A3 *Arbeite aus M2 und M3 heraus, wie die Autoren jeweils die Lehre von den drei Ständen begründen.*

- Die Einteilung der Gesellschaft in drei Stände ist beiden Quellen gemeinsam. Zur Begründung beachte besonders folgende Stellen: M2, Z. 6-9; M3, Z. 11-18.

S. 173, A5 *Stelle mithilfe von M3 die Vorteile der Dreifelderwirtschaft dar. Beziehe hierfür auch den Verfassertext mit ein.*

- Du kannst die Vorteile der Dreifelderwirtschaft besonders gut herausarbeiten, wenn du dir einmal ihr „Gegenteil" vorstellst: Jeder Bauer bebaut seine Felder (1 bis 5 in M3) nach eigener Planung, und kein Bauer lässt seine Flurstücke jemals brach liegen. Nun kannst du sagen: „Ohne Dreifelderwirtschaft wäre die Feldarbeit ..., und der Boden ... ."

S. 175, A4 *Stelle zusammen, worüber sich Ulrich von Hutten beklagt (M2). Vergleiche seinen Bericht mit deinen bisherigen Vorstellungen vom Leben auf einer mittelalterlichen Burg.*

- Beginne mit deinen Vorstellungen vom Leben auf der Burg: Schreibe auf, was du dir vorstellst über Bequemlichkeit, Wohlstand, Sicherheit, Arbeitsleben, Luxus, Ansehen usw. eines Burgbesitzers. Nun arbeite Ulrich von Huttens Ansichten zu diesen Punkten heraus.

S. 179, A4 *Schildere, welche Vorteile Konrad von Zähringen den Kaufleuten bot und was er sich davon versprach (M2).*

- Du kannst die „Urkundensprache" übersetzen in einfacheres Deutsch. Beispiel: Aus Z. 4-9 kannst du ableiten: „Herzog Konrad stellte Kaufleuten Bauland für günstige Jahresmiete zur Verfügung" – Übersetze nun auch folgende Regeln: Z. 11-13; Z. 13-17; Z. 18-20; Z. 20f.; Z. 21-25; Z. 26f.; Z. 27-30; Z. 35-38. – Was er sich davon versprach, kannst du verstehen, wenn du den Darstellungstext, Abschnitt „Vom Markt zur Stadt", erster Absatz, noch einmal aufmerksam liest.

S. 179, A5 *Erkläre mit M2 den Ausspruch „Stadtluft macht frei" und den Begriff „Bürger". Berücksichtige auch M3 und M4.*

- Der Ausspruch wird erläutert in M2, Z. 27-38. Eine Definition für „Bürger" findest du in unserem „Lexikon zur Geschichte" – M3 und M4 kannst du so zusammenfassen: „Die Bewohner einer Stadt waren keineswegs alle ..., aber immerhin: Alle, die innerhalb der Stadtmauern lebten, waren ... ."

S. 181, A3 *Beschreibe mithilfe von M2 den Einfluss der Hanse auf die Selbstverwaltung der Städte.*

- Die Maßnahmen des Hansetages gegen Braunschweig stehen in Z. 30-52. Überlege, was die Durchsetzung der Maßnahmen für einen Händler oder Handwerker aus Braunschweig bedeutet. Was glaubst du, wie die Braunschweiger Bürger auf die Lübecker Beschlüsse reagieren (sollten). – Nun kannst du den Einfluss der Hanse auf Entscheidungen und Vorgänge in einer einzelnen Stadt (Selbstverwaltung) abschätzen.

S. 187, A4 *Stelle Informationen zum Verhältnis von Frauen und Männern in Deutschland heute zusammen. Vergleiche das mittelalterliche Rollenbild von Mann und Frau mit heute.*

- Starte eine Umfrage und/oder suche im Internet nach statistischen Informationen, z. B. beim Statistischen Bundesamt, zur Verteilung der Berufe, zu Ehe und Familie.

Juden, Christen und Muslime

S. 209, A4 *Erläutere, worüber sich Álvaro von Córdoba in M4 beschwert. Was sagt dies über das Verhältnis zwischen Muslimen und Christen aus?*

- Berücksichtige die Fähigkeit, die schwierige arabische Sprache zu sprechen, zu lesen, zu schreiben, Geschichten und Gedichte zu kennen und sogar kunstvolle arabische Gedichte zu schreiben. Wie eng muss jemand, der dies alles kann, mit Muslimen zusammenleben und sie kennen?

S. 211, A3 *Liste auf, mit welchen Mitteln der Papst seine Zuhörer davon überzeugen möchte, nach Jerusalem zu ziehen (M3).*

- Berücksichtige: Schilderung der Vorgänge in Jerusalem. – Erinnerung der Christen an ihre Pflicht – Erklärung, wer eigentlich zum Kreuzzug aufruft – Befehlsform – ein für Christen sehr attraktives Angebot – Aufforderung, nicht mehr gegeneinander, sondern gegen die Muslime zu kämpfen. – Begriffe, mit denen Papst Urban II. die Muslime charakterisiert, stehen in Z. 5-8, 13, 18 ff.

S. 213, A2 *Beurteilt die Aussage „Die Kreuzzüge waren Religionskriege" unter Bezug auf eure Erkenntnisse aus den vorausgehenden Seiten und zu Adolf III.*

- Stelle aus dem Verfassertext und den Materialien auf S. 212 bzw. 213 zusammen, welche religiösen und welche sonstigen Gründe für die Durchführung der Kreuzzüge genannt werden.

S. 219, A3 *Vergleiche M3 mit dem Kreuzzugsaufruf von 1095 (M3, Seite 211). Arbeite die Unterschiede heraus.*

- Erklärung: „Ungläubige" sind für Urban IV. alle Menschen, die sich nicht zum Christentum bekennen. Beachte, wie sie hier gekennzeichnet werden.

S. 223, A2 *Es gab auch Aufrufe zur Judenverfolgung, obwohl Juden an dem betreffenden Ort nicht ansässig waren. Erläutere diese Aussage anhand von M3 aus Lübeck.*

- Zum Hintergrund dieser Quelle: Um 1350 wütete eine todbringende Krankheit in Europa – die Pest. Heute wissen wir, dass diese Seuche durch Rattenflöhe übertragen wurde. Der Lübecker Rat beschuldigte aber Juden, diese Krankheit zu verbreiten. In Lübeck lebten aber keine Juden: Überlege, warum der Vorwurf gegen Juden hier besonders unglaubwürdig ist.

Menschen der Ur- und Frühgeschichte

- Lena Mayer-Skumanz, Der Bernsteinmond – Geheimnis aus der Vorzeit, Wien 1993
- Anne Millard und Steve Noon, Die Geschichte eines Hafens: Von der Steinzeit bis heute, Starnberg 2006

Die Hochkultur Ägypten

- Susanne Gernhäuser, Altes Ägypten (Wieso? Weshalb? Warum? ProfiWissen, Band 2), Ravensburg 2013
- Renée Holler, Rettet den Pharao! (Tatort Geschichte), Bindlach 2012
- Fabian Lenk, Die Zeitdetektive, Band 15: Kleopatra und der Biss der Kobra, Ravensburg 2008
- Anne Millard und Steve Noon, Leben am Nil: Die Geschichte des längsten Flusses der Welt, Starnberg 2003
- Rosa Naumann, Gefahr für Nofretete, München 2014

Das antike Griechenland

- Dimiter Inkiow, Als Zeus der Kragen platzte: Griechische Sagen neu erzählt von Dimiter Inkiow, München 2007
- Maria Regina Kaiser, Alexander der Große und die Grenzen der Welt, Würzburg 2006
- Mary Pope Osborne, Das magische Baumhaus – Abenteuer in Olympia, Bindlach 2004
- Anne Pearson, Das alte Griechenland, München 2011

Das antike Rom

- Dela Kienle, Altes Rom (Wieso? Weshalb? Warum? ProfiWissen, Band 9), Ravensburg 2014
- Fabian Lenk, Die Zeitdetektive, Band 30: Caesar und die große Verschwörung, Ravensburg 2014
- Mary Pope Osborne, Das magische Baumhaus – Im Schatten des Vulkans, Bindlach 2002
- Franjo Terhart, Der Sohn des Gladiators: Ein Mitratekrimi aus dem Alten Rom, München 2007
- Henry Winterfeld, Caius, der Lausbub aus dem alten Rom. Alle Abenteuer in einem Band, München 1986

Leben im Mittelalter

- Anke Bär, Endres, der Kaufmannssohn. Vom Leben in einer mittelalterlichen Hansestadt, Hildesheim 2014
- Doris Fischer, Mittelalter selbst erleben! Kleidung, Spiel und Speisen – selbst gemacht und ausprobiert, Darmstadt 2015
- Christopher Gravett, Burgen, München 2011
- Maria Regina Kaiser, Karl der Große und der Feldzug der Weisheit, Würzburg 2009
- Fabian Lenk, Die Zeitdetektive, Band 26: Der Betrüger von Lübeck, Ravensburg 2012

Juden, Christen und Muslime

- Annett Hausten, Was ist was, Band 105: Weltreligionen, Nürnberg 1998
- Arnulf Zitelmann, Unterwegs nach Bigorra, Weinheim 2008

Lexikon zur Geschichte: Begriffe

In allen Darstellungstexten sind wichtige Begriffe ***hervorgehoben*** *und auf der jeweiligen Seite unten wiederholt. Erklärungen für diese wichtigen Worte gibt dir unser „Lexikon zur Geschichte". Viele Begriffe, die ein Geschichtsforscher braucht, kommen in verschiedenen Zeiten immer wieder vor. Manche ändern dabei auch ihre Bedeutung. Andere Begriffe hängen miteinander zusammen oder erklären einander.*
Wenn wir bei der Erklärung eines Wortes einen anderen Eintrag in das Lexikon verwenden, machen wir dies mit dem ▸ Pfeilsymbol deutlich.

Adel: Im ▸Mittelalter war der Adel (althochdeutsch *adal*: Geschlecht) eine Gruppe von Familien, die aufgrund von Geburt, Besitz oder Leistung eine besondere Stellung einnahm (▸Aristokratie). Zum niederen Adel gehörten die ▸Ritter und die (ursprünglich unfreien) Dienstmannen (Ministerialen) der ▸Könige. Zum Hochadel zählten Herzöge und Grafen. Die Herrscher nahmen sich das Recht, verdiente Personen in den Adelsstand zu erheben. Auch in der ▸Antike existierten Adlige, die Einteilung war allerdings grundlegend anders.

Altsteinzeit: Abschnitt der Geschichte, der vor etwa 2,5 Millionen Jahren begann. In dieser Zeit lebten die Menschen als ▸Nomaden vom Jagen und Sammeln (▸Jäger und Sammler). Sie lernten, das Feuer zu gebrauchen; Werkzeuge und Waffen fertigten sie aus Stein, Knochen und Holz.

Antike (lat. *antiquus*: alt): in der europäischen Geschichte die Zeit von etwa 1000 v. Chr. bis ins 5. Jh. n. Chr., in der Griechen und Römer den Mittelmeerraum beherrschten und kulturell prägten.

Arbeitsteilung: Jede Gemeinschaft teilt ihre Arbeiten wie Jagen, Sammeln, Kochen, Herstellen von Werkzeugen nach Fähigkeiten untereinander auf. In den ▸Hochkulturen entstanden so die Berufe.

Aristokratie (griech. *aristos*: Bester, *kratia*: Herrschaft; „Regierung der Besten"): Ordnung des Zusammenlebens, in der die Abstammung von einer vornehmen Familie (▸Adel) Voraussetzung für Macht war.

Bronze: Mischmetall aus ▸Kupfer und 5-30 % Zinn. Bronze ist härter als Kupfer, schmilzt aber bei niedrigerer Temperatur. Dies erkannten im 3. Jahrtausend v. Chr. Handwerker in Vorderasien. Die Bronzeherstellung verbreitete sich nach Europa und löste Kupfer für Waffen und Geräte ab.

Bronzezeit: Abschnitt der Geschichte, der in Mitteleuropa um 2200 v. Chr. die ▸Jungsteinzeit ablöste. In dieser Zeit stellten die Menschen Waffen, Geräte und Schmuck aus ▸Bronze her.

„Brot und Spiele": Formulierung, mit der ein römischer Dichter der Kaiserzeit kritisiert, dass in Rom mächtige Männer das einfache Volk durch Getreidespenden („Brot") und kostenlose öffentliche Veranstaltungen („Spiele") bei Laune halten und bestechen, um so ihre Macht zu erhalten.

Burg: Im ▸Mittelalter ein Bauwerk mit Wohn-, Verteidigungs- und Wirtschaftsfunktion. Die Burg war Sitz des ▸Adels und zugleich ihr Statussymbol.

Bürger: alle freien Einwohner einer ▸Stadt, die das Bürgerrecht besaßen und damit am politischen Leben der Stadt teilnehmen durften. Das Bürgerrecht war im ▸Mittelalter erblich. Es beruhte auf städtischem Grundbesitz. Kein Bürgerrecht hatten Gesellen, Gesinde und Arme (seit dem 12./13. Jh.).

Byzantinisches Reich: die östliche, griechisch-orientalisch geprägte Hälfte des Römischen Reiches mit der Hauptstadt Konstantinopel. Das Byzantinische Reich endete erst 1453. Aus Konstantinopel wurde das heutige Istanbul.

Christenverfolgungen: in der römischen Kaiserzeit Versuche des römischen ▸Staates, das Christentum gewaltsam zurückzudrängen oder auszurotten. Christen wurden verfolgt, wenn sie sich weigerten, den ▸Kaiser als Gott zu verehren (Kaiserkult). Wenn die Bevölkerung Not litt oder das Reich in Gefahr war, sahen viele in den Christen die Ursache oder benutzten sie als „Sündenbock". Die Christenverfolgungen endeten mit der ▸konstantinischen Wende.

Circus Maximus: größter Circus im antiken Rom und im Römischen Reich, Länge 600 m, Fassungsvermögen ca. 200 000 Menschen. Wurde vor allem für Wagenrennen, in geringerem Umfang auch für Kämpfe von ▸Gladiatoren benutzt.

Darstellungen: Erzählungen über die Vergangenheit, die sich auf ▸Quellen aus der jeweiligen Zeit stützen und den Methoden der Geschichtswissenschaft folgen.

Demokratie (griech. *demos*: Volk; *kratia*: Herrschaft): Herrschaft des Volkes über sich selbst. In Athen konnten sich seit Mitte des 5. Jh. v. Chr. die wehrfähigen Bürger an der Regierung und Rechtsprechung beteiligen. Bei Abstimmungen in der ▸Volksversammlung entschied die Mehrheit der Stimmen.

Diktator: Zur Überwindung von Notsituationen konnte in der römischen ▸Antike auf Empfehlung des ▸Senats und Anordnung eines Konsuls ein Alleinherrscher (Diktator) für sechs Monate die Regierungsgewalt übernehmen. Den Anordnungen des Diktators mussten sich alle fügen.

Dreifelderwirtschaft: Anbaumethode, bei der auf einem Feld in einem Jahr Wintergetreide (z. B. Roggen und Weizen), im nächsten Jahr Sommergetreide (z. B. Hafer) angebaut wird und im dritten Jahr das Feld zur Erholung brachliegt. Die Erträge sind dadurch höher, als wenn Anbau und Brache jährlich wechseln.

Eisen: Metall, das in der Natur fast nur als Eisenerz vorkommt. Um daraus Eisen zu gewinnen, sind hohe Temperaturen nötig. Anders als bei ▸Bronze müssen für Eisengeräte keine Metalle gemischt werden.

Eisenzeit: Abschnitt der Geschichte, der um 1000 v. Chr. in Mitteleuropa die ▸Bronzezeit ablöste. Die Menschen hatten gelernt, ▸Eisen aus Gesteinen herauszulösen und daraus Waffen und Gerätschaften herzustellen.

Epoche: ein großer Zeitraum der Geschichte. Man unterscheidet in Europa vier Epochen: die Ur- und Frühgeschichte, die ▸Antike, das ▸Mittelalter und die Neuzeit. Für andere Kontinente gelten andere Epocheneinteilungen, weil sie sich lange Zeit ganz anders als Europa entwickelt haben.

Feudalismus (lat. *feodum, feudum*: Lehngut): die Zeit, in der ▸Lehnswesen und ▸Grundherrschaft die Voraussetzung für wirtschaftliche und politische Macht in Europa waren. Sie dauerte teilweise bis ins 19. Jh. hinein.

Frankenreich: Gebiet, das ▸Könige aus den fränkischen Königsfamilien der ▸Merowinger und ▸Karolinger vom 5. bis 9. Jh. erobert hatten und beherrschten. Das Fränkische Reich war das größte Reich, das nach dessen Ende auf dem Gebiet des ehemaligen ▸Imperium Romanum errichtet wurde. Aus ihm entstanden später u. a. das heutige Frankreich und das Deutsche Reich.

„Fürstengrab“: Der Begriff „Fürstengrab“ wurde früher für Gräber mit sehr reichen Grabbeigaben oder besonders aufwändiger Bauweise verwendet. Ein „Fürst“ ist ein Herrscher über eine größere Gegend. Weil wir nicht wissen, ob in reichen Gräbern wirklich solche Fürsten bestattet wurden oder ob der Reichtum andere Gründe hatte, setzt man das Wort heute in Anführungszeichen.

Germanen: zusammenfassender Begriff für eine Vielzahl von Stämmen in Mitteleuropa und Südskandinavien seit etwa 100 v. Chr. Die Bezeichnung als „Germanen“ erfolgte durch römische Schriftsteller. Ein einheitliches „germanisches Volk“ gab es nicht, auch wenn Sprache und Religion der germanischen Stämme viele Gemeinsamkeiten aufweisen. In der ▸Völkerwanderung kamen Germanen in das Römische Reich und errichteten nach dem Untergang der römischen Kaiserherrschaft germanische Reiche.

Gesellschaft: alle Menschen in einem Reich (▸Imperium) oder einem ▸Staat.

Gilden: Im ▸Mittelalter Zusammenschlüsse von Kaufleuten (▸Patriziern) einer ▸Stadt zum Schutz des Warentransports, zur Unterstützung bei Unternehmungen und zur Förderung gemeinsamer Interessen. Manche Gilden wurden im Laufe der Zeit so mächtig, dass sie den Handel in einer ganzen Region kontrollierten. Vgl. ▸Zünfte.

Gladiator: ausgebildeter Kämpfer, der im römischen Amphitheater (▸Kolosseum) oder Circus (▸Circus Maximus) auf Leben und Tod gegen andere Gladiatoren oder wilde Tiere kämpfte. Gladiatoren waren oft Kriegsgefangene, Sträflinge oder ▸Sklaven, manche aber auch Freiwillige.

Götterkulte (lat. *cultus*: Verehrung [der Götter]): Handlungen von Menschen, um mit Gott oder Göttern in Kontakt zu treten: Gebet, Opfer, Verehrung von Bildern, Aufführung von religiösen Spielen und Musik, Wettkämpfe zu Ehren der Götter. Die meisten Kulthandlungen fanden in Tempeln statt, andere zu Hause.

Großkönig: ein König, der über mehrere Reiche herrscht. Die Könige des ▸persischen Großreiches nannten sich so, nachdem sie Königreiche in Asien und Ägypten erobert hatten (vgl. ▸Kaiser).

Grundherrschaft: Herrschaft über Land und Leute. Die Grundherren übergaben Teile ihres Landbesitzes an Bauern zur Bewirtschaftung. Diese mussten ihnen dafür einen Teil der Erträge abliefern und Dienste leisten. Die Grundherren gewährten den Bauern Schutz und Hilfe und durften über sie bei einfachen Straftaten richten. Die größten Grundherren waren bis ins 18./19. Jh. die ▸Könige, der ▸Adel und die Kirche.

Hanse: zunächst eine Gemeinschaft von Kaufleuten im Ost- und Nordseeraum. Unter Führung Lübecks entstand um die Mitte des 13. Jh. ein Bund von freien Hansestädten, der bis zum 15. Jh. im Ostseeraum den Handel beherrschte.

Heiliges Römisches Reich: Bezeichnung für das im 10. Jh. entstandene deutsche Reich der abendländischen ▸Kaiser. Von den anderen Reichen wie Frankreich unterschied es sich dadurch, dass dessen Herrscher sich als Nachfolger der römischen Kaiser und als Schutzherren der römisch-katholischen Kirche verstanden. In den ▸Quellen ist die Bezeichnung „Heiliges Reich" (lat. *sacrum imperium*) seit Mitte des 13. Jh. nachweisbar.

Hellenismus: Zeit zwischen dem 3. und 1. Jh. v. Chr., in der unter dem Einfluss ▸Alexanders des Großen die griechische Architektur, Kunst und Sprache über den ganzen Mittelmeerraum und Nordasien verbreitet wurden.

Hierarchie (griech. *hieros*: heilig; *archè*: Herrschaft): Stufen einer ▸Gesellschaft. Menschen aus oberen Stufen dürfen denen aus unteren Stufen Befehle erteilen, sind angesehener und wohlhabender. In Ägypten stand der ▸Pharao auf der obersten Stufe der Hierarchie.

Hieroglyphen (griech. *hieros*: heilig; *glyphe*: Eingeritztes): Schriftzeichen der alten Ägypter, die Laute, Buchstaben und Zeichen wiedergeben und um etwa 3000 v. Chr. entwickelt wurden.

Hochkultur: eine gegenüber dem einfachen bäuerlichen Leben weiterentwickelte Lebensform. Ihre Kennzeichen sind ▸Städte, große Bauwerke (▸Pyramiden), Schrift (▸Hieroglyphen), Verwaltung, Religion, Rechtspflege, Handwerk, Handel und ▸Arbeitsteilung. Die ersten Hochkulturen entstanden an den Flüssen Euphrat und Tigris in Mesopotamien (heute Anatolien, Irak und Syrien), am Nil (Ägypten) sowie am Indus in Indien und Hwangho im Norden Chinas.

Hominiden: Bezeichnung (biologische „Familie") der heutigen Menschenaffen (Schimpanse, Gorilla, Orang-Utan), des Jetztmenschen (▸Homo sapiens) und ihrer ausgestorbenen Vorfahren (▸Vormensch – Urmensch – Jetztmensch).

Homo sapiens: lat. Bezeichnung für den verstehenden, vernünftigen Menschen, den Jetztmenschen, der entwicklungsgeschichtlich als unser direkter Vorfahr gilt. Erste Angehörige der Art Homo sapiens lebten vor etwa 150 000 Jahren.

Imperium: Der Begriff „Imperium" (lat. *imperare*: herrschen, befehlen) bezeichnete im antiken Römischen Reich zunächst die Befehlsgewalt der höchsten Beamten, später das gesamte römische Herrschaftsgebiet (Imperium Romanum).

Investiturstreit (lat. *investire*: bekleiden): ▸Kaiser und ▸Päpste stritten sich im 11./12. Jh. darüber, wer die Bischöfe, Äbte und Äbtissinnen in ihre Besitzrechte und geistlichen Aufgaben einsetzen durfte. Der Investiturstreit endete mit einem Vertrag zwischen Kirche und Herrscher: dem ▸„Wormser Konkordat" (1122). Darin verzichtete der Kaiser auf die Investitur der Bischöfe, Äbte und Äbtissinnen in ihr geistliches Amt. Er behielt sich aber vor, ihnen die weltlichen Vasallenpflichten (▸Vasallen) zu übertragen.

Islam (arab. Frieden durch Unterwerfung unter Allah): ▸monotheistische Religion, die um 620 n. Chr. durch ▸Mohammed verkündet wurde. Heiliges Buch des Islam ist der Koran, der die Verkündung Gottes (Allahs) an den Propheten Mohammed enthalten und seine letzte Offenbarung sein soll.

Jäger und Sammler: Menschen, die in der Natur umherzogen (▸Nomaden), um sich von wilden Tieren und Pflanzen zu ernähren. Diese Lebens- und Wirtschaftsform dauerte von der ▸Altsteinzeit bis zur ▸Jungsteinzeit an.

Judentum: die Religion des „Volkes Israel" und aller Menschen, die der jüdischen Gemeinschaft durch Geburt oder Glauben angehören. Der jüdische Glaube ist die älteste monotheistische Religion (▸Monotheismus) und beeinflusste

Christentum und ▸Islam. Mit den ▸Kreuzzügen setzte die Verfolgung der Juden ein, die seit Ende des 15. Jh. im ▸Heiligen Römischen Reich oft in Ghettos leben mussten.

Julianischer Kalender: ▸Caesar bestimmte, dass ein Kalenderjahr am 1. Januar beginnen, 365 Tage dauern und alle vier Jahre ein Schalttag hinzugefügt werden soll. Diese Festlegung blieb in Westeuropa bis 1582 gültig. Der Monat Juli ist nach Caesar benannt.

Jungsteinzeit: Abschnitt der Geschichte, der vor etwa 12 000 Jahren im Zweistromland, etwa 7 000 Jahre später dann in Europa begann und in dem sich Menschen von wandernden ▸Jägern und Sammlern (▸Nomaden) zu sesshaften Ackerbauern und Viehzüchtern entwickelten (▸Sesshaftigkeit).

Kaiser(tum) (von ▸Caesar): Herrschaftstitel, der die oberste Befehlsgewalt über ein großes Reich beschreibt. Erster römischer Kaiser war Caesars Adoptivsohn ▸Augustus. Im Römischen Reich herrschten Kaiser bis 476 n. Chr. Aber auch nach dem Ende der Römerzeit gab es noch Kaiser, die über mehrere Königreiche herrschten und sich auf die römische Kaiseridee bezogen.

Karolinger: Herrscherfamilie, die seit dem Jahr 751 das ▸Frankenreich regierte. Sie wurde später nach ihrem bekanntesten Herrscher, ▸Karl dem Großen, benannt. Die Familie war im Dienst der ▸Merowinger mächtig geworden und entmachtete diese schließlich. Karl der Große vergrößerte das Fränkische Reich in zahlreichen Kriegen und Feldzügen noch einmal stark.

Kloster (lat. *claustrum*: Verschluss): abgeschlossener Bereich, in dem Mönche oder Nonnen nach bestimmten Regeln unter der Aufsicht eines Abtes bzw. einer Äbtissin leben und arbeiten.

Kolonien/Kolonisation: Seit dem 8. Jh. v. Chr. wanderten Griechen aus. Sie gründeten rund ums Mittelmeer und an den Küsten des Schwarzen Meeres sogenannte Tochterstädte. Gründe für die Kolonisation waren: Bevölkerungswachstum, Landknappheit, Konflikte zwischen ▸Aristokratie und Volk, Kriege, Handel und Abenteurertum.

Kolosseum: Das größte Amphitheater der römischen ▸Antike; es fasste über 50 000 Zuschauer und wurde 80 n. Chr. eingeweiht. Ein Amphitheater ist ein ovales Bauwerk mit zentraler Fläche (Arena) und ringsum ansteigenden Sitzreihen. Hier fanden Kämpfe von ▸Gladiatoren, Tierkämpfe und Schiffsschlachten statt. Im Zuge der ▸Romanisierung wurden Amphitheater überall im ▸Imperium Romanum errichtet; über 230 Anlagen sind bis heute bekannt.

König: Herrschertitel. Der König regiert und/oder repräsentiert eine Monarchie. Im frühen ▸Mittelalter wurde er von einer adligen Führungsschicht (▸Adel) gewählt, auch wenn die Wahl oft nur die Weitergabe des Titels an einen Erben bestätigte. Könige herrschten im frühen Mittelalter zunächst über eine bestimmte Gruppe von Menschen und erst später über ein bestimmtes Gebiet.

konstantinische Wende: Bezeichnung für die völlig neue Haltung ▸Kaiser Konstantins gegenüber dem Christentum: Er gestattete in der ▸Mailänder Vereinbarung den Christen die freie Ausübung ihrer Religion. Dies bedeutete das Ende der ▸Christenverfolgungen.

„Kreuzfahrerstaaten": Im ersten ▸Kreuzzug wurde durch die Kreuzfahrer zuvor ▸muslimisch kontrolliertes Land erobert. Die Anführer der Kreuzzüge errichteten dort 1099 bis 1109 vier christliche Staaten (z. B. das „Königreich Jerusalem"). Schon im 13. Jh. fielen diese Staaten wieder unter muslimische Herrschaft.

Kreuzzug: bewaffnete Pilgerfahrt, die die Kirche im ▸Mittelalter zur Ausbreitung des Glaubens und zur Befreiung der heiligen Stätten forderte. Der erste Kreuzzug begann im Jahre 1096, um die ▸Muslime (▸Islam) aus Jerusalem zu vertreiben, der siebte endete 1291. Der Name wird von dem Kreuz abgeleitet, mit dem sich die Teilnehmer kennzeichneten. Später wurden auch Kriege gegen Abweichler von der römisch-katholischen Kirche (Ketzer) als Kreuzzüge bezeichnet.

Kupfer: Metall, das in der Natur selten rein vorkommt. Mehr Kupfer kann aus Kupfererz gewonnen werden. Dies lernten die Menschen am Ende der ▸Jungsteinzeit. Kupfer ist weich und nutzt sich schnell ab. Die Erfindung der ▸Bronze löste dieses Problem.

Lehnswesen: Als Gegenleistung für die Unterstützung von Kriegszügen (▸Ritter) oder für die Übernahme von Diensten verliehen ▸Könige und andere Adlige (▸Adel) an Gefolgsleute Grundbesitz, einträgliche Ämter oder Vorrechte als Lehen. Wer sie vergab, hieß Lehnsherr, wer sie erhielt, ▸Vasall. Die Lehnsherren mussten ihre Vasallen beschützen, die Vasallen schuldeten ihnen dafür Dienste, Rat und Treue. Als Lehen erhaltenen Grundbesitz verwalteten und nutzten Vasallen überwiegend in Form der ▸Grundherrschaft.

Leibeigener/Höriger: Im Gegensatz zum nur wirtschaftlich abhängigen Hörigen waren die Leibeigenen einschließlich ihrer Familien im ▸Mittelalter persönlich abhängig vom Grundherrn (▸Grundherrschaft). Sie unterstanden seiner Gerichtsbarkeit, durften nur mit dessen Einverständnis heiraten oder das Land verlassen. Wenn das Land verkauft oder vererbt wurde, gehörten sie dem neuen Besitzer. Erst im 18. Jh. begann die Abschaffung der Leibeigenschaft.

Limes: durch Wälle und Wachtürme gesicherte Grenze des Römischen Reiches (▸Imperium Romanum), hinter der militärische Befestigungsanlagen (Kastelle) lagen. Auf ▸germanischem Gebiet wurde Ende des 1. Jh. mit dem Bau des insgesamt 550 Kilometer langen Limes begonnen. An anderen Stellen begrenzten Rhein und Donau das Reich („nasser Limes"). Der Limes war keine undurchlässige Sperre. Menschen und Waren konnten sie überqueren.

Logik (griech. *logos*: Sprache, Vernunft): Verfahren des Denkens über Gegenstände und ihre Beziehung. Die Logik sucht nach vernünftigen Beweisen für alle Behauptungen. Sie steht dem ▸Mythos entgegen.

Mailänder Vereinbarung: Vereinbarung, die ▸Kaiser Konstantin im Jahr 313 mit seinem Mitkaiser in Ostrom schloss. In ihr wurde den Christen die freie Ausübung ihrer Religion gestattet. Diese ganz neue Haltung gegenüber dem Christentum wird als ▸konstantinische Wende bezeichnet und führte zum Ende der ▸Christenverfolgungen.

Merowinger: Herrscherfamilie im ▸Frankenreich. Nach Eindringen der Franken in das heutige Belgien und Nordfrankreich (▸„Völkerwanderung") traten ihre Führer aus der Familie der Merowinger zunächst in römischen Dienst. Als das ▸Imperium Romanum zusammenbrach, errichteten sie eine eigene Herrschaft. Durch Expansion entstand im 5. und 6. Jh. das Fränkische Reich. Als sich Misserfolge schwacher ▸Könige häuften, galt dies als Verlust des Königsheils. Dies ermöglichte es den ▸Karolingern im Jahr 751, die Merowinger zu stürzen.

Metöke (griech. *meta*: inmitten): In griechischen Stadtstaaten ein zugezogener Bürger, ein „Fremder". Er hatte gegenüber den dort geborenen Menschen weniger Rechte, er durfte nicht in der ▸Volksversammlung abstimmen.

Mittelalter: in der europäischen Geschichte die Zeitspanne zwischen ▸Antike und Neuzeit: ca. 500 bis 1500. Die mittelalterliche Kultur entwickelte sich auf den Grundlagen der Antike, ▸germanischer Traditionen und des Christentums. ▸Ständeordnung, ▸Grundherrschaft und ▸Lehnswesen prägten die ▸Gesellschaft, ▸Könige und ▸Kaiser herrschten mithilfe von Grafen und anderen Adligen (▸Adel). Weitere Kennzeichen des Hochmittelalters sind die vielen ▸Klöster und ▸Orden sowie die zahlreichen Stadtgründungen (▸Städte).

Monotheismus (griech. *monos*: allein; *theos*: Gott): Glaube an einen einzigen Gott. Beispiele: ▸Judentum, Christentum und ▸Islam. Das Gegenteil des Monotheismus ist der ▸Polytheismus.

Muslime: Angehörige der Religion des ▸Islam.

Mythos (griech. Rede, sagenhafte Geschichte): Erzählung, mit denen sich Menschen die Welt durch das Handeln von Göttern erklären. Die Griechen der ▸Antike glaubten, ihr höchster Gott Zeus sei verantwortlich für Regen, Donner und Blitz. Im Gegensatz zum Mythos steht die ▸Logik.

Neandertaler: ausgestorbene Art des Urmenschen. Neandertaler lebten vor etwa 100 000 bis 30 000 Jahren in Europa und Teilen Asiens. Ihr Körperbau war an kaltes Klima angepasst. Eine Zeit lang lebten sie gemeinsam mit Jetztmenschen (▸Homo sapiens).

„neolithische Revolution": Bezeichnung für den Übergang vom Leben als ▸Jäger und Sammler zu Ackerbau und Viehhaltung. Dieser Wandel beim Übergang von der ▸Altsteinzeit zur ▸Jungsteinzeit gilt als wichtigste Veränderung in der Geschichte. Er erstreckte sich über mehrere Tausend Jahre und geschah in verschiedenen Räumen zu unterschiedlicher Zeit. Deshalb wird heute nicht mehr von „Revolution" gesprochen, denn Revolution heißt „schneller, tief greifender Wandel".

Nomaden: Menschen, die ihrer Nahrung folgen, die an verschiedenen Orten leben, um zu jagen und zu sammeln (▸Jäger und Sammler). Diese Lebens- und Wirtschaftsform änderte sich in der ▸Jungsteinzeit allmählich.

Olympische Spiele: Seit etwa dem 11. Jh. v. Chr. fanden in Olympia Feiern zu Ehren der Götter statt, zu denen Sportwettkämpfe wehrfähiger Männer gehörten. 394 n. Chr. wurden die Spiele von den Christen als heidnisch verboten. 1896 fanden die ersten Olympischen Spiele der Neuzeit in Athen statt.

Orakel (lat. *oraculum*: „Sprechstätte", Götterspruch): Ort, an dem durch eine Person die Zukunft gedeutet, Unbekanntes erklärt und Verborgenes aufgedeckt wird. Durch Orakelpriester sollen die Götter selbst gesprochen haben. Orakel wurden befragt, um in unsicheren Lagen die richtige Handlung zu finden.

Orden (lat. *ordo*: Ordnung, Stand): Gemeinschaft von Menschen, die ein religiöses Leben nach einer festen Regel führen, meist in einem ▸Kloster. Ältester ist der Benediktinerorden, später wurden weitere Orden mit anderer Ausrichtung gegründet (Franziskaner, Dominikaner, Jesuiten).

Papst (lat. *papa*: Vater): Oberhaupt der römisch-katholischen Kirche; ursprünglich nur der Ehrentitel des Bischofs von Rom. Die Päpste verstanden sich als Nachfolger des Apostels Petrus und leiteten daraus ihre Vorrangstellung ab. Mit der Krönung ▸Karls des Großen und Ottos I. zu ▸Kaisern beanspruchten die Päpste, über das Kaisertum verfügen zu können.

Pater familias (lat. *pater*: Vater; *familia*: Hausgemeinschaft, Familie): Oberhaupt der römischen *familia*. Er hatte große Macht über seine Ehefrau, seine Kinder und deren Ehefrauen sowie seine ▸Sklaven. Er vertrat die Familie nach außen und durfte Kinder verheiraten oder töten.

Patriarchat (lat. *pater*: Vater, griech. *archè*: Herrschaft; wörtl. „Vaterherrschaft"): Ordnung von Familien und ▸Gesellschaften, in der die Väter alle Entscheidungen über die Familienmitglieder treffen dürfen. Die römische Gesellschaft war patriarchalisch: Der ▸Pater familias hatte in der Familie das Sagen, nur Männer konnten politische Ämter übernehmen.

Patrizier (lat. *patres*: Väter): die Nachkommen der ältesten adligen Familien, die zu Beginn der Römischen ▸Republik allein regierten. In Anlehnung an die römischen Patrizier wurden die angesehenen und reichen Familien in den mittelalterlichen ▸Städten (▸Mittelalter) Patrizier genannt. Sie stellten zunächst allein die Mitglieder des Rates und besaßen die politische Führung in den ▸Städten.

persisches Großreich: Großreich, das sich um 500 v. Chr. von der Küste Kleinasiens bis nach Indien erstreckte und Ägypten einschloss. Herrscher des Reiches waren ▸Großkönige. Ihre Herrschaft umfasste viele früher selbstständige Königreiche.

Pest: ansteckende Krankheit, die durch den Biss einer Flohart sowie durch Umgang mit bereits Erkrankten übertragen wird. Pestepidemien gab es in der Geschichte häufiger. Die schlimmste war die „große Pest", an der zwischen 1347 und 1353 etwa ein Drittel der Europäer starb, etwa 25 Millionen Menschen.

Pharao: zunächst der Name des Königspalastes; seit dem 2. Jahrtausend v. Chr. einer der Titel des ägyptischen Herrschers. Pharaonen galten als göttlich.

Philosoph (von Philosophie: dt. „Liebe zur Weisheit"): Wissenschaftler, der sich um Erkenntnisse über die Natur, Religion und das Zusammenleben der Menschen bemüht. Die griechischen Philosophen versuchten durch systematisches Denken und methodisch strenges Vorgehen zu ergründen, was hinter den sichtbaren Dingen und dem scheinbar Feststehenden lag. Die einflussreichsten Philosophen der ▸Antike sind ▸Aristoteles, ▸Platon und ▸Sokrates.

Plebejer (lat. *plebs*: „Menge, Volk"): im alten Rom die römischen Bürger, die keine ▸Patrizier waren. In den Ständekämpfen bemühten sie sich um die Gleichstellung mit den Patriziern.

Pogrome: russisches Wort, im 19. Jh. auch in andere Sprachen übernommener Begriff für den Überfall auf jüdische Gemeinden (▸Judentum) und die Ermordung ihrer Mitglieder.

Polis: zunächst die griechische Bezeichnung für eine Burg und die dazugehörige Siedlung, ab etwa 800 v. Chr. für einen Ort, der aus einem städtischen Zentrum und Umland bestand. Das Zentrum war geschützter Wohnort, Sitz der Regierung und Mittelpunkt der religiösen Feiern (Tempel). Im Umland wurde die Nahrung für die Einwohner angebaut. Im 5. Jh. v. Chr. gab es rund 700 griechische Stadtstaaten.

Polytheismus (griech. *poly*: viel; *theos:* Gott): Glaube an viele Götter. Die alten Ägypter, Griechen und Römer verehrten zahlreiche Götter. Das Gegenteil des Polytheismus ist der ▸Monotheismus.

Prinzipat: Bezeichnung für die 27 v. Chr. von ▸Augustus begründete Herrschaftsform, in der der ▸Kaiser den Titel „princeps" (dt. „der erste Mann im Staat") trug und weitestgehend unumschränkt regierte.

Proletarier (lat. *proles*: Nachkommen): in der römischen ▸Gesellschaft freie Römer, die – anders als ▸Patrizier und ▸Plebejer – über keinerlei Besitz verfügten. Sie zogen oft in die ▸Städte, um für ihren Lebensunterhalt ihre Arbeitskraft anzubieten.

Provinz (lat. *provincia*: ursprüngl. „Aufgabengebiet"): Gebietsteil eines ▸Staates. Das Römische Reich war in Provinzen eingeteilt, die von einem Statthalter verwaltet wurden. Die Provinzen des Römischen Reiches wurden mehrfach neu festgelegt.

Pyramide: Grabmal über einer quadratischen Grundfläche mit spitz zulaufenden Flächen, zwischen 3000 und 1500 v. Chr. für die ▸Pharaonen erbaut.

Quellen: alle Texte, Gegenstände oder Tatsachen, aus denen wir Wissen über die Vergangenheit gewinnen können. Wir können schriftliche, bildliche und gegenständliche Quellen unterscheiden.

Ratsherr: Mitglied des Stadtrates einer ▸Stadt. Im ▸Mittelalter konnten nur Angehörige der städtischen Oberschicht, die ▸Patrizier, in den Stadtrat gewählt werden. Der Stadtrat erlangte eine gewisse Selbstverwaltung und konnte sich manchmal sogar gegen den Landesherrn (▸Stadtherrn) durchsetzen. Die unteren Schichten, Handwerker und kleine ▸Bürger, erkämpften sich oft seit dem 13. Jh. ebenfalls Zugang zum Rat.

Reichstage: eine vom ▸König einberufene Versammlung der Großen des Reiches. Zu den Teilnehmern zählten Herzöge, Grafen, Bischöfe, Äbte und Äbtissinnen sowie die Vertreter der freien Reichsstädte. Vorläufer der Reichstage waren die Hoftage, zu denen die Könige ihre ▸Vasallen einluden. Sie sollten den Herrscher beraten und unterstützen.

Reisekönigtum: Im ▸Mittelalter gab es zunächst keine Hauptstädte. Die ▸Könige zogen umher und übten ihre Herrschaft jeweils vor Ort aus. Im Reich hatte der König eigene Pfalzen, wo er übernachten und Hoftage abhalten konnte. In Gebieten ohne Pfalz nutze er dazu meist ▸Klöster.

Republik (lat. *res publica*: öffentliche Angelegenheit): Staatsform mit jährlich wechselnder Regierung hoher Beamter, die in Rom um 500 v. Chr. entstand. Mit ▸Augustus verloren ▸Senat und ▸Volksversammlung an Einfluss, die Kaiserzeit (▸Kaiser) begann.

Ritter: Schicht der ▸mittelalterlichen ▸Gesellschaft. Freie Männer, die einem Landesherrn Dienste leisteten (vor allem Kriegsdienste), wurden im ▸Lehnswesen mit Land belehnt. Vielen dieser Männer gelang es, ihre Lehen nicht zurückzugeben, sondern in ihrer Familie zu vererben. Dadurch bildete sich ein eigener Stand, der Ritterstand oder „niedere ▸Adel". Typischer Wohnort einer ritterlichen Familie war die ▸Burg.

Romanisierung: Übernahme der lateinischen Sprache und der Kultur der Römer durch andere Völker. Die Anpassung der (meist unterworfenen) Völker beinhaltete die Aufgabe eigener Traditionen und die Übernahme römischer Lebensweisen. Romanisierung konnte unterschiedlich tief greifend sein.

Senat (lat. *senatus:* Rat erfahrener Politiker): Seine Mitglieder bestimmten die Politik. Senatoren stammten vor allem aus adligen Familien (▸Patrizier) und waren vorher Regierungsbeamte. In der Kaiserzeit verloren die Senatoren ihre Macht.

Sesshaftigkeit: In der ▸Jungsteinzeit wurden allmählich aus ▸Jägern und Sammlern (▸Nomaden) sesshafte Bauern, die Getreide anbauten, Haustiere hielten und Häuser errichteten.

Sklaven: unfreie und rechtlose Menschen. Die Eigentümer konnten über sie wie über Sachen verfügen. Kriegsgefangene wurden oft zu Sklaven gemacht. Auch bei Zahlungsunfähigkeit konnten Menschen versklavt werden (Schuldknechtschaft). Die Eigentümer konnten Sklaven freilassen.

Staat: Menschen, die in einem Gebiet unter einer Herrschaft leben.

Städte: Weltliche und geistliche Herren gründeten im ▸Mittelalter größere, abgegrenzte Siedlungen als Mittelpunkte für Handel und Landesausbau. In den Gründungsurkunden dieser Städte gewährten sie ihren ▸Bürgern besondere Rechte und Freiheiten (Privilegien), um Einwohner zu gewinnen. Diese zahlten im Gegenzug Steuern und Abgaben. Die Stadtrechte räumten den Bürgern dazu ein hohes Maß an Selbstverwaltung und Rechtsprechung ein.

Stadtherr: Ein Landesherr, in dessen Herrschaftsgebiet eine ▸Stadt lag, hatte im ▸Mittelalter theoretisch die Herrschaft über ihre ▸Bürger. Mit der Stadtrechtsverleihung gewährte der Stadtherr diesen jedoch bestimmte Rechte, etwa Markt-, Münz-, Zoll-, Befestigungsrecht. Auch die ▸Patrizier, später auch einfache Bürger, erkämpften sich weitere Sonderrechte. Dadurch waren die Bürger vieler Städte, anders als die Einwohner der benachbarten Dörfer, weitgehend unabhängig von ihrem Stadtherrn.

Ständeordnung: Herkunft und Abstammung (Geburt) gliederten die ▸mittelalterliche ▸Gesellschaft in die drei Stände ▸Adel, Klerus (Bischöfe und Vertreter der ▸Klöster) sowie ▸Bürger und Bauern. Diese Stände unterschieden sich durch jeweils besondere Pflichten, Vorrechte (Privilegien) und gesellschaftliche Funktionen (Beruf) sowie durch ihre Lebensführung. Gegenüber dem Landesherrn beanspruchten die Vertreter der Stände ein Mitspracherecht. Diese Ordnung galt bis ins 18. Jh. als von Gott gewollt und unveränderlich.

Urbanisierung (lat. *urbs*: Stadt): Verstädterung, bei der neue ▸Städte entstehen und bestehende wachsen.

Varusschlacht: Niederlage römischer Legionen unter Führung von Publius Quinctilius Varus gegen ein Bündnis ▸germanischer Stämme unter Führung des Cheruskers Arminius. Sie fand im Sommer oder Herbst 9 n. Chr. statt. Das Schlachtfeld der Varusschlacht wird seit Jahrhunderten gesucht. Ein Gebiet am Kalkrieser Berg im Osnabrücker Land gilt vielen Forschern heute als wahrscheinlichster Ort.

Vasallen (keltisch *gwas*: Knecht): Personen oder Einrichtungen wie ▸Klöster, die für bestimmte Dienste oder Ämter Lehen erhielten (▸Lehnswesen).

Völkerwanderung: Hinter dem Ausdruck steht das Bild unterschiedlicher Wanderungsbewegungen vor allem ▸germanischer Stämme in Mittel- und Südeuropa in der Spätantike und dem frühen ▸Mittelalter. Einige Historiker sehen den Begriff heute kritisch: Nach ihrer Meinung sind nicht ganze „Völker" durch Europa gewandert, sondern kleine, bunt gemischte Menschengruppen auf der Suche nach besseren Lebensbedingungen.

Volksversammlung: Zusammenkunft von Bürgern eines ▸Staates (in Athen Männer ab 20 Jahren), um zu beraten, abzustimmen oder Personen in Ämter zu wählen. Viele griechische ▸Poleis hielten Volksversammlungen ab, auch Rom zur Zeit der ▸Republik.

Vormensch – Urmensch – Jetztmensch (▸Homo sapiens): Unterteilung der Entwicklungsstufen des Menschen: Die Vormenschen unterschieden sich von Menschenaffen durch den aufrechten Gang und ein größeres Gehirn. Urmenschen fertigten Steinwerkzeuge an und nutzten das Feuer. Zu ihnen gehörte der ▸Neandertaler, der als erster Tote bestattete. Der Jetztmensch trat etwa vor 150 000 Jahren auf.

Wormser Konkordat: In diesem Vertrag legten 1122 in Worms der römisch-deutsche ▸Kaiser (Heinrich V.) und der ▸Papst (Calixtus II.) den ▸Investiturstreit bei: Der Kaiser verzichtete auf die Investitur der Bischöfe mit Ring und Stab. Der Papst erlaubte im Gegenzug, dass die Wahl der Bischöfe und Äbte in Gegenwart kaiserlicher Abgeordneter stattfindet und der Gewählte vom Kaiser mit den Rechten und Privilegien seines Amtes belehnt wird (▸Lehnswesen).

Zünfte: Seit dem 11. Jh. schlossen sich städtische Handwerker zu christlichen Gemeinschaften zusammen. Diese Zünfte erließen Vorschriften über das Arbeitsleben, kontrollierten Menge und Qualität der Waren und sorgten bei Krankheit und Tod für ihre Mitglieder und deren Familien.

Lexikon zur Geschichte: Personen

Alexander „der Große" (356 - 323 v. Chr.): König des nordgriechischen ▸Staates Makedonien, Feldherr und Herrscher über ein Reich auf den Kontinenten Europa, Asien und Afrika. Alexanders Vater Philipp hatte fast alle griechischen ▸Poleis unter makedonische Herrschaft gebracht. Alexander selbst eroberte in nur elf Jahren, 334 bis 323 v. Chr., mit einem makedonisch-griechischen Heer ein riesiges Reich bis nach Indien. Nach seinem Tod zerfiel es in zahlreiche Nachfolgestaaten.

Aristoteles (384 - 322 v. Chr.): griechischer ▸Philosoph und Wissenschaftler; er war Schüler ▸Platons und Lehrer ▸Alexanders des Großen.

Augustus (63 v. Chr. - 14 n. Chr.): geboren als Octavian, Adoptivsohn ▸Caesars. Nach Caesars Ermordung verbündete sich Octavian mit dessen Anhängern und verfolgte die Mörder. Alle römischen Feldherren, die über Truppen verfügten, besiegte er nach und nach. 31 v. Chr. war er in Rom Princeps, der „erster Mann im Staat" (▸Prinzipat). Der ▸Senat verlieh ihm 27 v. Chr. den Ehrentitel „Augustus" („der Erhabene"). Er wird als erster römischer ▸Kaiser angesehen und vererbte die Macht in seiner Familie. Damit endete die ▸Republik und es begann die römische Kaiserzeit.

Caesar (Gaius Julius Caesar, 100 - 44 v. Chr.): römischer Politiker, Feldherr und Autor. Er nutzte seine politischen Ämter, um den Oberbefehl über die Truppen zu bekommen. Mit diesen brachte er dem Römischen Reich große Gewinne. Das Heer unterstütze ihn auch, als er im Bürgerkrieg alle konkurrierenden Politiker bekämpfte und besiegte. Vom ▸Senat ließ er sich zum ▸Diktator ausrufen. Seine Gegner befürchteten, er wolle eine Königsherrschaft (Monarchie) errichten, und töteten ihn.

Hannibal (247 - 183 v. Chr.): Feldherr aus Karthago und erbitterter Gegner der Römer.

Jesus Christus (ca. 4 v. Chr. - ca. 30 n. Chr.): Er wurde in Israel geboren. Mit etwa 30 Jahren begann er, als jüdischer Wanderprediger vom Reich Gottes zu erzählen. In Jerusalem wurde Jesus von vielen als Erlöser (Messias) begrüßt. Weil seine Lehre den Priestern des Tempels nicht gefiel, wurde er verhaftet und von den Römern gekreuzigt. Die Bibel berichtet, dass Jesus am dritten Tag ins Leben zurückkehrte und später in den Himmel aufstieg. Seine Anhänger, die Christen, sehen in Jesus den Sohn Gottes, der für alle Menschen starb.

Karl der Große (lat. Carolus magnus, frz. Charlemagne; 748 - 814): ▸König der Franken (seit 768) und Langobarden (seit 774). Unter ihm hatte das ▸Frankenreich die größte Ausdehnung. Er wurde 800 vom ▸Papst zum ▸Kaiser gekrönt. Karl erneuerte die Reichsidee und war damit Vorbild der Kaiser des ▸Mittelalters.

Mohammed (um 570 - 632): Als junger Mann lernte er die Lehren der Juden (▸Judentum) und Christen kennen. Er fühlte sich zum Gesandten Gottes (Allahs) berufen und gründete den ▸Islam. Mohammed war nicht nur Religionsstifter, sondern mit der Ausbreitung des Islam auch Herrscher über weite Teile Arabiens.

Platon (428/27 - 348/47 v. Chr.): griechischer ▸Philosoph; er und ▸Aristoteles gelten als Begründer der europäischen Philosophie.

Sokrates (470 - 399 v. Chr.; Selbstmord): griechischer ▸Philosoph aus Athen. Er philosophierte im Gespräch (Dialog) und hinterließ keine Schriften. Wir verdanken vor allem seinem Schüler ▸Platon Informationen über seine Lehre. Sokrates wurde wegen seines radikalen Fragens von vielen Athenern abgelehnt und wegen schlechten Einflusses auf die Jugend von einem Volksgericht zum Tode verurteilt. Er nahm sich selbst das Leben. Sokrates gilt als der wirksamste Anreger der europäischen Philosophie.

Sachregister

Die **hervorgehobenen** Seitenzahlen verweisen auf wichtige Begriffe, die in der Fußzeile des Darstellungstextes genannt und im „Lexikon zur Geschichte" erläutert werden.

Personenregister

Die **hervorgehobenen** Seitenzahlen verweisen auf wichtige Personen, die in der Fußzeile des Darstellungstextes genannt und im „Lexikon zur Geschichte" erläutert werden.

Bildnachweis

© Bone Clones, Inc. California – S. 33; © laif / Martin Kirchner, Köln – S. 72; © Karl-Heinz Raach, Sölden – S. 69; Ägyptisches Museum, Kairo – S. 52, 58, 59 (2), 61, 62, 67; akg-images, Berlin – S. 105, 142, 149, 161 (4), 185, 198, 204, 210, 242; - / Album / Oranoz – S. 208; - / Balage Balogh / archaeologyillustrated.com – S. 78; - / Bildarchiv Monheim – S. 206; - / Bildarchiv Steffens – S. 140; - / British Library – S. 150; - / Peter Connolly – S. 107 (5), 111, 114; - / De Agostini Picture Library – S. 85; - / De Agostini Picture Library / G. Dagli Orti – S. 126; - / euroluftbild.de / Robert Grahn – S. 207; - / Werner Forman – S. 60, 67; - / IAM, World History Archives, Berlin – S. 200; - / Erich Lessing, Berlin – S. 76, 85, 103; - / Roland und Sabrina Michaud – S. 205; - / Pirozzi – S. 243; Alamy Stock Foto / Denis Polyakov – S. 12; - / PRISMA ARCHIVIO – S. 141; Ancient Egypt: Cultural Atlas for young people. Oxford 1990 / Illustration Chris Forsey – S. 71; Antikenmuseum Basel und Sammlung Ludwig / Andreas F. Voegelin – S. 90; Archäologische Staatssammlung, München – S. 120; Archäologisches Museum, Frankfurt – S. 43; Archiv der Hansestadt Lübeck – S. 25, 182; Ausstellungskatalog: Die Römer an Mosel und Saar, Mainz 1983 – S. 129; Bayerische Staatsbibliothek, München – S. 17, 166; Gabriele Beyerlein & Herbert Lorenz, Die Sonne bleibt nicht stehen, arena Verlag, Würzburg 2014 – S. 39; Gabriele Beyerlein, Steinzeit. Die Welt unserer Vorfahren. Mit Bildern von James Field, arena Verlag, Würzburg 2008, S. 42-44 – S. 30; Bibliographisches Institut & F.A. Brockhaus, Mannheim – S. 154; Bibliothèque Nationale de France, Paris – S. 190; Bildarchiv Cinetext / Universal Picture Int. Ger. – S. 195; Bildarchiv Foto Marburg – S. 187; Bildarchiv Preußischer Kulturbesitz / Antikensammlung – S. 87; - / Antikensammlung / SMB, Jürgen Liepe – S. 125; - / Laurentius – S. 81; - / RMN / Grand-Palais, Jean Gilles Berizzi – S. 148, 156; - / Scala – S. 27, 118, 242; Bridgeman Images / British Library Board – S. 211; Burgerbibliothek Codex 120II fol. 97r, Bern – S. 214; CARO / Scheidemann – S. 20; Citadelles et Marenad, Paris – S. 124, 172; Corbis / Roger Wood – S. 56 Deutsche Bahn / Bahnhofsmanagement Kiel / Stadtarchiv, Kiel – S. 20; Deutsches Archäologisches Institut, Berlin – S. 100; Deutsches Historisches Museum, Berlin – S. 14; dpa Picture Alliance / Arco Images GmbH / F. Schneider – S. 54; - / Frederico Gambarini – S. 34; - / Godong / robertharding – S. 200; - / Klaus Nowottnick – S. 20, 25; - / Laci Perenyi – S. 87; - / Carsten Rehder – S. 41; - / Dietrich Evers, Wiesbaden-Neurod – S. 34; Eye Ubiquitoùs – S. 81; Forschungs- und Landesbibliothek, Gotha – S. 165; Fotolia / donyanedomam – S. 26, 70; - / jarek 106 – S. 134; - / playstuff – S. 197; Klaus Gast, Barsinghausen – S. 113; Getty Images / camerique – S. 119; - / DEA / A. DAGLI ORTI – S. 126; - / P. Eoche – S. 40; - / Werner Forman – S. 126; Jean-Claude Golvin, Editions Errance, Arles – S. 66; Andreas Große, Steinberg – S. 25, 175; Beth Hatefutsoth, The Nahum Goldmann Museum of the Jewish Diaspora, Tel Aviv – S. 221; Gisela Hellenkemper Salies u.a. (Hrsg.), Das Wrack. Der antike Schiffsfund von Mahdia, Bd. 1, Bonn 1994, Tafel 5 – S. 115; Kurt Hensler, Tübingen – S. 16; Christa Holtei, Skandal in Olympia, dtv Verlag, München 2009 – S. 89; Dr. Jürgen Ibs, Lübeck – S. 25, 178; Illustrierte Vor- und Frühgeschichte Europas, hrsg. von Barry Cunliffe Frankfurt a. M. / NY 1996, S. 128 – S. 43; Dimiter Inkiow, Als Zeus der Kragen platzte, dtv Verlag, München 2016 – S. 233; Monika Jennrich, Sylt – S. 194; Jüdisches Museum, Frankfurt – S. 223; Dr. Rüdiger Kelm, Albersdorf – S. 21; Dr. Daniela Kempa / Leibniz Universität Hannover – S. 20; Königliche Bibliothek, Brüssel – S. 170; Königliche Bibliothek, Kopenhagen – S. 177; Kunsthistorisches Museum, Wien – S. 167; Landesamt für Denkmalpflege Rheinland-Pfalz – S. 35; Landeshauptstadt Kiel, Bodo Quante – S. 23; Landesmuseum Schloss Gottorf, Schleswig – S. 25, 160; Leben in der Jungsteinzeit. Römisch-Germanisches Museum, Köln 2004 – S. 46; Fabian Lenk, Almud Kunert, Die Zeitdetektive – Geheimnis um Tutanchamun, © 2006 by Ravensburger Buchverlag Otto Maier GmbH, Ravensburg – S. 65; Library of Congress, Prints and Photographs Division, Washington D.C. / LC-DFIG-det-4a16094 – S. 18; Peter Lowin, Bremen – S. 42; Kevin Maddison, London – S. 27, 94; Musée de Châtillon sur Seine, Paris © A. Dagli Orti – S. 101; Bodo Müller, Bartensleben – S. 173; Titus Müller, Der Kuss des Feindes, S. Fischer Verlag, Frankfurt am Main 2012 – S. 217; Naturhistorisches Museum, Wien – S. 48; - / Hans Reschreiter – S. 49 (7); Rosa Naumann, Gefahr für Nofretete, dtv Verlag, München 2014 – S. 233; NDR / Kulturjournal – S. 225; Neanderthal-Museum,

Mettmann – S. 28; Norman Bancroft Hunt – S. 93, 102; E. Opitz, Schleswig-Holstein, Das Land und seine Geschichte, Hamburg: Ellert & Richter Verlag 4. Auflage 2008, S. 147, 51 – S. 23; Klaus Otto Timm, Albersdorf – S. 40; Harald Parigger, Im Schatten des schwarzen Todes, dtv Verlag, München 2015 – S. 193; Marcus Petersen & Hans Rohde, Sturmflut, Neumünster: Wachholtz 1977, S. 45 – S. 25, 188; Real Biblioteca de San Lorenzo de El Escorial, Madrid – S. 215; Reiss-Engelhorn-Museum, Mannheim – S. 144; Réuinon des Musées Nationaux, Paris – S. 117; Rheinisches Landesmuseum / Thomas Zümer, Trier – S. 129; Rheinland-Pfalz Tourismus GmbH, Koblenz – S. 207; Saalburg-Museum, Bad Homburg – S. 137; Dr. Markus Sanke, Bamberg – S. 161 (4); Scala, Florenz – S. 108; Schleswig-Holsteinische Landesbibliothek, Kiel – S. 188; Staatliche Antikensammlung und Glyptothek, München – S. 91, 92, 117; Staats- und Universitätsbibliothek / Carl von Ossietzky, Hamburg – S. 222; Stadtarchiv Hamburg – S. 148, 182; Peter Stockhausen, Essen – S. 12; Hans Dieter Stöver, Quintus geht nach Rom, dtv Verlag, München 2016 – S. 131; Südtiroler Archäologiemuseum, Bozen – S. 45; - / L. Aichner – S. 44; - / Paul Hanny – S. 44; - / www.iceman.it / A. Ochsenreiter, Bozen – S. 26, 44; The British Museum, London – S. 57, 63, 68, 87, 95, 187, 213; The Metropolitan Museum of Art, NYC – S. 93; Thinkstock / iStockphoto / Jpiks 1 – S. 128; - / iStockphoto / Marcin_P_Jank – S. 203; - / iStockphoto / max8xam – S. 208; - / iStockphoto / NMaverick – S. 243; - / iStockphoto / PanosKarapanagiotis – S. 242; - / iStockphoto / sedmak – S. 78; - / Zoonar RF – S. 180; Ullstein Bild / Granger, NYC – Cover, S. 11; - / Schellhorn – S. 46; United States Army Aviation Museum / Fort Rucker, Alabama – S. 18; Universität Leipzig / Ägyptologisches Institut – S. 73; Universitätsbibliothek, Heidelberg – S. 163, 169; Varusschlacht im Osnabrücker Land. Museum und Park Kalkriese, Bramsche-Kalkriese – S. 137; Martin Marcus Vollert, Albersdorf – S. 21; Ingo Wandmacher, Bad Schwartau – S. 40; Warner Brothers Cobal Collection / images.de digital photo GmbH, Berlin – S. 149, 195; Fritz Wendler, Weyarn – S. 36; WMG Lippe, Detmold – S. 136; Heike Wolf von Goddenthow, Wiesbaden – S. 136, 137; Arnold Wolff, Köln – S. 207; www.romantic.com – S. 141; www.wikimedia.org – S. 119, 220, 153, 80, 97; - / Backstet / cc-by-sa 3.0 – S. 243; - / Dr. Günter Bechly / cc-by-sa 3.0 – S. 33; - / Bildarchiv Preußischer Kulturbesitz – S. 18; - / Locutus Borg – S. 33; - / José Braga, Didier Descouens / cc-by-sa 4.0 – S. 33; - / Classical Numismatic Group http://www.cngcoins.com / cc-by-sa 3.0 – S. 133; - / William M. Connolley / cc-by-sa 3.0 – S. 19; - / Jeff Dahl / cc-by-sa 4.0 – S. 66; - / Daimler Chrysler / cc-by-sa 3.0 – S. 18; - / © Andrew Dunn / cc-by-sa 2.0 – S. 242; - / Gbaotic / cc-by-sa 3.0 – S. 75; - / Gun Powder MA / cc-by-sa 3.0 – S. 19; - / Miguel Hermoso Cuesta / cc-by-sa 3.0 – S. 99; - / karona – S. 19; - / Käyttäjä:kompak / cc-by-sa 3.0 – S. 66; - / Alexander Leischner / cc-by-sa 3.0 – S. 160; - / Marie-Lan Nguyen – S. 97; - / Marie-Lan Nguyen / cc-by-sa 2.5 – S. 242; - / Nightflyer / cc-by-sa 3.0 – S. 41; - / Attila Nóbik / cc-by-sa 2.0 – S. 212; - / The Yorck Project – S. 19; - / Urmelbeauftragter / cc-by-sa 3.0 – S. 110; - / Nicolas von Kospoth (Triggerhappy) / cc-by-sa 3.0 – S. 18; - / wapondaponda / cc-by-sa 3.0 – S. 33; - / yuichi / cc-by-sa 1.0 – S. 80; ZDF / „Die Deutschen", Mainz 2010 – S. 157; - / HA-Kommunikation Presse und Information, Peter Ahrens, Mainz – S. 144.

NORWEGEN
Oslo
FINNLAND
Helsinki
GROSSBRITANNIEN
UND NORDIRLAND
IRLAND
Dublin
SCHWEDEN
Stockholm
Tallinn
ESTLAND
DÄNEMARK
Kopenhagen
LETTLAND
Riga
RUS
LITAUEN
Vilnius
Mo
London
NIEDER-
LANDE
Amsterdam
Berlin
Minsk
WEISSRUSSLAND
Brüssel
BELGIEN
DEUTSCH-
LAND
Warschau
POLEN
Paris
LUXEMBG.
FRANKREICH
Prag
TSCHECH. REP.
Kiew
PORTUGAL
Bern
SCHWEIZ
Wien
ÖSTERREICH
SLOWAKEI
UKRAINE
Budapest
UNGARN
Kischinau
MOLDAU
SPANIEN
Lissabon
Madrid
KROATIEN
Belgrad
RUMÄNIEN
San Marino
BOSNIEN-
HERZEG.
Sarajewo
SERBIEN
Bukarest
MONTE-
NEGRO
KOSOWO
BULGARIEN
Sofia
Rom
Rabat
MAROKKO
ITALIEN
Tirana
ALBA-
NIEN
MAZE-
DONIEN
Algier
Ankara
GRIECHENLAND
TÜRKE
Tunis
TUNESIEN
MALTA
Valetta
Athen
ALGERIEN
Lefkosia
ZYPERN
Tripolis
Beir
LIBANO
ISRAEL
Jerusalen
LIBYEN
Kairo
ÄGYPTEN
MALI
NIGER
TSCHAD
SUDAN
0
500
1000
2000 km